Däumler/Grabe

Kostenrechnungslexikon
ABC der Kostenrechnung

Kostenrechnungslexikon

ABC der Kostenrechnung

Von Professor Klaus-Dieter Däumler
und Diplom-Volkswirt Jürgen Grabe

VERLAG NEUE WIRTSCHAFTS-BRIEFE
HERNE/BERLIN

Die Deutsche Bibliothek – CIP-Einheitsaufnahme

Däumler, Klaus Dieter:
Kostenrechnungslexikon: ABC der Kostenrechnung / von Klaus-Dieter Däumler und Jürgen Grabe. – Herne; Berlin: Verl. Neue Wirtschafts-Briefe, 1992
ISBN 3-482-45311-X
NE: Grabe, Jürgen:; HST

ISBN 3-482-**45311**-X – 1992

Druck: Griebsch-Druck GmbH, Hamm

Vorwort

Das Kostenrechnungslexikon ergänzt unsere vierbändige Gesamtdarstellung der Kostenrechnung:

Band 1: Grundlagen,

Band 2: Deckungsbeitragsrechnung,

Band 3: Plankostenrechnung,

Band 4: Kalkulationsvorschriften bei öffentlichen Aufträgen.

Es dient dem Zweck, die im Bereich der Kostenrechnung und Kalkulation verwendeten Begriffe zu erklären. Es erläutert darüber hinaus viele Begriffe aus dem Bereich des Finanz- und Rechnungswesens. Die Stichwörter sind in alphabetischer Reihenfolge geordnet. Umlaute sind in Selbstlaute mit angehängtem e aufgelöst (Ä = Ae). Wird das Stichwort im Text wiederholt, so wird es abgekürzt, und zwar im Regelfall durch seinen ersten Buchstaben (z. B. Kosten = K.) Dieser steht dann für Singular, Plural und Genitiv des Stichwortes. Existiert für ein Stichwort eine gängige Abkürzung (Plankostenrechnung = PKR), so wird diese Abkürzung verwendet. Zusammengesetzte Begriffe (kurzfristige Preisuntergrenze) sind im Regelfall unter dem Adjektiv alphabetisch eingeordnet. Im Text verwendete Abkürzungen werden in der Regel an Ort und Stelle erläutert. Im Stichwort enthaltene Begriffe, die im Lexikon an anderer Stelle erläutert werden, sind durch Verweispfeil → und **halbfetten Druck** hervorgehoben.

Mittlere und größere Stichwortartikel sind nach einem festen Schema durchgegliedert: **Begriff-Problem-Beispiel-Hinweis**. Sie als Benutzer können dann entscheiden, ob Sie nur die Begriffsbestimmung (meist lediglich ein Satz) oder darüber hinaus weitere Informationen über Probleme, Anwendungsbeispiele und sonstige Zusammenhänge aufnehmen wollen. Viele Zusammenhänge werden deutlich, wenn Sie den Querverweisen (→) im Text folgen; diese führen Sie automatisch weiter, wenn Sie eine bestimmte Frage beschäftigt. Der Verweispfeil für einen bestimmten Begriff erscheint innerhalb eines Stichworts nur einmal, und zwar bei der ersten Nennung des Begriffs.

Das Kostenrechnungslexikon wendet sich gleichermaßen an Praktiker wie an Studierende. Es spricht neben dem Wirtschaftler auch betriebswirtschaftlich interessierte Vertreter ingenieurwissenschaftlicher Fachrichtungen an. Für Anregungen und konstruktive Kritik danken wir unseren Studenten und Frau Dipl.-Ing. A. Cordts, Frau Dipl.-Ing. H. Dorando-Marsch, Frau Dipl.-Ing. S. Hoffmann, Herrn Dipl.-Hdl. R. von Lehmann, Herrn Dipl.-Ing. K. Poggensee, Frau Dipl.-Ök. M. Preuß, Frau Dipl.-Volksw. R. Zachos und Herrn Dipl.-Betriebsw. G. Ziegler.

Kiel, im August 1992

Klaus-Dieter Däumler
Jürgen Grabe

A

Abbaufähigkeit von Kosten

Begriff: Bei einem Beschäftigungsrückgang werden meist auch → **Kosten** eingespart (vermieden, abgebaut). Dies kann kurzfristig geschehen (typisch für → **variable Kostenarten**), es kann auch über mittlere und längere Frist geschehen (typisch für → **Fixkosten**).

Beispiel: → **Erzeugnisfixkosten** können bei Verzicht auf ein bestimmtes → **Erzeugnis** eingespart werden; → **Erzeugnisgruppenfixkosten** bei Verzicht auf die betreffende Gruppe; → **Bereichsfixkosten** bei Stillegung eines Betriebsbereiches; → **Unternehmungsfixkosten** erst bei Stillegung der gesamten Unternehmung.

ABC-Analyse

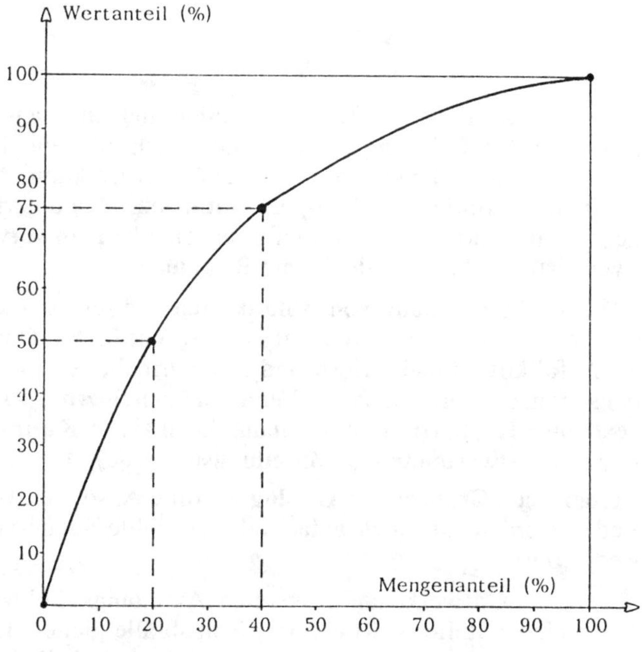

Abbildung: **ABC-Analyse unterteilt: wichtig – weniger wichtig – unwichtig**

Begriff: A. ist eine Methode zur Entscheidungshilfe mittels Dreiteilung in A-Erzeugnisse (wichtig), B-Erzeugnisse (weniger wichtig), C-Erzeugnisse (unwichtig). Anwendungsgebiete der A. sind: Materialwirtschaft, → **Organisation**, Zeitmanagement, → **Kostenrechnung** und → **Controlling.**

Beispiel: Bei einem Unternehmen, das 100 Materialteile einsetzt, entfallen 50 % der → **Materialkosten** auf nur 20 Teile, weitere 20 Teile binden weitere 25 % der Materialkosten. Auf die restlichen 60 Teile entfallen nur 25 % der gesamten Materialkosten. Oder: Bei einem Unternehmen mit 100 → **Erzeugnissen** erbringen 20 A-Produkte 50 % des → **Umsatzes** (→ **Gewinns,** → **Deckungsbeitrages**), 20 B-Produkte vereinigen weitere 25 % des Umsatzes auf sich, 60 C-Produkte erbringen nur 25 % des Gesamtwertes.

Problem: Verhältnismäßig wenige Artikel vereinigen auf sich einen hohen Wertanteil. A-Materialien und A-Erzeugnisse sind besonders sorgfältig zu beachten.

Abfall

Begriff: A. ist der Rest von Stoffen, Materialien und Energien, der bei der Erzeugung von → **Leistungen** anfällt und nicht oder nur begrenzt dem Konsum oder der → **Produktion** zugeleitet werden kann. Abfallerstellung ist ein Spezialfall der → **Kuppelproduktion.** Man unterscheidet gasförmige, flüssige und feste A.; ferner unterscheidet man verwertbare und nicht verwertbare A. (Wertstoffe und Restmüll).

Problem: (1) Die Verrechnung von Abfallkosten und -erlösen kann unterbleiben, sofern diese quantitativ nicht ins Gewicht fallen. Quantitativ bedeutsame Abfallkosten und -erlöse sind den betrieblichen → **Leistungen** möglichst genau zuzurechnen (→ **Verursacherprinzip,** → **Internalisierung externer Kosten);** die Zurechnung kann als → **Kuppelkalkulation** erfolgen (Restwertmethode, Verteilungsmethode).

(2) Aus ökologischen Gründen (→ **Ökologie**) sollte A. so weit wie möglich vermieden werden; dennoch anfallender A. sollte wiederverwertet werden (Recycling).

Beispiel: Die A. der Gaswerke und Kokereien, Ammoniak, Schwefel und Teer, sind an anderer Stelle → **Rohstoffe;** Holzabfälle dienen der Spanplatten- und Zelluloseherstellung, Brauerei- und Zuckerfabrikabfälle der Viehfutterherstellung.

Abgeld

ist der Betrag, um den der → **Preis** oder Kurs eines Wertpapiers oder Kredits unter seinem Nennwert liegt; häufige Bezeichnung ist → **Disagio,** bei Krediten auch → **Damnum.**

Abgrenzung

Begriff: A. ist die unter ökonomischen Gesichtspunkten richtige Zuordnung von → **Kosten** und → **Leistungen** bzw. → **Aufwand** und → **Ertrag.** Man unterscheidet zeitliche, sachliche und wertmäßige A.

a) **Zeitliche A. (Periodenabgrenzung):** Die Kosten sind verursachungsgerecht auf die Abrechnungsabschnitte (Monate, Quartale) zu verteilen.

Beispiel:
Bei Urlaubs- und Feiertagslöhnen,
Beiträgen und Gebühren,
Versicherungsprämien und → **Kostensteuern**

ist ein Zwölftel (Viertel) des Jahresbetrages in die monatliche (vierteljährliche) Abrechnung zu übernehmen.

b) **Sachliche A. (Abgrenzung zwischen Finanzbuchhaltung und Kostenrechnung):** Kosten und Aufwendungen sowie Leistungen und Erträge decken sich im Regelfall nicht.

A. von Leistungen und Erträgen

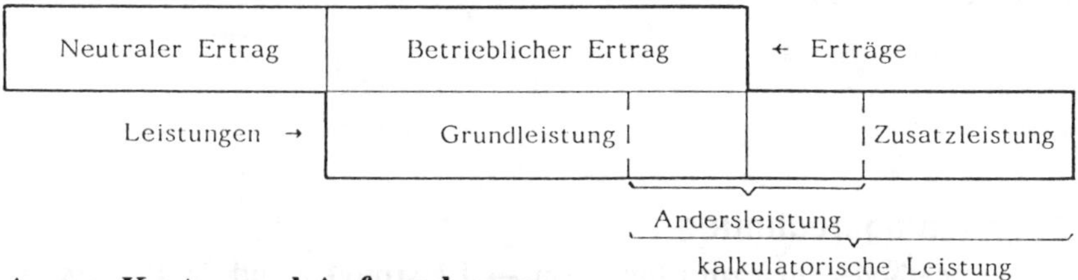

A. von Kosten und Aufwendungen

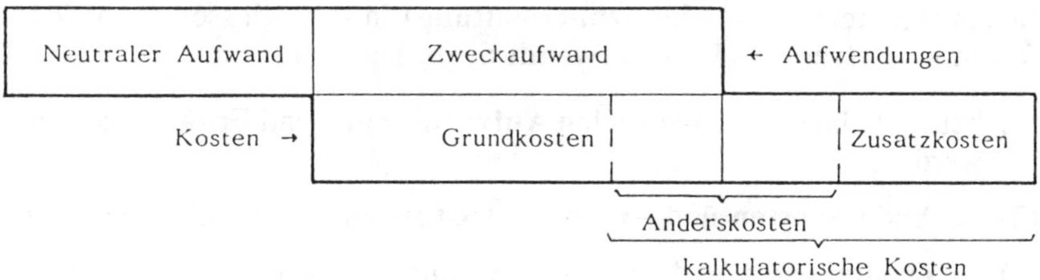

Beispiel:

(1) neutrale Aufwendungen (Aufwendungen ohne Kostencharakter)	
- betriebsfremde Aufwendungen	Spenden
- außerordentliche Aufwendungen	Verkauf einer Maschine unter Buchwert
- periodenfremde Aufwendungen	Steuernachzahlung
(2) Grundkosten = Zweckaufwand	verarbeitete Roh-, Hilfs- und Betriebsstoffe, Löhne, Gehälter, Versicherungen
(3) Kosten, denen Aufwendungen in anderer Höhe gegenüberstehen (Anderskosten)	kalkulatorische Zinsen, kalkulatorische Abschreibungen, kalkulatorisches Wagnis
(4) Zusatzkosten (Kosten ohne Aufwandscharakter)	kalkulatorischer Unternehmerlohn, kalkulatorische Miete

c) Wertmäßige A. Sie ist bei unterschiedlichen Wertansätzen erforderlich, falls etwa der Materialverbrauch innerbetrieblich zu festen Verrechnungspreisen weitergegeben wird, die Tageswerte jedoch schwanken.

Beispiel: Anwendung eines innerbetrieblichen → **Verrechnungspreises** für selbsterzeugten Strom und wertmäßige A. gegenüber den tatsächlichen Eigenstromkosten.

Abgrenzungsrechnung

ist die Methode zur Ermittlung von → **Leistungen** und → **Kosten** auf der Basis der im → **Zweikreissystem** (→ **Industrie-Kontenrahmen**) im Rechnungskreis 1 (→ **Finanzbuchhaltung**) in den Klassen 5, 6, 7 erfaßten → **Erträge** und → **Aufwendungen.** Dazu müssen

(1) betriebliche von → **neutralen Aufwendungen** und Erträgen getrennt werden,

(2) → **Anderskosten** und → **Andersleistungen** neu errechnet werden,

(3) → **Zusatzkosten** und → **Zusatzleistungen** hinzugefügt werden.

Ablauforganisation

ist die räumliche und zeitliche Gestaltung von Arbeits- und Bewegungsvorgängen (→ **Organisation,** → **divisionale Organisation,** → **funktionale Organisation,** → **Aufbauorganisation**).

Abrechnungszeitraum

Begriff: A. ist der Teil der → **Planungsperiode,** an dessen Ende jeweils der → **Betriebsgewinn** ermittelt wird und gegebenenfalls ein → **Soll-Ist-Vergleich** erfolgt.

Beispiel: Ermittlung von → **Deckungsbeiträgen** je → **Produkt,** Produktgruppe, Bereich: Hier ist der A. (die Abrechnungsperiode) meist ein Monat.

Durchführung einer → **stufenweisen Fixkostendeckungsrechnung:** Hier ist die Abrechnungsperiode meist ein Jahr.

Absatzfunktion → Preis-Absatz-Funktion

Absatzkalkulation

Begriff: Eine Form der → **Kostenträgerrechnung** (→**Kalkulation**), die die Ermittlung des Auszeichnungspreises zum Inhalt hat und vom Bezugspreis (Handel) bzw. von den → **Selbstkosten** ab Fertigwarenlager (Industrie) ausgeht.

Gegensatz: → **Beschaffungskalkulation.**

Beispiel:

	Bezugspreis
+	Handlungskosten
=	Selbstkostenpreis
+	Gewinn
=	Barverkaufspreis
+	Kundenskonto
=	Zielverkaufspreis
+	Kundenrabatt
=	Listenverkaufspreis
+	Mehrwertsteuer
=	Auszeichnungspreis

Absatzleistung

Begriff: A. ist der Teil der betrieblichen → **Leistungen,** der für den → **Markt** bestimmt ist.

Gegensatz: Leistungen, die für die Eigenverwendung bestimmt sind, wie selbsterstellte Maschinen, Eigenstrom, Eigenreparaturen.

Abschreibung

Begriff: A. ist die Verteilung einer einmaligen → **Ausgabe** (→ **Anschaffungs-** oder → **Herstellkosten**) für langfristig nutzbare → **Wirtschaftsgüter** auf eine Anzahl von Jahren.

Arten: Buchhalterische A. sind → **Aufwand** und mindern den Jahresüberschuß. → **Kalkulatorische A.** sind → **Kosten** und mindern den → **Betriebserfolg.** Steuerliche A. (Absetzung für Abnutzung – AfA) sind Sonderausgaben oder Werbungskosten und mindern die Steuerbemessungsgrundlage.

Ursachen: Gebrauchsverschleiß ist auf die Nutzung der → **Betriebsmittel** zurückzuführen und den → **variablen Kosten** zuzurechnen. Zeitverschleiß entsteht unabhängig von der Betriebsmittelnutzung und gehört zu den → **Fixkosten** (→ **Gebrauchsverschleiß und Zeitverschleiß).**

Methoden: → **Lineare A.** (Anschaffungs- oder Herstellkosten werden durch Nutzungsdauer geteilt);

→ **geometrisch-degressive A.** (jährlicher Abschreibungsbetrag ergibt sich als fester Prozentsatz vom Restbuchwert);

→ **arithmetisch-degressive** oder → **digitale A.** (Abschreibungsbetrag wird durch die Summe der einzelnen Nutzungsjahre geteilt, bei 4 Jahren also durch 4 + 3 + 2 + 1 = 10, dem ersten Jahr werden $^4/_{10}$, dem letzten Jahr $^1/_{10}$ des abzuschreibenden Betrages zugerechnet).

Beispiel:

Anschaffungskosten = 8 000 DM; Nutzungsdauer = 4 Jahre;
Restwert = 0 DM

Jahr	lineare A.		degressive A. (50 %)		digitale A.	
	Abschreibung (DM)	Restwert (DM)	Abschreibung (DM)	Restwert (DM)	Abschreibung (DM)	Restwert (DM)
1	2 000	6 000	4 000	4 000	3 200	4 800
2	2 000	4 000	2 000	2 000	2 400	2 400
3	2 000	2 000	1 000	1 000	1 600	800
4	2 000	0	500	500	800	0

Abschreibungsursachen

sind → **Gebrauchsverschleiß und Zeitverschleiß.**

absolute Preisuntergrenze → kurzfristige Preisuntergrenze

absoluter Bruttogewinn → Deckungsbeitrag

absoluter Deckungsbeitrag → Deckungsbeitrag

Absolut-fixe und intervall-fixe Kosten

Begriff: Nach ihrem Verhalten bei Beschäftigungsänderungen unterscheidet man absolut-fixe und intervall-fixe (sprung-fixe) → **Kosten**. Absolut-fixe Kosten entstehen allein durch die Existenz des → **Betriebs**, es sind Bereitschaftskosten, die auch bei Nichtproduktion anfallen. Intervall-fixe Kosten (Sprungkosten) bleiben innerhalb eines Beschäftigungsintervalls unverändert, steigen aber bei Überschreiten einer Grenze sprunghaft an, wenn eine Produktionserhöhung nur mittels zusätzlicher, nicht teilbarer → **Produktionsfaktoren** möglich ist.

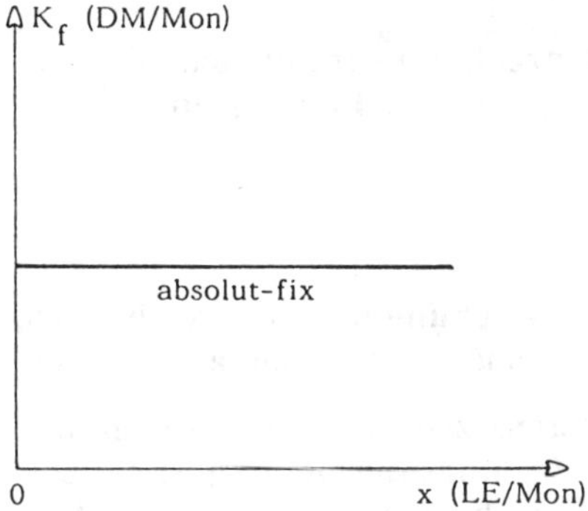

Abbildung: **Absolut-fixe Kosten**

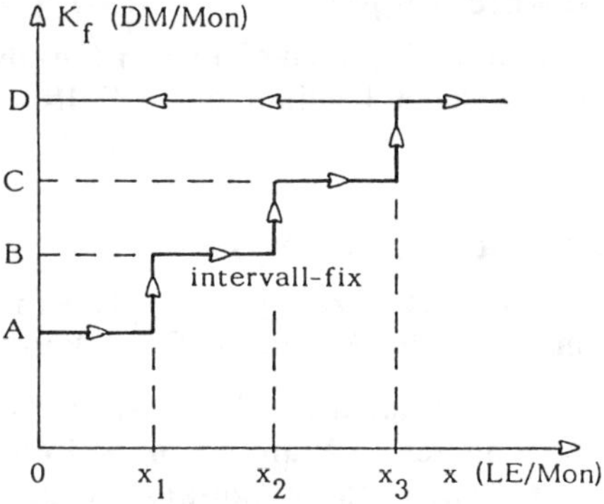

Abbildung: **Intervall-fixe Kosten**

Beispiel: kalkulatorische Abschreibungen auf Verwaltungsgebäude, Vorstandsgehälter, kalkulatorische Miete.

Beispiel: Löhne für zusätzliche Meister und Vorarbeiter, Fixkosten zusätzlicher Maschinen.

Problem: Bei den intervall-fixen Kosten geht man davon aus, daß bei Überschreitung der Stückzahlen x_1, x_2 und x_3 Erweiterungen im personellen und/oder maschinellen Bereich vorzunehmen sind. Das beinhaltet die Gefahr einer Vermengung von Kurz- und Langperiodenanalyse.

→ **Fixkosten** sind immer für einen bestimmten, gegebenen Produktionsapparat definiert. Das Überschreiten der Grenzen x_1, x_2 und x_3 bedeutet eine Änderung des Produktionsapparates. Die Fixkostenlinie, die zunächst in der Höhe 0A verläuft, verschiebt sich parallel nach oben, um schließlich die Höhe 0D zu erreichen. Wenn nun die → **Beschäftigung** wieder auf x1 zurückgeht, stellt man fest: Kurzfristig gibt es keinen Weg nach 0A, kurzfristig bleibt man auf dem Niveau 0D (→ **Kostenremanenz**).

Abteilungskalkulation

ist eine → **Zuschlagskalkulation** für die Gemeinkostenaufteilung, bei der für die einzelnen Abteilungen unterschiedliche Zuschlagssätze verwendet werden.

Abweichungen

sind die im Rahmen einer → **Plankostenrechnung** ermittelten Differenzen zwischen bestimmten → **Soll-**, → **Ist-** und → **Plankosten**.

Abweichungsanalyse

Begriff: Die A. zerlegt die → **Gesamtabweichung** in Teilabweichungen, um so Möglichkeiten zur Fehlerkorrektur und -vermeidung aufzuzeigen.

Arten: Gesamtabweichung ist die Differenz zwischen → **Istkosten** und verrechneten → **Plankosten.** → **Beschäftigungsabweichung** ist die Differenz zwischen → **Sollkosten** und verrechneten Plankosten. → **Verbrauchsabweichung** ist die Differenz von Istkosten und Sollkosten. →**Preisabweichungen** ergeben sich bei Differenzen von → **Planpreisen** und Istpreisen. →**Intensitätsabweichungen** ergeben sich bei Differenzen von Plan- und Istintensitäten usw.

Problem: Zuordnung der Verantwortung. Für Preisabweichungen ist der Kostenstellenleiter im Regelfall nicht verantwortlich. Beschäftigungsabweichungen sind gelegentlich, Verbrauchsabweichungen häufig vom Kostenstellenleiter zu verantworten.

Beispiel:

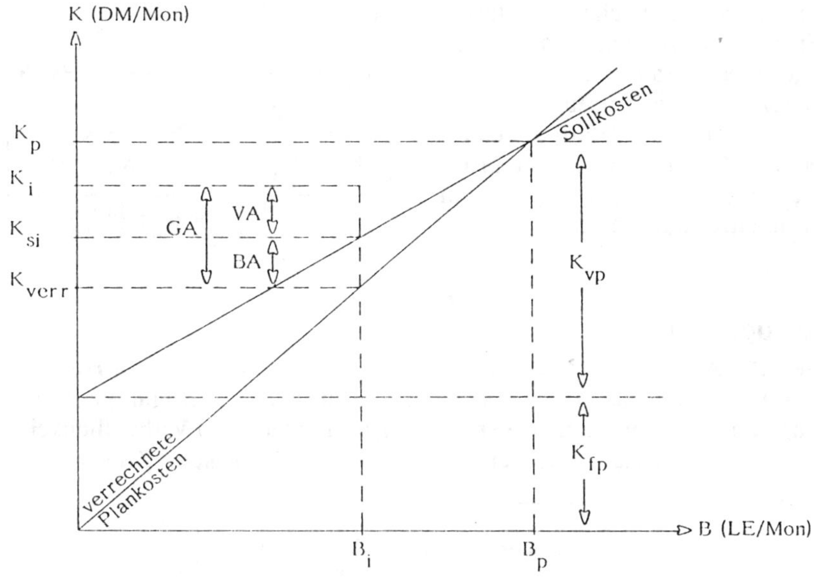

Abbildung: **Abweichungen in der Plankostenrechnung**

Symbole

B = Bezugsgröße (LE/Mon)
K_p = Plankosten bei Planbeschäftigung (DM/Mon)
K_{vp} = variable Plankosten (DM/Mon)
K_{fp} = fixe Plankosten (DM/Mon)
K_i = Istkosten (DM/Mon)
K_{si} = Sollkosten der Istbeschäftigung (DM/Mon)
K_{verr} = verrechnete Plankosten bei Istbeschäftigung (DM/Mon)
GA = Gesamtabweichung (DM/Mon)
BA = Beschäftigungsabweichung (DM/Mon)
VA = Verbrauchsabweichung (DM/Mon)

Abzinsungsfaktor (AbF)

Begriff: Der AbF gehört zu den finanzmathematischen Faktoren. Er zinst einen nach n Jahren fälligen Geldbetrag K_n unter Berücksichtigung von Zins und Zinseszins auf einen jetzt fälligen Geldbetrag K_0 ab (verwandelt „Einmalzahlung nach n Jahren“ in „Einmalzahlung jetzt“).

Beispiel (Zeitstrahl):

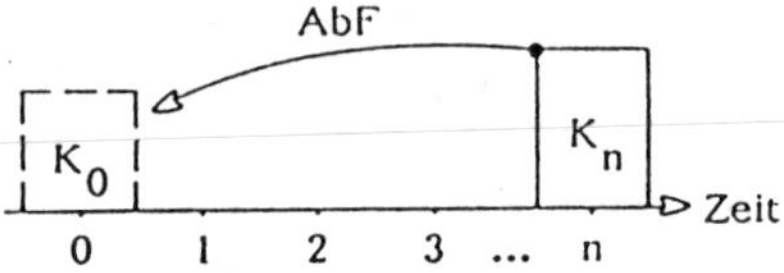

$$K_0 = K_n \cdot (1+i)^{-n} = K_n \cdot AbF$$

Abzinsungsfaktor (AbF)

Abzugskapital

Begriff: A. ist eine der Größen, die zur Ermittlung des → **betriebsnotwendigen Kapitals** dienen. Es umfaßt alle zinslos zur Verfügung stehenden Kapitalbeträge, zum Beispiel erhaltene Anzahlungen und Verbindlichkeiten aus Warenlieferungen und Leistungen (→ **kalkulatorische Zinsen**).

	betriebsnotwendiges Vermögen
–	Abzugskapital
=	betriebsnotwendiges Kapital

Problem: Abzugskapital gilt als zinsfrei, ist es aber nicht.

Beispiel: Wenn eine Kundenanzahlung zum Jahresbeginn in Höhe von 9 200 DM anstelle einer Zahlung bei Lieferung zum Jahresende in Höhe von 10 000 DM geleistet wird, so liegt eine diskontierte Zahlung vor. Diese ist nur optisch, nicht faktisch zinsfrei.

Äquivalenzziffern

Begriff: Ä. eines → **Produktes** sind Umrechnungsziffern, die angeben, in welchem Verhältnis die → **Kosten** dieses Produktes zu den Kosten eines Einheitsproduktes stehen.

Beispiel: In einer Brauerei ist B das Einheitsprodukt. A verursacht 20 % mehr, C 10 % weniger Kosten als das Einheitsprodukt, dann gilt:

Sorte	Äquivalenzziffer	
A	1,2	
B	1,0	← Einheitsprodukt
C	0,9	

Äquivalenzziffernkalkulation

Begriff: Ä. ist eine Sonderform der → **Divisionskalkulation** (→ **Kalkulation**), bei der ungleiche Produkte rechnerisch gleichgemacht werden. Sie ist anwendbar bei → **Sortenproduktion** (Biere, Bleche, Zigaretten), wenn ein hinlänglich festes Kostenverhältnis zwischen den Sorten existiert.

Beispiel: Eine Brauerei mit den Biersorten A, B und C weist Kosten von 5 256 000 DM im Monat auf. Die Kosten je Hektoliter (hl) können tabellarisch ermittelt werden:

Sorte	Ausstoß (hl/Mon) I	Äquivalenzziffer II	Anteil an Einheitssorte (hl/Mon) III = I · II	Stückkosten (DM/hl) IV = 180 · II	Gesamtkosten (DM/Sorte) V = I · IV
A	4 000	1,2	4 800	216	864 000
B	10 000	1,0	10 000	180	1 800 000
C	16 000	0,9	14 400	162	2 592 000

29 200 ↓ ↑

Kosten je hl Einheitssorte:

5 256 000 : 29 200 = 180 (DM/hl)

AfA

ist die Abkürzung für Absetzung für Abnutzung. Das sind die in der steuerlichen Erfolgsrechnung anzusetzenden → **Abschreibungen**.

Agio

Begriff: A. (ital.) ist der Betrag, um den der → **Preis** oder Kurs eines Wertpapiers oder Kredits seinen Nennwert übersteigt (Aufgeld).

Gegensatz: → **Disagio.**

Akkordlohn

Begriff: A. (Stücklohn) ist ein leistungsbezogenes Arbeitsentgelt, bei dem – unabhängig von der tatsächlich aufgewandten Arbeitszeit – die Vergütung nach Maßgabe der pro Periode erbrachten Leistungseinheiten erfolgt (→ **Lohnformen).**

Problem: Akkordfähig sind nur solche Arbeiten, bei denen
- ein inhaltlich und zeitlich genau erfaßbarer Arbeitsablauf vorliegt,
- das Arbeitsergebnis mit wirtschaftlich vertretbarem → **Aufwand** meßbar ist,
- der Arbeitsplatz zweckentsprechend eingerichtet ist,
- die zur Ermittlung der Akkordkonditionen zugrunde gelegten Arbeitsbedingungen im Zeitablauf konstant bleiben.

Beispiel: Man unterscheidet in der Praxis Geldakkord und Zeitakkord. Es gilt:

Stundenlohn bei Geldakkord	=	Zahl der gefertigten Stücke	·	vorgegebener Geldsatz je Stück
24	=	10	·	2,4

Stundenlohn bei Zeitakkord	=	Zahl der gefertigten Stücke	·	vorgegebene Zeit je Stück	·	Minutenfaktor
24	=	10	·	6	·	0,4

Hinweis: Bei der Festlegung der Akkordkonditionen geht man von einer Normalleistung aus, mit deren Hilfe der Akkordrichtsatz festgelegt wird. Der Akkordrichtsatz setzt sich aus dem tariflichen Mindestlohn und einem Akkordzuschlag zusammen (6 % bis 25 % des Mindestlohns). Wird die Normalleistung überschritten, so verdient der Akkordarbeiter über dem Mindestlohn, wird sie unterschritten, so erhält er den garantierten Mindestlohn.

Beispiel: Für den → **Minutenfaktor** beim Zeitakkord gilt:

$$\text{Minutenfaktor} = \frac{\text{tariflicher Mindestlohn} + \text{Akkordzuschlag}}{60}$$

aktualisierte Mittelwerte → Normalkostenrechnung

allgemeine Kostenstellen

sind → **Hilfskostenstellen**, deren → **Leistungen** dem gesamten → **Betrieb** zur Verfügung stehen.

Als-ob-Kosten → Quasi-Kosten

Alternativkosten → Opportunitätskosten

Alternativproduktion

Begriff: A. ist eine Fertigungssituation, bei der bei einem → **Produktionsfaktor** ein Engpaß existiert, so daß die Mehrproduktion eines → **Erzeugnisses** A nur unter Inkaufnahme einer entsprechenden Minderproduktion eines Erzeugnisses B möglich ist. Andere Bezeichnung: → **gemeinsame Produktion.**

Beispiel: Soll auf der voll ausgelasteten Flaschenspül- und Abfüllanlage eines Mineralbrunnens zusätzlich eine Mineralwassersorte mit reduziertem Kohlensäuregehalt abgefüllt werden, dann muß die Abfüllmenge der Normalsorte entsprechend zurückgefahren werden.

Amortisationsrechnung

Begriff: Die A. ist eine statische → **Investitionsrechnung**, bei der man errechnet, in wieviel Jahren sich eine → **Investition** selbst bezahlt macht, d. h. wann die Summe der Kapitalrückflüsse genauso hoch ist wie der Kapitaleinsatz (die ursprüngliche Anschaffungsauszahlung):

$$\text{Amortisationszeit} = \frac{\text{Kapitaleinsatz}}{\text{jährliche Nettoeinzahlungen}}$$

Lohnend ist eine Investition nach der A. dann, wenn ihre tatsächliche Amortisationszeit nicht größer ist als die von der Unternehmungsleitung vorgegebene maximal zulässige Amortisationszeit.

Problem: Die A. sollte wegen der Mängel, die den → **statischen Investitionsrechnungsverfahren** anhaften, nicht zur alleinigen Grundlage von Investitionsentscheidungen gemacht werden. Es kann aber nützlich sein, sie neben einem → **dynamischen Investitionsrechnungsverfahren** als zusätzliche Entscheidungshilfe einzusetzen.

Anbauverfahren

Begriff: A. heißt eine Methode der → **innerbetrieblichen Leistungsverrechnung**, bei der der Leistungsaustausch zwischen den → **Hilfskostenstellen** zur Vereinfachung vollständig vernachlässigt wird. Die → **primären Kosten** der Hilfskostenstellen werden direkt an die → **Hauptkostenstellen** weiterverrechnet, und zwar nach Maßgabe der an die Hauptkostenstellen gelieferten → **Leistungen**.

Problem: Zwar ist das A. eine einfache und schnelle Methode, es weist jedoch gravierende Mängel auf, falls sich die Hilfskostenstellen in nennenswertem Umfang gegenseitig beliefern. Die Leistungen solcher Hilfsstellen, die viele innerbetriebliche Leistungen von anderen Hilfsstellen empfangen und wenig an diese abgegeben haben, werden künstlich verbilligt, im gegenteiligen Fall künstlich verteuert, was Folgewirkungen bis hin zur → **Kostenträgerrechnung** haben kann. Man sollte ein genaueres Verfahren, zum Beispiel das → **Gleichungsverfahren**, einsetzen.

Beispiel: Das betriebseigene E-Werk produziert monatlich 50 000 Kilowattstunden Strom, von denen 45 000 an die Hauptkostenstellen und 5 000 an die Hilfsstellen geliefert werden. Im E-Werk sind Lohn- und Materialkosten in Höhe von 4 000 DM angefallen. Dann gilt für den Stromkostensatz:

$$\text{innerbetrieblicher Stromkostensatz} = \frac{\text{primäre Kosten}}{\text{an Hauptkostenstellen abgegebene Leistungen}} = \frac{4\,000}{45\,000} = 0{,}089 \text{ DM/kWh}$$

Anderskosten

Begriff: A. sind → **Kosten**, denen → **Aufwand** in anderer Höhe gegenübersteht. Sie bilden zusammen mit den → **Zusatzkosten** die → **kalkulatorischen Kosten** (→ **Abgrenzung**).

Beispiel: Die kalkulatorische Verzinsung des Fremdkapitals kann von den tatsächlich gezahlten Fremdkapitalzinsen abweichen (→ **kalkulatorische Zinsen**). Die → **kalkulatorischen Abschreibungen** können leistungsabhängig, die bilanziellen Abschreibungen zeitabhängig sein. Die tatsächlichen Wagnisverluste können andere als die → **kalkulatorischen Wagnisse** sein.

Andersleistungen

Begriff: A. sind → **Leistungen**, denen → **Erträge** in anderer Höhe gegenüberstehen. Sie bilden zusammen mit den → **Zusatzleistungen** die → **kalkulatorischen Leistungen** (→ **Abgrenzung**).

Beispiel: Bestände an → **Halb- und Fertigfabrikaten** können intern, also kostenrechnerisch mit → **Vollkosten**, → **Teilkosten**,→ **Wiederbeschaffungskosten**, → **Marktpreisen**, Plan-Erlösen usw. bewertet werden; extern, also bilanziell, ist nur die → **Bewertung** zu → **Anschaffungs-** oder → **Herstellungskosten** gemäß § 255 HGB erlaubt.

Sollten sich bei Gebäuden und Maschinen Wertsteigerungen über die Anschaffungs- oder Herstellungskosten hinaus ergeben, so dürfen diese bilanziell nicht berücksichtigt werden; kostenrechnerisch sind → **Zuschreibungen** bis zum Marktwert möglich.

Anlage, Anlagegut

(Potentialgut, Gebrauchsgut) ist jener Gegenstand (→ **Gut**), der dem → **Betrieb** für längere Zeit dient und durch eine einmalige Nutzung nicht verbraucht, sondern abgeschrieben wird (→ **Abschreibung**).

Anlagenkartei

ist die systematische Aufzeichnung über die zu einem → **Betrieb** gehörenden → **Anlagegüter**, die unter anderem Angaben enthält über die genaue Bezeichnung des Anlagegegenstandes, die Kontonummer, den Standort, technische Daten, Anschaffungs- und Herstelldaten, → **Abschreibungen** (bilanziell, steuerlich, kalkulatorisch), Instandsetzungen und Änderungen, Versicherungen.

Anlagenwagnis

Begriff: A. ist das aus der Nutzung von → **Anlagegütern** resultierende Wagnis aus Ausfällen, Wertminderungen, vorzeitigem Nutzungsende. Es gehört zu den → **Einzelwagnissen** (→ **kalkulatorische Wagnisse**).

Problem: Das A. ist so zu kalkulieren, daß es sich langfristig mit den tatsächlichen Anlageverlusten ausgleicht.

Annuitätenmethode

Begriff: A. ist eine dynamische → **Investitionsrechnung**, bei der Ein- und Auszahlungsbarwerte in gleiche Jahresbeträge (Annuitäten) umgerechnet werden. Lohnend ist eine Investition dann, wenn beim gegebenen → **Kalkulationszinsfuß** ein durchschnittlicher jährlicher Überschuß entsteht, der größer oder gleich Null ist: DJÜ ≥ 0. Der durchschnittliche jährliche Überschuß ist die Differenz zwischen den durchschnittlichen jährlichen Ein- und Auszahlungen: DJÜ = DJE – DJA. Die Bedingung für die Vorteilhaftigkeit einer Investition kann auch so formuliert werden: DJE ≥ DJA.

Problem: Die Ermittlung der Durchschnittswerte DJÜ, DJE und DJA beruht auf Schätzungen, wie dies bei allen zukunftsorientierten Rechnungen der Fall ist. Der Rechnende muß außerdem seinen Kalkulationszinsfuß in sinnvoller Weise festlegen.

Hinweis: (1) Bei bekanntem → **Kapitalwert** C_0 kann der durchschnittliche jährliche Überschuß in der Weise ermittelt werden, daß man den Kapitalwert mit dem → **Kapitalwiedergewinnungsfaktor (KWF)** multipliziert:

DJÜ = C_0 · **KWF**. Dieses Verfahren empfiehlt sich, falls die jährlichen → **Ein-** und → **Auszahlungen** nicht konstant sind.

(2) Sind die jährlichen Ein- und Auszahlungen konstant, lassen sich die Durchschnittswerte auch in der Weise ermitteln, daß man

- den Restwert R mit Hilfe des → **Restwertverteilungsfaktors (RVF)** auf die Nutzungsjahre umlegt und zu den jährlichen Einzahlungen e addiert,
- die Anschaffungsauszahlung A mit Hilfe des → **Kapitalwiedergewinnungsfaktors (KWF)** auf die Nutzungsjahre verteilt und zu den jährlichen Auszahlungen a addiert. Somit gilt:

$$DJE = e + R \cdot RVF \quad \text{und} \quad DJA = a + A \cdot KWF.$$

Anwendung: Die A. ist bei langfristigen Entscheidungen anzuwenden, beispielsweise im Bereich der → **Verfahrenswahl** oder der Wahl zwischen → **Eigenfertigung und Fremdbezug.**

Anpassung

Begriff: A. ist die Neufestlegung der → **Ausbringungsmenge** eines → **Betriebs** zur Erfassung von Veränderungen auf dem Beschaffungs- und/oder Absatzmarkt.

Arten: Ein Betrieb kann sich an unterschiedliche Beschäftigungslagen intensitätsmäßig, qualitativ (selektiv), quantitativ (größenmäßig) und zeitlich anpassen. Daher unterscheidet man:
→ **intensitätsmäßige A.,**
→ **qualitative A.,**
→ **quantitative A.,**
→ **zeitliche Anpassung.**

Anschaffungskosten und Anschaffungsnebenkosten

Begriff: Die Anschaffungskosten umfassen alle tatsächlich angefallenen → **Ausgaben**, die zu leisten sind, um ein → **Wirtschaftsgut** zu erwerben und in einen betriebsbereiten Zustand zu versetzen. Es gilt:

$$\text{Anschaffungskosten} = \text{Anschaffungspreis} - \text{Rabatte u. Skonti} + \text{Anschaffungsnebenkosten}$$

Anschaffungsnebenkosten können sein: Transportkosten, Provisionen, Aufstellungskosten.

Hinweis: Die Ermittlung der A. erfordert eine → **Bewertung**, die sich bei externer Rechnungslegung nach § 255 HGB richtet; ähnlich verhält es sich bei der Ermittlung der → **Herstellungskosten.**

Arbeitskosten

sind alle → **Kosten**, die durch den Einsatz menschlicher Arbeitskraft im → **Betrieb** entstehen. Der Sammelbegriff A. wird zunehmend durch die Bezeichnung → **Personalkosten** ersetzt.

Arbeitszeitermittlung → Auftragszeit

arithmetisch-degressive Abschreibung

Begriff: Bei diesem Verfahren der → **Abschreibung** vermindert sich die jährliche Abschreibungssumme stets um den gleichen absoluten Betrag. Ist die Abschreibung im letzten Nutzungsjahr gleich groß wie der jährliche Differenzbetrag, liegt die → **digitale Abschreibung** vor.

Hinweis: Steuerlich ist dieses Abschreibungsverfahren unzulässig.

Aufbauorganisation

ist die Gliederung des Unternehmens in → **Kostenstellen** und der Zusammenhang zwischen den betrieblichen Teilbereichen (→ **Organisation**, → **divisionale Organisation**, → **funktionale Organisation**, → **Ablauforganisation**).

Aufgeld

ist der Betrag, um den der → **Preis** oder Kurs eines Wertpapiers oder Kredits seinen Nennwert übersteigt; häufig spricht man von → **Agio**.

Auftragszeit

Begriff: A. ist die → **Vorgabezeit** für die Erledigung eines Auftrags durch einen Menschen. Die A. T wird nach → **REFA** zerlegt in → **Rüstzeit** t_r und → **Ausführungszeit** t_a. Während die Rüstzeit immer nur einmal pro Auftrag anfällt, also auftragsfixen Charakter hat, ist die Ausführungszeit von der Auftragsgröße abhängig, hat also variablen Charakter.

Hinweis: Die Komponenten der A., Rüstzeit und Ausführungzeit, werden nach REFA weiter in → **Grundzeit**, → **Erholungszeit** und → **Verteilzeit** untergliedert.

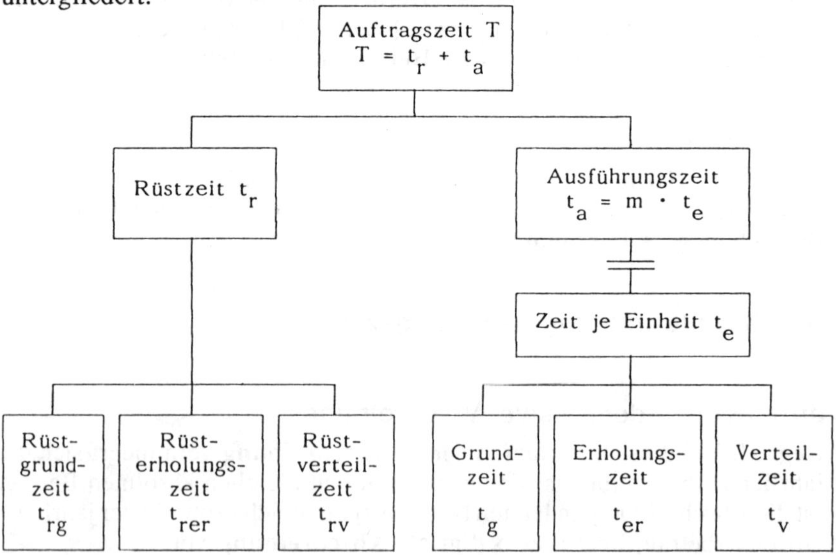

Übersicht: **Zeitgliederung für die Auftragszeit nach dem REFA-Verband**

Aufwand

Begriff: (1) Zum Zweck der Ermittlung des externen (handelsrechtlichen) → **Erfolgs** periodisierte → **Ausgaben** (→ **Grundbegriffe des Rechnungswesens**).

(2) Jede Eigenkapitalminderung, die nicht Kapitalrückzahlung darstellt.

Beispiel zu Begriffsvariante (1):

Betrieblich genutzter Pkw mit Anschaffungskosten von 40 000 DM wird über vier Jahre mit jeweils 10 000 DM abgeschrieben. Die (einmalige) Ausgabe von 40 000 DM wird dadurch periodisiert und jedem Nutzungsjahr ein Teilbetrag von 10 000 DM zugerechnet.

Beispiel zu Begriffsvariante (2):

Ein Geschäftskredit wird mit einer im Zeitablauf gleichbleibenden Annuität bedient. Die Annuität besteht aus Zins und Tilgung. Beide, Zins und Tilgung, führen zu einer Minderung des Zahlungsmittelbestandes. Aber nur die Zinsen stellen Aufwendungen dar, weil hier eine Reduzierung des nach Schuldenabzug verbleibenden Eigenkapitals erfolgt. Bei der Tilgung steht der Minderung des Zahlungsmittelbestandes eine gleichhohe Schuldenabnahme gegenüber, weshalb das Eigenkapital nicht berührt wird.

Anwendung: Zur Ermittlung des handelsrechtlichen (externen) → **Gewinns** nach der Bestimmungsgleichung: Gewinn = Ertrag – Aufwand. In der → **Kostenrechnung** spielt nur der → **Zweckaufwand**, das Gegenstück zu den → **Grundkosten**, eine Rolle.

Problem: → **Abgrenzung** des A. zu → **Kosten** und → **Auszahlungen**.

Beispiel:

(1)	Aufwand jetzt – Auszahlung jetzt (Barzahlung einer Dienstleistung)
(2)	Aufwand jetzt – Auszahlung früher (Abschreibung einer Maschine)
(3)	Aufwand jetzt – Auszahlung später (Rohstoffkauf auf Ziel)

Aufzinsungsfaktor (AuF)

Begriff: Der AuF gehört zu den finanzmathematischen Faktoren. Er zinst einen jetzt fälligen Geldbetrag K_0 mit Zins und Zinseszins auf einen nach n Jahren fälligen Geldbetrag K_n auf (verwandelt „Einmalzahlung jetzt" in „Einmalzahlung nach n Jahren").

Beispiel (Zeitstrahl):

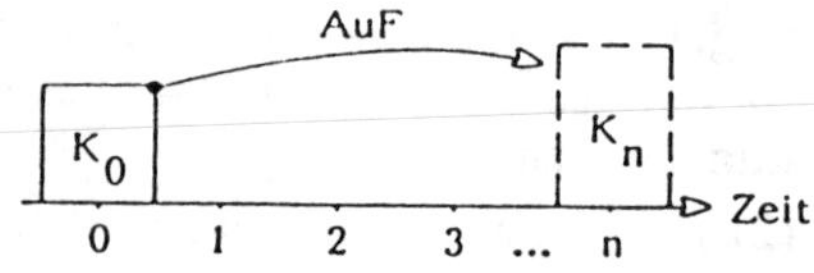

$$K_n = K_0 \cdot (1+i)^n = K_0 \cdot AuF$$

Aufzinsungs-faktor (AuF)

Ausbringung, Ausbringungsmenge

ist die während eines bestimmten Zeitraumes erstellte Menge von → **Leistungen**, die am → **Markt** oder innerbetrieblich (→ **innerbetriebliche Leistungen**) verwertet werden (→ **Gut**). Gleichbedeutend: → **Ausstoß**, → **Leistung**, → **Output**, → **Produktion.**

Ausführungszeit

Begriff: A. ist ein Begriff des → **REFA**-Verbandes und gehört zusammen mit der → **Rüstzeit** zur → **Auftragszeit**. Die A. umfaßt alle nach der Rüstzeit anfallenden Arbeitszeiten. Sie ist von der Auftragsgröße abhängig, hat also variablen Charakter.

Beispiel: Auf einer Kunststoffpresse soll ein Auftrag von m = 800 Kunststoffteilen gefertigt werden, wobei jedes Teil t_e = 0,5 Maschinenminuten benötigt. Dann gilt für die Ausführungszeit t_a die Gleichung: $t_a = m \cdot te = 800 \cdot 0{,}5 = 400$ Min/Auftrag.

Ausgabe

Begriff: A. ist der Geldwert eines Einkaufs (→ **Grundbegriffe des Rechnungswesens**).

Problem: Nur bei Barzahlung stimmen A. und → **Auszahlungen** überein. Bei Zielkauf bleibt der Zahlungsmittelbestand vorläufig gleich, es steigen aber die Schulden. Deshalb gilt auch die Begriffsbestimmung: Ausgabe = Auszahlung + Schuldenzugang.

Ausschuß

Begriff: A. bezeichnet den Teil der betrieblichen → **Ausbringungsmenge**, der wegen Qualitätsmängeln endgültig nicht mehr oder erst nach Nachbesserungen betrieblich oder marktlich verwertet werden kann.

Hinweis: Ausschußursachen sind Materialfehler, Konstruktionsfehler, Bearbeitungsfehler, Transportschäden.

Ausstoß

ist die während eines bestimmten Zeitraumes erstellte Menge von → **Leistungen,** die am → **Markt** oder innerbetrieblich verwertet werden (→ **Gut**). Gleichbedeutend: → **Ausbringung,** → **Leistung,** → **Output,** → **Produktion.**

Auszahlung

Begriff: A. ist eine Minderung des Bestandes an Zahlungsmitteln (Kasse sowie Sichtguthaben bei Banken). Kurzformel: A. gleich Liquiditätsabgang (→ **Grundbegriffe des Rechnungswesens**).

Problem: In der Wirtschaftspraxis werden A. und → **Ausgaben** oft gleichgesetzt. Das ist aber nur dann korrekt, wenn man von Kreditbeziehungen absieht, wenn also Käufe und Verkäufe bar erfolgen.

B

BAB → Betriebsabrechnungsbogen

Barwert

ist der heutige Wert künftiger Zahlungen, der sich durch Abzinsung ergibt.

Barwertmethode → Kapitalwertmethode

BDI

ist die Abkürzung für Bundesverband der Deutschen Industrie.

Befundrechnung

Begriff: B. ist eine Methode zur Verbrauchsermittlung, bei der sowohl Anfangs- als auch Endbestand mittels → **Inventur** erfaßt werden (Bestandsdifferenzrechnung).

Für den Verbrauch gilt:

Verbrauch = Anfangsbestand + Zugang – Endbestand.

Problem: (1) Irreguläre Materialentnahmen (Schwund, Diebstahl) sind nicht vom normalen Verbrauch zu trennen.

(2) Die Inventur erfolgt meist zeitpunktbezogen; besser ist die permanente Inventur.

(3) Die Zurechnung des Verbrauchs auf die → **Kostenstellen** und → **Kostenträger** ist nicht verursachungsgerecht möglich, da die B. nur den Gesamtverbrauch feststellt.

Bereichsfixkosten

sind → **Fixkosten**, die nicht mehr einzelnen → **Erzeugnissen** oder Erzeugnisgruppen, sondern nur noch betrieblichen Teilbereichen (umfassen mehrere Produktgruppen) zurechenbar sind, weil sie bei Stillegung des betreffenden betrieblichen Teilbereichs künftig abgebaut werden können (→ **stufenweise Fixkostendeckungsrechnung**).

Bereitschaftskosten

sind → **Kosten**, die aus der Vorhaltung der Produktionskapazität entstehen, unabhängig davon, ob diese genutzt wird oder nicht. Sie haben also den Charakter von → **Fixkosten**. Synonyme sind → **Betriebsbereitschaftskosten**, → **Kapazitätskosten.**

Beschäftigung

Begriff: B. ist die Ausnutzung der betrieblichen → **Kapazität**.

Beispiel: (1) Outputorientierte Messung mit Hilfe der Leistungseinheiten pro Periode (Stück/Jahr, Hektoliter/Monat, m^3/Tag).

(2) Inputorientierte Messung durch Maschinenstunden/Monat, Arbeitsstunden/Tag.

Beschäftigungsabweichung (BA)

Begriff: BA ist die Differenz zwischen → **Sollkosten** und verrechneten → **Plankosten** (→ **Abweichungen**).

Problem: Sie ist keine echte Kostenabweichung, sondern eine Verrechnungsdifferenz, und zwar der Teil der → **Fixkosten**, der bei Unterbeschäftigung zu wenig und bei Überbeschäftigung zu viel auf die → **Kostenträger** verrechnet worden ist. BA und → **Leerkosten** sind identisch (vgl. Abbildung auf der Folgeseite).

Beispiel: Hat eine → **Kostenstelle** fixe Kosten von 20 000 DM und eine geplante → **Beschäftigung** von 20 000 Leistungseinheiten, so ergibt sich ein → **Plankostenverrechnungssatz** für die Fixkosten von 1 DM. Sinkt die Beschäftigung auf den Istwert von 10 000 Leistungseinheiten, so beträgt die BA 10 000 DM; um diesen Betrag werden die Fixkosten zu niedrig angesetzt, wenn man mit 1 DM je Leistungseinheit rechnet. Bei einer Istbeschäftigung von Null stimmen fixe Kosten und BA überein.

Beschäftigungsgrad → Kapazitätsausnutzungsgrad

Beschäftigungssituationen

Begriff: Man unterscheidet im → **Betrieb** drei Situationen:

(1) Es existiert kein innerbetrieblicher Kapazitätsengpaß oder
(2) ein – und nur ein – innerbetrieblicher Kapazitätsengpaß oder
(3) gleichzeitig mehrere innerbetriebliche Kapazitätsengpässe.

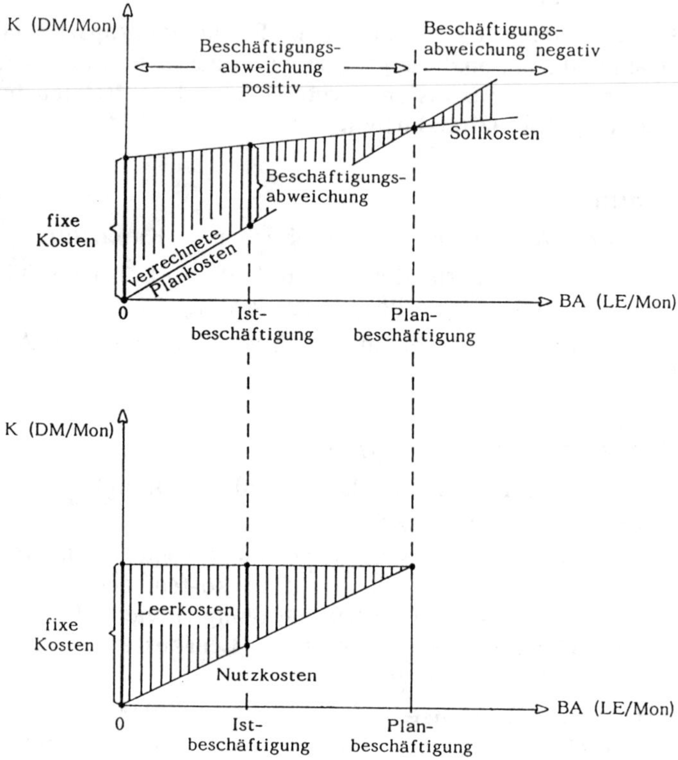

Abbildung: **Beschäftigungsabweichung und Leerkosten sind identisch**

Problem: Die Frage nach der Zahl der Engpässe ist von Bedeutung bei vielen Optimierungsvorgängen, insbesondere bei Entscheidungen über → **Eigenfertigung oder Fremdbezug**, → **Programmoptimierung**, → **Verfahrenswahl.**

Beschaffungskalkulation

Begriff: B. ist die Ermittlung des → **Einstandspreises**. Dabei sind neben dem Rechnungspreis des Lieferanten auch Rabatte und Boni sowie außerbetriebliche Beschaffungsnebenkosten für Transport, Versicherung und Verpackung zu berücksichtigen.

Gegensatz: → **Absatzkalkulation**

Beispiel:

	Rechnungspreis
–	Rabatt/Bonus
=	Zieleinkaufspreis
–	Skonto
=	Bareinkaufspreis
+	Transportkosten
+	Versicherung
+	Verpackungskosten
=	Einstandspreis

Beständewagnis

Begriff: B. ist das aus der Lagerhaltung resultierende Wagnis aus Schwund, Diebstahl, Veraltern, Qualitätsminderung, Preisverfall, Inventurdifferenzen. Es gehört zu den → **Einzelwagnissen** (→ **kalkulatorische Wagnisse**).

Problem: Das B. ist so zu kalkulieren, daß es sich langfristig mit den tatsächlichen Wagnisverlusten ausgleicht.

Bestandsbewertung

Begriff: Eine B. ist für → **Roh-**, → **Hilfs-** und → **Betriebsstoffe**, für fertige und unfertige Erzeugnisse sowie für → **Eigenleistungen** durchzuführen (→ **Bewertung**).

Problem: (1) Falls produzierte und abgesetzte Menge in einer Periode verschieden sind, verändert sich der Bestand an fertigen und unfertigen Erzeugnissen. Das gilt auch bei Abweichungen der Fertigungsmengen von aufeinanderfolgenden Fertigungsstufen.

(2) Vor der B. sind die Bestände zu ermitteln (→ **Fortschreibungsmethode**, → **Inventurmethode**).

(3) Die B. erfolgt je nach → **Kostenrechnungssystem** zu → **Vollkosten** oder → **Teilkosten**.

Bestandsdifferenzrechnung → Befundrechnung

Bestandsfortschreibung → Fortschreibungsmethode

Bestandsvergleich → Inventurmethode

Bestellmenge → optimale Bestellmenge

Betrieb

der Teil der Unternehmung, in dem die Leistungserstellung stattfindet. Kurzformel: B. = technischer Apparat der Unternehmung.

betriebliches Rechnungswesen (RW)

Begriff: Sammelbezeichnung für die rechnerische Erfassung, Auswertung und Kontrolle aller Daten, die das Geschehen im → **Betrieb** mengenmäßig und wertmäßig beschreiben.

Einteilung: Das betriebliche RW umfaßt im einzelnen:

(1) → **Kostenrechnung** oder → **Betriebsbuchhaltung** (interne Erfolgsrechnung): Sie ermittelt die angefallenen → **Kosten** und rechnet sie den Stellen und → **Produkten** zu, die sie verursacht haben.

(2) → **Finanz**- oder → **Geschäftsbuchhaltung** (externe Erfolgsrechnung): Sie gibt einen Überblick über die Vermögens- und Ertragslage.

(3) Betriebsstatistik: Sie verarbeitet das Zahlenmaterial zu Kennzahlen, Tabellen, graphischen Darstellungen.

(4) Planungsrechnungen zur Unternehmensführung, insbesondere → **Investitionsrechnung** und → **Finanzplanung** (Beispiele: Bestimmung der Vorteilhaftigkeit von → **Investitionen**, Ermittlung → **optimaler Bestellmengen**, → **Seriengrößen**, → **Fertigungsprogramme**, → **Verfahrenswahl**- und → **Fremdbezugsentscheidungen**).

Betriebsabrechnung

Begriff: B. ist die meist monatlich durchgeführte Verrechnung aller im → **Betrieb** anfallenden → **Kosten** auf die → **Hauptkostenstellen**. Sie stellt damit auch die Ausgangsdaten für die → **Kostenträgerrechnung** zur Verfügung.

Problem: Die B. kann tabellarisch-statistisch mit Hilfe des → **Betriebsabrechnungsbogens (BAB)** durchgeführt werden. Sie kann auch nach den traditionellen Prinzipien der Buchführung erstellt werden, wenn man für jede → **Kostenstelle** ein Konto einrichtet. Heute erfolgt die B. häufig als EDV-gestützte Auswertungsrechnung der → **Kostenarten**- und → **Kostenstellenrechnung.**

Betriebsabrechnungsbogen (BAB)

Begriff: BAB ist die tabellarische Durchführung der Umrechnung der → **Kostenarten** auf die → **Kostenstellen**, kurz: tabellarische → **Kostenstellenrechnung**. Der BAB enthält zeilenweise die Kostenarten und spaltenweise die Kostenstellen.

Problem: Der BAB beinhaltet eine Arbeitsanweisung für die Durchführung der Kostenstellenrechnung, die sich in folgende Schritte gliedern läßt:

(1) Verteilung der → **primären Kosten** (= von außen bezogene Kostengüter) auf die Kostenstellen, die sie verbrauchen.

(2) Verteilung der → **Leistungen** der allgemeinen → **Hilfsstellen** auf die → **Fertigungshilfsstellen** und sämtliche → **Hauptkostenstellen**.

(3) Verteilung der Leistung der Fertigungshilfsstellen auf die → **Fertigungshauptstellen**.

(4) Ermittlung der → **Kosten** sämtlicher Hauptkostenstellen.

(5) Errechnung von → **Kalkulationssätzen** oder Kalkulationszuschlagssätzen.

(6) Feststellung von Kostenüber- und Kostenunterdeckungen, die sich bei Durchführung einer → **Normalkostenrechnung** oder → **Plankostenrechnung** ergeben können.

(7) Ermittlung von → **Kennzahlen** zur → **Kostenkontrolle**.

Die Verteilung der primären (von außen bezogenen) und → **sekundären Kosten** (= selbsterstellte Güter und Dienste = Leistungen der Hilfskostenstellen) ist problematisch, soweit es sich nicht um → **Kostenstelleneinzelkosten** handelt, die den Kostenstellen ohne Schlüssel zurechenbar sind. Bei → **Kostenstellengemeinkosten** behilft man sich häufig mit mehr oder weniger pauschalen Verteilungsschlüsseln (→ **Gemeinkostenschlüsselung**).

Beispiel: Der schematische Aufbau eines BAB kann der folgenden Tabelle entnommen werden. Zur Vereinfachung wurde angenommen, daß es keinen gegenseitigen Leistungsaustausch zwischen den Kostenstellen gibt, so daß die → **innerbetriebliche Leistungsverrechnung** problemlos durchführbar ist.

		allgemeine Hilfsstelle	Material-hauptstelle	Fertigung				Verwaltungs-hauptstelle	Vertriebs-hauptstelle
				Hilfs-stelle	Hilfs-stelle	Haupt-stelle	Haupt-stelle		
primäre Gemeinkosten	Arbeitskosten	250	600	100	200	1000	1800	1700	800
	Betriebsmittel-kosten	50	30	40	20	400	300	60	40
	. . .	. . .	. . .	. . .	. . .	. . .	. . .	. . .	. . .
	Summe	600	1800	900	1000	2500	3000	2000	1000
Innerbetriebliche Leistungs-verrechnung		-600	+120	+360		+120			
			-500	+400			+100		
				-1660	+520	+140	+700	+300	
					-1520	+320	+1200		
						-180			+180
								-100	+100
Endkosten		0	1420	0	0	2900	5000	2200	1280

Quelle: H. Schmalen, Grundlagen und Probleme der Betriebswirtschaft, 6., überarb. Aufl., Köln 1987, S. 548.

Übersicht: **Betriebsabrechnungsbogen (BAB): Instrument zur Kostenumlage**

Betriebsbereitschaftskosten → Bereitschaftskosten

Betriebsbuchführung, Betriebsbuchhaltung

traditionelle Sammelbegriffe für → **Kostenrechnung** bzw. → **Betriebsabrechnung**.

Betriebserfolg, Betriebsergebnis

Begriff: B. ist die Differenz zwischen den betrieblichen → **Leistungen** und → **Kosten** einer Abrechnungsperiode (Monat, Quartal).

Problem: Der B. gibt an, wie der → **Betrieb** als technischer Apparat der Unternehmung in der Abrechnungsperiode gearbeitet hat. Er stimmt im Regelfall nicht mit dem aus der → **Gewinn- und Verlustrechnung** resultierenden → **Gewinn** überein. Die Unterschiede resultieren unter anderem aus den → **neutralen Aufwendungen** und den → **Zusatzkosten**.

Betriebserfolgsrechnung, Betriebsergebnisrechnung

ist im weiteren Sinne ein Synonym für → **Kostenrechnung**. Im engeren Sinne steht B. für die → **kurzfristige Erfolgsrechnung,** deren Aufgaben vor allem in der laufenden Kontrolle des → **Betriebserfolgs** und der Bereitstellung von Zahlenmaterial für dispositive Zwecke, insbesondere absatzpolitischer Art, bestehen.

Betriebsertrag

ist die Summe aus → **Umsatz** und Bestandsveränderungen an → **Halb- und Fertigfabrikaten,** bewertet zu den darin steckenden → **Kosten**. B. ist ein Synonym zu → **Leistungen** und stellt die positive Komponente bei der Ermittlung des → **Betriebserfolgs** dar.

betriebsfremde Aufwendungen

Begriff: B. A. sind → **Aufwendungen**, die nicht zur Leistungserstellung dienen und nichts mit dem Betriebszweck zu tun haben.

Beispiel: Spende an das Deutsche Rote Kreuz.

betriebsfremde Erträge

Begriff: B. E. sind → **Erträge**, die nicht aus der betrieblichen Leistungserstellung stammen und nichts mit dem Betriebszweck zu tun haben.

Beispiel: Maschinenbauunternehmung hält Kassenüberschüsse in Obligationen und erzielt beim Verkauf der Wertpapiere Kursgewinne.

Betriebsgewinn → Betriebserfolg

betriebsgewöhnliche Nutzungsdauer

Begriff: B. N. ist der Zeitraum, während dessen ein → **Wirtschaftsgut** unter Berücksichtigung seines Zwecks voraussichtlich genutzt werden kann.

Problem: Die b. N. ist betriebsindividuell. Anhaltspunkte bei der Festlegung der b. N. bieten die vom Bundesministerium für Finanzen herausgegebenen → **AfA**-Tabellen. Die b. N. bestimmt in der → **Kostenrechnung** direkt den Abschreibungszeitraum.

Betriebsminimum

Begriff: Minimum der variablen Kosten pro Stück (→ **variable Stückkosten**).

Problem: Sinkt der → **Marktpreis** für die Leistungseinheit unter die → **variablen Stückkosten**, so ist die → **Produktion** einzustellen, da nicht einmal die bei Produktionsverzicht vermeidbaren variablen Kosten gedeckt werden. Das B. gibt die → **kurzfristige Preisuntergrenze** an. Bei einem Marktpreis dieser Höhe entsteht ein Verlust in Höhe der → **fixen Kosten,** und der → **Gesamtdeckungsbeitrag** ist gleich Null.

Betriebsmittel

Begriff: B. sind alle Anlagen und Einrichtungen, die zum technischen Apparat der Unternehmung gehören und über längere Zeit genutzt werden.

Problem: B. gehen nicht direkt in das → **Produkt** ein, so daß die verursachungsgerechte Kostenzurechnung oft schwierig ist.

Beispiel: Grundstücke, Gebäude, Maschinen, Werkzeuge, Büroeinrichtungen.

betriebsnotwendiges Kapital, betriebsnotwendiges Vermögen

Begriff: B. K. ist das zur Erreichung des Betriebszwecks erforderliche Kapital. Man benötigt es zur Ermittlung der → **kalkulatorischen Zinsen.**

Problem: (1) Da man einer bilanziellen Passivposition nicht ansehen kann, ob sie betriebsnotwendig ist oder nicht, geht man von der Aktivseite aus und ermittelt zunächst das betriebsnotwendige Vermögen.

(2) Da auf der Aktivseite auch nicht betriebsnotwendige Vermögensteile aufgeführt sein können, sind diese herauszurechnen.

(3) Da die kostenrechnerische Bewertung nicht mit den für die Bilanz maßgeblichen handels- und steuerrechtlichen Vorschriften übereinstimmen muß, ist die Bewertung gegebenenfalls zu korrigieren.

Beispiel:

	DM
betriebsnotwendiges Anlagevermögen	
a) nicht abnutzbares (zu kalkulatorischen Ausgangswerten)	800 000
a) abnutzbares (zu halben kalkulatorischen Ausgangswerten)	200 000
+ betriebsnotwendiges Umlaufvermögen	500 000
= betriebsnotwendiges Vermögen	1 500 000
- Abzugskapital	0
= betriebsnotwendiges Kapital	1 500 000

Hinweis: Der Abzug von → **Abzugskapital**, von dem behauptet wird, es stehe zinsfrei zur Verfügung, sollte im Regelfall unterbleiben. Zinsfrei ist dieses Kapital meist nur optisch, nicht faktisch. Meist gilt:

betriebsnotwendiges Kapital = betriebsnotwendiges Vermögen

Betriebsoptimum

Begriff: B. ist die Produktionsmenge, bei der die gesamten → **Stückkosten** ihr Minimum erreichen. Es liegt bei linearer → **Kostenfunktion** an der Kapazitätsgrenze, bei s-förmiger davor.

Problem: Auf lange Sicht darf der → **Marktpreis** für die Leistungseinheit nicht unter die gesamten → **Stückkosten** sinken, damit variable und fixe Stückkosten gedeckt sind. Das B. gibt die → **langfristige Preisuntergrenze** an.

Hinweis: B. und → **Gewinnmaximum** sind im Regelfall verschieden.

Betriebsstoffe

Begriff: B. werden bei der → **Produktion** benötigt, gehen aber nicht in das → **Produkt** ein. Sie gehören zur Gruppe der → **Werkstoffe**, die die → **Roh-**, → **Hilfs-** und B. umfaßt.

Beispiel: Treibstoffe, Schmiermittel, Strom, Reinigungsmittel.

Betriebsvergleich

Begriff: B. ist die Analyse betrieblicher Daten eines → **Betriebes** (innerbetrieblicher Vergleich) oder mehrerer Betriebe (zwischenbetrieblicher Vergleich). Ziel des B. ist die Planung, Kontrolle und Steuerung des Betriebsgeschehens. Der innerbetriebliche Vergleich wird durchgeführt als Zeitvergleich im Sinne eines → **Ist-Ist-Vergleichs** oder als Kontrollrechnung im Sinne eines → **Soll-Ist-Vergleichs.** Der zwischenbetriebliche Vergleich ist in aller Regel ein Ist-Ist-Vergleich von Kennzahlen vergleichbarer Betriebe einer bestimmten Branche.

Problem: (1) Beim innerbetrieblichen Ist-Ist-Vergleich fehlt das Vergleichsobjekt. Es besteht die Gefahr, daß man „Schlendrian mit Schlendrian vergleicht" (Schmalenbach).

(2) Die Qualität des innerbetrieblichen Soll-Ist-Vergleichs kann erheblich besser sein, sie hängt wesentlich von vernünftigen Soll-Werten ab.

(3) Beim zwischenbetrieblichen Vergleich muß gewährleistet sein, daß die Unternehmungen vergleichbar sind und die Kennzahlen in einheitlicher Weise erhoben werden. Der zwischenbetriebliche Vergleich wird im praktischen Fall häufig von Verbänden durchgeführt. Dabei hat es sich als zweckmäßig erwiesen, die Unternehmungen in Gruppen einzuteilen und nur die mittels Durchschnittsbildung anonymisierten Gruppenergebnisse zu veröffentlichen.

Beispiel (Auszug aus einem Betriebsvergleich im Handwerk):

	Gruppe I		Gruppe II		Gruppe III		Gruppe IV		Ihr Betrieb	
	DM	%	DM	%	DM	%	DM	%	DM	%
Handwerksleistung	276 908	94,2	593 946	98,0	1 069 356	98,5	2 303 063	100,0		
+ Handelserlöse	17 142	5,8	12 083	2,0	16 636	1,5	204	–		
= Betriebsleistung	294 050	100,0	606 029	100,0	1 085 992	100,0	2 303 267	100,0		100,0
– Fremdleistung	577	0,2	7 245	1,2	42 320	3,9	78 372	3,4		
– Materialeinsatz	52 256	17,8	116 356	19,2	176 916	16,3	344 507	15,0		
– Handelswareneinsatz	11 494	3,9	6 628	1,1	9 916	0,9	177	–		
= Rohgewinn I	229 723	78,1	475 800	78,5	856 840	78,5	1 880 211	81,6		

	Gruppe I		Gruppe II		Gruppe III		Gruppe IV		Ihr Betrieb	
	DM	%	DM	%	DM	%	DM	%	DM	%
– Personalaufwand Handwerk	99 899	34,0	272 494	45,0	519 946	47,9	1 185 313	51,5		
– Personalaufwand Verwaltung und Handel	7 649	2,6	15 341	2,5	57 659	5,3	140 648	6,1		
= Rohgewinn II	122 175	41,5	187 965	31,0	279 235	25,7	554 250	24,0		
– Übrige Aufwendungen	53 181	18,1	86 400	14,2	164 211	15,1	305 219	13,2		
= Betriebsergebnis	68 994	23,4	101 565	16,8	115 024	10,6	249 031	10,8		
– Kalkulatorische Kosten	65 014	22,1	77 448	12,8	94 910	8,7	99 178	4,3		
= Betriebsw. Ergebnis	3 980	1,3	24 117	4,0	20 114	1,9	149 853	6,5		

Quelle: Rationalisierungsgemeinschaft Handwerk Schleswig-Holstein e.V. (Hrsg.), Betriebsvergleich 1990, Maler- und Lackiererhandwerk Schleswig-Holstein, Kiel 1991, S. 5.

Bewertung

Begriff: B. ist die Zuordnung einer Geldsumme zu → **Wirtschaftsgütern**. Die → **Kostenrechnung** hat vor allem folgende Bewertungsaufgaben:

(1) Interne Bewertung von → **Halb- und Fertigerzeugnissen.**

(2) Externe Bewertung von selbsterstellten Anlagen sowie Halb- und Fertigfabrikaten.

Problem: Die interne Bewertung kann unabhängig von handels- und steuerrechtlichen Normen vorgenommen werden, die externe Bewertung nicht. Die interne Bewertung kann – je nach Zielsetzung – mit → **Vollkosten**, → **Teilkosten**, → **Wiederbeschaffungskosten**, → **Marktpreisen** usw. erfolgen. Bei der externen Bewertung zu → **Anschaffungs-** oder → **Herstellungskosten** ist § 255 HGB zu beachten.

Beispiel:

Anschaffungspreis
+ Anschaffungsnebenkosten
(Kosten des Erwerbs und der Versetzung in die Betriebsbereitschaft)
- Anschaffungskostenminderung
(Rabatte, Skonti)
= Anschaffungskosten (nach § 255 Abs. 1 HGB)

Materialeinzelkosten + Fertigungseinzelkosten + Sondereinzelkosten der Fertigung
= Wertuntergrenze der Herstellungskosten (nach § 255 Abs. 2 HGB)
+ Materialgemeinkosten in angemessener Höhe + Fertigungsgemeinkosten in angemessener Höhe + Werteverzehr des Anlagevermögens in angemessener Höhe + Kosten der allgemeinen Verwaltung + Aufwendungen für soziale Einrichtungen des Betriebs, für freiwillige soziale Leistungen und die betriebliche Altersversorgung + Fremdkapitalzinsen (nur in Ausnahmefällen)
= Wertobergrenze der Herstellungskosten (nach § 255 Abs. 2 u. 3 HGB)

Bezugsgröße

Begriff: B. ist die für einen → **Betrieb** oder einen betrieblichen Teilbereich (→ **Kostenstelle**) gewählte Maßgröße für die Leistungsabgabe (→ **Beschäftigung**) und für die → **Kostenverursachung**.

Problem: Die B. ist so zu wählen, daß ein möglichst hoher Prozentsatz der → **Kosten** in bezug auf sie variabel ist; gleichzeitig soll sie ein guter Indikator für die Beschäftigung sein. Häufig gewählte B. sind (1) output-orientierte (Stück/Monat, Hektoliter/Monat, Tonnen/Monat) und (2) input-orientierte (Maschinenstunden/Monat, Arbeitsstunden /Monat). Gelegentlich wählt man auch Hilfsgrößen, zum Beispiel Fertigungslöhne, Materialeinsatz.

Beispiel:

Kostenstelle	Bezugsgröße (Einheit/Monat)
Dreherei	Fertigungsstunden
Automaten	Maschinenstunden
Schweißerei	Schweißstunden
Labor	Anzahl Proben
Lager	beanspruchter Lagerraum in m^3

Bezugsgrößenkalkulation → Zuschlagskalkulation

Bezugskalkulation → Beschaffungskosten

Bit

ist die Abkürzung für binary digit (Binärzeichen, Dualziffer). Ein Bit ist die kleinste Einheit zur Datenspeicherung im Binärcode. Es kann wechselweise die Bedeutung 0 oder 1 annehmen.

Break-even-Analyse, Break-even-Punkt

Begriff: B.-e.-A. ist die Ermittlung der Absatzmenge, bei der weder → **Gewinn** noch Verlust erzielt wird (→ **Gewinnschwelle**). Die Absatzmenge, bei der der Gewinn gleich Null ist, heißt → **kritische Menge.** Man erhält sie durch Gleichsetzen von → **Umsatz** und → **Kosten** beziehungsweise durch Nullsetzen des Gewinns. Der sich dabei ergebende Schnittpunkt heißt Break-even-Punkt (→ **Deckungspunkt**).

Beispiel: Eine Unternehmung stellt ein → **Produkt** her, das zum Preis von 8 DM/Stück abgesetzt wird. Die → **variablen Stückkosten** belaufen sich auf 4 DM. Pro Monat fallen → **fixe Kosten** in Höhe von 1 000 DM an. Dann gibt es drei Möglichkeiten zur Durchführung der B.-e.-A.:

(1) Umsatz = Kosten

$$8x_{kr} = 1\,000 + 4x_{kr}$$
$$4x_{kr} = 1\,000$$
$$x_{kr} = 250 \text{ (St/Mon)}$$

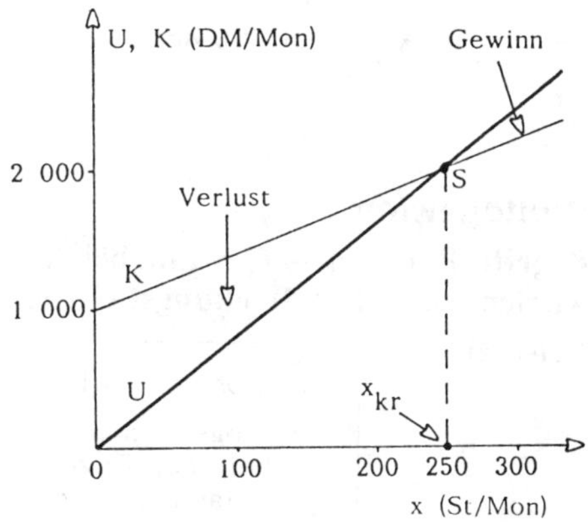

Bei einem Monatsabsatz von 250 Einheiten werden die Gesamtkosten K durch den Umsatz U gedeckt. Die kritische Absatzmenge x_{kr} ergibt sich graphisch, indem man vom Break-even-Punkt S das Lot auf die waagerechte Koordinatenachse fällt (→ **kritische Menge**).

(2)

Deckungsbeitrag (Bruttogewinn)	=	fixe Kosten

$$U - K_v = K_f$$
$$8x_{kr} - 4x_{kr} = 1\,000$$
$$4x_{kr} = 1\,000$$
$$x_{kr} = 250 \text{ (St/Mon)}$$

Bei einem Monatsabsatz von 250 Einheiten entsprechen die kumulierten → **Deckungsbeiträge** (Bruttogewinne) den → **Fixkosten**. Der Deckungsbeitrag jeder zusätzlichen Absatzeinheit erhöht den Nettogewinn.

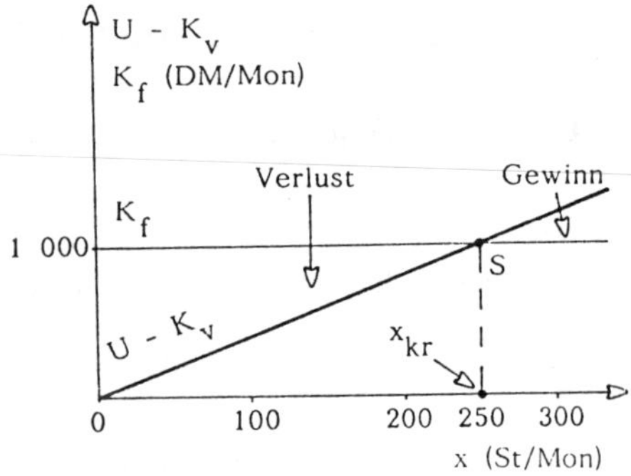

(3) Gewinn = 0

$$px_{kr} - K_f - k_v x_{kr} = 0$$
$$px_{kr} - k_v x_{kr} = K_f$$
$$x_{kr} = \frac{K_f}{p - k_v}$$
$$x_{kr} = \frac{1000}{4}$$
$$x_{kr} = 250 \text{ (St/Mon)}$$

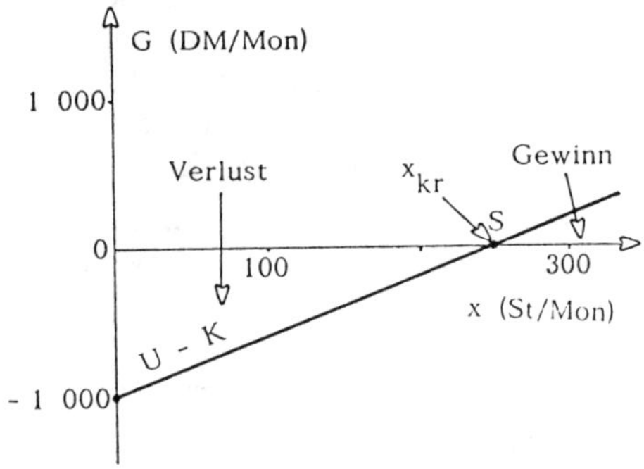

Abbildung:
Graphische Break-even-Analyse

Bruttogewinn

Begriff: B. ist der → **Gewinn**, bei dem keine → **fixen Kosten** abgezogen wurden. B. und → **Deckungsbeitrag** sind identische Begriffe.

Beispiel:

Bruttostückgewinn	=	Stückdeckungsbeitrag
Bruttogewinn pro Einheit der Engpaßbelastung	=	spezifischer Deckungsbeitrag
Bruttobetriebsgewinn	=	Summe aller Deckungsbeiträge

Buchwert

Begriff: B. ist der Wert, mit dem die zu → **Anschaffungs**- oder → **Herstellungskosten** bewerteten Aktiva und Passiva, vermindert um → **Abschreibungen** und vermehrt um → **Zuschreibungen**, in der Bilanz erfaßt sind („zu Buche stehen").

Problem: Der B. stimmt nur dann mit dem Zeitwert (→ **Tageswert**) überein, wenn die Abschreibungen der tatsächlichen Wertminderung entsprechen. Da die → **kalkulatorischen Abschreibungen** von den buchhalterischen abweichen können, sind bilanzielle und kalkulatorische Buch- oder → **Restwerte** möglicherweise verschieden.

Budget

Begriff: B. ist ein Wertgrößenplan, der für eine künftige Periode vorgegeben wird und einen gewissen Verbindlichkeitscharakter aufweist. Dabei kann es sich sowohl um einen Gesamtplan als auch um einen Teilplan handeln. Man unterscheidet Erfolgsbudgets und Finanzbudgets. Die Erfolgsbudgets enthalten zahlenmäßige Vorgaben für → **Kosten**, → **Leistungen** und → **Erfolge.** Die Budgetierung von Kosten und Leistungen erfolgt meist für kurze Perioden (Monate) und ist Gegenstand der → **Plankostenrechnung.** → **Budgetkosten** und → **Plankosten** sind Synonyme.

Beispiel:

Budgets nach Funktionen	Budgets nach Fristen
Absatzbudget Beschaffungsbudget Produktionsbudget Finanzbudget Investitionsbudget	Monatsbudgets Jahresbudgets Mehrjahresbudgets

Budgetkosten

ist ein veralteter Ausdruck für → **Plankosten.**

Byte

ist die zusammenfassende Bezeichnung für eine Folge von 8 → **Bits.**

C

CAD

ist die Abkürzung für computer aided design (computergestützte Entwurfs- und Entwicklungstechnik).

CAE

ist die Abkürzung für computer aided engineering (computergestützte Ingenieurtätigkeiten).

CAI

ist die Abkürzung für computer assisted instruction (computergestütztes Lernen).

CAM

ist die Abkürzung für computer aided manufacturing (computergestützte Produktion).

CAP

ist die Abkürzung für computer aided planing (computergestützte Arbeitsplanung).

CAQ

ist die Abkürzung für computer aided quality assurance (computergestützte Qualitätskontrolle).

Charge

Begriff: C. ist die Menge eines → **Erzeugnisses,** die unter Bedingungen entstanden ist, die als einheitlich anzusehen sind.

Problem: Die zu einer C. gehörenden Erzeugnisse sind gleichartig, etwa Fliesen aus einem Brand, Wein aus einem Faß. Erzeugnisse aus unterschiedlichen C. können unter Umständen größere Unterschiede aufweisen. Deshalb müssen die Produkte durch die Chargennummer gekennzeichnet werden.

Beispiel: Verkokung einer bestimmten Kohlemenge im Hochofen, Brennen einer bestimmten Menge von Porzellanvasen, Färben einer bestimmten Menge von Baumwolle, Beschickung eines metallurgischen Ofens mit einer bestimmten Menge.

Hinweis: Der Begriff C. bezieht sich gleichermaßen auf die Gütereinsatzmenge wie auf die → **Ausbringungsmenge** des Endprodukts.

Chargenfertigung

Begriff: C. ist eine Produktionsweise, bei der eine Produktionsmenge hergestellt wird, die durch das Fassungsvermögen eines → **Betriebsmittels** (z. B. Schmelzofen) begrenzt wird.

Problem: Die → **Chargen** müssen wegen der oft unterschiedlichen Mengen und Qualitäten je Charge getrennt abgerechnet werden. Die dazu eingesetzte Kalkulation, die → **Chargenkalkulation**, ist eine Sonderform der → **Divisionskalkulation**.

Chargenkalkulation

Begriff: C. ist die Ermittlung der → **Stückkosten** der zu einer → **Charge** gehörenden Mengeneinheiten mittels → **Divisionskalkulation**.

Beispiel (Chargenkalkulation auf Voll- und Teilkostenbasis):

$$\text{Kosten einer Ausbringungseinheit} = \frac{\text{Gesamtkosten der Charge}}{\text{Ausbringungseinheiten der Charge}} = \frac{60\,000}{2\,000} = 30\ \text{(DM/St)}$$

$$\text{variable Kosten einer Ausbringungseinheit} = \frac{\text{variable Kosten der Charge}}{\text{Ausbringungseinheiten der Charge}} = \frac{40\,000}{2\,000} = 20\ \text{(DM/St)}$$

cif

ist die Abkürzung für cost, insurance, freight. Der Verkäufer trägt die Verladungskosten (cost), die Versicherung (insurance) und die Fracht (freight) bis zum Bestimmungsort.

CIM

ist die Abkürzung für computer integrated manufactoring (computergestützte Produktionsplanung und -steuerung inkl. Bertriebsdatenerfassung).

CNC-Maschinen

Begriff: CNC-Maschinen sind frei programmierbare, rechnergesteuerte → **Werkzeugmaschinen** (computerized numerical control).

Hinweis: CNC-Maschinen sind flexibler als → **NC-Maschinen.**

Computer

Begriff: C. ist nach → **DIN** 44300 der Sammelbegriff für Anlagen zur Verarbeitung von Daten auf elektronischem Wege (→ **EDV**). Kurzformel: C. = Rechner (to compute = rechnen).

Hinweis: Ein C. besteht aus → **Hardware** und → **Software.**

contribution

Begriff: C. ist die angelsächsische Bezeichnung für → **Deckungsbeitrag.**

Beispiel:

contribution costing	=	→ **Deckungbeitragsrechnung**
contribution per unit of limiting factor	=	Deckungsbeitrag je Engpaßkapazitätseinheit (→ **spezifischer Deckungsbeitrag**)

control

Begriff: C. ist die angelsächsische Bezeichnung für Planung und Lenkung, Steuerung und Regelung sowie Überwachung.

Problem: Da die Schreibweise von c. weitgehend mit dem deutschen Wort Kontrolle übereinstimmt, setzt man c. und Kontrolle gelegentlich gleich, was einer unzulässigen Begriffsverengung gleichkommt.

Controller

Begriff: C. ist der amerikanische Ausdruck für die Person, der im Unternehmen die Verantwortung für das → **Controlling** obliegt. Der C. ist im Regelfall Mitglied der ersten oder zweiten Führungsebene. Seine Zuständigkeit liegt im Bereich der Planung, Lenkung und Überwachung, geht also über bloße Kontrollaufgaben hinaus.

Problem: Es muß entschieden werden, ob die C.-Position nur zentral oder auch dezentral zu gestalten ist. Werden alle Controlling-Aufgaben von einer einzigen Stelle wahrgenommen, so spricht man vom Zentral-C. In Großunternehmungen kann es sinnvoll sein, Teile der Controlling-Aufgaben dezentral anzusiedeln, so daß unterschiedliche C.-Stellen entstehen:

(1) Funktions-C.: Er ist für eine bestimmte betriebliche Funktion (Beschaffung, → **Fertigung,** Vertrieb) zuständig.

(2) Divisions-C.: Er ist für einen unternehmerischen Teilbereich, eine → **Sparte,** verantwortlich.

(3) Projekt-C.: Er betreut ein bestimmtes Großprojekt.

(4) Regional-C.: Er kümmert sich um einen bestimmten geographischen Bereich (z. B. Ausland).

Controlling

Begriff: C. ist die zielorientierte Planung, Steuerung und Überwachung der Unternehmung und ihrer Teilbereiche. C. nutzt insbesondere das Instrumentarium der Erfolgs- und Liquiditätssteuerung.

Problem: Es existiert bis heute keine feste und allgemein anerkannte C.-Definition. Die Aufgaben des C. wurden vom Financial Executives Institute (FEI) folgendermaßen aufgelistet:

(1) Planung: Aufstellung, Koordinierung und Überwachung von Unternehmensplänen (Gewinn-, Investitions-, Finanzierungs-, Absatz-, Kostenpläne).

(2) Berichterstattung und Interpretation: → **Soll-Ist-Vergleich**, → **Abweichungsanalyse,** Bericht an Management und Kapitaleigner.

(3) Beratung: Alle betrieblichen Entscheidungsträger sind über Zielerreichung und Wirksamkeit der Richtlinien und der Organisationsstruktur bewertend zu informieren.

(4) Steuern: Aufstellung und Anwendung von Richtlinien für die Bearbeitung von Steuerangelegenheiten.

(5) Berichterstattung an staatliche Stellen: Berichte sind von der C.-Abteilung zu koordinieren.

(6) Vermögenssicherung: Aufbau eines innerbetrieblichen Kontrollsystems und Überwachung des Versicherungsschutzes.

(7) Volkswirtschaftliche Untersuchungen: Untersuchung wirtschaftlicher und sozialer Kräfte im Hinblick auf mögliche Auswirkungen auf die Unternehmung.

Beispiel: In deutschen Unternehmungen ist der Aufgabenkatalog des C. üblicherweise enger. Insbesondere werden volkswirtschaftliche Untersuchungen und → **interne Revision** nicht als Aufgabe des C. angesehen.

So könnten zum C. eines deutschen Unternehmens beispielsweise folgende Aufgaben gehören:

(1) Planung und Budgetierung,

(2) Kosten- und Leistungsrechnung,

(3) Investitions- und Finanzplanung,

(4) Berichtswesen und Statistik.

cost accounting

ist der angelsächsische Ausdruck für → **Kostenrechnung**.

Cost-Center

Begriff: C.-C. ist eine teilautonome organisatorische Einheit innerhalb der Unternehmung mit eigener Kostenverantwortung.

Beispiel: Als C.-C. kommen unter anderem folgende → **Kostenstellen** in Frage: Verwaltung, Forschung und Entwicklung, Kundendienst.

Hinweis: (1) C.-C. haben den Sinn, schwer überschaubare Großunternehmen in übersichtliche, flexible und leicht steuerbare Teilbereiche aufzulösen.

(2) Bei Einteilung eines Unternehmens in → **Profit-Center** sind die Abteilungen, die eine bestimmte → **Leistung** bei minimalen → **Kosten** zu erbringen haben, als C.-C. zu führen.

Cournot-Punkt

Begriff: C. ist die nach dem französischen Ökonomen Augustin Cournot (1801–1877) benannte gewinnmaximierende Preis-Mengen-Kombination eines monopolistischen Anbieters (→ **Monopol**).

Problem: Die Bestimmung des gewinnmaximalen Punktes setzt voraus, daß man hinreichend genaue Informationen über den Verlauf von → **Kosten-** und → **Umsatzfunktion** besitzt.

(1) Gesamtbetrachtung: Aufgrund der Gesamtumsatz- (U) und Gesamtkostenfunktion (K) erhält man das → **Gewinnmaximum**, indem man die Kostenlinie parallel nach oben verschiebt. Das Gewinnmaximum ist erreicht, wenn die Parallele zur Tangente wird. Der zugehörige → **Gewinn** ist durch die Strecke AB gegeben. In A sind Umsatz- und Kostenfunktion steigungsgleich. Es gilt: → **Grenzkosten** = → **Grenzumsatz**, kurz: K' = U'. Beim Verkauf der Cournot-Menge x_c erzielt man den maximalen Gewinn.

(2) Grenzbetrachtung: Grenzkosten- und Grenzumsatzfunktion schneiden sich in S. Dieser Punkt erfüllt die Bedingung Grenzkosten = Grenzumsatz. Zu ihm gehört der auf der → **Preis-Absatz-Funktion** liegende Cournot-Punkt, von dem aus durch das Lot auf die Koordinatenachsen die gewinnmaximierende Preis-Mengen-Kombination mit Cournot-Preis p_c und Cournot-Menge x_c bestimmt wird.

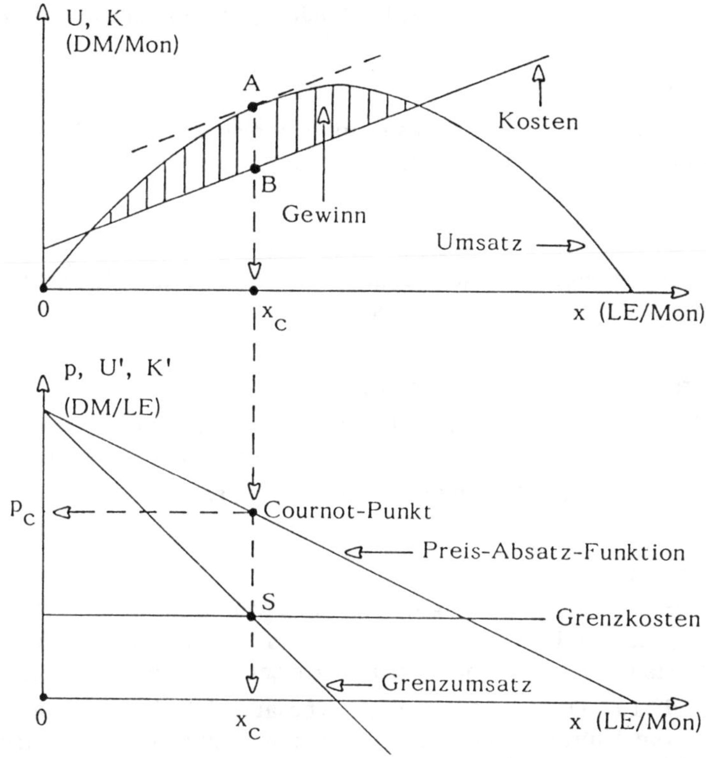

Abbildung: **Cournot-Punkt ist die gewinnmaximale Preis-Mengen-Kombination**

CPM

ist die Abkürzung für Critical Path Method = Methode des kritischen Pfades, eine besondere → **Netzplantechnik** zur Projektplanung und -kontrolle, die Vorgangspfeilnetzpläne verwendet.

D

Damnum

ist der Betrag, um den der → **Preis** oder Kurs eines Wertpapiers oder Kredits unter seinem Nennwert liegt; häufig spricht man von → **Disagio.**

DATEV

ist die Datenverarbeitungsorganisation der steuerberatenden Berufe in der Bundesrepublik. Sitz: Nürnberg. Mitglieder 1988: 28 000.

Datex

ist die Abkürzung für data exchange service, das digitale Datenübertragungsnetz der Deutschen Bundespost.

dauerhafter Produktionsfaktor

Begriff: D. P. ist ein → **Produktionsfaktor**, der über längere Zeit Nutzungen für die betriebliche Leistungserstellung abgeben kann.

Beispiel: Gebäude, Maschinen, → **Werkzeuge.**

DBU-Faktor

Begriff: der DBU-Faktor bezeichnet das Verhältnis von → **Deckungsbeitrag** und → **Umsatz** (gleichbedeutend: → **relativer Deckungsbeitrag**). Man drückt ihn entweder als Prozentsatz oder als Faktor aus.

Beispiel: Ein DBU-Faktor von 0,40 besagt, daß der Deckungsbeitrag 40 % vom Umsatz ausmacht. Oder, bezogen auf eine Verkaufseinheit, daß 40 % des → **Preises** als Deckungsbeitrag beim Verkäufer bleiben.

Hinweis: Der DBU-Faktor wird unter anderem bei der → **Break-even-Analyse** eingesetzt. Belaufen sich die → **Fixkosten** auf 400 000 DM pro Monat, dann muß beim DBU-Faktor von 0,50 (= 50 %) mindestens ein Monatsumsatz von 800 000 DM erzielt werden, um Verluste zu vermeiden. Eine Werbeetatsteigerung um 100 000 DM jährlich lohnt sich beim DBU-Faktor 0,33 (= 33 %) nur dann, wenn die Umsatzsteigerung mindestens 300 000 DM beträgt.

Deckungsabsatzmenge

Begriff: D. ist die kritische Absatzmenge x_{kr}, bei der der → **Umsatz** die → **Kosten** gerade deckt (→ **kritische Menge**). D. ist ein Begriff aus dem Bereich der → **Break-even-Analyse.**

Beispiel: $x_{kr} = \frac{\text{Fixkosten}}{\text{Preis} - \text{variable Stückkosten}} = \frac{50\,000}{12-7} = 10\,000\,(\text{Stück/Per})$

Deckungsbeitrag

Begriff: D. eines → **Kostenträgers** (→ **Produkts**) ist die Differenz zwischen Stückpreis und → **variablen Stückkosten** oder → **Grenzkosten**. Der → **Stückdeckungsbeitrag** wird auch Bruttostückgewinn genannt und so vom Nettostückgewinn unterschieden, der die Differenz zwischen Stückpreis und gesamten → **Stückkosten** angibt. Allgemein kann man den Begriff D. als → **Bruttogewinn** interpretieren.

Problem: Zwar ist der einzelne Kostenträger, die einzelne Leistungseinheit, die häufigste Bezugsgröße für den D. Für praktische Belange sind über den Stückdeckungsbeitrag hinaus, je nach Betriebssituation und Rechnungszweck, viele weitere mögliche D. zu beachten:

(1) Der D. kann sich nicht nur auf eine, er kann sich auch auf mehrere Leistungseinheiten beziehen.

(2) Bei einem innerbetrieblichen Engpaß ist der D. je Engpaßkapazitätseinheit, auch → **spezifischer D.** genannt, von großer Bedeutung.

(3) Je nach Schreibweise des Ergebnisses kann der D. als DM-Betrag oder in Prozenten (→ **relativer Deckungsbeitrag**) angegeben werden.

(4) Der D. kann Gegenstand einer vorausschauenden → **Planungsrechnung** (Plan-D.) oder einer rückblickenden → **Kontrolle** (Ist-D.) sein.

(5) Darüber hinaus lassen sich nach Maßgabe der jeweiligen Fragestellung beliebige weitere D. nach sonstigen Kriterien entwickeln (vgl. Übersicht Folgeseite).

Die Einteilung des Deckungsbeitrages (D.) nach	ergibt folgende Möglichkeiten	und folgende Deckungsbeiträge	Symbol
der Zahl der Leistungseinheiten (LE)	einzelne LE	D. je Stück	d
	mehrere LE	D. je Sorte D. je Produktgruppe D. je Bereich	D
	alle LE des Betriebs	Gesamt-D. (Bruttogewinn)	G_{br}
der Engpaßsituation im Betrieb	freie Kapazitäten	D. je Stück	d
	ein innerbetrieblicher Engpaß	spezifischer D. (D. je Engpaßkapazitätseinheit)	d_s
der Schreibweise des Ergebnisses	DM-Schreibweise	absoluter D.	d, D, G_{br}
	Prozent-Schreibweise	relativer D.	d_r
dem Zeitbezug	Zukunft	Plan-D.	d_p
	Vergangenheit	Ist-D.	d_i
sonstigen Kriterien	räumliche	D. je Bezirk D. je Region D. je Land	
	kundenbezogene	D. je Einzelauftrag D. je Kunde D. je Kundengruppe	
	Periodenlänge	D. je Monat D. je Quartal D. je Jahr	
	werbliche	D. je Werbeaktion D. je Prospekt D. je Katalogseite	
	betriebliche	D. je Abteilung D. je Filiale D. je Zweigbetrieb	
	⋮		

Übersicht: **Deckungsbeiträge in systematischer Darstellung**

Beispiel:

Deckungsbeitrag (D.)	Errechnung	Gleichung
Stückdeckungsbeitrag	Differenz zwischen Stückpreis und variablen Stückkosten	$d = p - k_v$
D. der Sorte A	Differenz zwischen Umsatz und variablen Kosten der Sorte A.	$D_A = U_A - K_{vA}$
	Oder: Produkt aus Stückdeckungsbeitrag und Stückzahl der Sorte A.	$D_A = d_A \cdot x_A$
Gesamtdeckungsbeitrag (Bruttogewinn)	Differenz zwischen Umsatz und variablen Kosten des Betriebs	$G_{br} = U - K_v$
spezifischer Deckungsbeitrag	Stückdeckungsbeitrag, dividiert durch die für die Erzeugung einer Einheit benötigten Engpaßkapazitätseinheiten	$d_s = \frac{p - k_v}{t}$
relativer Deckungsbeitrag	D. je LE, dividiert durch Stückpreis	$d_r = \frac{p - k_v}{p}$
Plan-D. je Stück	Differenz zwischen geplantem Absatzpreis und geplanten variablen Stückkosten	$d_p = p_p - k_{vp}$
Ist-D. je Stück	Differenz zwischen Ist-Absatzpreis und variablen Istkosten pro Stück	$d_i = p_i - k_{vi}$

Übersicht: **Wie man Deckungsbeiträge errechnet**

Interpretation:

Deckungsbeitrag (D.)	Wert	Interpretation
Stückdeckungsbeitrag	$d = p - k_v$ $d = 12 - 8$ $d = 4$ (DM/LE)	Jedes zusätzlich verkaufte Stück verbessert das Betriebsergebnis um 4 DM, d. h. der Verlust sinkt oder der Gewinn steigt um 4 DM.
D. der Sorte A	$D_A = d_A \cdot x_A$ $D_A = 4 \cdot 12\,000$ $D_A = 48\,000$ (DM/Mon)	Die Sorte A leistet zum Betriebsergebnis einen Beitrag in Höhe von 48 000 DM/Periode. Um diesen Betrag würde sich der Betriebsgewinn vermindern, wenn man auf die Sorte A verzichtete.
Bruttogewinn	$U = 560\,000$ (DM/Mon) $K_v = 210\,000$ (DM/Mon) $G_{br} = 350\,000$ (DM/Mon)	Vor Abzug der fixen Kosten erwirtschaftet der Betrieb einen Bruttogewinn von 350 000 DM pro Monat. Dieser Betrag steht zur Abdeckung der Fixkosten zur Verfügung. Was nicht zur Fixkostendeckung benötigt wird, ist Nettogewinn.
spezifischer Deckungsbeitrag	$d_s = \frac{p - k_v}{t}$ $d_s = \frac{4}{2} = 2$ (DM/Engpaßkapazitätseinheit)	Es liegt ein Kapazitätsengpaß vor (z. B. knappe Maschinenzeit). Eine LE bringt im Verkauf den Stückdeckungsbeitrag von 4 DM. Zur Erstellung der LE benötigt man 2 Maschinenminuten. Die einzelne Maschinenminute erbringt brutto 2 DM.
relativer Deckungsbeitrag	$d_r = \frac{p - k_v}{p}$ $d_r = \frac{4}{12} = 0{,}33 = 33$ (%)	Beim Stückpreis von 12 DM und Stückdeckungsbeitrag von 4 DM bleibt dem Anbieter brutto ein Drittel: Der relative D. beläuft sich auf 33 % des Preises.

Übersicht: **Wie man Deckungsbeiträge interpretiert**

Deckungsbeitrag je Engpaßkapazitätseinheit

Begriff: D. j. E. oder → **spezifischer Deckungsbetrag** ist der → **Stückdeckungsbeitrag,** dividiert durch die zur Erstellung eines Stücks benötigten Engpaßkapazitätseinheiten (→ **Deckungsbeitrag).**

Problem: Man benötigt ihn zur → **Programmoptimierung**, wenn im → **Betrieb** ein einziger Kapazitätsengpaß vorliegt. Er ist die entscheidende Größe zur Beantwortung der Frage, in welcher Weise die knappe Engpaßkapazität, um die mehrere Leistungseinheiten konkurrieren, optimal genutzt wird.

Beispiel:

Art des Engpasses	spezifischer Deckungsbeitrag
Maschinenzeit	Deckungsbeitrag je Minute
Lagerfläche	Deckungsbeitrag je m^2
Rohstoffe	Deckungsbeitrag je kg

Deckungsbeitragsprovision

Begriff: D. ist eine Form der leistungsorientierten Außendienstler-Entlohnung, bei der diese am → **Deckungsbeitrag** der von ihnen hereingeholten Aufträge prozentual beteiligt werden.

Beispiel: Entlohnung = Fixum + v. H. vom Deckungsbeitrag je Außendienstler.

Hinweis: D. bringt das Betriebsziel → **Gewinnmaximierung** in Übereinstimmung mit dem Mitarbeiterziel Einkommensmaximierung. Die Übereinstimmung von Betriebsziel und Mitarbeiterziel ist bei anderen Entlohnungsformen, wie etwa Fixum oder Fixum zuzüglich → **Umsatzprovision**, nicht gegeben.

Deckungsbeitragsrechnung (DBR)

Begriff: DBR ist eine → **Bruttogewinnrechnung**, bei der den → **Kostenstellen** und → **Kostenträgern** nur Teile der → **Kosten** zugerechnet werden (deshalb auch: → **Teilkostenrechnung**). Die zugerechneten Kosten sind meist → **variable Kosten,** seltener → **Einzelkosten**. Die Zurechnung der Kosten erfolgt nach dem → **Verursachungsprinzip**. Die variablen Kosten je Einheit stimmen bei dem in der Praxis vorherrschenden linearen → **Kostenverlauf** mit den → **Grenzkosten** überein, so daß man die Teilkostenrechnung sowohl als Grenzkostenrechnung als auch als Variable-Kostenrechnung bezeichnen kann. Kurzformel: DBR ist die Errechnung von und das Rechnen mit → **Bruttogewinnen** (→ **Deckungsbeiträgen**).

Problem: (1) Voraussetzung für die Durchführung einer Teilkostenrechnung ist die Möglichkeit der → **Kostenauflösung**, d. h. der Aufteilung der Kosten in beschäftigungsfixe und beschäftigungsvariable Bestandteile.

(2) Typisch für die DBR ist die Übernahme der → **fixen Kosten** als Block in die → **Betriebsergebnisrechnung**. Der Abzug eines nicht weiter analysierten → **Fixkostenblocks** ist nur dann zweckmäßig, wenn es sich um eine Rechnung kurzfristiger Art handelt. Denn die beschäftigungsfixen Kosten sind nur kurzfristig konstant. Langfristig sind auch die beschäftigungsfixen Kosten variabel. Im Regelfall ist die DBR eine Rechnung für die kurze Periode.

Beispiel:

(1) Preisbeurteilung mit Hilfe von → **kurzfristiger Preisuntergrenze**, → **Plan-** und → **Mindestdeckungsbeitrag**.

(2) → **Deckungsbeitragsprovision** für Außendienstmitarbeiter zur Steigerung des → **Betriebsgewinns;**

(3) → **Programmoptimierung** (= Bestimmung des gewinnmaximalen → **Produktionsprogramms**) für die kurze Periode

- bei freien betrieblichen → **Kapazitäten**,
- bei einem Kapazitätsengpaß,
- bei mehreren Kapazitätsengpässen;

(4) → **Verfahrenswahl** (= Wahl des optimalen Produktionsverfahrens) für die kurze Periode

- bei freien betrieblichen Kapazitäten,
- bei einem Kapazitätsengpaß,
- bei mehreren Kapazitätsengpässen;

(5) Fremdbezugsentscheidungen (= optimale Wahl zwischen → **Eigenfertigung und Fremdbezug**) für die kurze Periode

- bei freien betrieblichen Kapazitäten,
- bei einem Engpaß,
- bei mehreren Engpässen.

Hinweis: Gelegentlich werden auch Rechnungen langfristiger Art als DBR bezeichnet; dies gilt beispielsweise für die sogenannte → **mehrstufige DBR,** die, auf der einstufigen DBR basierend, eine Zusammenfassung der Deckungsbeiträge nach Produktgruppen, Produktionsbereichen, Abteilungen usw. bietet, denen jeweils bestimmte Fixkostenteile zugerechnet werden. Diese Rechnung ist eine langfristige Programmoptimierung, die zur Unterscheidung von der kurzfristigen → **stufenweise Fixkostendeckungsrechnung** genannt wird. Langfristige Verfahrenswahl und langfristige Fremdbezugsentscheidungen sind optimal nur mit Hilfe des investitionsrechnerischen Instrumentariums und nicht aufgrund von Deckungsbeiträgen zu treffen.

Deckungsbeitragsrechnung (DBR) mit relativen Einzelkosten

Begriff: DBR mit → **relativen Einzelkosten** ist ein von Riebel entwickeltes Verfahren der → **kurzfristigen Erfolgsrechnung,** das auch als Einzelkostenrechnung mit relativen Einzelkosten bezeichnet wird. Typisch ist der Verzicht auf die geschlüsselte Zurechnung von → **Gemeinkosten** (→ **Gemeinkostenschlüsselung**) auf die → **Kostenträger**. Riebel bildet stattdessen eine Hierarchie von → **Bezugsgrößen** oder Bezugsobjekten (→ **Erzeugnis**, Erzeugnisgruppe, → **Kostenstelle**, Bereich, Unternehmung), wobei der Anteil der zurechenbaren → **Einzelkosten** immer größer wird, je umfassender das Bezugsobjekt ist.

Hinweis: Die → **stufenweise Fixkostendeckungsrechnung** greift mit ihrer schichtweisen Aufteilung der → **Fixkosten** die Idee der DBR mit relativen Einzelkosten auf und setzt sie in die Praxis um.

Deckungsbeitragsspanne, Deckungsgrad

Begriff: D. ist der Quotient aus → **Deckungsbeitrag** je Leistungseinheit und → **Preis**. Der Begriff D. wird synonym zur Bezeichnung → **relativer Deckungsbeitrag** verwendet.

Beispiel: Beim → **Stückdeckungsbeitrag** von 60 DM und Stückpreis von 100 DM ergibt sich die folgende D.:

$$\text{Deckungsbeitrags-spanne} = \frac{\text{Deckungsbeitrag}}{\text{Preis}} = \frac{60}{100} = 0{,}60 = 60\,\%$$

Deckungspunkt

(→ **kritische Menge,** → **Break-even-Punkt**) bezeichnet die Menge, bei der

- zwei verschiedene → **Produktionsverfahren** mit den gleichen → **Kosten** arbeiten (→ **Verfahrenswahl**),
- → **Umsatz** und → **Kosten** gleich sind (→ **Break-even-Analyse**),
- eine → **Investition** gerade eben vorteilhaft ist (→ **Investitionsrechnung**).

Deckungsumsatz

ist ein Begriff der → **Break-even-Analyse**: Der → **Umsatz**, bei dem alle → **Kosten** voll gedeckt werden.

degressive Abschreibungen

sind → **Abschreibungen,** die betragsmäßig von Jahr zu Jahr geringer werden. Sie existieren in zwei Formen: → **geometrisch-degressive Abschreibung** und → **digitale** oder → **arithmetisch-degressive Abschreibung.**

degressive Kosten

Begriff: D. K. (auch unterproportionale → **Kosten**) sind dadurch gekennzeichnet, daß eine Beschäftigungsänderung um ein Prozent zu einer Kostenänderung von weniger als ein Prozent führt. Die Kosten K steigen also langsamer als die → **Ausbringungsmenge**. Effekt: Mit steigender Ausbringungsmenge x sinken die gesamten → **Stückkosten** k.

Beispiel:

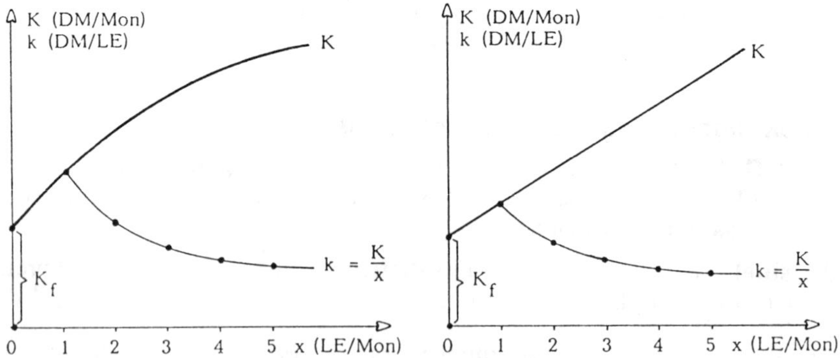

Abbildung: **Die Kosten sind degressiv, wenn die Stückkosten sinken**

Die Kostendegression kann auch vom Fixkostenblock K_f verursacht sein, der sich bei zunehmender Beschäftigung auf eine größere Stückzahl verteilt.

Desinvestition

ist das Gegenstück zur → **Investition.** D. liegt vor, wenn der Ersatz eines ausscheidenden Investitionsobjektes unterlassen wird (enge Fassung). Nach einer weiteren Fassung bezeichnet D. die während der Nutzungsdauer eines Investitionsobjektes zurückfließenden Gegenwerte der Anschaffungsauszahlung.

Dienstleistungskosten

Begriff: D. sind → **Kosten** für immaterielle → **Güter,** bei denen → **Produktion** und Verbrauch zeitlich zusammenfallen.

Problem: Dienstleistungen sind nicht übertragbar, nicht lagerfähig, nicht transportierbar.

Beispiel:
- Mieten und Pachten,
- Fremdreparaturen und Fremdinstandhaltungen,
- Forschungs- und Entwicklungsleistungen Dritter,
- Reise-, Transport- und Frachtkosten,
- Werbe-, Prüfungs-, Versicherungs- und Rechtsberatungskosten.

Differenzen-Quotienten-Verfahren

Begriff: Das D.-Q.-V. (high-low-points-method, mathematische Kostenauflösung) ist ein auf Schmalenbach (1873–1955) zurückgehendes Verfahren zur Trennung von → **fixen** und → **variablen** Kosten, bei dem man zwei Differenzen, Kostendifferenz und Beschäftigungsdifferenz, zueinander ins Verhältnis setzt. Es gehört zu den statistischen Verfahren der → **Kostenauflösung.**

Problem: (1) Die Werte sind statistischer Art, also vergangenheitsbezogen.

(2) Die Bezugsgrößenwerte sollen möglichst weit auseinander liegen.

(3) Es dürfen nur repräsentative Wertepaare berücksichtigt werden, keine Ausrutscher.

Beispiel: Im vergangenen Jahr wurden in einer → **Kostenstelle** unter anderem folgende Werte für die → **Kosten** und die → **Bezugsgröße** festgestellt:

Monat	Kosten (DM/Mon)	Bezugsgröße (LE/Mon)
1	15 000	290
2	20 000	540
Differenz	5 000	250

Dann gilt für die zu planenden → **variablen Stückkosten** k_{vp}:

$$k_{vp} = \frac{\text{Kostendifferenz}}{\text{Beschäftigungsdifferenz}} = \frac{K_2 - K_1}{B_2 - B_1} = \frac{5\,000}{250} = 20 \text{ (DM/LE)}$$

Für die zu planenden → **Fixkosten** K_{fp} gilt:

$K_{fp} = K_2 - k_{vp} \cdot B_2 = 20\,000 - 20 \cdot 540 = 9\,200$ (DM/LE)

Die → **Sollkostenlinie** lautet: $K_s = 9\,200 + 20B$

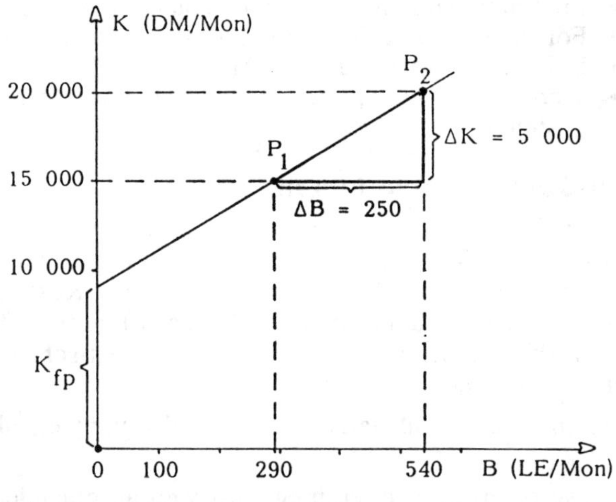

Abbildung: **Das Differenzen-Quotienten-Verfahren basiert auf zwei Wertepaaren**

differenzierende Zuschlagskalkulation
→ **Zuschlagskalkulation**

Differenzkalkulation

ist eine Art der → **Handelskalkulation** (→ **Kalkulation**), bei der sowohl Einkaufs- als auch Verkaufspreise fest vorgegeben sind. Es ist dann nur noch die Frage zu beantworten, ob die Differenz zwischen gegebenen Einkaufs- und Verkaufspreisen zur Deckung der → **Kosten** und Gewinnansprüche ausreicht.

digitale Abschreibung

Begriff: Bei diesem Verfahren der → **Abschreibung** vermindert sich die jährliche Abschreibungssumme stets um den gleichen absoluten Betrag, gleichzeitig entspricht die Abschreibungssumme im letzten Nutzungsjahr dem jährlichen Differenzbetrag. Die d. A. ist die häufigste Form der → **arithmetisch-degressiven Abschreibung.**

Beispiel: Anschaffungskosten = 8 000 DM; Nutzungsdauer = 4 Jahre; Restwert = 0. Der jährliche Degressionsbetrag D ergibt sich wie folgt:

D = 8 000 : (4 + 3 + 2 + 1) = 800 DM/Jahr.

Für den jährlichen Abschreibungsbetrag M gilt:
M = Restnutzungsjahre · D

Jahr	Restnutzung (Jahre)	Anfangswert (DM)	Abschreibung M (DM/Jahr)	Endwert (DM)
1	4	8 000	4 · 800 = 3 200	4 800
2	3	4 800	3 · 800 = 2 400	2 400
3	2	2 400	2 · 800 = 1 600	800
4	1	800	1 · 800 = 800	0

Hinweis: Steuerlich ist dieses Abschreibungsverfahren unzulässig.

DIN

ist die Abkürzung für

(1) Deutsche Industrie Norm,

(2) Deutsches Institut für Normung. Dieses Institut mit Sitz in Berlin ist die nationale Normenorganisation in Deutschland.

direct costing

Begriff: D. c. gehört zur → **Deckungsbeitragsrechnung**. Man versteht darunter den Bereich der Deckungsbeitragsrechnung, bei dem zunächst die → **Deckungsbeiträge** als Differenz zwischen → **Preisen** und → **va-**

riablen Stückkosten ermittelt werden und sodann die Summe aller Dekkungsbeiträge um den Betrag der → **fixen Kosten** vermindert wird.

Problem: Wesentliches Kriterium für das d. c. ist die Auflösung der → **Kosten** (→ **Kostenauflösung**) in fixe und variable (und nicht in → **Einzel**- und → **Gemeinkosten**). D. c. kann auch als Grenzkostenrechnung bezeichnet werden, da → **Grenzkosten** und variable Stückkosten bei den in der Praxis vorherrschenden linearen Kostenverläufen (→ **Kostenfunktionen**) identisch sind.

Beispiel:

	Preis eines Produktes	
–	variable Stückkosten	
=	Deckungsbeitrag →→→	Summe aller Deckungsbeiträge
		– Block der fixen Kosten
		= Nettogewinn pro Periode

Hinweis: Man unterscheidet zwischen dem einstufigen und dem mehrstufigen d. c. Das einstufige d. c. behandelt die gesamten → **Fixkosten** als einheitlichen Block. Das → **mehrstufige d. c.** löst den Fixkostenblock nach dem Kriterium der Zurechenbarkeit in einzelne Schichten auf und rechnet diese bestimmten Bezugsobjekten (Produktarten, -gruppen, Bereiche, Unternehmung) zu. Diese Rechnung ist eine langfristige → **Programmoptimierung**, die im Unterschied zur kurzfristigen Programmoptimierung meist → **stufenweise Fixkostendeckungsrechnung** genannt wird.

direkte Kosten

Begriff: D. K. sind → **Kosten**, die einem Bezugsobjekt (meist Leistungseinheit, aber auch → **Kostenstelle** oder andere Bezugsobjekte) ohne Schlüssel, also verursachungsgerecht (direkt) zugerechnet werden können. Die Praxis spricht meist von → **Einzelkosten**.

Gegensatz: → **Gemeinkosten**, → **indirekte Kosten.**

Disagio

Begriff: D. (ital.) ist der Betrag, um den der → **Preis** oder Kurs eines Wertpapieres oder Kredits unter seinem Nennwert liegt (= → **Abgeld**, → **Damnum**).

Gegensatz: → **Agio.**

Diskontierungssummenfaktor (DSF)

Begriff: Der DSF gehört zu den finanzmathematischen Faktoren. Er zinst die Glieder g einer Zahlungsreihe unter Berücksichtigung von Zins und Zinseszins ab und addiert gleichzeitig die Barwerte (verwandelt Zahlungsreihe in „Einmalzahlung jetzt"). Andere Bezeichnungen: Kapitalisierungsfaktor, Barwertfaktor, Abzinsungssummenfaktor.

Beispiel (Zeitstrahl):

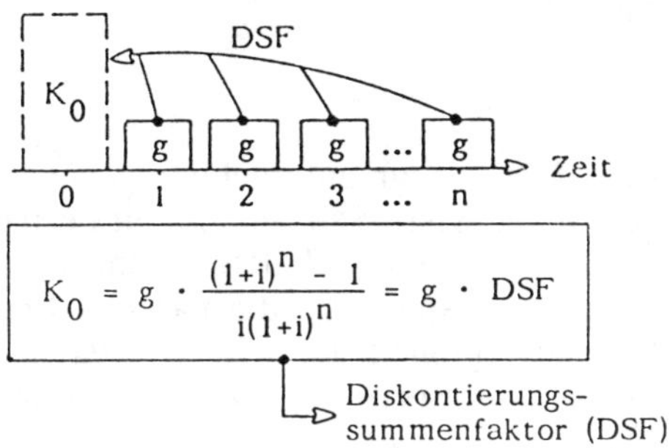

Disposition

ist die unternehmerische Anordnung, Entscheidung, Verfügung (disponieren = ordnen, anordnen, entscheiden, einteilen).

Dispositionsbestimmtheit der Kosten

Auf E. Schneider (1900–1970) geht die Aussage zurück, → **Kosten** im allgemeinen und → **Fixkosten** im besonderen seien dispositionsbestimmt, d. h. von unternehmerischen Entscheidungen abhängig. Fixkosten gibt es nur in der Kurzperiodenanalyse, auf lange Sicht sind alle Kosten beeinflußbar. Kilger (1927–1986) spricht in diesem Zusammenhang von → **entscheidungsrelevanten Kosten.**

dispositiver Faktor

ist nach Gutenberg (1897–1984) der Teil des → **Produktionsfaktors** menschliche Arbeitsleistung, der auf die leitende, lenkende, planende, organisierende Tätigkeit in der Unternehmung verwendet wird.

Distributionskosten

sind alle mit der Wahrnehmung von Handels- und Verteilungsaufgaben verbundenen → **Kosten.**

Diversifikation, Diversifizierung

ist die Aufnahme neuer und andersartiger → **Produkte** in das → **Programm** zur Risikostreuung und/oder Realisierung von Wachstumschancen.

Division

Begriff: D. ist ein unternehmerischer Teilbereich (divisio, lat. = Teilung), der eine gewisse Selbständigkeit besitzt. Bei → **divisionaler Organisation** entstehen Geschäftsbereiche (→ **Gewinnzentren,** D., → **Profit-Center,** → **Sparten**), die nach → **Produkten**, Abnehmergruppen oder Verkaufsregionen gebildet werden und beispielsweise die Funktionen Einkauf, → **Fertigung**, Verkauf umfassen.

Gegensatz: → **funktionale Organisation.**

divisionale Organisation

Begriff: Sind die Abteilungen auf der zweithöchsten Hierarchieebene nicht nach betrieblichen Funktionen, sondern nach Geschäftsbereichen (→ **Divisions,** → **Gewinnzentren,** → **Profit-Center,** → **Sparten**) gegliedert, so liegt d. O. vor. Geschäftsbereiche können nach → **Produkten**, Abnehmergruppen oder Verkaufsregionen gebildet werden und beispielsweise die Funktionen Einkauf, → **Fertigung,** Verkauf umfassen (→ **Organisation**).

Beispiel: (1) Bei der Siemens AG kennt man unter anderem folgende Sparten: Energietechnik, Nachrichtentechnik, Datenverarbeitung und Medizintechnik.

(2) Das Chemie-Unternehmen Hüls AG besteht aus folgenden Gewinnzentren: Anorganika (chemische Grundstoffe), Organika (Waschrohstoffe), Thermoplaste, Polykondensate (Lackrohstoffe), Kautschuk.

Hinweis: Selbständige Geschäftsbereiche haben den Sinn, schwer überschaubare und damit schwer zu führende Großunternehmen in übersichtliche, flexible und leicht zu steuernde Teilbereiche aufzulösen.

Gegensatz: → **funktionale Organisation.**

Divisionskalkulation

Begriff: D. ist eine → **Kalkulationsmethode**, bei der die → **Gesamtkosten** einer Periode durch die Zahl der Leistungseinheiten der betreffenden Periode dividiert werden (→ **Kalkulation**). Als Ergebnis erhält man die → **Selbstkosten** k pro Leistungseinheit:

$$k = \frac{\text{Gesamtkosten}}{\text{Leistungseinheiten}} = \frac{K}{x} = \text{Selbstkosten der Leistungseinheit (DM/LE)}$$

einstufige Divisionskalkulation

Problem: Diese Gleichung ist nur dann praktisch anwendbar, wenn folgende Voraussetzungen erfüllt sind:

(1) Es muß sich um einen Einprodukt-Betrieb (bzw. -Teilbetrieb) handeln.

(2) Es dürfen keine Lagerbestandsveränderungen an → **Fertigfabrikaten** entstehen.

(3) Es dürfen keine Lagerbestandsveränderungen an → **Halbfabrikaten** entstehen.

Hebt man Voraussetzung (2) auf, so gelangt man zur zweistufigen D., bei der die → **Herstellkosten** und die → **Verwaltungs-** und → **Vertriebskosten** separat ermittelt werden. Die Herstellkosten HK teilt man durch die produzierten Leistungseinheiten x_p, die Verwaltungs- und Vertriebskosten VwK + VtK durch die abgesetzten Leistungseinheiten x_a:

$$k = \frac{HK}{x_p} + \frac{VwK + VtK}{x_a} = \text{Herstellkosten pro LE} + \text{Verwaltungs- und Vertriebskosten pro LE}$$

zweistufige Divisionskalkulation

Selbstkosten der Leistungseinheit sind die gesamten → **Stückkosten**. Die Herstellkosten pro Stück sind kleiner als die Selbstkosten, denn sie enthalten keine Verwaltungs- und Vertriebskosten.

Hebt man Voraussetzung (2) und (3) auf und läßt neben Lagerbestandsveränderungen bei Fertigfabrikaten auch solche bei Halbfabrikaten zu, dann gelangt man zur mehrstufigen D. (→ **Stufenkalkulation**). Für den Fall, daß die → **Fertigung** in drei Stufen erfolgt, ergibt sich als Bestimmungsgleichung für die Selbstkosten je Leistungseinheit der Ausdruck:

$$k = \frac{HK_1}{x_{p1}} + \frac{HK_2}{x_{p2}} + \frac{HK_3}{x_{p3}} + \frac{VwK}{x_a} + \frac{VtK}{x_a}$$

mehrstufige Divisionskalkulation

lies: Herstellkosten der Stufe 2, dividiert durch Produktionsmenge der Stufe 2.

Beispiel: Ein Kalksandsteinwerk produziert monatlich 6 000 m^3 Kalksandsteine. Die Gesamtkosten betragen 120 000 DM. Wie hoch sind die Selbstkosten je Kubikmeter, wenn

a) keine Lagerbestandsveränderungen existieren?

b) 2 000 Kubikmeter der Monatsproduktion ins Fertigwarenlager gehen und 10 Prozent der monatlichen Gesamtkosten zu den Verwaltungs- und Vertriebskosten gehören?

c) die Produktion in zwei Stufen erfolgt:
- Stufe 1: bearbeitete Menge 6 000 m^3, Herstellkosten 72 000 DM;
- Stufe 2: bearbeitete Menge 4 000 m^3, Herstellkosten 28 000 DM.

Die Verwaltungs- und Vertriebskosten betragen 10 500 DM. Von den 4 000 m^3 fertiggestellten Kalksandsteinen werden 3 000 m^3 abgesetzt.

Lösung:

a) $k = \frac{K}{x} = \frac{120\,000}{6\,000} = 20 \text{ DM/m}^3$

b) $k = \frac{HK}{x_p} + \frac{VwK + VtK}{x_a} = \frac{108\,000}{6\,000} + \frac{12\,000}{4\,000} = 21 \text{ DM/m}^3$

c) $k = \frac{72\,000}{6\,000} + \frac{28\,000}{4\,000} + \frac{10\,500}{3\,000} = 22{,}50 \text{ DM/m}^3$

Hinweis: Die D. ist das geeignete Kalkulationsverfahren, wenn gleichartige Massenprodukte erzeugt werden. In modifizierter Form findet man die D. auch bei der → **Sortenproduktion** als → **Äquivalenzziffernkalkulation** und bei der → **Chargenproduktion** als → **Chargenkalkulation**.

DJA

ist die Abkürzung für durchschnittliche jährliche Auszahlungen.

DJE

ist die Abkürzung für durchschnittliche jährliche Einzahlungen.

DJÜ

ist die Abkürzung für durchschnittliche jährliche Überschüsse.

Doppelkalkulation

ist die Kombination von → **Voll-** und → **Teilkostenrechnung**, die nebeneinander durchgeführt werden; meist spricht man von → **Parallelkalkulation.**

doppelt-flexible Plankostenrechnung (PKR)

heißt eine Form der → **flexiblen PKR,** die mehrere → **Kostenbestimmungsfaktoren** berücksichtigt; treffender ist die Bezeichnung → **mehrfach-flexible PKR.**

Duopol → Dyopol

durchschnittliche totale Kosten

sind die → **Kosten** pro Einheit der Leistungserstellung; meist spricht man von → **Durchschnittskosten** oder → **Stückkosten.**

Durchschnittskosten

Begriff: D. sind die auf die einzelne Leistungseinheit entfallenden → **Gesamtkosten**. Man erhält die D., indem man die Gesamtkosten K durch die → **Ausbringungsmenge** x dividiert:

$$k = \frac{K}{x}$$

Bezugsobjekt kann neben der einzelnen Leistungseinheit auch die → **Charge**, die → **Serie** (→ **Serienfertigung**) oder die → **Kostenstelle** sein.

Problem: Die Bestimmung der D. (→ **Stückkosten,** → **durchschnittliche totale Kosten,** → **Einheitskosten**) ist bei der → **Mehrproduktunter-**

nehmung problematisch, weil die verursachungsgerechte Kostenzuordnung, insbesondere im Fixkostenbereich, meist nicht gegeben ist.

Durchschnittskostendeckung

Begriff: D. steht für eine Variante der Preispolitik, die darauf abzielt, daß die → **Durchschnittskosten** langfristig durch die → **Preise** gedeckt werden; man spricht auch vom → **Durchschnittskostenprinzip.**

Problem: Die Orientierung der Preise an den → **Selbstkosten** kann bei abnehmender → **Beschäftigung** dazu führen, daß man sich selbst aus dem → **Markt** kalkuliert. Kurzfristig ist jeder Auftrag interessant, der einen positiven → **Deckungsbeitrag** erbringt (→ **kurzfristige Preisuntergrenze**).

Durchschnittskostenprinzip

ist ein Grundsatz langfristiger Preisgestaltung, wonach die → **Durchschnittskosten** durch die → **Preise** hereingebracht werden sollen (→ **Durchschnittskostendeckung**).

Durchschnittsprinzip

Begriff: Das D. gehört zu den → **Kostenverteilungsprinzipien** und verteilt die → **Gemeinkosten** mittels Division gleichmäßig auf die → **Leistungseinheiten.**

Problem: Im Falle der → **Einproduktunternehmung** teilt man die → **Gesamtkosten** durch die Gesamtheit der Leistungseinheiten; im Falle der → **Mehrproduktunternehmung** ist eine Gemeinkostenverteilung auf die Kostenträger mittels Schlüsselung vorzunehmen (→ **Gemeinkostenschlüsselung**).

Hinweis: Andere Kostenverteilungsprinzipien sind: → **Tragfähigkeitsprinzip** und → **Verursachungsprinzip.** Letzteres sollte nach Möglichkeit angewendet werden.

Durchschnittsverzinsung

ist eine Methode zur Ermittlung der → **kalkulatorischen Zinsen,** bei der als Verzinsungsbasis kalkulatorische Durchschnittswerte verwendet werden (→ **Restwert- und Durchschnittsverzinsung).**

dynamische Investitionsrechnungsverfahren

Begriff: D. I. sind solche Verfahren zur Investitionsbeurteilung, bei denen der zeitliche Unterschied im Zahlungsanfall einer → **Investition** mit finanzmathematischen Methoden berücksichtigt wird. Das bedeutet: Die zu unterschiedlichen Zeitpunkten anfallenden Zahlungen werden mittels Auf- oder Abzinsens rechnerisch vergleichbar gemacht. Zu den d. I. gehören → **Kapitalwertmethode,** → **interne Zinsfußmethode,** → **Annuitätenmethode.**

Problem: Wie bei jeder zukunftsbezogenen Rechnung muß der Rechnende die Rechnungsgrößen (Zahlungen und Nutzungsdauer) schätzen. Außerdem muß er die subjektive Mindestverzinsungsanforderung an sein Investitionsobjekt, den → **Kalkulationszinsfuß**, festlegen.

Beispiel: (1): Langfristige → **Verfahrenswahl**: Welche von zwei anzuschaffenden Maschinen ist die wirtschaftlichere?

(2) Langfristige → **Fremdbezugsentscheidung**: Ist es vorteilhaft, eine Maschine zu kaufen, um vom Fremdbezug zur Eigenfertigung überzugehen?

Hinweis: Die d. I. sind im Bereich der Nahtstelle von → **Kostenrechnung** und → **Investitionsrechnung** von Bedeutung, wenn es um langfristige Entscheidungen geht, die Änderungen des technischen Apparates zum Inhalt haben (→ **Dispositionsbestimmtheit der Kosten,** → **entscheidungsrelevante Kosten**).

Dyopol

ist eine Sonderform des → **Oligopols,** bei der auf der Angebotsseite zwei große Unternehmungen miteinander konkurrieren. Gibt es darüber hinaus auch auf der Nachfragerseite lediglich zwei Wirtschaftssubjekte, so spricht man vom bilateralen Dyopol.

E

EDV

ist die Abkürzung für Elektronische Datenverarbeitung.

EF-Entscheidungen

sind Entscheidungen, die die Wahl zwischen → **Eigenfertigung oder Fremdbezug** zum Inhalt haben.

Effektivzins

Begriff: E. oder → **interner Zinsfuß** ist der tatsächliche unter Berücksichtigung aller Zahlungen und deren zeitlicher Verteilung ermittelte Zinssatz. Er weicht meist vom Nominalzinssatz ab. Zur Ermittlung des E. dient die → **interne Zinsfuß-Methode,** ein Verfahren der → **Investitionsrechnung**.

Hinweis: Die Preisangaben-Verordnung (PangV) von 1985 verpflichtet unter anderem das Kreditgewerbe, die Preise für seine Leistungen gegenüber dem Letztverbraucher anzugeben und einen anfänglichen effektiven Jahreszins zu errechnen, der neben dem Nominalzins unter anderem → **Agio** und → **Disagio** berücksichtigt.

Eigenbetriebe

Begriff: E. sind Wirtschaftsunternehmen von Gemeinden oder Gemeindeverbänden. Sie haben keine eigene Rechtspersönlichkeit, jedoch eine gewisse Selbständigkeit. Diese wird dadurch erreicht, daß E. als Sondervermögen der Gemeinden aus der Verwaltung ausgegliedert sind.

Beispiel: Gas-, Strom-, Wasserwerke, Verkehrsbetriebe, Domänen.

Hinweis: Für E. ist ein → **betriebliches Rechnungswesen** zu führen, das neben Wirtschaftsplan und → **Jahresabschluß** auch eine → **Kosten- und** → **Leistungsrechnung** enthält.

Eigenfertigung oder Fremdbezug

Begriff: E. o. F. sind die Alternativen bei der Zurverfügungstellung von Sachgütern und Dienstleistungen im → **Betrieb** (make or buy). Entscheidungen über E. o. F. (EF-Entscheidungen) werden zwar primär für den

Produktionsbereich diskutiert (soll ein bestimmtes Einbauteil besser eigengefertigt oder gekauft werden?), sind im Grundsatz jedoch in sämtlichen Teilbereichen, also auch außerhalb des Funktionsbereichs → **Fertigung,** zu fällen. So kann der Vertrieb als Eigenvertrieb aber auch über externe Groß- und Einzelhändler durchgeführt werden. Transporte können durch eigene Lkw oder als Fremdtransporte bewerkstelligt werden. Im Finanzbereich ist anstelle eines eigenen Mahn- und Inkassowesens die Inanspruchnahme einer Factoringgesellschaft (→ **Factoring**) denkbar. Die Investitionsplanung könnte selbsterstellt oder durch externe Berater durchgeführt werden. Im Verwaltungsbereich spielt die Wahl zwischen eigener und externer Datenverarbeitung eine Rolle. Es könnte ein eigener Reinigungsdienst oder die Fremdreinigung eingesetzt werden.

Problem: (1) EF-Entscheidungen sind im praktischen Fall unter Berücksichtigung von → **Kosten** und → **Auszahlungen**, aber auch qualitativer Kriterien zu treffen. Qualitative Kriterien können sein: Betriebsgeheimnisse (Auslagerung wichtiger Fertigungsbereiche bedeutet Auslagerung von Know-how), Konkurrenz (das Großziehen von Lieferanten kann zum Großziehen von Konkurrenten werden), Terminplanung (Fremdbezug macht von der Lieferzeit des Produzenten abhängig).

(2) Für EF-Entscheidungen gibt es unterschiedliche Entscheidungssituationen und – je nach Entscheidungssituation – unterschiedliche Entscheidungsregeln. Dabei gilt: Nur bei einer Planung für die kurze Periode, in der die beschäftigungsfixen → **Kosten** konstant bleiben, sind EF-Entscheidungen mit kostenrechnerischen Mitteln zu lösen. Bei langfristigen Planungsproblemen stellt sich die Frage nach der Gestaltung des betrieblichen Produktionsapparats, nach Kauf, Verkauf oder Verschrottung von → **Betriebsmitteln**; solche Fragen sind nur mit investitionsrechnerischen Mitteln zu beantworten, (→ **Investitionsrechnung**).

Beispiel: (1) Ist die Eigenfertigung mit den vorhandenen → **Betriebsmitteln** möglich, ohne daß dabei Kapazitätsengpässe auftreten, so ist Fremdbezug nur dann lohnend, wenn der Fremdbezugspreis p_F unter den → **variablen Stückkosten** k_v der Eigenfertigung liegt. Grund: Nur die variablen Stückkosten (sie stimmen bei linearem → **Kostenverlauf** mit den → **Grenzkosten** überein) können bei Nichtproduktion vermieden, eingespart werden.

Zeitbezug	Situation	Entscheidungsregel
kurzfristige EF-Entscheidungen	(1) kein Engpaß	$p_F > k_v$: Eigenfertigung $p_F < k_v$: Fremdbezug variable Kosten je LE minimieren
	(2) ein Engpaß	spezifische Mehrkosten bei Fremdbezug minimieren
	(3) mehrere Engpässe	Kostenminimierung mit Hilfe der linearen Optimierung (Simplex-Methode)
langfristige EF-Entscheidungen	(4) Investitionsfall, Desinvestitionsfall	dynamische Investitionsrechnung, z. B. Annuitätenmethode: DJA = min!

Übersicht: **Machen oder kaufen? Entscheidungsregel hängt von Situation ab**

(2) Können nicht alle benötigten Sachgüter oder Dienstleistungen eigengefertigt werden, tritt also ein Kapazitätsengpaß auf, so ist man zu einem teilweisen Fremdbezug gezwungen. Die Frage, welche Sachgüter und Dienste fremdbezogen werden sollen, entscheidet man nach Maßgabe der → **spezifischen Mehrkosten** der Fremdfertigung, die zu minimieren sind. Die spezifischen Mehrkosten der Fremdfertigung erhält man, indem man die Differenz zwischen dem Fremdbezugspreis p_F und den variablen Stückkosten k_v bei Eigenfertigung ($p_F - k_v$) auf die bei der Produktionsverlagerung nach außen freiwerdenden Engpaßkapazitätseinheiten je Leistungseinheit bezieht:

$$\text{spezifische Mehrkosten bei Fremdbezug} = \frac{p_F - k_v}{\text{freiwerdende Engpaßkapazität je LE}} = \min$$

(3) Treten im Betrieb gleichzeitig mehrere Engpässe auf, so kann das Entscheidungsproblem mit Hilfe der linearen Optimierung oder → **linea-**

ren Programmierung (LP) gelöst werden. Es ist meist möglich, die für die Planung des optimalen → **Produktionsprogramms** (→ **Programmoptimierung**) entwickelte → **Software** auch zur Lösung von EF-Entscheidungen einzusetzen.

(4) Die Frage, ob bestimmte Sachgüter oder Dienstleistungen auf lange Sicht gekauft oder gefertigt werden sollen, ist die Frage nach der Gestaltung des betrieblichen Produktionsapparates, nach der Durchführung oder Unterlassung von → **Investitionen**. Als investitionsrechnerischer Beurteilungsmaßstab bietet sich neben den anderen → **dynamischen Investitionsrechnungsmethoden** insbesondere die → **Annuitätenmethode** an. Grund: Die DJA-Funktion, die angibt, wie die durchschnittlichen jährlichen Auszahlungen von der Menge der Leistungseinheiten pro Jahr abhängen, weist Analogien zur → **Kostenfunktion** auf. Läßt man die Einzahlungsseite außer acht, dann lautet die Entscheidungsregel: Wähle die Alternative, bei der die durchschnittlichen jährlichen Auszahlungen (DJA) minimiert werden.

Hinweis: Auf keinen Fall dürfen bei kurzfristigen EF-Entscheidungen die Vollkosten bei Eigenerstellung mit dem Fremdbezugspreis verglichen werden. Die Vollkosten sind nicht entscheidungsrelevant, da man anteilige → **Fixkosten** kurzfristig nicht vermeiden kann. Anders verhält es sich bei langfristigen Entscheidungen (→ **Dispositionsbestimmtheit der Kosten**, → **relevante Kosten**).

Eigenkapital

ist die in der Bilanz ausgewiesene Differenz zwischen Vermögen und Verbindlichkeiten. Im Gegensatz zum → **Fremdkapital** handelt es sich dabei um solche Mittel, die von den Unternehmungseignern zur Unternehmungsfinanzierung aufgebracht oder danach als erwirtschafteter → **Gewinn** in der Unternehmung belassen wurden.

Eigenkapitalkosten

Begriff: E. sind → **kalkulatorische Zinsen** auf das → **Eigenkapital**. Sie gehören zu den → **Zusatzkosten**, denen keine → **Aufwendungen** gegenüberstehen. Man setzt sie in der → **Kostenrechnung** als fiktives Entgelt für den durch die Kapitalbindung im → **Betrieb** hingenommenen Nutzungsausfall an. Das Eigenkapital hätte an anderer Stelle (z. B. am Kapitalmarkt) einen → **Zins** in bestimmter Höhe erbracht.

Problem: Eigenkapitalzinsen werden nicht gesondert erfaßt, sie sind vielmehr Teil der kalkulatorischen Zinsen, deren Bezugsbasis das gesamte

→ **betriebsnotwendige Kapital** ohne jegliche Unterteilung in Eigen- und Fremdmittel ist.

Eigenleistungen

Begriff: E. oder → **innerbetriebliche Leistungen** sind solche betriebliche → **Leistungen**, die nicht zum Absatz bestimmt sind, sondern anstelle von Fremdleistungen vom → **Betrieb** selbst beansprucht werden.

Beispiel: Eigenenergie, Eigenreparaturen, selbsterstellte Anlagen.

Eigenmiete

gehört zu den → **Zusatzkosten**, denen kein → **Aufwand** gegenübersteht. Sie wird in der → **Kostenrechnung** als fiktives Entgelt für den Verdienstausfall angesetzt, der sich durch die betriebliche Nutzung von Räumen ergibt, die sich im Eigentum des Unternehmers befinden. Meist spricht man von → **kalkulatorischer Miete.**

Eigenproduktion oder Fremdbezug → Eigenfertigung oder Fremdbezug

einfache Zuschlagskalkulation → Zuschlagskalkulation

einfach-flexible Plankostenrechnung (PKR)

Begriff: Einfach-flexible PKR ist eine → **Plankostenrechnung**, bei der neben den verrechneten → **Plankosten** auch die → **Sollkosten** ermittelt werden. Die Sollkosten in der einfach-flexiblen PKR sind nur von einem → **Kostenbestimmungsfaktor**, der → **Beschäftigung**, abhängig. Sie geben an, welche → **Kosten** zu erwarten sind, wenn die Beschäftigung unterschiedliche Werte annimmt.

Hinweis: Die Differenz zwischen Sollkosten und verrechneten Plankosten ist die → **Beschäftigungsabweichung**. Typisch für die einfach-flexible PKR ist die Aufteilung der festgestellten Gesamtabweichung in Beschäftigungsabweichung und eine Restgröße, die → **Verbrauchsabweichung** (→ **Abweichungen**).

Einheitskosten

sind die → **Kosten** der einzelnen Leistungseinheit; meist spricht man von → **Stückkosten**.

Einkreissystem

Begriff: E. (monistisches System, Einsystem) ist ein Ordnungsprinzip des → **betrieblichen Rechnungswesens,** bei dem die Daten der → **Finanzbuchhaltung** und der → **Kostenrechnung** in einem geschlossenen Abrechnungskreis gemeinsam erfaßt und verarbeitet werden.

Beispiel: Der → **Gemeinschaftskontenrahmen der Industrie (GKR)** ist nach dem Einkreissystem aufgebaut.

Gegensatz: → **Zweikreissystem** mit getrennter Finanzbuchhaltung und Kostenrechnung.

Einnahme

Begriff: E. ist der Geldwert eines Verkaufs (→ **Grundbegriffe des Rechnungswesens).**

Problem: Nur bei Barzahlung stimmen E. und → **Einzahlungen** überein. Beim Verkauf auf Ziel bleibt der Zahlungsmittelbestand vorläufig gleich, es steigen aber die Forderungen. Deshalb gilt auch die Begriffsbestimmung:

Einnahme = Einzahlung + Forderungszugang.

Einprodukt-Unternehmung

Begriff: E.-U. ist eine Unternehmung, die nur ein einziges → **Produkt** herstellt (E-Werk, Zementfabrik, Mineralbrunnen). Wird nur ein Produkt gefertigt, dann ist die Gemeinkostenzurechnung (→ **Gemeinkostenschlüsselung**) kein Problem.

Gegensatz: → **Mehrprodukt-Unternehmung.**

Einstandspreis

Begriff: Der E. ergibt sich als Ergebnis einer → **Beschaffungskalkulation** aus dem Rechnungspreis des Lieferanten unter Berücksichtigung einiger Zu- und Abschläge. Neben Rabatten und Boni sind die außerbetrieblichen Beschaffungsnebenkosten für Transport, Versicherung und Verpackung zu beachten.

Beispiel:

	Rechnungspreis
–	Rabatte/Boni
=	Zieleinkaufspreis
–	Skonti
=	Bareinkaufspreis
+	Transportkosten
+	Versicherung
+	Verpackungskosten
=	Einstandspreis

Einstandswert → Einstandspreis

einstufige analytische Kostenauflösung

Begriff: Die analytischen Verfahren der → **Kostenauflösung** werden auf der Basis von Zukunftsbetrachtungen mit Hilfe von Verbrauchsanalysen, Messungen und Berechnungen durchgeführt. Bei der e. a. K. plant man die Mengen- und Zeitvorgaben für einen einzigen Beschäftigungswert, die → **Planbeschäftigung**. Dabei werden alle → **Kostenarten** daraufhin untersucht, ob sie fix oder variabel sind.

Vorgehen: Die Vorgehensweise ist, wie nebenstehende Übersicht zeigt, durch vier Schritte charakterisiert:

(1) Man sucht für jede → **Kostenstelle** die geeignete → **Bezugsgröße** B und legt die → **Planbeschäftigung** B_p fest.

(2) Man ermittelt mit Hilfe von Verbrauchsanalysen, Messungen und Berechnungen die Werte der einzelnen Kostenarten und faßt sie zu den → **Gesamtkosten** K_p zusammen, z. B. folgendermaßen:

Kostenart	Kostenbetrag (DM/Mon)	davon fix	davon variabel
Meistergehalt	4 800	4 800	0
Fertigungs-material	6 000	0	6 000
Material-gemeinkosten	2 400	1 900	500
Summe	13 200	6 700	6 500
Symbol	K_p	K_{fp}	K_{vp}

(3) Die gesamten → **Plankosten** K_p der Planbeschäftigung B_p teilt man auf in → **fixe Kosten** K_{fp} und → **variable Kosten** K_{vp}. Dabei wird jede Kostenart daraufhin untersucht, ob ihre Existenz ganz oder teilweise gerechtfertigt ist, wenn die → **Beschäftigung** gegen Null tendiert. Einer

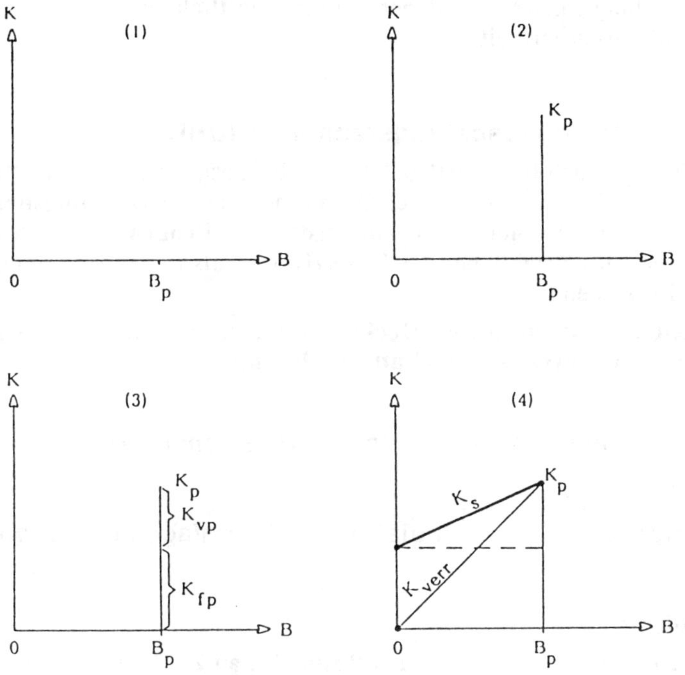

Übersicht: **Einstufige analytische Kostenauflösung in vier Schritten**

Kostenart kann man nicht ansehen, ob sie fix oder variabel ist; erst die Einzelbetrachtung der Kostenarten in den Kostenstellen ergibt eine Schätzgrundlage für die Beantwortung der Frage: fix oder variabel?

(4) Daraus ergibt sich die (als linear angenommene) → **Selbstkostenfunktion**

$K_s = K_{fp} + k_{vp} \cdot B$ mit $k_{vp} = K_{vp} : B_p$.

Problem: Der Nachteil der analytischen Gemeinkostenplanung in einstufiger Form besteht in der Notwendigkeit des Einsatzes qualifizierter Fachkräfte, die die Verbrauchsanalysen, Messungen und Berechnungen durchführen. Dieser Nachteil dürfte jedoch meist aufgewogen werden durch

- genauere Beschäftigungs- und Kostenvorgaben,
- Vermeidung innerbetrieblicher Unwirtschaftlichkeiten,
- Zukunftsorientiertheit.

einstufige Deckungsbeitragsrechnung (DBR)

Begriff: Die einstufige DBR behandelt die gesamten → **Fixkosten** als einheitlichen Block, der von der Gesamtheit der → **Deckungsbeiträge** abzuziehen ist. Sie bietet eine kurzfristige → **Programmoptimierung** bei gegebenen betrieblichen → **Kapazitäten**, also gegebenen und konstanten Fixkosten.

Gegensatz: → **mehrstufige Deckungsbeitragsrechnung (DBR)** oder → **stufenweise Fixkostendeckungsrechnung.**

einstufige Divisionskalkulation → Divisionskalkulation

einstufige Zuschlagskalkulation → Zuschlagskalkulation

Einzahlung

Begriff: E. ist eine Erhöhung des Bestandes an Zahlungsmitteln (Kasse sowie Sichtguthaben bei Banken). Kurzformel: E. gleich Liquiditätszugang (→ **Grundbegriffe des Rechnungswesens**).

Problem: In der Wirtschaftspraxis setzt man E. und → **Einnahmen** oft gleich. Das ist aber nur dann korrekt, wenn man von Kreditbeziehungen absieht, wenn also Käufe und Verkäufe bar erfolgen.

Einzelfertigung

Begriff: E. ist eine Produktionsweise, bei der immer genau eine Mengeneinheit eines → **Erzeugnisses** hergestellt wird.

Problem: → **Betriebe** mit E. können im Regelfall nur auf Bestellung arbeiten. Sie haben kein festes → **Produktionsprogramm**, sondern stellen alles her, was mit den vorhandenen Anlagen und Arbeitskräften produziert werden kann.

Beispiel: Wohnungs-, Industrie- und Brückenbau, Großmaschinenbau, Schiffbau.

Einzelkalkulation

wird in → **Betrieben** mit Auftrags- und → **Einzelfertigung** (Großmaschinen- und Anlagenbau, Schiffsbau, Hoch- und Tiefbau) für bestimmte Aufträge oder Einzelfertigungen durchgeführt, und zwar als → **Vor-**, → **Zwischen-** und spätere → **Nachkalkulation**. → **Kalkulationsmethode** ist meist die → **Zuschlagskalkulation**.

Einzelkosten

Begriff: Teilt man die → **Kosten** nach dem Kriterium der Zurechenbarkeit zu einem bestimmten Bezugsobjekt ein, so unterscheidet man E. und → **Gemeinkosten**. E. sind solche Kosten, die einem bestimmten Bezugsobjekt ohne Schlüssel, also verursachungsgerecht (direkt) zugerechnet werden können (→ **Kostenverteilungsprinzipien**).

Problem: Das Bezugsobjekt für die Kostenzurechnung ist meist die erzeugte Leistungseinheit, der → **Kostenträger**. In neuerer Zeit berücksichtigt man über die Kostenträger hinaus noch weitere mögliche Bezugsobjekte, insbesondere die → **Kostenstellen**. Es ist demnach zu unterscheiden zwischen

→ **Kostenträgereinzelkosten** (sind den produzierten Leistungseinheiten direkt zurechenbar) und

→ **Kostenstelleneinzelkosten** (sind den betrieblichen Kostenstellen direkt zurechenbar).

Beispiel: → **Fertigungsmaterial** und Fertigungsakkordlöhne sind Kostenträgereinzelkosten. → **Gehalt** des Kostenstellenmeisters sowie die in der Kostenstelle anfallenden → **Energie-** und Reinigungskosten sind Kostenstelleneinzelkosten und meist gleichzeitig → **Kostenträgergemeinkosten**.

Gegensatz: → Gemeinkosten, → indirekte Kosten.

Einzellohn

ist der → **Lohn**, der einem bestimmten → **Kostenträger** ohne Schlüssel, also verursachungsgerecht (direkt) zugerechnet werden kann. E. fällt für direkt am → **Erzeugnis** verrichtete Arbeit an.

Einzelmaterialkosten

sind → **Materialkosten**, die einem bestimmten → **Kostenträger** ohne Schlüssel, also verursachungsgerecht (direkt) zugerechnet werden können. Die Erfassung von E. (kurz: Einzelmaterial) erfolgt meist mit Hilfe von → **Materialentnahmescheinen**.

Einzelwagnisse

Begriff: E. sind spezielle → **Wagnisse,** die direkt mit der betrieblichen Leistungserstellung zu tun haben. Sie beziehen sich auf einzelne Bereiche oder → **Kostenstellen**, auf einzelne Tätigkeiten, → **Produkte** oder Produktgruppen.

Problem: (1) Wagnisverluste treten unregelmäßig und in unterschiedlicher Höhe auf. Langfristig sollen die kalkulierten Wagnisse mit den effektiv eingetretenen in etwa übereinstimmen. Deshalb sind bei der Feststellung der E. die vergangenen fünf Jahre, ergänzt um gesonderte Zukunftsschätzungen, zu berücksichtigen.

(2) Soweit E. extern versichert sind, können die Versicherungsprämien auch in der → **Kostenrechnung** herangezogen werden. Dabei gilt: → **Aufwand** = → **Kosten**. Kalkulatorische E. sind also nur dann anzusetzen, wenn es sich um spezielle Risiken handelt, die nicht schon durch Fremdversicherungen abgedeckt wurden (→ **kalkulatorische Wagnisse**, → **kalkulatorische Kosten**).

Beispiel: Folgende Arten von E. lassen sich unterscheiden:

Einzelwagnis	Wagnisart	Bezugsgröße	Nachweis
Gewährleistungswagnis	Garantieverpflichtungen, Ersatzlieferung, Preisnachlaß, Nacharbeit, Vertragsstrafe	Herstellungskosten der Erzeugnisse	Aufzeichnung des Vertriebs
Entwicklungswagnis	fehlgeschlagene Forschungs- und Entwicklungsarbeiten	Entwicklungskosten der Periode	gesonderte belegmäßige Erfassung
Vertriebswagnis	Forderungsausfälle, Währungsverluste	Forderungsbestand oder Umsatz	laufende Aufzeichnungen der Buchhaltung

Anlagenwagnis	Ausfälle, Wertminderungen, vorzeitiges Nutzungsende von Anlagegütern	Anschaffungswert oder Buchwert	Statistik über ausgefallene und entwertete Anlagen
Beständewagnis	Schwund, Güteminderung, Entwertung der Vorräte, Veraltern	Wert des durchschnittlichen Lagerbestandes	Inventur, Abstimmung mit buchmäßigen Aufzeichnungen
Fertigungswagnis (Mehrkostenwagnis)	Material-, Arbeits- und Konstruktionsfehler, Ausschuß, Nacharbeit	Herstellungskosten	besondere Kennzeichnung der Belege
Ähnlich: K. Olfert, Kostenrechnung, 8., überarb. u. erw. Aufl., Ludwigshafen 1991, S. 135.			

Übersicht: **Einzelwagnisse treten in vielen Formen auf**

Gegensatz: Allgemeines Unternehmerwagnis, das die Unternehmung insgesamt betrifft (Rezession, Inflation, technischer Fortschritt, Nachfrageverschiebungen).

eiserner Bestand

ist der Bestand an → **Roh-**, → **Hilfs-** und → **Betriebsstoffen** sowie → **Halb-** und → **Fertigerzeugnissen**, der aus Sicherheitsgründen zur Aufrechterhaltung der Betriebsbereitschaft als Mindestbestand vorrätig sein muß.

Endkostenstellen

Begriff: E. sind → **Kostenstellen**, deren → **Kosten** nicht auf weitere Kostenstellen, sondern auf die → **Kostenträger** oder direkt in das → **Betriebsergebnis** verrechnet werden. E. heißen auch → **Hauptkostenstellen**.

Gegensatz: → **Vorkostenstellen** oder → **Hilfskostenstellen**, deren → **Leistungen** an andere Kostenstellen weitergegeben und verrechnet werden.

Endwertfaktor (EWF)

Begriff: Der EWF gehört zu den finanzmathematischen Faktoren. Er zinst die Glieder g einer Zahlungsreihe unter Berücksichtigung von Zins und Zinseszins auf und addiert gleichzeitig die Endwerte (verwandelt Zahlungsreihe in „Einmalzahlung nach n Jahren").

Beispiel (Zeitstrahl):

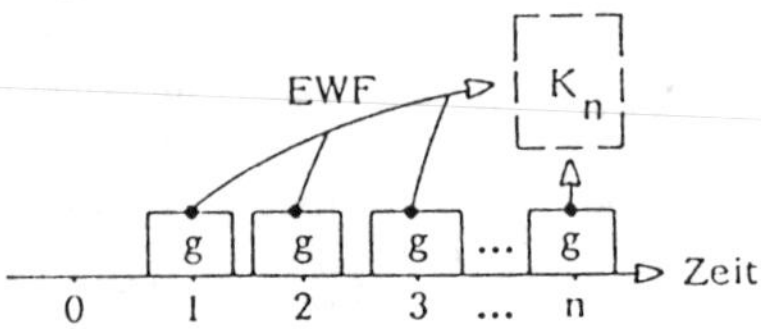

$$K_n = g \cdot \frac{(1+i)^n - 1}{i} = g \cdot EWF$$

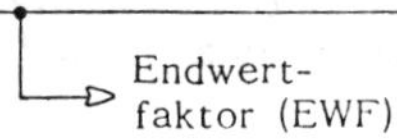

Energiekosten

Begriff: Zu den E. zählt man die → **Kosten** für Strom, Gas, Dampf, Wasser und sonstige Brenn- und Treibstoffe.

Problem: Die Zurechnung der E. (→ **Kostenverteilungsprinzipien**, → **Gemeinkostenschlüsselung**) auf die → **Kostenstellen** und → **Kostenträger** ist in der betrieblichen Praxis oft schwer und/oder teuer. Schon die kostenstellenweise Erfassung des Verbrauchs an Strom, Gas, Wasser usw. erfordert eine Vielzahl von Zähl- und Meßgeräten. Wenn sich die Erfassung von Einzelverbräuchen nicht lohnt, bieten sich Berechnungen und Schätzungen an. Die E. werden dann über geeignete Verteilungsschlüssel auf die Kostenstellen verrechnet.

Beispiel:

Energieart	Möglicher Verteilungsschlüssel
Kraftstrom	installierte kWh Anzahl Maschinen Laufstunden Maschinen
Lichtstrom	Anzahl Leuchten Wattzahl je Kostenstelle
Heizung	Räume, m^2, m^3 Heizkörper- und Heizstundenzahl
Gas, Dampf, Druckluft, Wasser	Anzahl Anschlüsse Rohrdurchmesser, kg, m^3 Verbrauchszeit

Engpaßplanung

Begriff: E. ist ein Grundsatz betrieblicher → **Planung,** wonach die Bezugsgrößenwerte nach Maßgabe des Engpasses (Minimumsektor) festgelegt werden. Die gesamte Planung ist stets auf den schwächsten Bereich, den „Flaschenhals", abzustellen.

Beispiel: Bei Rohstoffknappheit wird die → **Produktion** durch den Beschaffungsengpaß limitiert, bei knappen Maschinenzeiten durch den maschinellen Engpaß, bei knappen Absatzmöglichkeiten durch den Absatzengpaß.

Gegensatz: → Kapazitätsplanung.

entgangener Gewinn → Opportunitätskosten

entscheidungsrelevante Kosten

sind die → **Kosten**, die durch eine bestimmte Entscheidung beeinflußt werden können. Meist spricht man kurz von → **relevanten Kosten.**

Entwicklungswagnis

Begriff: Das E. gehört zu den → **kalkulatorischen Wagnissen** (→ **Einzelwagnisse**) und umfaßt Risiken, die sich aus fehlgeschlagenen Forschungs- und Entwicklungsarbeiten ergeben.

Problem: Das E. ist so zu kalkulieren, daß es sich langfristig mit den tatsächlichen Verlusten aus vergeblichen Forschungs- und Entwicklungsarbeiten ausgleicht.

Erfolg

Begriff: (1) In der → **Kostenrechnung** gilt:
→ **Betriebserfolg** = → **Leistung** – → **Kosten.**
(2) In der → **Gewinn- und Verlustrechnung** gilt:
Unternehmungserfolg = → **Ertrag** – → **Aufwand.**
(3) In der steuerlichen Erfolgsrechnung gilt:
steuerlicher Erfolg = Betriebseinnahmen – Betriebsausgaben. Oder:
steuerlicher Erfolg = Betriebsvermögen lfd. Jahr – Betriebsvermögen Vorjahr.

Problem: E. (→ **Gewinn**) ist kein eindeutiger Begriff; er ist erst dann klar umrissen, wenn die Art der jeweiligen → **Erfolgsrechnung** genannt wird.

Erfolgsrechnung

Begriff:(1) Interne E. (→ **Kostenrechnung**) zur Ermittlung des → **Betriebserfolgs.**

(2) Externe E. (→ **Gewinn- und Verlustrechnung**) zur Ermittlung des Unternehmungserfolgs.

(3) Steuerliche E. (Steuerbilanz) zur Ermittlung der Steuerbemessungsgrundlage.

Problem: E. ist mehrdeutig; es gibt, je nach Rechnungszweck, verschiedene E.

Erholungszeit

ist Bestandteil der → **Auftragszeit** im Sinne des → **REFA**-Verbandes und erfaßt die Zeitdauer der Tätigkeitsunterbrechung, die zum Abbau der tätigkeitsbedingten Arbeitsermüdung erforderlich ist. Sie hängt von Höhe und Dauer der Beanspruchung des Menschen ab, dient der Reproduktion der körperlichen und geistigen Spannkraft und ist notwendig zur Erhaltung der Normalleistung.

Erlös

Begriff: E. ist der Gegenwert aus dem Verkauf von Sachgütern und Dienstleistungen. Er ergibt sich als Produkt aus Verkaufsmenge x und Stückpreis p; es gilt: Erlös = $p \cdot x$.

Hinweis: Die Ausdrücke E., → **Umsatz** und Umsatzerlöse werden synonym verwendet.

Erlösschmälerungen

sind Minderungen des Bruttoumsatzes durch Rabatte, Skonti, Boni, Warenrücksendungen (Retouren) und Forderungsausfälle. Der verbleibende Erlös wird als Nettoerlös oder Nettoumsatz bezeichnet.

Errichtungsinvestition

(Anfangsinvestition, Erstinvestition) ist jene → **Investition**, die dem Aufbau des Unternehmens bis zur erstmaligen → **Produktion** von → **Erzeugnissen** dient.

Ersatzinvestition

ist jene → **Investition**, bei der vorhandene Investitionsobjekte durch neue ersetzt werden.

Erträge, Ertrag

Begriff: (1) E. sind zum Zweck der Ermittlung des externen (handelsrechtlichen) Erfolgs periodisierte → **Einnahmen**.

(2) E. ist jede Eigenkapitalerhöhung, die nicht Kapitaleinzahlung darstellt.

(3) E. ist jede Erhöhung des Reinvermögens.

Anwendung: E. gehört zu den → **Grundbegriffen des Rechnungswesens** (→ **Abgrenzung**) und wird zur Ermittlung des externen (handelsrechtlichen) → **Gewinns** verwendet. Es gilt: externer Gewinn = E. – → **Aufwand**.

Hinweis: Eine Kreditaufnahme erbringt keinen E., weil neben dem Vermögen auch die Schulden steigen (Bilanzverlängerung), so daß das → **Eigenkapital** unverändert bleibt. Auch die Eintreibung von Außenständen bringt keinen E., weil dem Kassenzugang ein Forderungsabgang gegenübersteht, so daß das → **Eigenkapital** unberührt bleibt.

Ertragsgesetz

Begriff: Das E. (ausführlicher: Gesetz des abnehmenden Ertragszuwachses) stammt aus der Produktionstheorie, bezieht sich auf substituierbare → **Produktionsfaktoren** (→ **Substitutionsgüter**) und lautet:

Erhöht man die Einsatzmenge eines Faktors bei Konstanthaltung der übrigen Faktoren, so kann der Ertragszuwachs zunächst steigen, nach Überschreiten einer bestimmten Grenze muß der Ertragszuwachs abnehmen, nach Überschreiten einer zweiten Grenze muß er negativ werden.

Problem: Das E. gilt vor allem im landwirtschaftlichen Bereich. Die Übertragung auf die Industrie ist schwierig, unter anderem deshalb, weil hier limitationale Produktionsprozesse überwiegen.

Beispiel: Wenn die Gesamtertragskurve den in der Abbildung gezeigten Verlauf hat, dann sind die Ertragszuwächse im Bereich I steigend, im Bereich II fallend und im Bereich III negativ.

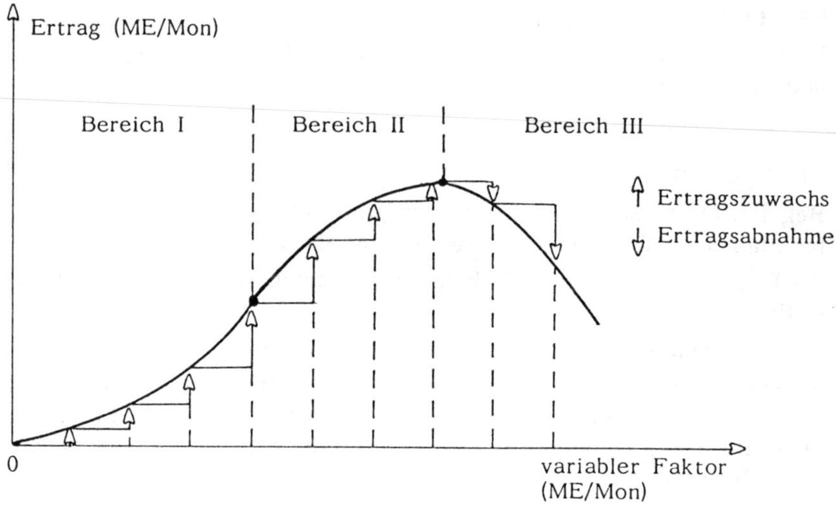

Abbildung: **Abnehmender Ertragszuwachs bei Mehreinsatz eines Faktors**

Ertragswert

Begriff: E. ist der → **Barwert** künftiger Nettoeinzahlungen eines Objektes (Maschine, Betriebsteil, Gesamtbetrieb). Er heißt auch → **Zukunftserfolgswert**.

Problem: Der Bewertende muß die künftigen Nettoeinzahlungen und die Nutzungsdauer einschätzen können. Er muß ferner den Diskontierungszinssatz i (→ **Kalkulationszinssatz**) in sinnvoller Weise festlegen.

Beispiel: Ein Betriebsteil wirft konstante jährliche Nettoeinzahlungen von g DM ab. Die Nutzungsdauer beträgt n Jahre, der danach erzielbare Restwert R DM.

Für den → **Abzinsungsfaktor** gilt: $AbF = \frac{1}{(1+i)^n}$;

für den → **Diskontierungssummenfaktor** gilt: $DSF = \frac{(1+i)^n - 1}{i(1+i)^n}$.

$$\text{Ertragswert} = g \cdot DSF + R \cdot AbF$$

Für g = 100 000 DM/Jahr, n = 12 Jahre, R = 20 000 DM, i = 10 % ergibt sich:

Ertragswert = 100 000 · 6,813692 + 20 000 · 0,318631

Ertragswert = 681 369 + 6 373 = 687 742 (DM)

Erzeugnis

von der Unternehmung hergestelltes, am → **Markt** oder im → **Betrieb** verwertbares → **Gut** (→ **Leistung,** → **Output,** → **Produkt**).

Erzeugnisfixkosten

sind → **Fixkosten**, die einzelnen Erzeugnisarten direkt zurechenbar sind, weil sie bei Verzicht auf die betreffende Erzeugnisart künftig abgebaut werden können (→ **stufenweise Fixkostendeckungsrechnung**).

Erzeugnisgruppenfixkosten

sind → **Fixkosten**, die nicht mehr den einzelnen Erzeugnisarten, wohl aber einer Gruppe mehrerer Erzeugnisarten direkt zurechenbar sind, weil sie bei Verzicht auf die betreffende Erzeugnisgruppe künftig abgebaut werden können (→ **stufenweise Fixkostendeckungsrechnung**).

ex ante-Analyse

ist die Untersuchung wirtschaftlicher Zusammenhänge im vorhinein.

Exportkalkulation

ist die Verkaufskalkulation für Lieferungen ins Ausland. Sie weist gegenüber der normalen → **Handelskalkulation** unter anderem folgende Besonderheiten auf: längere Transportdauer, größere Risiken, Wechselkursschwankungen oder (alternativ) Kurssicherungskosten, Bürgschaftskosten, Hermeskreditversicherungsbeiträge usw.

ex post-Analyse

ist die Untersuchung wirtschaftlicher Zusammenhänge im nachhinein.

externe Effekte

bezeichnet beides, externe Vorteile (= → **externer Nutzen**) und externe Nachteile (= → **externe Kosten**).

externe Kosten

Begriff: E. K. (soziale Kosten, volkswirtschaftliche Kosten) sind solche → **Kosten**, die nicht von den sie verursachenden Wirtschaftssubjekten getragen, sondern der Gesellschaft oder Dritten aufgebürdet werden.

Problem: Die wirtschaftlichen Rahmenbedingungen müssen so gestaltet werden, daß möglichst wenig e. K. entstehen. Die bisherigen e. K. müssen vom Verursacher getragen werden (→ **Internalisierung externer Kosten**), damit es für ihn reizvoll wird, sie zu vermeiden (→ **Verursacherprinzip**).

Beispiel: Einwegflaschen mögen sich betriebswirtschaftlich rechnen, volkswirtschaftlich fallen zusätzliche Kosten für Müllbeseitigung an. Für eine einzelne Unternehmung mag es vorteilhaft sein, Abwässer nicht oder schlecht geklärt in den Fluß zu entlassen, gesamtwirtschaftlich fallen dadurch Zusatzkosten für die Trinkwasseraufbereitung an sowie für Bau und Unterhaltung von Schwimmbädern, wenn man in den Flüssen und Seen nicht mehr schwimmen darf.

Gegensatz: → **externer Nutzen** (der Imker erntet den Honig, stellt aber die weitaus größere Bestäubungsleistung seiner Bienen der Allgemeinheit kostenlos zur Verfügung).

externer Nutzen

Begriff: E. N. (externe Ersparnisse, volkswirtschaftliche Ersparnisse) sind solche Vorteile, die Wirtschaftssubjekten zufallen, ohne daß diese den vollen → **Preis** dafür zu entrichten haben.

Gegensatz: → **externe Kosten.**

F

Factoring

Begriff: F. ist der Ankauf oder die Bevorschussung von Forderungen einer Unternehmung aus Warenlieferungen und Leistungen durch den Factor (meist Tochter einer Bank). Für die Unternehmung bedeutet F. die zeitlich vorgezogene Verflüssigung der in den Außenständen gebundenen Geldmittel.

Problem: F. ist im praktischen Fall meist eine Kombination aus Finanzierungs-, Service- und Versicherungsgeschäft. Grund: Neben der Übernahme der Finanzierungsfunktion bietet der Factor Serviceleistungen (Debitorenbuchhaltung, Mahn- und Inkassowesen, Beratung) und Versicherungsleistungen (Übernahme des Risikos der Uneinbringlichkeit der Forderungen) an.

Die Unternehmung bezahlt (1) Zinsen, (2) Servicegebühr, (3) Delkrederegebühr (Versicherung gegen Uneinbringlichkeit der Forderungen); sie hat Vor- und Nachteile des F. gegeneinander abzuwägen:

Mögliche Factoring-Vorteile	Mögliche Factoring-Nachteile
– Verbesserung der Liquidität, – Befreiung von Debitorenbuchhaltung, Mahn- und Inkassowesen, – Abwälzung des Ausfallrisikos auf den Factor.	– hoher Zinssatz, – Anpassungsschwierigkeiten bei späterer Wiedereingliederung der Dienstleistungsfunktion, – Beeinträchtigung des Goodwill des Klienten bei bekanntgewordenem Forderungsverkauf.

Favoritenliste

heißt die Liste, die die einzelnen → **Produkte**, geordnet nach der Höhe ihrer → **Deckungsbeiträge**, enthält. Als Favoriten gelten die Produkte, die besonders hohe Deckungsbeiträge aufweisen.

Fehlmengenkosten

Begriff: F. sind → **Kosten**, die durch das Auftreten eines Bedarfs entstehen, der die verfügbare Menge überschreitet. Ursache: unzureichende Materialbereitstellung.

Beispiel: (1) Direkt entstehende Kosten: Maschinenstillstandskosten, Lohnkosten für unbeschäftigte Mitarbeiter, Konventionalstrafen.

(2) Entgangene Gewinne (→ **Opportunitätskosten**): Gewinnreduzierung durch Lieferausfälle oder -verzögerungen, Imageverlust mit Einfluß auf das Folgegeschäft.

Fertigfabrikate → Halb- und Fertigfabrikate

Fertigung

Begriff: Der Begriff F. steht dem der → **Produktion** nahe. Meist verwendet man beide Begriffe synonym.

Hinweis: Je nach Häufigkeit des Fertigungsvorgangs unterscheidet man folgende → **Fertigungstypen**: → **Einzelfertigung**, → **Serienfertigung**, → **Sortenfertigung**, → **Partiefertigung**, → **Chargenfertigung**, → **Massenfertigung**.

Fertigungseinzelkosten

Begriff: F. sind die → **Fertigungskosten**, die den → **Kostenträgern** ohne Schlüssel, also verursachungsgerecht (direkt) zugerechnet werden können, wie etwa → **Materialeinzelkosten**, Einzellohnkosten der Fertigung (→ **Einzellöhne**), → **Sondereinzelkosten** der Fertigung.

Hinweis: Im Rahmen einer traditionellen → **Vollkostenrechnung** dienen die F. als Zuschlagsbasis für die Verteilung der → **Fertigungsgemeinkosten**.

Fertigungsgemeinkosten

Begriff: F. sind die → **Fertigungskosten**, die den → **Kostenträgern** nicht verursachungsgerecht (direkt) zugerechnet werden können, wie etwa → **kalkulatorische Abschreibungen**, → **kalkulatorische Zinsen**, → **Hilfslöhne**, Hilfsmaterial, Energie.

Hinweis: In traditionellen → **Kostenrechnungen** versucht man, die F. mittels Schlüsselung zu verteilen, wobei häufig → **Fertigungseinzelkosten** als Bezugsgröße verwendet werden (→ **Gemeinkostenschlüsselung**).

Fertigungshauptkostenstellen

Begriff: F., kurz Fertigungshauptstellen, sind solche → **Kostenstellen**, deren → **Leistungen** direkt in die → **Kostenträger** eingehen. F. sind → **Endkostenstellen**, bei denen keine Weiterverrechnung auf andere Kostenstellen erfolgt.

Beispiel: Stanzerei, Dreherei, Gießerei, Lackiererei, Fräserei.

Fertigungshilfskostenstellen

Begriff: F., kurz Fertigungshilfsstellen, sind → **Kostenstellen**, die nur mittelbar der → **Produktion** dienen. Sie geben → **Leistungen** an → **Fertigungshauptstellen** ab, gehören also nicht zu den → **Endkostenstellen**, sondern zu den → **Vorkostenstellen**.

Beispiel: Schreinerei, Werkzeugmacherei, Reparaturschlosserei, Energieversorgung.

Fertigungskontrolle

Begriff: F. (Produktionskontrolle) ist der Vergleich von fertigungsbezogenen Soll- und Istdaten und die dazugehörige → **Abweichungsanalyse**.

Beispiel: Mengenkontrolle, Qualitätskontrolle, Terminkontrolle, Auslastungskontrolle, Kostenkontrolle.

Fertigungskosten

Begriff: F. sind alle mit der Produktionsabwicklung verbundenen → **Kosten**. Sie werden als Summe aus → **Fertigungslohn**, → **Sondereinzelkosten** der Fertigung und → **Fertigungsgemeinkosten** im Schema der → **Zuschlagskalkulation** wie folgt ermittelt:

	Einzellohnkosten
+	Sondereinzelkosten der Fertigung
=	Fertigungseinzelkosten
+	Fertigungsgemeinkosten
=	Fertigungskosten

Hinweis: Die F. umfassen nicht die mit dem Einkauf und der Lagerung verbundenen Kosten. Es gilt: Materialkosten + Fertigungskosten = → **Herstellkosten**.

Fertigungslöhne

Begriff: F. sind die bei der → **Produktion** anfallenden und ohne Schlüsselung, also verursachungsgerecht (direkt) den → **Kostenträgern** zurechenbaren → **Löhne**. Sie werden durch Stundenaufschreibung erfaßt und haben den Charakter von → **Einzelkosten**.

Gegensatz: Fertigungshilfslöhne = → **Gemeinkosten**.

Fertigungslos

Begriff: F. ist die Menge eines → **Erzeugnisses**, die hintereinander ohne Unterbrechung durch andere → **Produkte** erstellt wird. Der Begriff F. hat Ähnlichkeit mit den Begriffen → **Serie** und → **Sorte**.

Hinweis: Wichtig ist die Bestimmung der optimalen → **Losgröße**.

Fertigungsmaterialien

Begriff: F. sind die bei der → **Produktion** in die → **Erzeugnisse** eingehenden und direkt (ohne Schlüsselung) den → **Kostenträgern** zurechenbaren Materialien. Sie werden durch → **Materialentnahmescheine** erfaßt und haben den Charakter von → **Einzelkosten**.

Gegensatz: → **Gemeinkostenmaterial.**

Fertigungsprogramm

Begriff: F. (→ **Produktionsprogramm**) ist die Summe aller Sachgüter, Energien und Dienstleistungen, die ein Unternehmen in einer Periode erstellt.

Problem: Man unterscheidet kurz- und langfristiges F. Das kurzfristige ist unter Berücksichtigung des gegebenen produktionstechnischen Apparates aufzustellen, das langfristige bezieht Änderungen des Produktionsapparates als Möglichkeit in die Planung ein (→ **Dispositionsbestimmtheit der Kosten,** → **relevante Kosten**). Die zentrale Frage ist die nach dem gewinnmaximierenden Programm (→ **Programmoptimierung**).

Fertigungssonderkosten → Sondereinzelkosten

Fertigungsstellen

sind → **Kostenstellen** des Fertigungsbereiches.

Fertigungstypen, Fertigungsverfahren

Begriff: F. (Produktionstypen, Produktionsverfahren) orientieren sich an der Erzeugnismenge sowie an Besonderheiten des jeweiligen → **Produktionsprozesses.**

Beispiel: Für die Praxis sind folgende F. wichtig:

Fertigungstypen, Fertigungsverfahren	Kurzbeschreibung
→ **Einzelfertigung**	Herstellung einer einzigen Mengeneinheit
→ **Serienfertigung**	Herstellung einer größeren Menge gleicher Erzeugnisse (Pkw-Produktion)
→ **Sortenfertigung**	Herstellung verwandter Produkte aus gleichen oder ähnlichen Grundstoffen (Biersorten, Zigarettensorten)
→ **Partiefertigung**	Sonderform der Sortenfertigung, bei der eine begrenzte Einsatzmenge eines Werkstoffs bearbeitet wird (Tee aus Assam, Preiselbeeren aus Lappland, Holz aus Polen, Felle aus Alaska), die eine geschlossene qualitätsmäßige Einheit darstellt.
→ **Chargenfertigung**	Herstellung einer größeren Erzeugnismenge, begrenzt durch das Fassungsvermögen eines Betriebsmittels (Hochofen, Weinfaß, Schmelzofen)
→ **Massenfertigung**	Herstellung einer größeren Stückzahl einheitlicher Produkte

Übersicht: **F. unterscheidet man nach Art und Menge der Produktion**

Fertigungswagnis

Begriff: F. ist das aus der → **Produktion** resultierende Wagnis aus Material-, Arbeits- und Konstruktionsfehlern, die sich in Bruch, Ausschuß, Minderqualität und Nachbesserung niederschlagen. Es gehört zu den → **Einzelwagnissen** (→ **kalkulatorische Wagnisse**).

Problem: Das F. ist so zu kalkulieren, daß es langfristig den tatsächlichen Fertigungsverlusten entspricht.

feste Kosten → Fixkosten

Festpreis-Verfahren und Istpreis-Verfahren

Begriff: F.-V. ist eine Methode zur Bewertung des Materialverbrauchs, bei der die Materialpreise über längere Zeit konstant gehalten werden. I.-V. ist eine Methode zur Bewertung des Materialverbrauchs, bei der die Verbrauchsmengen nach Maßgabe der Ist-Einstandspreise bewertet werden.

Problem: Da die Einstandspreise im Zeitablauf schwanken, muß vor Anwendung des I.-V. geklärt werden, welche Preise zur Bewertung des Materialverbrauchs und der → **innerbetrieblichen Leistungen** heranzuziehen sind. Dabei hat es sich in der → **Kostenrechnung** eingebürgert, durchschnittliche Anschaffungspreise zu ermitteln und zur Bewertung zu nutzen. Andere Verfahren, etwa Lifo-, Fifo- oder Hifo-Methode, spielen in der Kostenrechnung keine Rolle.

Der Nachteil des I.-V. liegt in der Notwendigkeit, für jeden Monat einen neuen Durchschnittswert zu errechnen. Das entfällt bei der Festpreismethode. Die Festpreise werden meist ein Jahr konstant gehalten und danach überprüft und gegebenenfalls neu festgelegt. Sie sollen eine innerbetriebliche Lenkungsfunktion ausüben und sind deshalb an langfristigen → **Marktpreisen** unter Berücksichtigung der absehbaren Zukunftsentwicklung zu orientieren.

Finanzbuchhaltung

ist ein Teil des → **betrieblichen Rechnungswesens**. Die F. (Geschäftsbuchhaltung) hat unter anderem folgende Aufgaben:

(1) Ermittlung des jährlichen → **Erfolgs** der Unternehmung (Aufstellung der → **Gewinn- und Verlustrechnung**),

(2) Ermittlung des Vermögens und der Schulden (Aufstellung der Bilanz),

(3) Bereitstellung von Zahlenmaterial für dispositive Zwecke.

Finanzinvestition

ist jene → **Investition**, die den Erwerb von Forderungs- und Beteiligungsrechten zum Inhalt hat.

Finanzplanung

Begriff: F. ist die Gegenüberstellung künftiger → **Auszahlungen** und → **Einzahlungen** zur Ermittlung des künftigen Kapitalbedarfes (Geldbedarfes, Finanzbedarfes). Es gilt:

Kapitalbedarf = Summe Auszahlungen – Summe Einzahlungen

Hinweis: (1) Die in die F. eingehenden Größen sind Zukunftswerte und beruhen auf Schätzungen.

(2) Hauptzweck der F. ist die Sicherung der künftigen Zahlungsfähigkeit, die Wahrung der Liquidität.

fixe Kosten → Fixkosten

fixe Stückkosten

sind die anteiligen → **Fixkosten** je Ausbringungseinheit. Sie bilden zusammen mit den → **variablen Stückkosten** die (gesamten) → **Stückkosten** (→ **Fixkostendegression**).

Fixkosten

Begriff: F. sind solche → **Kosten**, die bei unterschiedlicher → **Ausbringungsmenge** konstant bleiben. Sie fallen auch bei Nichtproduktion an.

Problem: Wer von F. spricht, muß zwei Aspekte klären:

(1) In bezug auf welche Größe sollen die Kosten fix sein?

(2) Handelt es sich um eine Kurzperiodenanalyse oder um eine langfristige Planung?

Bezugsobjekt für die F. ist überwiegend die → **Beschäftigung**. Man müßte also genauer von beschäftigungsfixen Kosten sprechen. Neben der → **Bezugsgröße** Beschäftigung sind aber auch andere denkbar, z. B. → **Intensität**, → **Losgröße**, Auftragszusammensetzung.

Betrachtet man die Länge der jeweiligen Planungsperiode, so stellt man fest, daß die fixen Kosten im Zeitablauf unterschiedliche Werte annehmen können: Beim Kauf neuer Maschinen steigen die F., bei Reduzierung des Produktionsapparates fallen sie. Die beschäftigungsfixen Kosten sind also nur kurzfristig konstant, langfristig sind die beschäftigungsfixen Kosten variabel (→ **Kostenfunktion**).

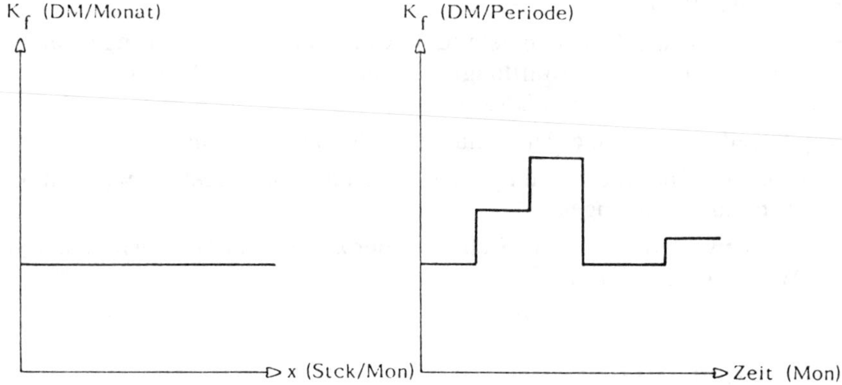

Abbildung: **Beschäftigungsfixe Kosten: kurzfristig konstant, langfristig variabel**

Man kann sagen: F. sind die Kosten der Betriebsbereitschaft eines bestimmten Produktionsapparates. Sie sind bei allen kurzfristigen Entscheidungen, die diesen Produktionsapparat unberührt lassen, konstant. Sie sind langfristig abhängig von den unternehmerischen Dispositionen bezüglich dieses Apparates: Auf lange Sicht gibt es keine fixen Kosten (→ **Dispositionsbestimmtheit der Kosten,** → **relevante Kosten**).

Beispiel: Die folgenden Kostenarten sind im Regelfall kurzfristig beschäftigungsfix: → **kalkulatorische Miete,** → **kalkulatorische Pacht,** → **kalkulatorische Zinsen** auf das Anlagevermögen, → **kalkulatorische Abschreibungen** auf Gebäude, Kosten für Beratung und Versicherung, Kosten für Beleuchtung, Bewachung, Reinigung.

Hinweis: Die meisten F. sind gleichzeitig → **Gemeinkosten.**

Gegensatz: → **variable Kosten.**

Fixkostendeckung

Begriff: F. ist eine unternehmerische Forderung, wonach die Summe der → **Deckungsbeiträge** aller → **Erzeugnisse** mindestens so groß sein muß wie die → **fixen Kosten**, damit die Unternehmung keinen Verlust erleidet.

Problem: (1) Die Forderung nach F. muß langfristig erfüllt sein, kurzfristig kann die Unternehmung eventuell einen Verlust hinnehmen.

(2) Die Forderung nach F. ist nur für die Gesamtunternehmung sinnvoll. Einzelne → **Erzeugnisse** können auch dann produziert werden, wenn ihr → **Nettostückgewinn** negativ ist, solange nur ihr Bruttostückgewinn (Deckungsbeitrag) positiv ist (→ **kurzfristige Preisuntergrenze**).

Fixkostendeckungsrechnung

Begriff: F. (→ **stufenweise Fixkostendeckungsrechnung**, → **mehrstufiges direct costing**, → **mehrstufige Deckungsbeitragsrechnung**) ist ein Verfahren zur langfristigen → **Programmoptimierung**, bei dem der Fixkostenblock in mehrere Schichten aufgespalten und bestimmten → **Bezugsgrößen** verursachungsgerecht, ohne Schlüsselung zugerechnet wird.

Beispiel:
Fixkosten einzelner Erzeugnisarten (→ **Erzeugnisfixkosten**).
Fixkosten einzelner Erzeugnisgruppen (→ **Erzeugnisgruppenfixkosten**),
Fixkosten einzelner Betriebsbereiche (→ **Bereichsfixkosten**),
Fixkosten der Gesamtunternehmung (→ **Unternehmungsfixkosten**).

Fixkostendegression

Begriff: F. ist die Abnahme der → **Fixkosten** (→ **fixe Stückkosten**) pro Leistungseinheit bei steigender → **Beschäftigung**.

Beispiel: Die postalische Grundgebühr für eine bestimmte Telefonanlage beläuft sich auf 100 DM pro Monat. Dann gilt:

Zahl der Telefongespräche (x) (LE/Mon)	Fixkosten je Gespräch (k_f) (DM/LE)
1	100
2	50
3	33
4	25
5	20
⋮	⋮
10	10

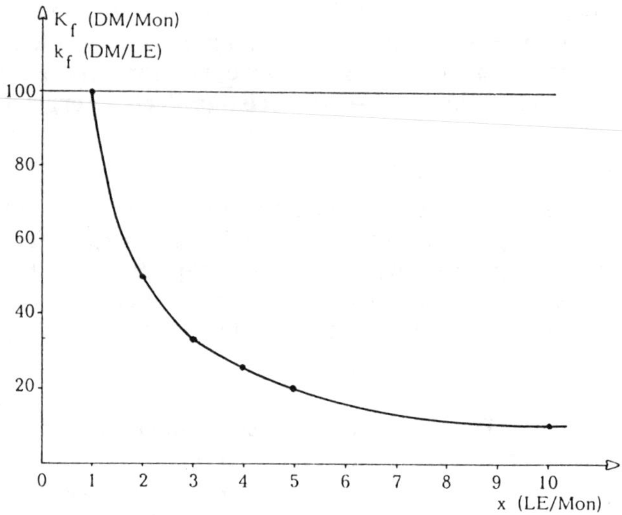

Abbildung: **Fixkostendegression: Stückzahl steigt, Fixkosten je Stück sinken**

Fixkostenschichten

Die → **stufenweise Fixkostendeckungsrechnung** teilt die → **Fixkosten** in vier Schichten auf:

→ **Erzeugnisfixkosten**,
→ **Erzeugnisgruppenfixkosten**,
→ **Bereichsfixkosten**,
→ **Unternehmungsfixkosten**.

Fixum

ist ein festes pauschales Entgelt, das erfolgsunabhängig bezahlt und häufig durch eine leistungsbezogene → **Provision** ergänzt wird.

flexible Plankostenrechnung (PKR) auf Vollkostenbasis

Begriff: Flexible PKR auf Vollkostenbasis ist eine Form der → **Plankostenrechnung (PKR)**, bei der die → **Kosten** für jede → **Kostenstelle** nach → **Kostenarten** differenziert in → **Plankosten** für die → **Planbeschäftigung** und → **Sollkosten** für die anderen Beschäftigungswerte aufgeteilt werden. Dazu ist eine → **Kostenauflösung** in → **fixe** und → **variable Kosten** notwendig.

Problem: Die flexible PKR auf Vollkostenbasis trennt zwar im Rahmen der → **Kostenstellenrechnung** variable und fixe Kosten, führt diese Trennung aber nicht bei der → **Kostenträgerrechnung** durch.

Flexible Plankostenrechnung auf Vollkostenbasis

↓ ↓

Kostenstellenrechnung	Kostenträgerrechnung
Trennung in fixe und variable Kosten	Kalkulation mit Gesamtkosten pro Stück

In der Kostenträgerrechnung wird ein Vollkostensatz verwendet, obwohl aufgrund der Trennung der → **Kostenträgergemeinkosten** in den → **Kostenstellen** in fixe und variable Bestandteile ein Teilkostensatz verwendet werden könnte. Durch den freiwilligen Verzicht auf den Teilkostensatz ist die → **kurzfristige Preisuntergrenze** nicht ermittelbar.

Für dispositive Aufgaben ist die flexible PKR auf Vollkostenbasis nicht geeignet, weil der → **Deckungsbeitrag** eines → **Kostenträgers** nicht bekannt ist. Daher besteht aufgrund des Vollkostenansatzes die Gefahr von Fehlentscheidungen.

Beispiel: In einer Kostenstelle wird für den kommenden Monat eine Planbeschäftigung von B_p = 1 300 Leistungseinheiten festgelegt. Die geplanten Kosten der Stelle belaufen sich auf 11 700 DM, davon sind 5 200 DM fix. Nach Monatsablauf stellt man fest, daß die → **Istbeschäftigung** B_i 1 000 Leistungseinheiten (LE) betragen hat, gleichzeitig sind → **Istkosten** von 11 000 DM angefallen.

Für die Kostenstelle ist die → **Kostenkontrolle** in graphischer und rechnerischer Form vorzunehmen (vgl. Abbildung Folgeseite).

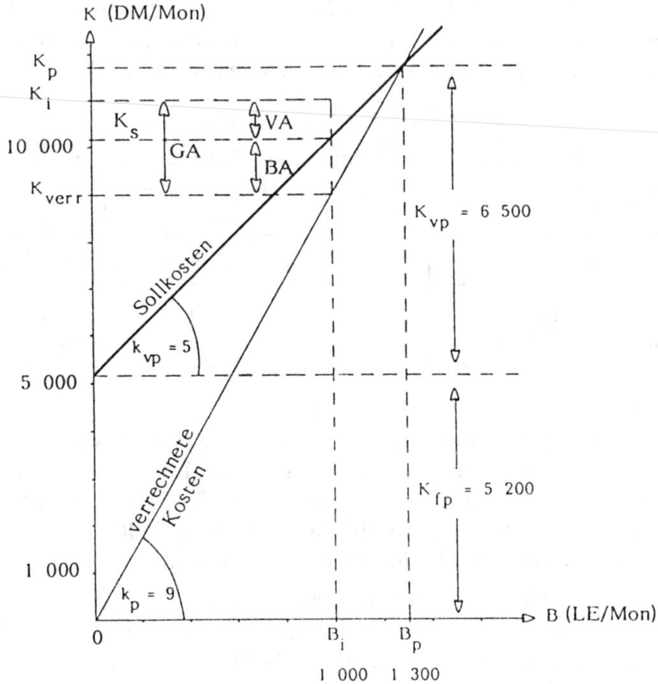

Abbildung: **Bei der flexiblen PKR werden Teilabweichungen ausgewiesen**

Symbole

K_p	= Plankosten bei Planbeschäftigung	k_p	= Plankostenverrechnungssatz
K_{vp}	= variable Plankosten	k_{vp}	= variabler Plankostenverrechnungssatz
K_{fp}	= fixe Plankosten		
K_i	= Istkosten	GA	= Gesamtabweichung
K_{si}	= Sollkosten der Istbeschäftigung	BA	= Beschäftigungsabweichung
K_{verr}	= verrechnete Plankosten bei Istbeschäftigung	VA	= Verbrauchsabweichung

Für die geplanten → **Stückkosten** k_p und geplanten → **variablen Stückkosten** k_{vp} gilt:

$$k_p = \frac{K_p}{B_p} = \frac{11\,700}{1\,300} = 9 \text{ DM/LE} \qquad k_{vp} = \frac{K_{vp}}{B_p} = \frac{6\,500}{1\,300} = 5 \text{ DM/LE}$$

Mit dem variablen Sollkostenverrechnungssatz k_{vp} läßt sich die Sollkostenfunktion K_s bestimmen:

$$K_s = K_{fp} + k_{vp} \cdot B \qquad K_s = 5\,200 + 5 \cdot B$$

Damit erhält man für die Sollkosten der Istbeschäftigung K_{si} den folgenden Wert:

$$K_{si} = 5\,200 + 5 \cdot B = 5\,200 + 5 \cdot 1\,000 = 10\,200 \text{ DM/Mon}$$

Damit kann die → **Abweichungsanalyse** erstellt werden:

Gesamtabweichung	$GA = K_i - K_{verr}$ $GA = 11\,000 - 9 \cdot 1\,000$ GA = 2 000 DM/Mon
Beschäftigungs-abweichung	$BA = K_{si} - K_{verr}$ $BA = 10\,200 - 9\,000$ BA = 1 200 DM/Mon
Verbrauchs-abweichung	$VA = K_i - K_{si}$ $VA = 11\,000 - 10\,200$ VA = 800 DM/Mon

Hinweis: Die flexible PKR wurde in den dreißiger Jahren als Alternative zur → **starren PKR** entwickelt. Die auf die starre PKR folgende Entwicklungsstufe der PKR bezeichnet man heute als → **einfach-flexible PKR.** Sie wurde weiterentwickelt zur → **mehrfach-flexiblen PKR**, bei der neben der → **Beschäftigung** als Kosteneinflußgröße weitere → **Kostenbestimmungsfaktoren** berücksichtigt werden, die jeweils betriebsindividuell wesentlich sind.

Die flexible PKR vermeidet den Kardinalfehler der starren PKR, nämlich die Proportionalisierung der → **Fixkosten**. Der Aufbau der flexiblen PKR auf Vollkostenbasis erfolgt zunächst wie bei der starren PKR:

(1) Wahl der → **Bezugsgröße** B,

(2) Festlegung der Planbeschäftigung B_p,

(3) Ermittlung der geplanten Kosten K_p,

(4) Aufteilung der Plankosten in fixe (K_{fp}) und variable (K_{vp}).

Infolge der Aufteilung in fixe und variable Plankosten lassen sich nicht nur die Plankosten für die Planbeschäftigung bestimmen, sondern auch realisierbare Sollkosten für alle Istbeschäftigungen, die höher oder niedriger als die Planbeschäftigung sind. Die Sollkosten berücksichtigen bei einer geringeren als der Planbeschäftigung, daß nur variable Kosten abgebaut werden können und fixe Kosten in voller Höhe bestehen bleiben, und bei einer höheren Beschäftigung als der Planbeschäftigung, daß nur die variablen Kosten steigen und die Fixkosten konstant bleiben. Für den Fall, daß die Istkosten bei einer geringeren als der Planbeschäftigung über den verrechneten Plankosten liegen, läßt sich nunmehr ein Teil der → **Gesamtabweichung** (GA) als → **Beschäftigungsabweichung** (BA) darstellen und erklären. Eine möglicherweise verbleibende Differenz zwischen den Soll- und den → **Istkosten** stellt dann die → **Verbrauchsabweichung** (VA) dar.

Fortschreibung, Fortschreibungsmethode

Begriff: Die F., auch Skontration genannt, ist eine Methode zur Erfassung des mengenmäßigen Materialverbrauchs (→ **Verbrauchsmengenerfassung**) durch unmittelbares Aufschreiben der Materialabgänge.

Es gilt:

Materialverbrauch	=	Summe der Entnahmemengen laut → **Materialentnahmescheinen**

Sie heißt nach ihrer zentralen Belegart auch Materialentnahmescheinmethode, denn bei jeder Materialausgabe ist ein Beleg auszufüllen, der mindestens folgende Informationen enthält:

- Datum,
- Materialart und -menge,
- Kostenstellen- und Kostenträgernummer.

Problem: Der Nachteil der F. liegt in dem hohen Arbeitsaufwand. Sie setzt eine Lagerbuchhaltung und ein qualifiziertes Belegwesen voraus, Bedingungen, die in kleineren → **Betrieben** nicht immer erfüllt sind. Mögliche Vorteile:

- Man kann feststellen, für welche → **Kostenstellen** und → **Kostenträger** Material verbraucht wurde.
- Lagerverluste lassen sich erfassen, wenn man den buchmäßigen Endbestand mit dem durch → **Inventur** ermittelten Endbestand vergleicht.

Lagersollbestand ←	Anfangsbestand (laut Inventur)
– Lageristbestand	+ Zugang (laut Lagerkonto)
= Lagerverlust	– Abgang (laut Materialentnahmescheinen)
	= Lagersollbestand

Freihandmethode

Bezeichnung für das → **Streupunktdiagramm**, eine Methode der statistischen → **Kostenauflösung**.

Fremdbezugsentscheidungen

sind Entscheidungen über die Möglichkeiten → **Eigenfertigung oder Fremdbezug**, kurz EF-Entscheidungen, die in allen betrieblichen Funktionsbereichen in regelmäßigen Zeitabständen getroffen werden müssen.

Fremdkapital

Begriff: F. ist das durch Schuldenaufnahme finanzierte Kapital einer Unternehmung; es umfaßt diejenigen Teile der Passivseite einer Bilanz, die Gläubigeransprüche darstellen. Der Fremdkapitalgeber hat Anrecht auf Zins und Tilgung.

Gegensatz: → **Eigenkapital.**

Fremdkapitalkosten

Begriff: F. sind in der → **Kostenrechnung** → **kalkulatorische Zinsen** auf das Fremdkapital. Sie gehören zu den → **Anderskosten**, denen → **Aufwendungen** in anderer Höhe, nämlich in Höhe der tatsächlich gezahlten Fremdkapitalaufwendungen, gegenüberstehen (→ **Abgrenzung**).

Problem: (1) Die tatsächlich für das Fremdkapital bezahlten Geldbeträge (Zinsen, Provisionen, Disagio) sind keine → **Kosten**, sondern Aufwand.

Sie werden in der → **Gewinn- und Verlustrechnung**, nicht aber in der Kostenrechnung berücksichtigt.

(2) Die in der Kostenrechnung zu erfassenden F. werden nicht gesondert, sondern zusammen mit den Kosten des Eigenkapitals als kalkulatorische Zinsen ausgewiesen, deren Bezugsbasis das gesamte → **betriebsnotwendige Kapital** ohne jegliche Unterteilung in Eigen- und Fremdmittel ist (→ **kalkulatorische Kosten**).

full cost, full costing

steht im angelsächsischen Bereich für Vollkosten bzw. → **Vollkostenrechnung.**

funktionale Organisation

Begriff: Sind die Abteilungen auf der zweithöchsten Hierarchieebene nicht nach Geschäftsbereichen, sondern nach speziellen Verrichtungen (Funktionen) gegliedert, so liegt f. O. vor (→ **Organisation**).

Beispiel: Die üblichen Funktionen im Unternehmen sind: Beschaffung, Produktion, Absatz, Verwaltung. Die Funktionalorganisation in ihrer reinen Form bildet daraus unternehmerische Teilbereiche, die die Kompetenz in der jeweiligen Funktion für die gesamte Unternehmung besitzen.

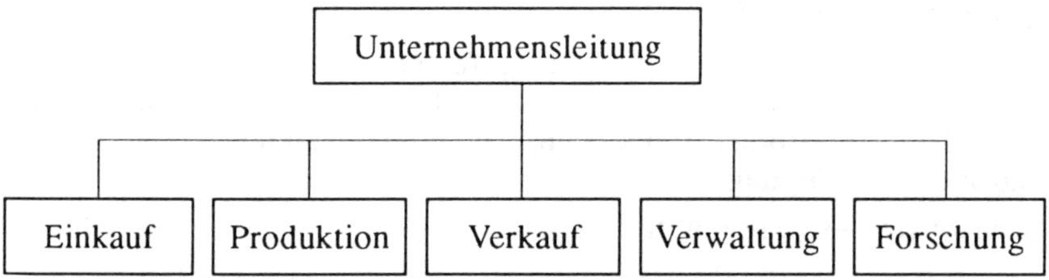

Hinweis: Die f. O. läßt sich bei größer werdenden Unternehmungen nicht in reiner Form durchhalten und wird meist durch Elemente → **divisionaler Organisation** ergänzt.

G

Garantiekosten

Begriff: G. sind → **Kosten** aus Ersatzlieferungen, Preisnachlässen, Nachbesserungen und Vertragsstrafen. Sie gehören zu den → **Einzelwagnissen** und sind → **kalkulatorische Kosten**.

Problem: (1) G. sind so zu kalkulieren, daß sie sich langfristig mit den tatsächlich auftretenden Garantieverpflichtungen ausgleichen.

(2) G. sind → **Sondereinzelkosten** der → **Kostenträger**, die im Rahmen der zeitlichen → **Abgrenzung** in gleichen Monatsbeträgen erfaßt werden.

Gebrauchsgüter

Begriff: G. sind → **Güter**, die im → **Produktionsprozeß** über einen längeren Zeitraum genutzt werden können (Gebäude, Maschinen, → **Werkzeuge**).

Problem: Die → **Kosten** der Nutzung von G., etwa → **kalkulatorische Abschreibungen**, sind den → **Kostenträgern** meist nicht verursachungsgerecht zurechenbar.

Gegensatz: → **Verbrauchsgüter**, die in der → **Produktion** nur einmal eingesetzt werden.

Gebrauchsverschleiß und Zeitverschleiß

Begriff: G. ist neben dem Zeitverschleiß eine der Ursachen für die Entwertung langfristig nutzbarer → **Wirtschaftsgüter** (→ **Abschreibung**). Er hängt von den entnommenen Nutzungen (Betriebsstunden, Fahrkilometer) ab und gehört zu den → **variablen Kosten**. Z. fällt unabhängig von der → **Ausbringungsmenge** an. Er ist auf technische Überalterung, Lizenzablauf, Korrosion, Nachfrageverschiebungen zurückzuführen und gehört zu den → **Fixkosten**.

Problem: Im praktischen Fall spielen beide Ursachen, G. und Z., eine Rolle. Man fragt dann nach der dominierenden Abschreibungsursache und gelangt möglicherweise zur → **gebrochenen Abschreibung**.

Beispiel: Ein Lkw ist in der Lage 100 000 km zu fahren. Der Anschaffungspreis beträgt 200 000 DM, die monatliche Nutzung 4 000 km, der Restwert wird mit Null angenommen. Dann gilt für die monatliche Abschreibung (a):

$$a = \frac{\text{abzuschreibender Betrag}}{\text{Gesamtleistung}} \cdot \text{Monatsleistung}$$

$$a = \frac{200\,000}{100\,000} \cdot 4\,000 = 8\,000 \text{ (DM/Mon)}$$

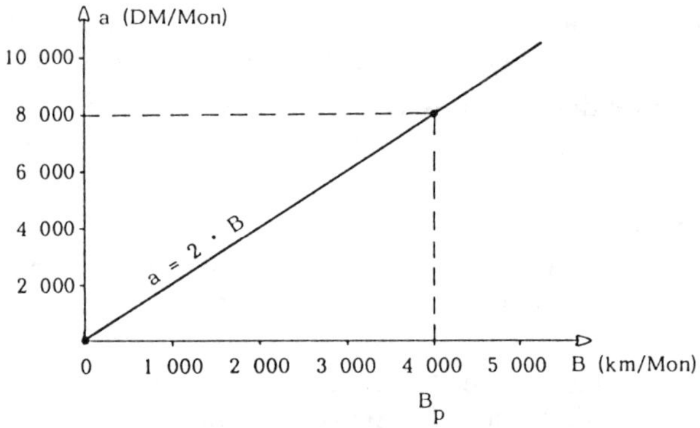

Abbildung: **Kostenverlauf bei Gebrauchsverschleiß: Abschreibungen sind variabel**

gebrochene Abschreibung, gespaltene Abschreibung

Begriff: G. A. ist die Aufteilung der → **Abschreibung** in einen fixen und einen variablen Anteil, wobei der fixe Anteil Ausdruck des → **Zeitverschleißes,** der variable Ausdruck des → **Gebrauchsverschleißes** ist.

Beispiel: Ein für den Tropeneinsatz vorgesehener Lkw ist in der Lage, 100 000 km zu fahren. Der Anschaffungspreis beträgt 200 000 DM, der Restwert wird mit Null angenommen. Unabhängig von der tatsächlichen Beanspruchung ist der Lkw nach 40 Monaten nicht mehr einsetzbar (Zeitverschleiß). Die durchschnittliche monatliche Fahrleistung liegt bei B = 4 000 km. Dann gilt für die monatliche Abschreibung (a):

(1) Gebrauchsverschleiß: $a = \frac{\text{abzuschreibender Betrag}}{\text{Gesamtleistung}} \cdot \text{Monatsleistung}$

$$= \frac{200\,000}{100\,000} \cdot 4\,000 = 8\,000 \text{ (DM/Mon)}$$

$$(2)\ \text{Zeitverschleiß: } a = \frac{\text{abzuschreibender Betrag}}{\text{Nutzungszeit}}$$

$$= \frac{200\,000}{40} = 5\,000\ \text{(DM/Mon)}$$

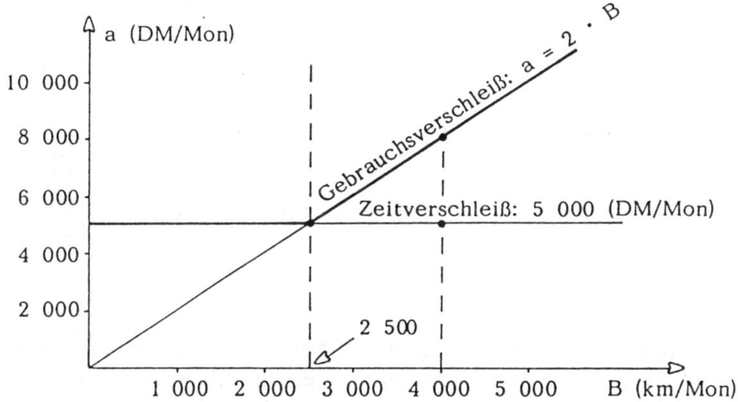

Abbildung: **Kostenverlauf bei Gebrauchs- und Zeitverschleiß**

Die Abbildung zeigt, daß bei einer unter 2 500 km liegenden monatlichen Fahrleistung der Zeitverschleiß dominiert. Er ist dann alleinige Abschreibungsursache. Die → **kalkulatorische Abschreibung** von 5 000 DM/Monat gehört zu den → **Fixkosten.**

Liegt die monatliche Fahrleistung über 2 500 km, so dominiert der Gebrauchsverschleiß. Die kalkulatorische Abschreibung von $a = 2 \cdot B$ gehört zu den → **variablen Kosten.**

Hinweis: Zur Vermeidung des geknickten Linienzuges A, B, C in nachstehender Abb. interpretiert man die g. A. in der Weise, daß man für die → **Planbeschäftigung** von (beispielsweise) B_p = 4 000 km/Monat eine durchgehende → **Sollkostenlinie** AC

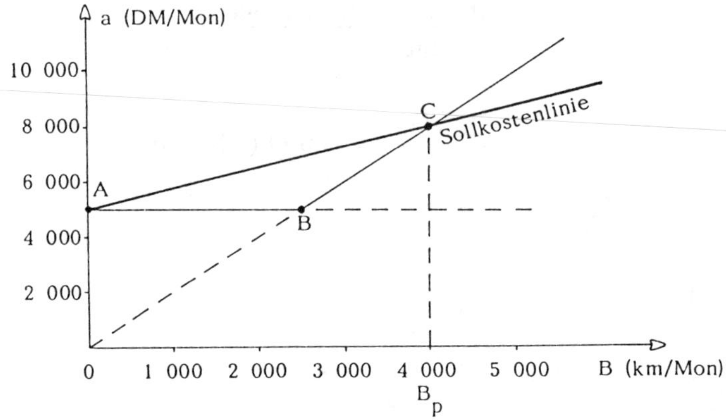

Abbildung: **Sollkostenlinie AC als Näherungslösung bei Gebrauchsverschleiß**

vorsieht. Sie stellt eine Näherungslösung bei überwiegendem Gebrauchsverschleiß dar, die stets dann akzeptabel erscheint, wenn die zu erwartenden → **Abweichungen** zwischen → **Ist**- und Planbeschäftigung gering sind.

Gebühren und Beiträge

sind Abgaben an den Staat, die bei Beanspruchung bestimmter staatlicher Leistungen fällig werden. Ihre Verrechnung könnte nach den Umständen des Einzelfalls erfolgen (Patentgebühren produktbezogen, Müllabfuhr als Gebäudekosten), in den meisten Fällen werden sie summarisch als Verwaltungsgemeinkosten oder verschiedene → **Gemeinkosten** erfaßt.

Gegenwartswert

ist der heutige Wert künftiger → **Ein-** und → **Auszahlungen**, der sich durch Abzinsung ergibt (→ **Kapitalwertmethode**).

Gehälter

sind die nach Zeitabschnitten bemessenen → **Kosten**, die als Vergütung für die Arbeit der Angestellten anfallen, während Arbeiter → **Lohn** erhalten (→ **Personalkosten**, → **Sozialkosten**).

Geldakkord

ist eine Form des → **Akkordlohns** (→ **Lohnformen**).

gemeiner Wert

Begriff: G. W. ist nach der Legaldefinition des § 9 Bewertungsgesetz der Preis, der im gewöhnlichen Geschäftsverkehr nach der Beschaffenheit des → **Wirtschaftsgutes** bei einer Veräußerung zu erzielen wäre.

Hinweis: Der g. W. ist bei Bewertungen immer dann zugrunde zu legen, wenn nichts anderes vorgeschrieben ist.

Gemeinkosten

Begriff: Teilt man die → **Kosten** nach dem Kriterium der Zurechenbarkeit zu einem bestimmten Bezugsobjekt ein, so unterscheidet man → **Einzelkosten** und G. G. sind solche Kosten, die einem bestimmten Bezugsobjekt nicht verursachungsgerecht (nicht direkt) zugerechnet werden können.

Problem: Das Bezugsobjekt für die Kostenzurechnung (→ **Kostenverteilungsprinzipien**) ist meist die erzeugte Leistungseinheit, der → **Kostenträger**. In neuerer Zeit berücksichtigt man über die Kostenträger hinaus noch weitere mögliche Bezugsobjekte, beispielsweise die → **Kostenstellen**. Es ist demnach zu unterscheiden zwischen:

→ **Kostenträgergemeinkosten** (sind den produzierten Leistungseinheiten nicht direkt zurechenbar) und

→ **Kostenstellengemeinkosten** (sind den betrieblichen Kostenstellen nicht direkt zurechenbar.)

Beispiel: Das → **Gehalt** des Kostenstellenmeisters sowie die in der Kostenstelle anfallenden Energie- und Reinigungskosten sind → **Kostenstelleneinzelkosten** und meist gleichzeitig Kostenträgergemeinkosten. Typische Kostenträgergemeinkosten sind: → **kalkulatorische Zinsen** und → **kalkulatorische Abschreibungen**, → **Gehälter** und → **Sozialkosten**, → **Energie**- und Reinigungskosten, → **Steuern**, → **Gebühren** und → **Beiträge**.

Hinweis: Man unterscheidet echte und unechte G. Echte G. können der → **Bezugsgröße** nicht direkt zugerechnet werden. Unechte G. könnten der Bezugsgröße verursachungsgerecht zugerechnet werden, werden aber aus Gründen der Wirtschaftlichkeit der Rechnung wie echte behandelt. So wäre es beispielsweise möglich, Stromkosten verursachungsgerecht zuzurechnen, sofern man bei jedem stromverbrauchenden Gerät einen Zähler installierte.

Gegensatz: → **Einzelkosten**, → **direkte Kosten.**

Gemeinkostenlöhne

Begriff: G. (→ **Hilfslöhne**) sind → **Löhne** für solche Tätigkeiten, die nicht in direktem Zusammenhang mit der Erzeugung der Leistungseinheiten stehen und deshalb den → **Erzeugnissen** nicht verursachungsgerecht zurechenbar sind.

Beispiel: Vorarbeiterlöhne, Einrichterlöhne, Löhne für Transport- und Reinigungsarbeiten.

Hinweis: In der Praxis dominiert die Bezeichnung Hilfslöhne. Dieser Begriff stellt nicht auf die Qualifikation der Arbeiter (Facharbeiter/Hilfsarbeiter) ab, sondern allein auf die Art der Verrechnung der jeweiligen Löhne als → **Gemeinkosten**.

Gemeinkostenmaterial

Begriff: G. ist Material, das den → **Erzeugnissen** nicht direkt (verursachungsgerecht) zugerechnet werden kann.

Beispiel: → **Betriebsstoffe** (Schmieröle, Kraftstoffe, Reinigungsmittel),

→ **Hilfsstoffe** (Farben, Klebstoffe, Verpackung),

→ **Lagerhaltungskosten**.

Gegensatz: → **Einzelmaterialkosten**, → **Fertigungsmaterialien.**

Gemeinkostenschlüsselung

Begriff: G. ist die Verteilung von → **Gemeinkosten** auf solche Bezugsobjekte, denen sie verursachungsgerecht nicht zugerechnet werden können, wobei Hilfsgrößen (Verteilungsschlüssel) verwendet werden.

Problem: Es ist sehr schwierig, geeignete Verteilungsschlüssel für solche → **Kosten** zu finden, die einem Bezugsobjekt nicht verursachungsgerecht zugerechnet werden können. Soll man Raumkosten nach Quadratmetern, nach Kubikmetern oder der Zahl der installierten Maschinen verteilen? Bei der Wahl sinnvoller Verteilungsschlüssel ist darauf zu achten, daß die Kosten wenigstens auf lange Sicht proportional zu dem gewählten Schlüssel sind. Je mehr G. vorgenommen wird, desto weniger aussagefähig ist die → **Kostenrechnung**.

Beispiel: Die Praxis, die auf eine G. nicht verzichten möchte, kennt zwei Varianten von Kostenverteilungsschlüsseln: → **Wertschlüssel** und → **Mengenschlüssel**.

Wertschlüssel können sein:

- Kostenwerte wie → **Löhne**, → **Gehälter**, → **Materialkosten**, → **Energiekosten**;
- Umsatz- und Erfolgswerte wie Warenumsatz, → **Betriebserfolg**;
- Bestandswerte wie Maschinenwert, Grundstücks- und Gebäudewert, Lagerbestandswert.

Mengenschlüssel können sein:

- Zeitgrößen wie Fertigungs-, Rüst-, Maschinenstunden, Lagerzeiten;
- sonstige physikalisch-technische Größen wie Zahl der installierten Anlagen, Zahl der Arbeitsverrichtungen, der eingekauften, gefertigten, transportierten oder verkauften Mengeneinheiten, Gewichte, Flächen, Rauminhalte.

Kostenart	möglicher Verteilungsschlüssel
freiwillige Sozialleistungen	Bruttolöhne und -gehälter
Mieten	Quadratmeter
Heizung	Kubikmeter
Lichtstrom	Zahl der Lampen
Kraftstrom	Zahl der installierten Elektromotoren
Reinigungskosten	Quadratmeter
Transportkosten	Fahrkilometer
Lagerkosten	Lagerzeit
Rüstkosten	Rüstzeit
Kosten des Personalbüros	Zahl der Mitarbeiter

Übersicht: **Richtige Schlüssel zur Gemeinkostenverteilung sind selten**

Gemeinkostenzuschlag → Zuschlagskalkulation

gemeinsame Produktion

andere Bezeichnung für → **Alternativproduktion**.

Gemeinschaftskontenrahmen der Industrie (GKR)

Begriff: Der GKR ist ein vom Bundesverband der Deutschen Industrie (BDI) 1951 herausgegebener Kontenplan, der zehn nach dem Dezimalsystem gegliederte → **Kontenklassen** enthält, deren Anordnung an den Prozeß der betrieblichen Leistungserstellung angelehnt ist (= Prozeßgliederungsprinzip).

Problem: (1) Der GKR geht grundsätzlich vom → **Einkreissystem** aus, verknüpft also → **Finanz**- und → **Betriebsbuchhaltung** in einem einheitlichen Buchungskreislauf. Die Tendenz in der Praxis geht heute eher zum → **Zweikreissystem**.

(2) Den neueren Entwicklungen im → **Rechnungswesen** und Bilanzrecht genügt der GKR nicht in vollem Umfang. Deshalb erarbeitete der Bundesverband der Deutschen Industrie 1971 einen neuen Kontenrahmen, den → **Industrie-Kontenrahmen (IKR)**. Der IKR steht heute neben dem GKR; er hat den GKR bisher nur zum Teil verdrängen können.

Beispiel: Aus dem Prozeßgliederungsprinzip ergibt sich der folgende Aufbau der Kontenklassen:

Kontenklasse	Inhalt
0	Anlagevermögen und langfristiges Kapital
1	Finanz-Umlaufvermögen und kurzfristige Verbindlichkeiten
2	neutrale Aufwendungen und Erträge
3	Stoffe - Bestände
4	Kostenarten
5/6	Kostenstellen
7	Kostenträger, Bestände an halbfertigen und fertigen Erzeugnissen
8	Kostenträger, Erträge
9	Abschluß

Übersicht: **Der GKR folgt dem Prozeßgliederungsprinzip**

geometrisch-degressive Abschreibung

Begriff: Bei diesem Verfahren der → **Abschreibung** wird der jährliche Abschreibungsbetrag durch Multiplikation des Restwertes des Vorjahres mit einem im Zeitablauf gleichbleibenden Prozentsatz ermittelt. Das ergibt fallende jährliche Abschreibungsbeträge.

Beispiel: Anschaffungskosten = 8 000 DM; Nutzungsdauer = 4 Jahre; Abschreibungsprozentsatz = 50 %; Restwert = 500.

Für den jährlichen Abschreibungsbetrag M gilt:
M = Restwert Vorjahr x Abschreibungsprozentsatz

Jahr	Anfangswert (DM)	Abschreibung M (DM/J)	Endwert (DM)
1	8 000	4 000	4 000
2	4 000	2 000	2 000
3	2 000	1 000	1 000
4	1 000	500	500

geplanter Deckungsbeitrag

ist die Differenz zwischen geplantem Stückpreis und geplanten → **variablen Stückkosten** (→ **Deckungsbeitrag**).

Gesamtabweichung

ist die Differenz zwischen → **Istkosten** und verrechneten → **Plankosten** (→ **Abweichungen**, → **flexible Plankostenrechnung**, → **starre Plankostenrechnung**).

Gesamtdeckungsbeitrag

ist die Summe aller in der Periode erwirtschafteten → **Deckungsbeiträge**.

Gesamterfolg

einer Unternehmung ist der im Rahmen der → **Finanzbuchhaltung** ermittelte → **Gewinn**. Er setzt sich zusammen aus dem → **Betriebserfolg** und dem → **neutralen Erfolg**. Der G. ergibt sich aus der Differenz zwischen → **Ertrag** und → **Aufwand**.

Gesamtkosten

Begriff: G. sind die Summe der in einem → **Betrieb** oder Betriebsteil während der Abrechnungsperiode anfallenden → **Kosten.**

Problem: Für praktische Zwecke sind die Gesamtkosten aufzuteilen nach

- ihrem Verhalten bei Beschäftigungsänderungen in → **fixe** und → **variable Kosten**,
- ihrer Zurechenbarkeit in → **Einzel**- und → **Gemeinkosten**,
- abrechnungstechnischen Gesichtspunkten: → **Kostenarten**, Kosten der → **Kostenstellen**, Kosten der → **Kostenträger**.

Gegensatz: → **Stückkosten.**

Gesamtkostenverfahren (GKV)

Begriff: GKV ist ein Verfahren zur Ermittlung des → **Betriebsergebnisses** im Rahmen einer → **kurzfristigen Erfolgsrechnung**, bei dem den Gesamtleistungen des → **Betriebes** die → **Gesamtkosten**, gegliedert nach → **Kostenarten**, gegenübergestellt werden. Somit lautet die Grundgleichung:

Betriebserfolg	=	Nettoerlöse
	+	Bestandserhöhungen an Halb- und Fertigerzeugnissen
	–	Bestandsverminderungen an Halb- und Fertigerzeugnissen
	–	Gesamtkosten

Problem: Das GKV läßt keine Aussage darüber zu, in welchem Maße einzelne → **Produkte** oder Produktgruppen zum → **Betriebserfolg** beigetragen haben, da die Gesamtkosten nur nach Kostenarten aufgeteilt werden. Für eine Beurteilung der Gewinnträchtigkeit einzelner Produkte oder Produktgruppen wäre eine kostenträgerbezogene Kostengliederung vonnöten. Das GKV mit seiner kostenartenbezogenen Kostenaufteilung bietet lediglich die Ermittlung des Betriebserfolges, und zwar pauschal. Deshalb ist das GKV nur geeignet für → **Einprodukt-Unternehmungen** oder solche mit einfacher → **Sortenfertigung**. In allen anderen Fällen sollte man zum → **Umsatzkostenverfahren (UKV)** greifen.

Beispiel: Der grundsätzliche Aufbau des GKV folgt in seiner Gliederung den betrieblichen Gegebenheiten des Einzelfalls. Er könnte für einen Industriebetrieb folgendermaßen aussehen:

Leistung/Kosten	lfd. Monat (DM)	kumulierte Werte		Veränderung (%)
		lfd. Jahr (DM)	Vorjahr (DM)	
Nettoumsatz Norddeutschland + Nettoumsatz Westdeutschland + Nettoumsatz Süddeutschland				
= Gesamtnettoumsatz				
+ Bestandserhöhungen Fertigerzeugnisse - Bestandsverminderungen Fertigerzeugnisse + Bestandserhöhungen unfertige Erzeugnisse - Bestandsverminderungen unfertige Erzeugnisse + aktivierte Eigenleistungen				
= Gesamtleistung				
Rohstoffkosten + Hilfsstoffkosten + Betriebsstoffkosten + Personalkosten + Transportkosten + kalkulatorische Zinsen + kalkulatorische Abschreibungen + kalkulatorischer Unternehmerlohn + Vertriebskosten für verkaufte Erzeugnisse				
= Gesamtkosten				
Betriebsergebnis (Betriebserfolg) = Gesamtleistung - Gesamtkosten				

Übersicht: **Durchführung des GKV bei einem Industriebetrieb**

Gesamtwert der Unternehmung

Begriff: G. d. U. ist der → **Gegenwartswert** oder → **Barwert** der Nettoeinzahlungen, die die betreffende Unternehmung nach dem Urteil des Bewertenden künftig erbringen wird.

Problem: Der Bewertende muß die künftigen Nettoeinzahlungen und die Nutzungsdauer einschätzen können. Er muß ferner den Diskontierungszinssatz i (→ **Kalkulationszinsfuß**) in sinnvoller Weise festlegen.

Beispiel: Eine Unternehmung, deren Nutzung zeitlich unbegrenzt erscheint, erbringt jährlich den Nettobetrag g = 100 000 DM. Der Kalkulationszinsfuß ist i = 10 %. Dann gilt:

$$\text{Gesamtwert} = g \cdot \text{DSF} = g \cdot \frac{1}{i} = 100\,000 \cdot \frac{1}{0{,}10} = 1\,000\,000\ (\text{DM})$$

Hinweis: (1) $^1/_i$ ist der → **Diskontierungssummenfaktor (DSF)** bei unbegrenzter Nutzungsdauer.

(2) Der G. d. U. wird häufig auch als → **Ertragswert** oder → **Zukunftserfolgswert** bezeichnet.

Geschäftsbereichsorganisation

liegt vor bei → **divisionaler Organisation**.

Geschäftsbuchführung, Geschäftsbuchhaltung

sind Synonyme für → **Finanzbuchhaltung**.

Gesetz der Massenproduktion

heißt die von dem deutschen Nationalökonomen Bücher (1847–1930) formulierte Beobachtung, wonach

- mit zunehmender Ausbringung die → **Stückkosten** sinken (→ **Fixkostendegression**),
- kapitalintensivere → **Produktionsverfahren** bei Herstellung größerer Mengen vorteilhafter werden,
- der technische Fortschritt zu immer kapitalintensiveren Produktionsverfahren führt.

Gesetz des abnehmenden Ertragszuwachses → Ertragsgesetz

Gewährleistungskosten → Garantiekosten

Gewährleistungswagnis

Begriff: Das G. gehört zu den → **kalkulatorischen Wagnissen** (→ **Einzelwagnisse**) und umfaßt Risiken, die sich aus Garantieverpflichtungen, Ersatzlieferungen, Preisnachlässen, Nachbesserungen, Vertragsstrafen ergeben.

Problem: Das G. ist so zu kalkulieren, daß es sich langfristig mit den tatsächlichen Gewährleistungsverlusten ausgleicht.

Gewinn

Begriff: (1) In der → **Kostenrechnung** gilt:

→ **Betriebsgewinn** = → **Leistung** – → **Kosten**

(2) In der handelsrechtlichen Erfolgsrechnung gilt:
Unternehmensgewinn = → **Ertrag** – → **Aufwand**

(3) In der steuerlichen Erfolgsrechnung gilt:

Einnahmeüberschußrechnung:
Steuerlicher Gewinn = Betriebseinnahmen – Betriebsausgaben

Betriebsvermögensvergleich:

Steuerlicher Gewinn	=	Betriebsvermögen lfd. Jahr
	–	Betriebsvermögen Vorjahr

Problem: G. (→ **Erfolg**) ist kein eindeutiger Begriff; er ist erst dann klar umrissen, wenn die Art der jeweiligen → **Erfolgsrechnung** genannt ist.

Gewinnmaximierung

Begriff: Als G. bezeichnet man das Streben der Unternehmer nach dem höchstmöglichen Periodengewinn. Das ist die klassische Verhaltensannahme.

Problem: (1) Die G. kann für die → **kurze** oder für die → **lange Periode** erfolgen. Langfristige G. ist normalerweise sozialverträglicher als kurzfristige, weil das Wohl des einzelnen auf lange Sicht mit dem Wohl der Gemeinschaft verschmilzt.

(2) Da der Gewinnbegriff verschieden interpretiert werden kann, sind auch verschiedene Ausprägungen der G. möglich.

(3) Im praktischen Fall können neben die G. weitere Ziele treten, die allerdings häufig nur Zwischenziele auf dem Weg zur G. darstellen.

(4) In der Öffentlichkeit streiten die Unternehmenssprecher die Zielsetzung G. für gewöhnlich ab. Das bedeutet, daß sie die Bekanntgabe dieses Ziels für imageschädlich halten. Es bedeutet nicht, daß sie das Ziel G. ablehnen.

Beispiel: Im praktischen Fall verfolgt man eine Fülle von Nah- und Fernzielen, von Zwischenzielen und höherrangigen Zielen. Mögliche Ziele dieser Art sind:

- maximaler Gewinn im laufenden Jahr,
- maximaler Gewinn auf lange Sicht,
- maximale Rentabilität des Eigenkapitals,
- angemessenes Wachstum von Absatz, Umsatz und Gewinn,
- Sicherung des Unternehmens als Erwerbsquelle,
- Sicherung der Arbeitsplätze,
- Wahrung der Selbständigkeit,
- Fortführung einer Tradition,
- Ausübung wirtschaftlicher Macht, Selbstverwirklichung,
- politische und gesellschaftliche Einflußnahme,
- Versorgung der Nachfrager zu angemessenen Preisen.

Übersicht: **Viele Ziele und Zwischenziele kennzeichnen das Unternehmensziel**

Gewinnschwelle, Gewinnmaximum, Gewinngrenze

Begriff: Die Gewinnschwelle ist gekennzeichnet durch jene Menge, ab der → **Gewinn** erzielt wird (→ **Break-even-Analyse**). Gewinnmaximum ist der Punkt auf der Umsatz- oder Gewinnfunktion, bei dem der höchstmögliche Gewinn erzielt wird (→ **Cournot-Punkt**). Auf der Abszisse läßt sich die zugehörige gewinnmaximierende Menge ablesen. Gewinngrenze ist die Menge, bei der noch kein Verlust erzielt wird.

Beispiel:

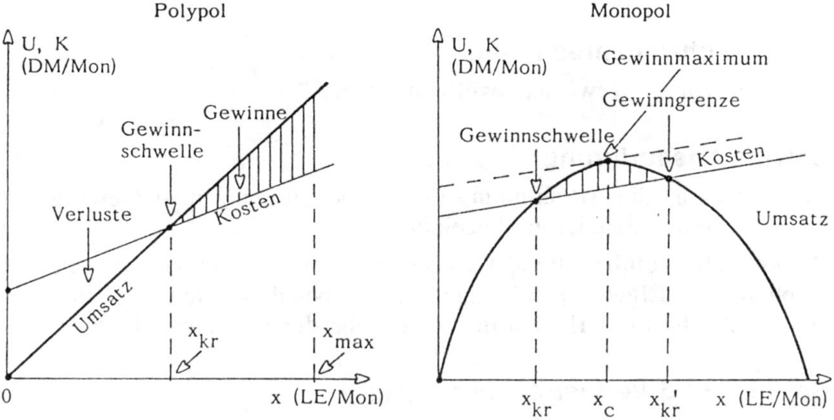

Abbildung: **Gewinnschwelle, -maximum, -grenze bei Polypol und Monopol**

Das linke Diagramm steht für den Fall vieler → **Anbieter** (→ **Polypol**), bei dem der einzelne Anbieter den → **Preis** nicht beeinflussen kann, so daß seine → **Umsatzfunktion** durch eine Ursprungsgerade gekennzeichnet ist. Ein Anbieter mit linearer → **Kostenfunktion** erzielt den maximalen Gewinn, wenn er an der Kapazitätsgrenze x_{max} produziert. Diese Menge ist gleichzeitig Gewinngrenze.

Das rechte Diagramm steht für den Fall des → **Monopols**, bei dem der Anbieter Einfluß auf den → **Marktpreis** hat, so daß seine Umsatzfunktion durch eine Parabel wiedergegeben werden kann. Hier fällt das Gewinnmaximum nicht mit der Gewinngrenze zusammen. Der Monopolist wird vielmehr eine Menge zwischen den beiden Werten x_{kr} und x'_{kr} – die Cournot-Menge x_c – zu realisieren versuchen, bei der er seinen Gewinn maximieren kann (→ **Cournot-Punkt**).

Gewinnschwellenanalyse

oder → **Break-even-Analyse** ist die Ermittlung der Absatzmenge oder jenes → **Umsatzes**, ab dem die → **Gesamtkosten** gerade gedeckt sind.

Gewinnschwellendiagramm

ist die graphische Darstellung der → **Gewinnschwelle.**

Gewinnschwellenrechnung

Synonym zur → **Gewinnschwellenanalyse.**

Gewinnthesaurierung

Begriff: G. ist die Ansammlung und Einbehaltung von → **Gewinn,** oft auch als Selbstfinanzierung bezeichnet.

Hinweis: Der einbehaltene Gewinn wird den Rücklagen (= getrennt verbuchtes → **Eigenkapital**) zugeführt. Einbehaltene Gewinne einer Kapitalgesellschaft unterliegen in voller Höhe der Körperschaftsteuer.

Gewinn- und Verlustrechnung (GuV)

Begriff: Die GuV ermittelt den → **Erfolg** durch Saldierung aller → **Erträge** und → **Aufwendungen** der Abrechnungsperiode.

Problem: Das in der GuV durchzuführende → **Gesamtkosten-** oder → **Umsatzkostenverfahren** ist ablauftechnisch zwar mit den entsprechenden Verfahren der → **Kostenrechnung** vergleichbar, inhaltlich aber nicht identisch. Erstens stimmen die in der GuV verrechneten Werte als Aufwendungen nicht immer mit den → **Kosten** überein. Zweitens wird die GuV jährlich aufgestellt, die → **kurzfristige Erfolgsrechnung** aber monatlich benötigt.

Beispiel: Nach § 275 HGB gilt für Kapitalgesellschaften eine Gliederung in Staffelform, also ohne kontenmäßige Gegenüberstellung, wobei die Gesellschaften wahlweise das Gesamtkosten- oder Umsatzkostenverfahren verwenden können. Die gewählte Darstellungsform ist grundsätzlich beizubehalten. Dies gilt auch für die Postenbezeichnung und -folge, soweit sie bei Einzelunternehmungen und Personengesellschaften frei wählbar sind.

<table>
<tr><th colspan="2">Gliederung der Gewinn- und Verlustrechnung (§ 275 HGB)</th></tr>
<tr><th>Gesamtkostenverfahren
(§ 275 Abs. 2 HGB)</th><th>Umsatzkostenverfahren
(§ 275 Abs. 3 HGB)</th></tr>
<tr><td>1. Umsatzerlöse
2. Erhöhung oder Verminderung des Bestands an fertigen und unfertigen Erzeugnissen
3. andere aktivierte Eigenleistungen
4. sonstige betriebliche Erträge
5. Materialaufwand:</td><td>1. Umsatzerlöse</td></tr>
<tr><td>a) Aufwendungen für Roh-, Hilfs- und Betriebsstoffe und für bezogene Waren
b) Aufwendungen für bezogene Leistungen</td><td>2. Herstellungskosten der zur Erzielung der Umsatzerlöse erbrachten Leistungen</td></tr>
<tr><td>6. Personalaufwand:
a) Löhne und Gehälter</td><td>3. Bruttoergebnis vom Umsatz</td></tr>
<tr><td>b) soziale Abgaben und Aufwendungen für Altersversorgung und für Unterstützung</td><td>4. Vertriebskosten</td></tr>
<tr><td>7. Abschreibungen:
a) auf immaterielle Vermögensgegenstände des Anlagevermögens und Sachanlagen sowie auf aktivierte Aufwendungen für die Ingangsetzung und Erweiterung des Geschäftsbetriebs
b) auf Vermögensgegenstände des Umlaufvermögens, soweit diese die in der Kapitalgesellschaft üblichen Abschreibungen überschreiten</td><td>5. allgemeine Verwaltungskosten
6. sonstige betriebliche Erträge</td></tr>
<tr><td colspan="2">8. (7.) sonstige betriebliche Aufwendungen
9. (8.) Erträge aus Beteiligungen
10. (9.) Erträge aus anderen Wertpapieren und Ausleihungen des Finanzanlagevermögens
11. (10.) sonstige Zinsen und ähnliche Erträge
12. (11.) Abschreibungen auf Finanzanlagen und auf Wertpapiere des Umlaufvermögens
13. (12.) Zinsen und ähnliche Aufwendungen
14. (13.) Ergebnis der gewöhnlichen Geschäftstätigkeit
15. (14.) außerordentliche Erträge
16. (15.) außerordentliche Aufwendungen
17. (16.) außerordentliches Ergebnis
18. (17.) Steuern vom Einkommen und vom Ertrag
19. (18.) sonstige Steuern
20. (19.) Jahresüberschuß/Jahresfehlbetrag</td></tr>
</table>

Quelle: G. Wöhe, Einführung in die Allgemeine Betriebswirtschaftslehre, 17., überarb. u. erw. Aufl., München 1990, S. 1115.

Übersicht: **GuV nach Gesamtkosten- oder Umsatzkostenverfahren**

Gewinnvergleichsrechnung

Begriff: G. ist eine statische → **Investitionsrechnung**, in deren Zentrum der erwartete Jahresgewinn steht. Vorteilhaft sind danach solche → **Investitionen**, die einen Jahresgewinn G ≥ 0 abwerfen. Beim Vergleich von Investitionsalternativen gilt diejenige Alternative als die bessere, deren Jahresgewinn größer ist.

Problem: Die G. weist die Mängel aller → **statischen Investitionsrechnungsverfahren** auf, nämlich

- fehlende finanzmathematische Basis (keine korrekte Erfassung zeitlicher Unterschiede mittels Auf- und Abzinsens),
- unzweckmäßige Rechnungselemente (Kosten und Leistungen anstelle von Zahlungen).

Häufig verwendet man bei der G. den → **Gewinn** der ersten Periode als Beurteilungsmaßstab, um so Prognoseprobleme zu umgehen; gerade das Erstjahr ist aber in aller Regel atypisch.

Hinweis: (1) Die G. vermeidet durch Einbeziehung der Ertragsseite einen wesentlichen Mangel der → **Kostenvergleichsrechnung**.

(2) In der Praxis wendet man heute vermehrt → **dynamische Investitionsrechnungsverfahren** an, die die Grundsatzfehler der → **statischen Investitionsrechnungsverfahren** vermeiden.

Gewinnzentrum

unternehmerischer Teilbereich bei → **divisionaler Organisation**, häufig auch → **Profit-Center** genannt.

Gewinnzuschlag

ist ein Begriff der → **Kalkulation** und meint einen prozentualen Zuschlag auf die → **Selbstkosten** (→ **Herstellkosten**) in der Industrie bzw. auf die → **Einstandspreise** plus → **Handlungskosten** im Handel.

GKR

ist die Abkürzung für → **Gemeinschaftskontenrahmen der Industrie.**

Gleichungsverfahren

Begriff: G. (auch Simultanverfahren oder mathematisches Verfahren genannt) ist ein Verfahren zur → **innerbetrieblichen Leistungsverrechnung**, das eine exakte Lösung auch dann ermöglicht, wenn sich die → **Kostenstellen** gegenseitig beliefern.

Beispiel: In einem Betrieb stehen die beiden allgemeinen → **Hilfskostenstellen** E-Werk und Reparaturschlosserei im gegenseitigen Leistungsaustausch. Das E-Werk gibt einen Teil seiner → **Leistungen** (= → **Output**) an die Reparaturschlosserei ab. Der Output wird dort zum → **Input**. Gleichzeitig empfängt das E-Werk einen Teil des Outputs der Reparaturschlosserei.

E-Werk

Input	Output
– Personal- und Materialkosten: 4 000 DM/Mon (→ **primäre Kosten**)	Leistungsabgabe: 50 000 kWh/Mon
– Verbrauch an Eigenreparaturstunden 100 h/Mon (→ **sekundäre Kosten**)	

Reparaturschlosserei

Input	Output
– Personal- und Materialkosten: 19 500 DM/Mon (primäre Kosten)	Leistungsabgabe: 2 000 h/Mon
– Verbrauch an Eigenstrom: 5 000 kWh/Mon (sekundäre Kosten)	

Die innerbetriebliche Leistungsverflechtung läßt sich graphisch folgendermaßen darstellen:

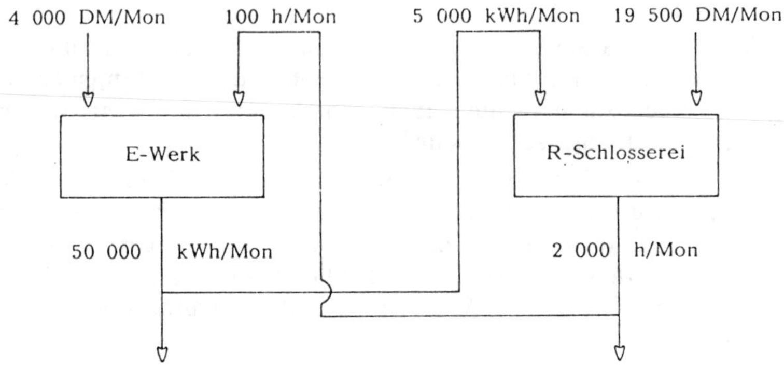

Übersicht: **Leistungsverflechtung bei gegenseitiger Belieferung**

Problem: (1) Die → **Selbstkosten** einer Kilowattstunde Eigenstrom lassen sich erst dann berechnen, wenn der Kostensatz der Eigenreparaturstunde bekannt ist.

(2) Die Selbstkosten je Reparaturstunde lassen sich erst dann ermitteln, wenn man den Kostensatz je Kilowattstunde Eigenstrom kennt.

Lösung: Das Problem besteht darin, daß man zwei Unbekannte, Kostensatz Eigenstrom q_1 und Kostensatz Eigenreparaturen q_2, hat. Zur Bestimmung zweier Unbekannter benötigt man zwei Gleichungen. Die beiden Gleichungen ergeben sich in der Weise, daß man die Leistungen jeder Kostenstelle mit den darin steckenden Kosten bewertet: Wert Input = Wert Output.

	Wert Input = Wert Output
E-Werk:	$4\,000 + 100q_2 = 50\,000q_1$
Reparaturschlosserei:	$19\,500 + 5\,000q_1 = 2\,000q_2$

Daraus folgt:: $q_1 = 0{,}10$ DM/kWh (Stromkostensatz)
$q_2 = 10$ DM/h (Reparaturkostensatz)

Hinweis: Das Gleichungsverfahren wird bei manueller Bearbeitung sehr zeitaufwendig, wenn sich nicht nur zwei, sondern drei, vier, . . ., n (beliebig viele) Kostenstellen gegenseitig beliefern:

$K_1, K_2, \ldots, K_n$ = primäre Kosten der Hilfskostenstellen

$l_1, l_2, \ldots, l_n$ = Leistungen der Hilfskostenstellen in Mengeneinheiten

$q_1, q_2, \ldots, q_n$ = Kostenstellenverrechnungssätze

Inputwert		Outputwert
$K_1 + l_2q_2 + l_3q_3 + \ldots + l_nq_n$	=	l_1q_1
$K_2 + l_1q_1 + l_3q_3 + \ldots + l_nq_n$	=	l_2q_2
$\vdots$		$\vdots$
$K_n + l_1q_1 + l_2q_2 + \ldots + l_{n-1}q_{n-1}$	=	l_nq_n

Übersicht: **Die manuelle Lösung im praktischen Fall kann zeitaufwendig sein**

In der betrieblichen Praxis empfiehlt es sich, → **EDV**-→ **Programme** zur Lösung des Problems von mehreren, sich gegenseitig beliefernden Kostenstellen einzusetzen.

Grenzanbieter, Grenzbetrieb

Begriff: G. ist der → **Betrieb**, der bei gegebenem → **Preis** kurzfristig gerade noch am → **Markt** bleiben kann.

Problem: Wenn der Preis gerade noch die → **variablen Stückkosten** deckt, so kann der Betrieb zwar kurzfristig weiter anbieten, langfristig muß er aber aus dem Markt ausscheiden, weil seine → **Fixkosten** nicht gedeckt werden (→ **kurzfristige Preisuntergrenze**).

Grenzausgabe

ist die Zusatzausgabe beim Erwerb einer weiteren Mengeneinheit. Oder: Die Minderausgabe beim Verzicht auf die letzte bisher erworbene Mengeneinheit.

Grenzerlös, Grenzumsatz

Begriff: G. ist die Umsatzzunahme durch Mehrabsatz einer Mengeneinheit. Oder: Umsatzabnahme durch Minderabsatz einer Mengeneinheit.

Problem: (1) Bei konstantem → **Marktpreis** ist der G. mit dem Produktpreis identisch.

(2) Können zusätzliche Mengen nur zu sinkenden → **Preisen** verkauft werden, so liegt der G. unter dem → **Marktpreis**.

Grenzertrag, Grenzprodukt

Begriff: G. ist der Zuwachs der → **Ausbringungsmenge** bei Erhöhung des Einsatzes eines → **Produktionsfaktors** um eine Einheit. Oder: G. ist die Abnahme der Ausbringungsmenge bei Reduzierung des Einsatzes eines Produktionsfaktors um eine Einheit.

Hinweis: G. ist eine Mengengröße. → **Grenzumsatz** und → **Grenzkosten** sind dagegen Wertgrößen.

Grenzkosten

Begriff: G. sind der Kostenzuwachs, der durch die Mehrproduktion einer → **Ausbringungseinheit** entsteht. Oder: G. sind die Minderkosten, die durch Verzicht auf die letzte Ausbringungseinheit realisiert werden können.

Hinweis: Bei den in der Praxis vorherrschenden linearen → **Kostenfunktionen** sind G. und → **variable Stückkosten** identisch.

Grenznutzen

Begriff: G. ist der Nutzen, den die letzte verbrauchte Einheit eines → **Gutes** stiftet.

Problem: Der G. kann positiv, gleich Null oder negativ sein und hängt von der bisherigen Verbrauchsmenge ab. So wird ein durstiger Zecher dem ersten Bier einen hohen positiven G. zumessen, dem fünften gleichgültig gegenüberstehen (G. gleich Null), nach dem zehnten unangenehme Folgewirkungen (G. negativ) spüren.

Grenzplankosten

sind geplante → **Kosten** (→ **Plankosten**), jedoch ohne → **Fixkosten** (→ **Grenzplankostenrechnung**).

Grenzplankostenrechnung (GPKR)

Begriff: GPKR ist eine → **flexible Plankostenrechnung** auf der Basis von → **Teilkosten**. Sie trennt im Rahmen der → **Kostenstellenrechnung**

fixe und → **variable Kosten** und verrechnet anschließend nur noch die variablen Kosten auf die → **Kostenträger**, während die → **Fixkosten** als Block gesammelt und direkt auf das → **Betriebsergebnis** gebucht werden. Daher fallen bei der flexiblen PKR auf Teilkostenbasis (= GPKR) variable → **Sollkosten** und verrechnete → **Plankosten** zusammen. Eine → **Beschäftigungsabweichung** wird nicht ausgewiesen. Man bestimmt lediglich die → **Verbrauchsabweichung** als Differenz zwischen variablen → **Istkosten** und variablen → **Sollkosten.**

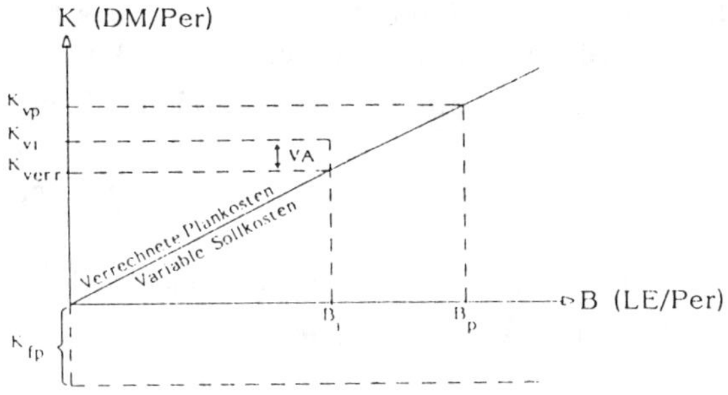

Symbole

K_{vp}	=	variable Plankosten
K_{vi}	=	variable Istkosten
K_{verr}	=	verrechnete Plankosten
VA	=	Verbrauchsabweichung
K_{fp}	=	geplante Fixkosten

Abbildung: **Die GPKR verrechnet nur variable Kosten auf Stellen und Träger**

Problem: (1) In der → **Steuerbilanz** ist eine Bestandsbewertung mit → **Vollkosten** durchzuführen. Bei öffentlichen Aufträgen kennt man → **Selbstkostenpreise**, die nach Maßgabe der → **Leitsätze für die Preisermittlung aufgrund von Selbstkosten** zu kalkulieren sind. In beiden Fällen ist es sinnvoll, parallel zur → **Teilkostenrechnung** eine → **Vollkostenrechnung** zu erstellen (→ **Parallelkalkulation**).

(2) Aus unternehmerischer Sicht wird gegen die GPKR vorgebracht, sie führe zu Preissenkungen, so daß langfristig keine Vollkostendeckung gewährleistet sei. Hinter diesem Argument steht die (falsche) Vorstellung, → **Preise** seien von → **Kosten** bestimmt. In Wirklichkeit sind Preise in aller Regel marktbestimmt, und die → **Kostenrechnung** kann allenfalls eine Preisbeurteilung bieten (→ **kurzfristige** und → **langfristige Preisuntergrenze**). Bei der Vollkostenrechnung besteht die Gefahr, daß man

Aufträge mit positivem → **Deckungsbeitrag** ablehnt. Ziel der GPKR ist es, einen möglichst hohen → **Bruttogewinn** und – nach Abzug der Fixkosten – einen möglichst hohen → **Nettogewinn** zu erwirtschaften. Um dieses Ziel zu erreichen ist es sinnvoll, den Außendienstmitarbeitern den Zusammenhang zwischen Deckungsbeiträgen, Fixkosten und Nettogewinn zu erläutern und die Verkaufsprovision nicht nach → **Umsätzen**, sondern als → **Deckungsbeitragsprovision** zu zahlen. Bei dieser Entlohnung stimmen Mitarbeiterziel (Einkommensmaximierung) und Betriebsziel (→ **Gewinnmaximierung**) überein.

Hinweis: Die GPKR erfüllt alle Anforderungen, die an ein → **Kostenrechnungssystem** zu stellen sind. Sie ermöglicht eine wirksame → **Kostenkontrolle** und liefert Daten für viele Praxisprobleme, zum Beispiel:

- Annahme oder Ablehnung von Zusatzaufträgen (→ **kurzfristige Preisuntergrenze**),
- Zusammenstellung des gewinnmaximalen Produktionsprogramms (→ **Programmoptimierung**),
- Wahl des optimalen Produktionsverfahrens (→ **Verfahrenswahl**),
- Wahl zwischen → **Eigenfertigung und Fremdbezug**.

Grenzprodukt → Grenzertrag

Grenzproduzent, Grenzunternehmer → Grenzanbieter

Grenzumsatz → Grenzerlös

Größendegression

auch → **Fixkostendegression**, Maschinen- oder Betriebsgrößendegression, bezeichnet die Senkung der → **Stückkosten** beim Einsatz größerer Maschinen: Eine Großanlage produziert bei Vollauslastung der → **Kapazität** billiger als mehrere kleine Anlagen.

Grundbegriffe des Rechnungswesens (Überblick)

Die Grundbegriffe der → **Finanzbuchhaltung** und der → **Kostenrechnung** umfassen unterschiedliche Tatbestände, bauen jedoch aufeinander auf. Dabei werden Bestandsgrößen von Strömungsgrößen verändert, was folgende Übersicht verdeutlicht:

Ebene	Strömungsgrößen	Bestandsgrößen	Strömungsgrößen
I	Auszahlung	(Kasse)	Einzahlung
II	Ausgabe	(Netto-Geldvermögen)	Einnahme
III	Aufwand	(Reinvermögen)	Ertrag
IV	Kosten	(betriebsnotwendiges Vermögen)	Leistung

I - III Ebene der Finanzbuchhaltung
- Investitions-, Finanz- und Liquiditätsplanung (I)
- Forderungen und Verbindlichkeiten (II)
- Gewinn- und Verlustrechnung (III)

IV Ebene der Kostenrechnung

Bestandsgrößen:

Kasse	= Bestand an liquiden Mitteln (Bargeld, Sichtguthaben)
Netto-Geldvermögen	= Kasse + Forderungen - Verbindlichkeiten
Reinvermögen	= Netto-Geldvermögen + Sachvermögen
betriebsnotwendiges Vermögen	= Reinvermögen - nicht betriebsnotwendiges Vermögen

Ähnlich bei: L. Haberstock, Grundzüge der Kosten- und Erfolgsrechnung, 3., verb. Aufl., München 1982, S. 16.

Übersicht: **Grundbegriffe des Rechnungswesens im Zusammenhang**

Begriff	Kurzdefinition	Dimension
Auszahlung	Abgang liquider Mittel pro Periode	DM/Per
Einzahlung	Zugang liquider Mittel pro Periode	DM/Per
Ausgabe	Geldwert der Einkäufe an Gütern und Dienstleistungen pro Periode	DM/Per
Einnahme	Geldwert der Verkäufe von Gütern und Dienstleistungen pro Periode	DM/Per

Begriff	Kurzdefinition	Dimension
Kosten	Bewerteter Verzehr von Gütern und Diensten im Produktionsprozeß während einer Periode, soweit zur Leistungserstellung und Aufrechterhaltung der Betriebsbereitschaft notwendig	DM/Per
Leistung	In Geld bewertete, aus dem betrieblichen Produktionsprozeß hervorgegangene Güter und Dienste einer Periode	DM/Per
Aufwand	Zur Erfolgsermittlung periodisierte Ausgaben einer Periode (= jede Eigenkapitalminderung, die keine Kapitalrückzahlung darstellt)	DM/Per
Ertrag	Zur Erfolgsermittlung periodisierte Ausgaben einer Periode (= jede Eigenkapitalerhöhung, die keine Kapitalrückzahlung darstellt)	DM/Per

Übersicht: **Kurzdefinition von Strömungsgrößen aus dem Rechnungswesen**

Grundkosten

sind → **Kosten**, denen → **Aufwendungen** in gleicher Höhe gegenüberstehen. Sie entsprechen dem → **Zweckaufwand** (→ **Abgrenzung**).

Grundleistung

ist der Teil der betrieblichen → **Leistung**, dem betriebliche → **Erträge** in gleicher Höhe gegenüberstehen (→ **Abgrenzung**).

Grundlohn

ist (1) im Personalwesen der Ausdruck für das tariflich festgelegte Entgelt für die übliche Arbeitsleistung in verschiedenen → **Lohnformen** und (2) im Sozialverwaltungsrecht das auf den Kalendertag umgerechnete Arbeitsentgelt, welches vielfach als Bemessungsgrundlage für Beiträge und Leistungen gebraucht wird.

Grundsätze der Kostenrechnung

Die → **Kostenrechnung** im → **Betrieb** erfolgt im allgemeinen frei von rechtsverbindlichen Verfahrensgrundsätzen. Ausnahmen sind die Kalkulationsvorschriften bei öffentlichen Aufträgen aufgrund der Verordnung über die Preise bei öffentlichen Aufträgen (→ **VPöA**) mit den → **Leitsätzen für die Preisermittlung aufgrund von Selbstkosten (LSP)**. Bei der Ermittlung der Selbstkostenfestpreise, -richtpreise und -erstattungspreise (→ **Selbstkostenpreise**) gemäß VPöA/LSP stellt der staatliche Auftraggeber bestimmte Anforderungen an das → **betriebliche Rechnungswesen**, gibt einen Kostenartenkatalog vor und beschreibt → **Kalkulationsschemata**.

Daneben existieren die Empfehlungen zur Kosten- und Leistungsrechnung des Bundesverbandes der Deutschen Industrie (BDI), die sich auf den 1971 herausgegebenen → **Industrie-Kontenrahmen (IKR)** stützen und 1988 in Anpassung an die 1986 erfolgte Neufassung des IKR überarbeitet wurden. Diese Empfehlungen sind zwar nicht rechtsverbindlich; sie sind jedoch für die Ausgestaltung der Kostenrechnung von großer Bedeutung.

Grundzeit

ist Bestandteil der → **Auftragszeit** im Sinne des → **REFA**-Verbandes und umfaßt die Summe der Sollzeiten, die für die planmäßige Ausführung von Arbeitsabläufen durch Menschen erforderlich sind; sie enthält neben der Tätigkeitszeit auch ablaufbedingte (planmäßige) Wartezeiten und macht im allgemeinen den Hauptteil der Auftragszeit aus.

Gut, Güter

Begriff: G. sind alle der Bedürfnisbefriedigung dienenden Mittel. Der Begriff G. umfaßt neben Sachgütern auch Dienstleistungen und Nutzungen. G. können nach verschiedenen Kriterien unterschieden werden:

(1) Knappheit: Freie G. sind in beliebiger Menge zum Nulltarif zu erhalten; wirtschaftliche G. sind knapp und haben einen → **Preis**. Nur → **Wirtschaftsgüter** sind Gegenstand des → **Wirtschaftens**.

(2) Verwendung: Konsumgüter dienen Haushalten zur Bedürfnisbefriedigung; Investitionsgüter werden in Unternehmungen zur Erzeugung anderer G. eingesetzt.

(3) Dauerhaftigkeit: Dauerhafte G. (→ **Gebrauchsgüter**) geben langfristig ihre Leistungen ab; → **Verbrauchsgüter** können nur einmal genutzt werden.

(4) Beziehung zwischen den G.: → **Komplementärgüter** ergänzen sich gegenseitig (Lampe und Glühbirne), → **Substitutionsgüter** können einander ersetzen (Bier oder Wein).

(5) Reaktion der Nachfrager: → **Inferiore G.** werden bei steigendem Einkommen weniger nachgefragt und durch → **superiore G.** ersetzt (weniger Margarine, mehr Butter).

(6) Präferenzen der Nachfrager: → **Homogene G.** sind oder gelten als gleichartig (Zement oder elektrischer Strom von verschiedenen Herstellern), → **heterogene G.** unterscheiden sich untereinander durch → **Qualität,** Verpackung, Vertriebsweg usw. (unterschiedliche Burgunder-Weine).

(7) Ausschließungsprinzip: öffentliche G. (Kollektivgüter) werden staatlicherseits für alle zur Verfügung gestellt: Niemand ist von ihrer Nutzung ausgeschlossen (Straßen, Brücken, Leuchttürme, Sicherheit); sie sind häufig kostenlos. Private oder Individual-G. hingegen können nur von jenen Wirtschaftssubjekten genutzt werden, die den geforderten → **Preis** zu zahlen bereit sind. Eine Sonderstellung nehmen meritorische G. ein (Theater, Schulen, Sport, Museen, Militärparaden, Brauchtumspflege), die zwar als private G. angeboten werden könnten, aber nach Ansicht der Herrschenden ohne staatliche Unterstützung in zu geringem Ausmaß angeboten und nachgefragt würden. Es ist in der Tat denkbar, daß die Nachfrage nach Schulbildung, Theater und Militärparaden zurückginge, müßten die Nachfrager kostendeckende Preise entrichten.

(8) Reproduzierbarkeit: Manche G. sind beliebig vermehrbar (Wollsokken, Kriminalromane, Eier), andere bleiben einmalig (etwa die Mona Lisa von Leonardo da Vinci).

Problem: (1) Ob es heute tatsächlich noch freie G. gibt, ist fraglich. Licht, Luft, Sonne und nicht zuletzt Trinkwasser werden stets als Standardbeispiele für freie Güter genannt. Sind diese Güter wirklich zum Nulltarif in beliebiger Menge erhältlich?

(2) Die Grenzen zwischen Konsumgütern und Investitionsgütern sind fließend. Die Schreibmaschine, dienstlich genutzt, gilt als Investitionsgut. Privat genutzt ist sie ein Konsumgut.

GuV → Gewinn- und Verlustrechnung

H

Halb- und Fertigfabrikate

Begriff: Halbfabrikate haben die → **Produktion** noch nicht vollständig durchlaufen, während Fertigfabrikate vollständig hergestellt und marktlich verwertbar sind.

Hinweis: Das Handelsrecht wählt die Bezeichnung → **unfertige und fertige Erzeugnisse** (§ 266 HGB).

Handelsabschlag

Begriff: Der H. gibt an, wieviel Prozent die → **Handelsspanne** (= Differenz zwischen Verkaufspreis und Bezugspreis) vom Verkaufspreis ausmacht.

Beispiel: Der Bezugspreis ist 100 DM, der Verkaufspreis 150 DM, dann gilt:

$$\text{Handelsabschlag} = \frac{\text{Handelsspanne}}{\text{Verkaufspreis}} = \frac{150 - 100}{150} = 0{,}33 = 33\ \%$$

Man benötigt den H., um bei bekanntem Verkaufspreis zum Bezugspreis (= → **Einstandspreis**) zu kommen.

Gegensatz: → **Handelsaufschlag**

Handelsaufschlag

Begriff: Der H. (Bruttoaufschlag, Bruttoverdienstaufschlag) gibt an, wieviel Prozent die → **Handelsspanne** (= Differenz zwischen Verkaufspreis und Bezugspreis) vom Bezugspreis ausmacht.

Beispiel: Der Bezugspreis ist 100 DM, der Verkaufspreis 150 DM, dann gilt:

$$\text{Handelsaufschlag} = \frac{\text{Handelsspanne}}{\text{Bezugspreis}} = \frac{150 - 100}{100} = 0{,}50 = 50\ \%$$

Man benötigt den H., um bei bekanntem Bezugspreis (= → **Einstandspreis**) zum Verkaufspreis zu kommen.

Gegensatz: → **Handelsabschlag**

Handelskalkulation

Begriff: H. ist die → **Kalkulation** des Bezugspreises, des Verkaufspreises oder der Differenz beider Preise (= → **Handelsspanne**) in Handelsbetrieben.

Problem: Je nach Marktlage wird der Handel vorgegebene Absatz- und/oder Bezugspreise finden, die er nicht beeinflussen kann. Seine Kalkulation hat er dann nach den Umständen des Einzelfalls auszurichten.

Beispiel:

Kalkulationsart	Einsatzsituation
→ **Beschaffungskalkulation** (Bezugskalkulation)	Ermittlung des → **Einstandspreises** bei gegebenem Listenpreis und gegebenen Zahlungs- und Lieferkonditionen.
→ **Absatzkalkulation** (Verkaufskalkulation)	Ermittlung des Listenverkaufspreises bei gegebenem → **Bezugspreis,** gegebenen → **Kosten** und Verkaufskonditionen.
→ **Vorwärtskalkulation**	Listenverkaufspreis ist beeinflußbar, die anderen Größen nicht. Man ermittelt den mindestens zu fordernden Listenverkaufspreis.
→ **Rückwärtskalkulation**	Listeneinkaufspreis ist beeinflußbar, die anderen Größen nicht. Man ermittelt den Listeneinkaufspreis, den man eben noch akzeptieren kann.
→ **Differenzkalkulation**	Händler kann weder Einkaufs- noch Verkaufspreis beeinflussen. Er prüft, ob die Differenz der mindestens benötigten Handelsspanne entspricht.
→ **Kompensationskalkulation**	Artikel mit starker Konkurrenz werden knapp, solche mit geringer Konkurrenz mit großzügigen Zuschlägen kalkuliert.

Übersicht: **Unterschiedliche Situationen verlangen unterschiedliche Kalkulationen**

Handelsspanne

Begriff: H. ist die Differenz zwischen → **Einstandspreis** und Verkaufspreis. Sie umfaßt → **Handlungskosten** und → **Gewinn.**

Problem: Die inhaltliche Ausfüllung des Begriffs H. ist uneinheitlich. Man kennt die Unterscheidung

(1) nach der Ermittlungsmethode

- absolute oder Stückspanne
  Verkaufspreis – Einstandspreis (DM/Stück)
- relative oder Prozentspanne
  Aufschlag auf Einstandspreis
  (→ **Handelsaufschlag**) $= \frac{\text{Stückspanne}}{\text{Einstandspreis}}$ (%)
  Abschlag vom Verkaufspreis
  (→ **Handelsabschlag**) $= \frac{\text{Stückspanne}}{\text{Verkaufspreis}}$ (%)

(2) nach dem Berechnungsobjekt

- Stückspanne (für Einzelartikel),
- Warengruppenspanne (für Artikelgruppen),
- Betriebsspanne (→ **Bruttogewinn** des gesamten → **Betriebs**).

(3) nach dem Berechnungszeitpunkt

- Sollspanne (geplante Spanne in zukunftsbezogener Rechnung)
- Istspanne (durch → **Nachkalkulation** ermittelter tatsächlicher Wert).

Beispiel: Bezugspreis = 80 DM; Verkaufspreis = 120 DM. Dann gilt:

Stückspanne = Verkaufspreis – Bezugspreis = 40 DM/Stück

Handelsaufschlag $= \frac{\text{Stückspanne}}{\text{Bezugspreis}} = 0{,}50 = 50\,\%$

Handelsabschlag $= \frac{\text{Stückspanne}}{\text{Verkaufspreis}} = 0{,}33 = 33\,\%$

Handlungskosten, Handelskosten

Begriff: (1) Im Industriebetrieb versteht man unter H. die Summe aus → **Verwaltungs-** und → **Vertriebsgemeinkosten.**

(2) Im Handelsbetrieb versteht man unter H. alle → **Kosten** der handelsbetrieblichen Tätigkeit wie → **Personal-** und → **Raumkosten,** → **Transportkosten**, Verpackung, → **Zinsen,** → **Abschreibungen.** Nicht eingerechnet werden die Bezugskosten der Waren. Somit gilt auch:

H. = Verkaufspreis – → **Einstandspreis** – → **Gewinn.**

Problem: Gelegentlich spricht man auch von H. im weiteren Sinn. Dann gehören zu den H. auch die Bezugskosten für die Waren.

Hardware

Begriff: H. ist die Bezeichnung für die maschinell-technischen Bestandteile einer Datenverarbeitungsanlage: Zentraleinheit, Speicher, Ein- und Ausgabegeräte. Die Funktionen der H. werden durch → **Programme** ausgelöst und gesteuert. Erst im Zusammenhang mit den Programmen, der → **Software**, ergibt sich ein gebrauchsfähiges System.

Hinweis: Ein → **Computer** besteht aus H. und Software.

Hauptkostenstellen

Begriff: H., kurz Hauptstellen, sind solche → **Kostenstellen**, deren → **Leistungen** nicht auf andere Kostenstellen, sondern direkt auf die → **Kostenträger** verrechnet werden.

Beispiel: In einer Maschinenfabrik könnten Fräserei, Bohrerei, Schleiferei, Verwaltung und Vertrieb Hauptkostenstellen sein.

Hinweis: Die Einteilung in Haupt- und Hilfsstellen ist eine rein verrechnungstechnische. Sie sagt nichts aus über die Wichtigkeit der jeweiligen Kostenstelle.

Gegensatz: → **Hilfskostenstellen.**

Herstellkosten

Begriff: H. sind die im Zusammenhang mit der → **Produktion** eines → **Gutes** anfallenden → **Kosten**.

Beispiel: Die H. umfassen → **Material**- und → **Fertigungskosten** nach folgendem Schema:

Bezeichnung	Kosten (DM)
1 Materialeinzelkosten (MEK)	360 000
2 Materialgemeinkosten (MGK)	40 000
3 Fertigungseinzelkosten (FEK)	70 000
4 Fertigungsgemeinkosten (FGK)	128 500
5 Sondereinzelkosten der Fertigung (SEF)	0
6 Herstellkosten (HK)	598 500

Übersicht: **Herstellkosten sind die Summe aus Material- und Fertigungskosten**

Hinweis: Die nach obigem Schema ermittelten H. sind nur für kostenrechnerische Zwecke geeignet, nicht für die → **Bewertung** in Handels- und Steuerbilanz. Dafür sind die → **Herstellungskosten** gemäß § 255 Abs. 2 und 3 HGB vorgesehen.

Herstellungskosten

Begriff: H. sind im Handelsrecht geregelt und dienen als Maßstab für die → **Bewertung** von Vermögensgegenständen (handelsrechtlicher Begriff) oder → **Wirtschaftsgütern** (steuerrechtlicher Begriff). In § 255 Abs. 2 HGB findet sich die Legaldefinition: „Herstellungskosten sind die Aufwendungen, die durch den Verbrauch von Gütern und die Inanspruchnahme von Diensten für die Herstellung eines Vermögensgegenstands, seine Erweiterung oder für eine über seinen ursprünglichen Zustand hinausgehende wesentliche Verbesserung entstehen. Dazu gehören die Materialkosten, die Fertigungskosten und die Sonderkosten der Fertigung. Bei der Berechnung der Herstellungskosten dürfen auch angemessene Teile der notwendigen Materialgemeinkosten, der notwendigen Fertigungsgemeinkosten und des Wertverzehrs des Anlagevermögens, soweit er durch die Fertigung veranlaßt ist, eingerechnet werden. Kosten der allgemeinen Verwaltung sowie Aufwendungen für soziale Einrichtungen des Betriebs, für freiwillige soziale Leistungen und für betriebliche Altersversorgung brauchen nicht eingerechnet zu werden. Aufwendungen im Sinne der Sätze 3 und 4 dürfen nur insoweit berücksichtigt werden, als sie auf den Zeitraum der Herstellung entfallen. Vertriebskosten dürfen nicht in die Herstellungskosten einbezogen werden.“

Beispiel: Welche → **Kosten** den H. nach § 255 Abs. 2 HGB zugerechnet werden können, ist dem folgenden Ermittlungsschema zu entnehmen.

Materialeinzelkosten + Fertigungseinzelkosten + Sondereinzelkosten der Fertigung
= Wertuntergrenze der Herstellungskosten (nach § 255 Abs. 2 HGB)
+ Materialgemeinkosten in angemessener Höhe + Fertigungsgemeinkosten in angemessener Höhe + Werteverzehr des Anlagevermögens in angemessener Höhe + Kosten der allgemeinen Verwaltung + Aufwendungen für soziale Einrichtungen des Betriebs, für freiwillige soziale Leistungen und die betriebliche Altersversorgung + Fremdkapitalzinsen (nur in Ausnahmefällen)
= Wertobergrenze der Herstellungskosten (nach § 255 Abs. 2 u. 3 HGB)

heterogene Güter

unterscheiden sich im Gegensatz zu → **homogenen Gütern** in Qualität, Verpackung, Aufmachung, Vertriebsweg (heterogen = ungleichartig).

heterogene Kostenverursachung

Begriff: H. K. liegt vor, wenn die in einer → **Kostenstelle** anfallenden → **variablen Kosten** sich zu mehreren → **Bezugsgrößen** proportional verhalten. Für die Durchführung der → **Kostenstellenrechnung** sind dann mehrere Bezugsgrößen erforderlich (heterogen = ungleichartig).

Beispiel: Wenn zwischen der → **Fertigung** verschiedener → **Serien** Maschinen umgerüstet werden müssen, kommen zwei Bezugsgrößen für die → **Kostenverursachung** in Frage: Rüstminuten und Fertigungsminuten.

Gegensatz: → **homogene Kostenverursachung.**

high-low-points-method

ist der angelsächsische Ausdruck für Hoch-Tief-Punkt-Methode, das → **Differenzen-Quotienten-Verfahren,** auch mathematische → **Kostenauflösung** genannt, eine Variante der statistischen Kostenauflösung.

Hilfskostenstellen

Begriff: H., kurz Hilfsstellen, sind solche → **Kostenstellen**, die → **Leistungen** an andere Kostenstellen (Hilfs- oder Hauptstellen) abgeben, so daß ihre → **Kosten** nicht direkt auf die → **Kostenträger**, sondern erst auf andere → **Kostenstellen** verrechnet werden.

Beispiel: Sozialkostenstelle, Kantine, Eigenstromerzeugung und -verteilung, Reparaturwerkstatt, innerbetriebliches Transportwesen, Pkw-Dienst.

Hinweis: Die Einteilung in Hilfs- und Hauptstellen ist eine rein verrechnungstechnische. Sie sagt nichts aus über die Wichtigkeit der jeweiligen Kostenstelle.

Gegensatz: → **Hauptkostenstellen.**

Hilfslöhne

ist die praxisübliche Bezeichnung für → **Gemeinkostenlöhne**, also für alle → **Löhne**, die nicht als → **Fertigungslöhne** direkt auf die → **Kostenträger** verrechnet werden können.

Hilfsstoffe

Begriff: H. werden bei der → **Produktion** benötigt und gehen in das zu erzeugende → **Produkt** ein, ohne aber zu einem wesentlichen Teil desselben zu werden. Sie gehören zur Gruppe der → **Werkstoffe**, die die → **Roh**-, Hilfs- und → **Betriebsstoffe** umfaßt.

Beispiel: Farben und Lacke, Nägel und Schrauben, Nieten und Bolzen.

homogene Güter

sind im Gegensatz zu → **heterogenen Gütern** völlig gleichartig (Zement, Zucker, Salz), (homogen = gleichartig).

homogene Kostenverursachung

Begriff: H. K. liegt dann vor, wenn alle in einer → **Kostenstelle** anfallenden → **variablen Kosten** sich proportional zu einer einzigen → **Bezugsgröße** verhalten. Man kommt dann mit einer Bezugsgröße bei der → **Kostenstellenrechnung** aus (homogen = gleichartig).

Gegensatz: → **heterogene Kostenverursachung.**

I

IHK

ist die Abkürzung für Industrie- und Handelskammern. Diese sind Körperschaften des öffentlichen Rechts und Träger der Selbstverwaltung der gewerblichen Wirtschaft.

IKR

ist die Abkürzung für → **Industrie-Kontenrahmen**.

Illiquidität

Zustand, in dem die Zahlungsmittel nicht zur Begleichung der zwingenden Zahlungsverpflichtungen ausreichen: Zahlungsunfähigkeit.

Imparitätsprinzip

Es besagt, daß mögliche zukünftige → **Verluste** anders zu behandeln sind als künftige → **Gewinne:**

(1) Noch nicht realisierte, aber erkennbare Gewinne dürfen nicht ausgewiesen werden (Realisationsprinzip).

(2) Noch nicht realisierte, aber erkennbare Verluste müssen ausgewiesen werden (Imparitätsprinzip).

Impulskauf

(→ **Spontankauf,** Reizkauf) ist eine spontane Kaufentscheidung, die aufgrund eines Reizes an der Einkaufsstätte ausgelöst wird (Impuls = Anstoß, Anregung).

Index

Begriff: I. ist eine relative → **Kennzahl** zur Messung durchschnittlicher jährlicher Veränderungen.

Beispiel: Man unterscheidet unter anderem:

(1) Preisindices, die angeben, wie sich die → **Preise** im Vergleich zu einem Basisjahr verändert haben;

(2) Mengenindices, die angeben, wie sich die Mengen im Vergleich zu einem Basisjahr verändert haben;

(3) Umsatz- oder Wertindices, die angeben, wie sich bestimmte Wertsummen im Vergleich zu einem Basisjahr verändert haben.

Hinweis: In der → **Kostenrechnung** sind Indices von Bedeutung

- bei Preisänderungen von Einsatzgütern, um → **Vorkalkulationen** mit realistischen Werten durchzuführen;
- beim → **Zeitvergleich**, um durch Ausgleich von Geldwertschwankungen unterschiedliche Perioden vergleichbar zu machen.

indirect costs

angelsächsische Bezeichnung für → **indirekte Kosten** oder → **Gemeinkosten**.

indirekte Kosten

Begriff: I. K. sind → **Kosten**, die einem Bezugsobjekt (meist Leistungseinheit, aber auch → **Kostenstelle**) nicht verursachungsgerecht, also allenfalls mit Hilfe von Schlüsselgrößen zugerechnet werden können. Die Praxis spricht meist von → **Gemeinkosten**.

Gegensatz: → **Einzelkosten**, → **direkte Kosten**.

Industrie-Kontenrahmen (IKR)

Begriff: Der IKR ist ein vom Bundesverband der Deutschen Industrie (BDI) 1971 herausgegebener → **Kontenplan**, der 1986 mit Rücksicht auf das Bilanzrichtlinien-Gesetz überarbeitet und geändert wurde. Der IKR umfaßt, wie auch der → **Gemeinschaftskontenrahmen der Industrie (GKR)**, zehn nach dem Dezimalsystem gegliederte → **Kontenklassen**, die in der obersten Ebene nach dem Abschlußgliederungsprinzip geordnet sind.

Beispiel: Der IKR enthält in den Klassen 0 bis 8 die → **Geschäftsbuchführung** und in der Klasse 9 die → **Betriebsbuchführung**. Er trennt somit die beiden Rechnungskreise und geht vom → **Zweikreissystem** aus. Der Rechnungskreis I Geschäftsbuchführung wird nach dem Abschlußprinzip geordnet, berücksichtigt also die handelsrechtlichen Vorschriften für Kapitalgesellschaften, wie sie in den §§ 266, 275 HGB vorgesehen sind. Der Rechnungskreis II Betriebsbuchführung ist nach dem Prozeßgliederungsprinzip geordnet und folgt dem Gang der → **Er-**

zeugnisse durch den → **Betrieb**. Er nimmt die Ergebnisse der tabellarisch durchgeführten → **Kostenrechnung** auf.

Kontenklasse	Inhalt	Rechnungskreis
0	immaterielle und Sachanlagen	Rechnungskreis I: Geschäftsbuchführung
1	Finanzanlagen	
2	Umlaufvermögen, Rechnungsabgrenzung	
3	Eigenkapital, Wertberichtigung	
4	Verbindlichkeiten, Rechnungsabgrenzung	
5	alle Erträge	
6	betriebliche Aufwendungen	
7	weitere Aufwendungen	
8	Ergebnisrechnungen	
9	Kosten- und Leistungsrechnung	Rechnungskreis II: Betriebsbuchführung
90	unternehmensbezogene Abgrenzungen (betriebsfremde Aufwendungen und Erträge)	
91	kostenrechnerische Korrekturen	
92	Kostenarten und Leistungsarten	
93	Kostenstellen	
94	Kostenträger	
95	fertige Erzeugnisse	
96	interne Lieferungen und Leistungen sowie deren Kosten	
97	Umsatzkosten	
98	Umsatzleistungen	
99	Ergebnisausweis	

Übersicht: **Der IKR bietet die konsequente Durchführung des Zweikreissystems**

inferiore Güter

werden bei steigendem Einkommen weniger nachgefragt und durch → **superiore Güter** ersetzt z. B. Margarine durch Butter, Hering durch Lachs (inferior = unterlegen, superior = überlegen).

Innenrevision → interne Revision

innerbetriebliche Leistungen

Begriff: I. L. sind → **Leistungen** des → **Betriebs**, die nicht extern am → **Markt** abgesetzt, sondern im eigenen → **Produktionsprozeß** verbraucht werden (→ **sekundäre Kosten.**)

Problem: Die am Markt abgesetzte Betriebsleistung erbringt → **Umsätze** und wird durch den Markt bewertet. Bei i. L. dagegen existiert im Betrieb ein Bewertungs- und Verrechnungsproblem. Die aktivierbaren i. L. sind mit ihren → **Herstellungskosten** zu aktivieren und anschließend abzuschreiben. Die nicht aktivierbaren i. L. können unterschiedlich bewertet werden: → **Marktpreise**, durch Auf- oder Abschläge korrigierte Marktpreise, Durchschnittspreise, → **Selbstkosten**, → **variable Stückkosten** (→ **innerbetriebliche Leistungsverrechnung**).

Beispiel:

Art der Leistung	verrechnungstechnische Behandlung
selbsterstellte – Gebäude, – Maschinen, – Werkzeuge, – Modelle	mit Herstellungskosten zu aktivieren
Eigenstrom, -dampf, -gas, Eigentransporte, Eigenreparaturen	nicht zu aktivieren, sondern in der Fertigungsperiode zu verrechnen

Hinweis: → **Kosten** sind das Gegenstück zu Leistungen. Das Gegenstück zu i. L. sind die sekundären Kosten. Sie entstehen beim Verbrauch i. L.

und stellen den Preis dieser Leistungen dar, der jenen → **Kostenstellen** anzulasten ist, die die i. L. empfangen.

innerbetriebliche Leistungsverrechnung

Begriff: Die i. L. bezieht sich auf solche internen → **Leistungen**, die nicht zu aktivieren, sondern in der Fertigungsperiode abzurechnen sind. Sie besteht darin, daß man die → **Kosten** der → **Hilfskostenstellen** nach einem bestimmten System auf die Hilfs- und → **Hauptkostenstellen** verteilt, die die Leistungen der Hilfskostenstellen empfangen haben.

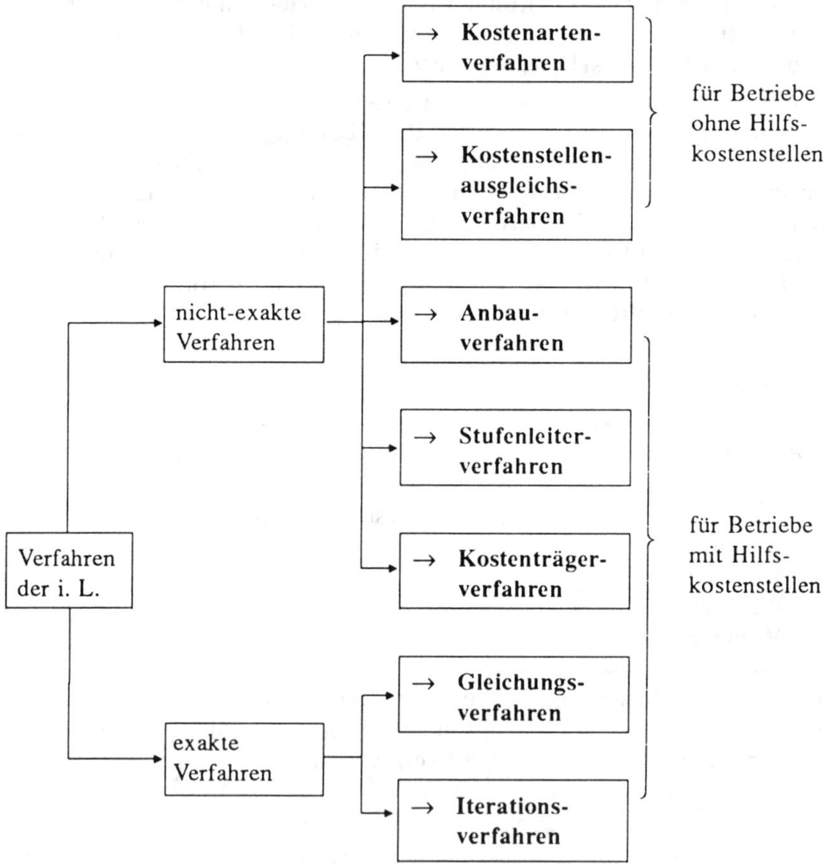

Übersicht: **Die innerbetriebliche Leistungsverrechnung sollte exakt sein**

Problem: Das Problem der i. L. liegt darin, daß zwischen den Hilfskostenstellen ein Geflecht von Lieferungen und Gegenlieferungen bestehen kann. Das Problem des gegenseitigen Leistungsaustausches läßt sich exakt mit Hilfe des Gleichungsverfahrens lösen; eine beliebig genaue Näherungslösung bietet das Iterationsverfahren. Alle anderen Verfahren berücksichtigen die gegenseitigen Lieferbeziehungen entweder gar nicht oder nur teilweise.

innerbetrieblicher Vergleich → Betriebsvergleich

Input

Begriff: I. ist der mengenmäßige Einsatz von → **Produktionsfaktoren** im → **Betrieb**. Inputgüter sind Einsatzgüter bei der → **Produktion**.

Problem: Der Begriff I. kann sich auf den einzelnen Betrieb, aber auch auf die Volkswirtschaft insgesamt beziehen. Volkswirtschaftlich sind Input-Output-Tabellen von Bedeutung. Betriebswirtschaftlich stellt der mengenmäßige Einsatz von Produktionsfaktoren das Mengengerüst dar, aus dem sich – nach Multiplikation mit den jeweiligen → **Preisen** – die → **Kosten** ergeben.

Gegensatz: → **Output.**

Instandhaltungskosten

Begriff: I. sind → **Kosten**, die für die Erhaltung der → **Betriebsmittel** in einsatzfähigem Zustand anfallen. Nach der Deutschen Industrie Norm (→ **DIN**) 31 051 gehören zur Instandhaltung (zu den I.):

- Wartung (Wartungskosten),
- Inspektion (Inspektionskosten),
- Instandsetzung (→ **Instandsetzungskosten**).

Problem: (1) Fremd-I. fallen bei Instandhaltungsmaßnahmen an, die von Unternehmensexternen durchgeführt werden; sie stellen → **primäre Kosten** dar. Eigen-I. dagegen sind Gegenstand der → **innerbetrieblichen Leistungsverrechnung**.

(2) I. und Instandsetzungskosten sind im Einzelfall nur schwer gegeneinander abzugrenzen. Generell gilt: I. haben überwiegend vorbeugenden Charakter. Sie schließen kleinere, regelmäßig anfallende Instandsetzungskosten mit ein.

Instandsetzungskosten

Begriff: I. sind → **Kosten** der (Wieder-)Instandsetzung von → **Betriebsmitteln**, haben also im Gegensatz zu → **Instandhaltungskosten** keinen vorbeugenden Charakter.

Problem: I. stehen zwischen Instandhaltungs- und Reparaturkosten. Kleinere und mit einer gewissen Regelmäßigkeit anfallende I. rechnet man zu den Instandhaltungskosten, größere und unregelmäßig anfallende zu den Reparaturkosten.

Intensität

Begriff: I. ist die Fertigungsgeschwindigkeit, definiert als Verhältnis von → **Ausbringungsmenge** und Zeit.

$$\text{Intensität} = \frac{\text{Ausbringungsmenge (St)}}{\text{hierfür benötigte Zeit (Min)}} = \frac{x}{t} \quad \text{(St/Min)}$$

Der Intensitätsbegriff läßt sich auf den physikalischen Begriff der → **Leistung** zurückführen. Es gilt:

$$\text{Leistung} = \frac{\text{Arbeit}}{\text{Zeit}}$$

Problem: In der Praxis benötigt man Kenntnisse über ganz bestimmte Intensitätswerte, nämlich die minimale, optimale und maximale I. Bei einem Verbrennungsmotor existieren Mindest- und Höchstumdrehungszahlen, die ihrerseits die minimale und maximale I. festlegen. Dazwischen liegt die optimale I., das ist die I., bei der der in Geld bewertete Brennstoffverbrauch k_v je Ausbringungseinheit am geringsten ist.

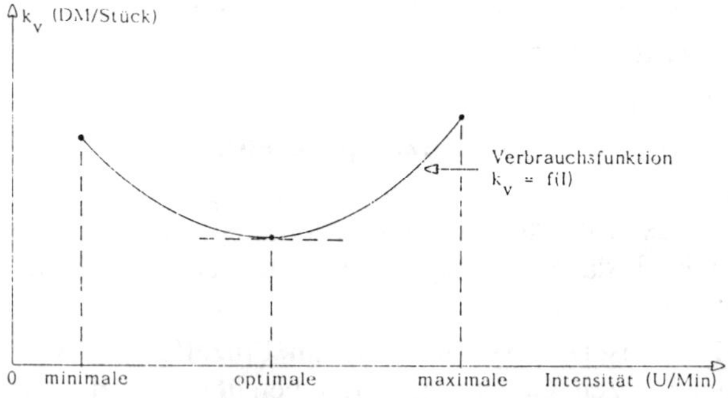

Abbildung: **Brennstoffverbrauch je Stück fällt zunächst mit steigender Drehzahl und steigt nach Erreichen des Optimums wieder an**

Beispiel: In der betrieblichen Praxis konkretisiert sich die I. als Produktionsgeschwindigkeit in Begriffen wie:

- Laufgeschwindigkeit der Papiermaschine,
- Schnittgeschwindigkeit spanender Maschinen (Bohrerei, Dreherei, Fräserei),
- Arbeitsgeschwindigkeit des Webstuhls,
- Bandgeschwindigkeit des Getriebemontagebandes,
- Durchsatzgeschwindigkeit des Hochofens,
- Reaktionsgeschwindigkeit eines chemischen Prozesses.

Intensitätsabweichung

Begriff: Die I. gehört zu den Spezialabweichungen wegen veränderter Produktionsbedingungen. Sie ergibt sich als Mehr- oder Minderkosten infolge einer → **Abweichung** der Istintensität von der Planintensität. Stimmt die Planintensität mit der optimalen Intensität überein, dann zeigt die I., welche Mehrkosten ein Abweichen von der Optimalintensität verursacht hat.

Beispiel: Für die → **Sollkosten** gilt

- bei geplanter Intensität: $K_s = 1\,000 + 3 \cdot B$
- bei Istintensität: $K_s = 1\,000 + 6 \cdot B$

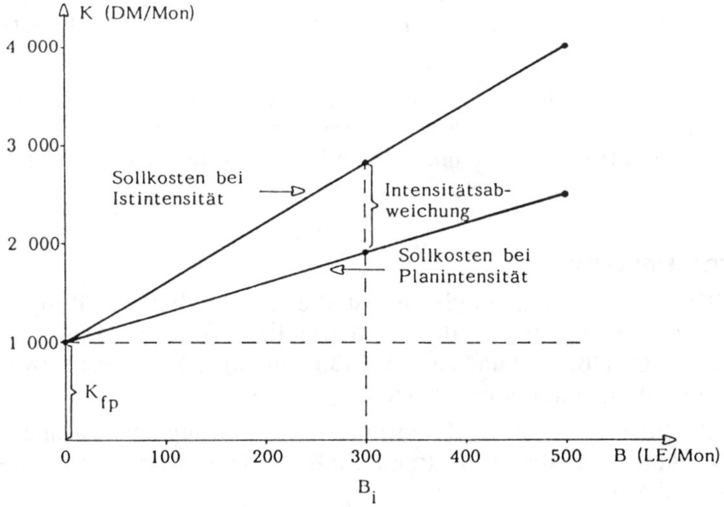

Abbildung: **Abweichungen von Optimalintensität führen zu höheren Sollkosten**

intensitätsmäßige Anpassung

Begriff: I. A. ist die Verringerung oder Erhöhung der → **Ausbringungsmenge** bei unveränderter Arbeitszeit und bei gegebenem Produktionsapparat durch alleinige Variation der Fertigungsgeschwindigkeit (→ **Intensität**, → **Anpassung**).

Problem: (1) I. A. ist nur möglich zwischen minimaler und maximaler Intensität.

(2) I. A. kann Abweichungen vom Optimalwert zur Folge haben, wodurch die → **Kosten** je Ausbringungseinheit ansteigen.

Hinweis: Meist kombiniert man mehrere Anpassungsformen und wählt beispielsweise die zeitlich-intensitätsmäßige Anpassung.

Internalisierung externer Kosten

Begriff: Die I. e. K. erfolgt dadurch, daß bisher von der Allgemeinheit zu tragende soziale → **Kosten** zum Bestandteil der einzelwirtschaftlichen → **Kostenrechnung** gemacht werden. Man verfolgt dabei das Ziel, die durch Umweltbelastungen auftretenden → **externen Kosten** mit Hilfe von → **Preisen** dem Verursacher zuzurechnen (→ **Verursacherprinzip**).

Problem: (1) Der Verursacher kann nicht immer ermittelt werden.

(2) Zurechnung und Quantifizierung der Schäden sind oft schwierig.

(3) Die politischen Widerstände gegen die I. e. K. sind erheblich.

Hinweis: Zwar ist die gegenwärtige Bedeutung der I. e. K. noch gering, doch dürfte sie trotz aller Probleme rasch wachsen, da die I. e. K. eine marktwirtschaftliche und damit systemkonforme und wirksame Lösung des Umweltproblems bietet.

interne Revision

Begriff: (1) I. R. (Innenrevision) ist die nachträgliche Prüfungs- und Überwachungstätigkeit, bei der das betriebliche Geschehen im Hinblick auf Ordnungsmäßigkeit und Zweckmäßigkeit geprüft wird, und zwar von Personen, die Unternehmungsangehörige sind.

(2) I. R. (Innenrevision) ist die mit der Durchführung der Prüfungs- und Überwachungsaufgaben beauftragte Stelle im Unternehmen (organisatorische Einheit).

Problem: Heute hat fast jede Großunternehmung eine Stabsstelle „Interne Revision". Die betriebspraktische Tätigkeit dieser Stelle umfaßt Prüfungen

- im Bereich des Finanz- und → **Rechnungswesens,**
- im organisatorischen Bereich,
- im Bereich der Leistungsbewertung des Managements.

Um diesen Aufgaben gerecht werden zu können, sollte(n)

- die i. R. direkt dem Top-Management unterstellt werden,
- die i. R. ein uneingeschränktes Informationsrecht in allen Abteilungen besitzen,
- sämtliche Abteilungen eine Informationspflicht gegenüber der i. R. haben (passives Informationsrecht).

interner Erfolg, internes Ergebnis

sind Synonyme für → **Betriebserfolg, Betriebsergebnis.**

Interner Zinsfuß

Begriff: I. Z. (interner Zinssatz, Effektivzins, Rendite) ist der Zinssatz, bei dessen Anwendung der → **Kapitalwert** einer → **Investition** oder Finanzierung gerade gleich Null wird. Oder: I. Z. ist der Zinssatz, bei dem Auszahlungsbarwert und Einzahlungsbarwert einer Investition oder Finanzierung übereinstimmen (→ **interne Zinsfuß-Methode**).

Problem: Die Auflösung der Kapitalwertgleichung nach dem gesuchten Zinssatz ist häufig nicht möglich. Man behilft sich dann mit einem Näherungswert, der sich aus einem Interpolationsverfahren ergibt und beliebig genau bestimmt werden kann.

interne Zinsfuß-Methode

Begriff: Die i. Z.-M. ist eine dynamische → **Investitionsrechnung**, bei der zwei Zinssätze, der → **Kalkulationszinsfuß** und der → **interne Zinsfuß** einer → **Investition**, miteinander verglichen werden. Lohnend ist eine Investition dann, wenn beim gegebenen Kalkulationszinsfuß i eine Rendite r erwirtschaftet wird, die mindestens so hoch ist wie der Kalkulationszinsfuß: $r \geq i$.

Problem: (1) Die Ermittlung des internen Zinsfußes beruht auf Schätzung der künftigen Zahlungen und der Nutzungsdauer, wie dies bei allen zukunftsorientierten Rechnungen der Fall ist.

(2) Meist ist zur Ermittlung des internen Zinsfußes ein Interpolationsverfahren, die Regula falsi, einzusetzen. Sie liefert ein beliebig genaues Ergebnis.

intervall-fixe Kosten

auch sprungfixe, stufenfixe oder Sprungkosten, bleiben innerhalb eines Intervalls der → **Bezugsgröße** gleich und steigen bei Überschreiten dieses Intervalls sprunghaft an (→ **absolut-fixe und intervall-fixe Kosten**).

Inventar

ist das im Anschluß an eine → **Inventur** gemäß § 240 HGB aufzustellende Verzeichnis über die Vermögensgegenstände und Schulden der Unternehmung. Umgangssprachlich beinhaltet I. die zum → **Betrieb** gehörenden Einrichtungsgegenstände.

Inventur

Begriff: Die I. liefert die Daten für das gemäß § 240 HGB geforderte Bestandsverzeichnis des Vermögens und der Schulden der Unternehmung. Dazu ist im Regelfall eine körperliche Bestandsaufnahme (Wiegen, Messen und Bewerten) erforderlich.

Problem: Die lückenlose körperliche Erfassung der Vermögensgegenstände kann im Einzelfall zu einem unangemessenen Verhältnis von Arbeitsaufwand und Zweck führen. Deshalb kennt das Handelsrecht einige Inventurvereinfachungsverfahren:

• die Festwertermittlung, • die Gruppenbewertung,	§ 240 Abs. 3 u. 4 HGB
• das Stichprobenverfahren, • die permanente Inventur, • die vor- oder nachverlegte Stichtagsinventur.	§ 241 HGB

Inventurmethode

Begriff: Die I. ist ein Verfahren zur Erfassung des mengenmäßigen Materialverbrauchs (→ **Verbrauchsmengenerfassung**) nach folgendem Schema:

	Anfangsbestand (laut → **Inventur**)	
+	Zugang (laut Lagerkonto)	
−	Endbestand (laut Inventur)	
=	Materialverbrauch	

Problem: (1) Die I. zeigt nicht, für welche → **Kostenstelle** und welchen → **Kostenträger** der Materialverbrauch erfolgt.

(2) Lagerverluste durch Schwund, Diebstahl, Verderb werden nicht aufgezeigt.

(3) Das Verfahren ist zeitaufwendig, weil es die körperliche Inventur, eventuell sogar monatlich, erfordert.

Investition

Begriff: I. werden zum Zweck ihrer Charakterisierung folgendermaßen eingeteilt:

(1) nach den Objekten in

- → **Realinvestitionen** (z. B. Kauf einer Maschine),
- → **Finanzinvestitionen** (z. B. Kauf eines festverzinslichen Wertpapiers);

(2) nach dem vorherrschenden Investitionsmotiv in

- → **Errichtungsinvestitionen,**
- → **Ersatzinvestitionen,**
- → **Rationalisierungsinvestitionen,**
- Erweiterungsinvestitionen,
- Sozial- und Sicherheitsinvestitionen;

(3) nach der Nutzungsdauer in

- kurzfristige I.,
- mittelfristige I.,
- langfristige I.;

(4) nach der zeitlichen Abfolge in

- Gründungsinvestitionen und
- Folgeinvestitionen.

Für alle Investitionsarten gilt die zahlungsorientierte Begriffsbestimmung. Danach ist eine I. ein Zahlungsvorgang, der mit einer → **Auszahlung** A beginnt und spätere Einzahlungsüberschüsse g erwarten läßt:

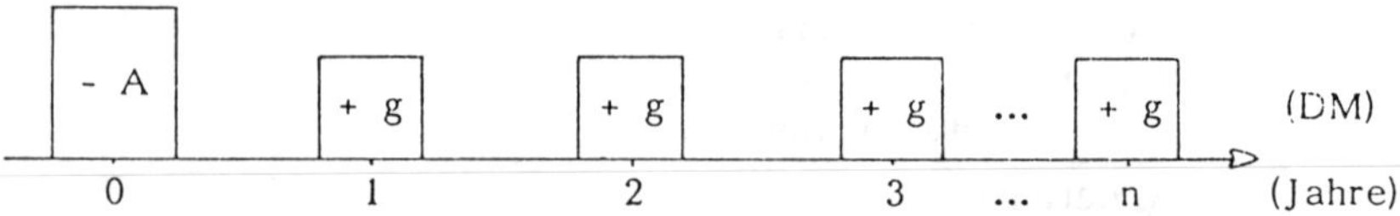

Gegensatz: → **Desinvestition.**

Investitionsrechnungen

Begriff: I. (→ **Wirtschaftlichkeitsrechnungen**) sind quantitative Verfahren zur Beurteilung der Zahlungsvorgänge, die durch eine → **Investition** ausgelöst werden. Man unterscheidet zwei Gruppen:

(1) → **Statische Investitionsrechnungsverfahren** (basieren auf → **Kosten** oder → **Aufwand**, keine Nutzung der Finanzmathematik):

→ **Kostenvergleichsrechnung**,

→ **Gewinnvergleichsrechnung**,

→ **Amortisationsrechnung**,

→ **Rentabilitätsrechnung**.

(2) → **Dynamische Investitionsrechnungsverfahren** (basieren auf Zahlungen, nutzen Finanzmathematik):

→ **Kapitalwertmethode**,

→ **interne Zinsfuß-Methode**,

→ **Annuitätenmethode.**

Problem: (1) Grundsätzlich ist den dynamischen Methoden der Vorzug zu geben, da sie die Unterschiede im zeitlichen Anfall der Zahlungen mittels Auf- oder Abzinsens berücksichtigen und von → **Ein-** und → **Auszahlungen** ausgehen.

(2) Die Investitionsentscheidung in der Praxis erfolgt unter Berücksichtigung vieler Aspekte (Paßt das Objekt in die langfristige Unternehmungsplanung? Dient es dem Image? Sind gesetzliche Bestimmungen zu erfüllen? Ist es finanzplanerisch realisierbar?). Das Ergebnis der I. ist somit eine Entscheidungshilfe; nicht mehr, aber auch nicht weniger.

(3) I. erfordern, wie alle zukunftsorientierten Rechnungen, eine Schätzung der in die Rechnung eingehenden Werte. Außerdem muß der Rechnende den → **Kalkulationszinsfuß** in sinnvoller Weise festlegen.

Isodeckungsbeitragslinie, Isogewinnlinie

Begriff: I. ist der geometrische Ort aller Produktmengenkombinationen, die zusammen (als Paket) einen bestimmten vorgegebenen → **Brutto-** oder → **Nettogewinn** erbringen.

Problem: I. werden zur graphischen Lösung der Programmplanung mittels → **linearer Optimierung** eingesetzt. Dabei geht man von konstanten Produktpreisen und → **variablen Stückkosten** aus und ist auf den Zwei-Güter-Fall beschränkt (zwei Achsen - zwei Güter).

Beispiel: Ein Küchengerätehersteller fertigt die Rührgeräte A und B mit den → **Deckungsbeiträgen** d_a = 8 DM/St und d_b 12 DM/St. Dann erhält man einen vorgegebenen Bruttogewinn (Deckungsbeitragssumme) von 480 (960, 1 440) DM/Monat mit unterschiedlichen Mengenkombinationen:

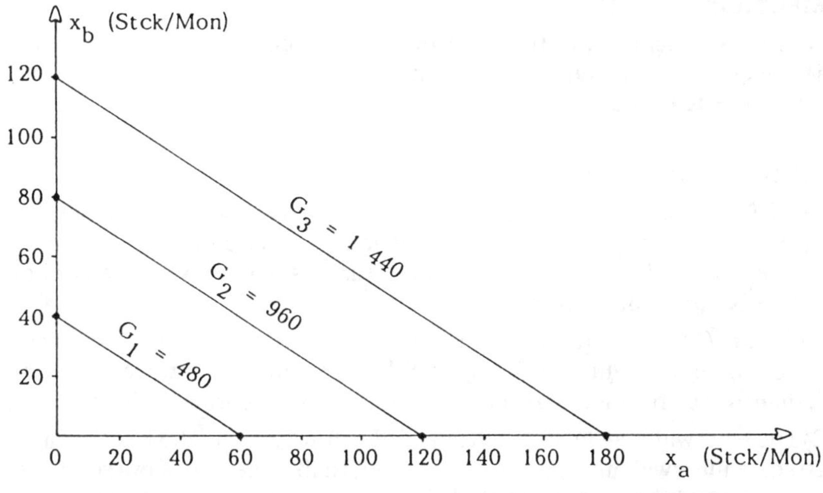

Abbildung: **Isogewinnlinien zeigen Mengenkombinationen mit gleichem Gewinn**

Istbeschäftigung

ist die → **Beschäftigung**, die in der abgelaufenen Planungsperiode tatsächlich erreicht wurde. Man mißt die I. mit Hilfe des Istwertes der → **Bezugsgröße**.

Ist-Ist-Vergleich

Begriff: I.-I.-V. ist die Art der Gegenüberstellung von → **Kosten** und/oder → **Leistungen**, bei der Istwerte einer bestimmten Periode mit Istwerten einer anderen Periode verglichen werden.

Problem: Dabei können Zufallsschwankungen auftreten, so daß zuverlässige Aussagen, wie sie für einen → **Betriebsvergleich** nötig sind, nur schwer zu gewinnen sind.

Istkosten

sind die tatsächlich während der Abrechnungsperiode angefallenen → **Kosten**; sie ergeben sich als Produkt von Istmengen und Istpreisen und sind stets vergangenheitsorientiert.

Istkostenkalkulation

ist eine → **Nachkalkulation,** die die auf Istmengen und Istpreisen basierenden → **Istkosten** einer Periode oder eines → **Kostenträgers** ermittelt (→ **Kalkulation**).

Istkostenrechnung (IKR)

Begriff: IKR ist die traditionelle Form der → **Kostenrechnung**, bei der die in der vergangenen Abrechnungsperiode tatsächlich angefallenen → **Kosten** (→ **Istkosten**) ohne Korrekturen auf die → **Kostenstellen** und → **Kostenträger** verrechnet werden.

Problem: (1) Die IKR ist vergangenheitsorientiert. Wegen der Notwendigkeit, eine Vielzahl von Belegen zu bearbeiten und auszuwerten, kann sie häufig nur für länger zurückliegende Perioden durchgeführt werden.

(2) Die Überwälzung tatsächlich angefallener Kosten auf die Kostenträger (Istkostenüberwälzungsprinzip) bedeutet, daß eine → **Kontrolle** der → **Wirtschaftlichkeit** unmöglich ist, sofern man sich nach dem Wort von Schmalenbach darauf beschränkt, „Schlendrian mit Schlendrian" zu vergleichen. Daraus folgt, daß eine gut ausgebaute Kostenrechnung im → **Betrieb** aus einer Kombination von IKR und → **Plankostenrechnung** bestehen sollte, so daß Istwerte mit Planwerten verglichen werden können.

(3) Eine reine IKR gibt es nur selten, da bestimmte → **Kostenarten** meist mit Durchschnitts- oder Planwerten verrechnet werden, zum Beispiel jährlich im voraus gezahlte → **Steuern** und Versicherungsprämien, die zeitlich abgegrenzt werden.

(4) Bei der IKR in Gestalt der → **Vollkostenrechnung** sind viele kurzfristige Entscheidungen (→ **Programmentscheidungen**, → **Zusatzaufträge**, → **Verfahrenswahl**, → **Eigenfertigung oder Fremdbezug**) nicht sinnvoll zu treffen. Hier bietet es sich an, die IKR mit getrenntem Ausweis von → **fixen** und → **variablen Kosten** durchzuführen und sie durch eine Plankostenrechnung zu ergänzen (→ **Grenzplankostenrechnung GPKR**).

Istlöhne, Istlohnkosten

bezeichnen die effektiv angefallenen → **Löhne** bzw. → **Lohnkosten;** sie ergeben sich bei → **Zeitlöhnen** als Produkt von Istarbeitszeit und Iststundensatz.

Istpreis

tatsächlich zu zahlender → **Preis** für → **Wirtschaftsgüter.**

Istpreis-Verfahren

Begriff: Das I.-V. bewertet den Materialverbrauch mit Ist-Einstandspreisen.

Gegensatz: → **Festpreis-Verfahren.**

Istzeit

Begriff: I. ist die effektiv von Menschen und → **Betriebsmitteln** benötigte Zeit.

Gegensatz: Sollzeit, → **Vorgabezeit.**

Iteration

Begriff: I. ist ein schrittweises Verfahren zur Annäherung an die Lösung einer Gleichung oder eines Gleichungssystems, bei dem man mit Hilfe einer ersten Näherungslösung Ergebnisse erzielt, die bei weiteren Lösungsschritten in ihrer Genauigkeit verbessert werden.

Beispiel: Die I. als Lösungsweg ist in der → **Kostenrechnung** an vielen Stellen einsetzbar, zum Beispiel bei der

- Ermittlung des gewinnoptimalen → **Programms** (→ **Programmoptimierung**),
- Wahl des optimalen Produktionsverfahrens (→ **Verfahrenswahl**),

- Wahl zwischen → **Eigenfertigung oder Fremdbezug**,
- Abrechnung von → **Kostenstellen** (→ **innerbetriebliche Leistungsverrechnung**),

Des weiteren setzt man die I. auch in der → **Investitionsrechnung** ein, insbesondere zur

- Effektivzinsbestimmung (→ **interne Zinsfuß-Methode**) und zur
- Berechnung der kritischen Nutzungsdauer.

Iterationsverfahren

Begriff: I. ist ein exaktes Verfahren der → **innerbetrieblichen Leistungsverrechnung**, bei dem die → **Verrechnungspreise** für → **innerbetriebliche Leistungen** durch einen iterativen (sich wiederholenden) Prozeß bestimmt werden. Die einzelnen Stufen dieses Prozesses (→ **Iterationen**) nehmen jeweils eine vollständige innerbetriebliche Leistungsverrechnung vor, wobei sich die Verrechnungspreise von Stufe zu Stufe immer mehr dem rechnerisch korrekten Preis annähern, der sich bei Verwendung des → **Gleichungsverfahrens** ergeben würde. Drei Schritte kennzeichnen die I.:

(1) Man wählt eine beliebige Startlösung, bei der die Verrechnungspreise für die abzurechnenden → **Kostenstellen** vorläufig vorgegeben werden. Sinnvolle vorläufige Verrechnungspreise erhält man, indem man

- die → **primären Kosten** der → **Hilfskostenstellen** durch die Anzahl der abgegebenen Leistungseinheiten dividiert oder
- die Verrechnungspreise des Vorjahres ansetzt.

(2) Die Startlösung wird durch eine Wiederholung (Iteration) verbessert.

(3) Die Iteration wird so lange wiederholt, bis eine bestimmte, vorgegebene Genauigkeit erreicht ist.

Problem: (1) Startlösung und gewünschte Genauigkeit (= Zahl der Iterationen) müssen sinnvoll festgelegt werden.

(2) Die manuelle Rechnungsdurchführung wird mit steigender Zahl von sich gegenseitig beliefernden Stellen und hoher gewünschter Genauigkeit immer aufwendiger, so daß man eine EDV-gestützte Lösung durchführen muß.

J

Jahresabschluß

Begriff: J. ist die handelsrechtlich vorgeschriebene, periodische Rechnungslegung der Unternehmung. Der J. besteht grundsätzlich aus Bilanz und → **Gewinn- und Verlustrechnung**; sie bilden in allen Fällen den Kern des J. (vgl. § 242 Abs. 3 HGB).

Bei Kapitalgesellschaften schreibt § 264 Abs. 1 HGB zusätzlich einen Anhang und einen Lagebericht vor.

Beispiel: Je nach Rechtsform und Größe der Unternehmung besteht der J. aus dem Kernbereich von Bilanz und → **Gewinn- und Verlustrechnung** oder wird um Anhang und Lagebericht erweitert.

Art der Unternehmung	"erweiterter" Jahresabschluß			Lagebericht
	Jahresabschluß		Anhang	
	Bilanz	GuV		
Sonstige Kaufleute				
a) Personengesellschaften und Einzelkaufleute, die				
- nicht unter das Publizitätsgesetz fallen	x	x	entfällt	entfällt
- unter das PublG fallen	x	x	entfällt	entfällt
b) Unter das PublG fallende Unternehmen, Vereine etc. außer a)	x	x	x	x
c) Kapitalgesellschaft & Co. (insbes. GmbH & Co.)	x	x	entfällt	entfällt
d) Genossenschaften	x	x	x	x
e) andere Rechtsformen	x	x	entfällt	entfällt
Kapitalgesellschaften (unabhängig von Größe und Rechtsform)	x	x	x	x

Quelle: Ähnlich bei H. Schierenbeck, Grundzüge der Betriebswirtschaftslehre, 10. völlig überarb. u. erw. Aufl., München 1989, S. 490.

Übersicht: **Umfang des Jahresabschlusses nach neuem Recht**

job accounting

ist die angelsächsische Bezeichnung für die Abrechnung der → **Leistungen** eines Rechenzentrums (Auftragsabrechnung) mit dem Ziel, die Benutzer verursachungsgerecht zu belasten.

job costing, job order costing

ist die angelsächsische Bezeichnung für → **Zuschlagskalkulation**.

job enlargement

ist die angelsächsische Bezeichnung für Aufgabenerweiterung, Arbeitserweiterung um strukturell gleichartige Aufgaben.

job enrichment

ist die angelsächsische Bezeichnung für Aufgabenanreicherung, eine Erweiterung des Arbeitsfeldes um Planungs-, Kontroll- und Entscheidungsaufgaben.

job rotation

ist die angelsächsische Bezeichnung für Arbeitsplatzwechsel, den systematischen Tausch von Arbeitsaufgaben zwischen mehreren Arbeitnehmern.

joint costs

ist die angelsächsische Bezeichnung für → **Kosten**, die bei → **Kuppelproduktion** anfallen.

joint venture

ist die angelsächsische Bezeichnung für eine Kooperationsform zwischen in- und ausländischen Unternehmungen, bei der die Partner rechtlich selbständig bleiben. Ziel kann die Realisierung eines einmaligen Projekts, aber auch die langfristige Betreibung eines Geschäfts sein. Die Partner bringen jeweils die → **Produktionsfaktoren** in das j. v. ein, über die sie bevorzugt verfügen.

Just-in-time-Produktion

Begriff: J.-i.-t.-P. heißt ein in den 70er Jahren von der Automobilfabrik Toyota entwickeltes Produktions- und Bereitstellungssystem zur Minimierung der Lagerbestände und -kosten (→ **Lagerhaltungskosten**). Es gibt zwei Ausprägungen der j.-i.-t.-P.:

(1) Produziere heute das, was morgen gebraucht wird.

(2) Produziere das, was gestern verbraucht wurde (Kanban-Prinzip).

Problem: (1) J.-i.-t.-P. bedeutet Produzieren und Beschaffen auf Abruf. Es beinhaltet ein „von-der-Hand-in-den-Mund-Leben", und zwar auf allen Fertigungsstufen, wobei die Planungsperiode meist ein Tag ist.

(2) Es erfordert ein logistisches Gesamtkonzept, das unter anderem folgende Bereiche integriert: Einkauf, Fertigung, Forschung und Entwicklung, Produktions- und Absatzsteuerung.

(3) Es kann erhebliche → **externe Kosten** verursachen, falls es durch j.-i.-t.-P. zu einer Zunahme des Lkw-Verkehrs kommt („rollende Lager"); diese Kosten sollten internalisiert, d. h. dem Verursacher angelastet werden (→ **Internalisierung externer Kosten,** → **Verursacherprinzip**).

K

Kalkulation

Begriff: Im weiteren Sinn ist K. jede kostenrechnerische Auswertungsrechnung. Im häufiger gebrauchten engeren Sinn steht K. (→ **Kostenträgerrechnung,** → **Kostenträgerstückrechnung,** → **Selbstkostenrechnung**) für die Ermittlung der → **Stückkosten** der betrieblichen → **Leistungen.** K. ist also die Zurechnung von → **Kosten** auf Leistungen. Die in der jeweiligen Rechnung zu verwendende Leistungseinheit kann das einzelne Stück, aber auch eine Stückgesamtheit (→ **Charge**, → **Fertigungslos**, → **Partie**, → **Serie**, → **Sorte**, Auftrag) umfassen.

Arten: Die Kalkulationsarten lassen sich nach → **Kalkulationszeitpunkt** und Rechentechnik, nach Kostenumfang, Bewertungstechnik, → **Produktionsverfahren,** nach Branche, Kalkulationszweck und Marktsituation einteilen (siehe nachstehende Übersicht).

Kriterium	Kalkulationsverfahren
Kalkulationszeitpunkt	→ **Vorkalkulation** → **Zwischenkalkulation** → **Nachkalkulation**
Rechentechnik	→ **Divisionskalkulation** → **Äquivalenzziffernkalkulation** → **Zuschlagskalkulation** → **Kuppelkalkulation**
Kostenumfang	→ **Vollkostenkalkulation** → **Teilkostenkalkulation**
Bewertungstechnik und Kalkulationszeitpunkt	→ **Istkostenkalkulation** → **Normalkostenkalkulation** → **Plankalkulation**
Produktionsverfahren	→ **Massenkalkulation** → **Sortenkalkulation** → **Stufenkalkulation** → **Partie- und** → **Chargenkalkulation** → **Serienkalkulation** → **Einzelkalkulation** → **Kuppelkalkulation**

Kriterium	Kalkulationsverfahren
Branche	Industriekalkulation → **Handelskalkulation** Handwerkskalkulation
Kalkulationszweck	→ **Absatzkalkulation** → **Selbstkostenkalkulation**
Marktsituation	→ **Vorwärtskalkulation** → **Differenzkalkulation** → **Rückwärtskalkulation**

Übersicht: **Kalkulationsverfahren, systematisch gegliedert**

Problem: Die verursachungsgerechte Zuordnung von Kosten auf Leistungen oder beliebige andere Kalkulationsobjekte ist oft schwierig. Gründe sind:

(1) Hoher Gemeinkostenanteil und Notwendigkeit der → **Gemeinkostenschlüsselung.**

(2) Schätzwerte bei den zukunftsorientierten Formen der → **Kostenrechnung** (→ **Plankostenrechnung**).

Kalkulation öffentlicher Aufträge

erfolgt unter Beachtung der → **Leitsätze für die Preisermittlung auf Grund von Selbstkosten (LSP).**

Kalkulationsaufschlag

oder → **Kalkulationszuschlag** ist die Erhöhung des Wareneinstandspreises im Handel um einen bestimmten Prozentsatz zwecks Ermittlung des Verkaufspreises. Er entspricht dem → **Handelsaufschlag.**

Kalkulationsfaktor

Begriff: Der K. ergibt sich aus dem → **Kalkulationsaufschlag** und gestattet die Ermittlung des Listenverkaufspreises durch Multiplikation von K. und → **Bezugspreis.**

Beispiel: Zum Kalkulationsaufschlag oder → **Kalkulationszuschlag** von 33 % gehört der K. (1 + 0,33) = 1,33.

Kalkulationsmethoden

sind Rechnungsmethoden zur Zuordnung von → **Kosten** auf → **Leistungen** (→ **Kalkulation**).

Kalkulationssatz

Begriff: Der K. wird im → **Betriebsabrechnungsbogen** (**BAB**) je → **Kostenstelle** ermittelt und für die → **Kalkulation** der zum Verkauf bestimmten → **Leistungen** eingesetzt. Allgemein errechnet man den K. wie folgt:

$$\text{Kalkulationssatz} = \frac{\text{Kostenträgergemeinkosten der Kostenstelle}}{\text{Bezugsbasis der Kostenstelle}}$$

Ist die Bezugsbasis eine Mengengröße, so erhält man als K. einen Verrechnungssatz; ist sie dagegen eine Wertgröße, so erhält man als K. einen Zuschlagssatz.

Beispiel:

Maschinenstundenverrechnungssatz

$$= \frac{\text{Fertigungsgemeinkosten}}{\text{Maschinenstunden}} = \frac{24\,000}{2\,000} = 12 \text{ (DM/Std)}$$

Fertigungsgemeinkostenzuschlagssatz

$$= \frac{\text{Fertigungsgemeinkosten}}{\text{Fertigungseinzelkosten}} = \frac{24\,000}{8\,000} = 3 = 300 \text{ (\%)}$$

Kalkulationsschema

Begriff: K. ist das standardisierte Vorgehen bei der praktischen Durchführung der → **Kalkulation,** wobei oft Formulare verwendet werden.

Beispiel: Das allgemeine K. für eine mehrstufige → **Zuschlagskalkulation** in einem Industriebetrieb ohne weitergehende Kostenstelleneinteilung (→ **Kostenstellenplan**) im Fertigungsbereich hat folgendes Aussehen:

(1) Materialeinzelkosten (MEK) (2) Materialgemeinkosten (MGK)	 (in % von 1)
(3) Materialkosten (MK)	(1 + 2)
(4) Fertigungseinzelkosten (FEK) (5) Fertigungsgemeinkosten (FGK) (6) Sondereinzelkosten der Fertigung (SEF)	 (in % von 4)
(7) Fertigungskosten (FK)	(4 + 5 + 6)
(8) Herstellkosten (HK)	(3 + 7)
(9) Verwaltungsgemeinkosten (VwGK) (10) Vertriebsgemeinkosten (VtGK) (11) Sondereinzelkosten des Vertriebs (SEVt)	(in % von 8) (in % von 8)
(12) Selbstkosten (SK) (13) Gewinnaufschlag (Gew)	(8 + 9 + 10 + 11) (in % von 12)
(14) Barverkaufspreis (BVP) (15) Kundenskonto (Ksk)	(12 + 13) (in % von 16)
(16) Zielverkaufspreis (ZVP) (17) Kundenrabatt (Krab)	(14 + 15) (in % von 18)
(18) Listenverkaufspreis netto (LVP) (19) Mehrwertsteuer (MWST)	(16 + 17) (in % von 18)
(20) Angebotspreis brutto (AP)	(18 + 19)

Übersicht: **Kalkulationsschema für die Zuschlagskalkulation**

Kalkulationsverfahren

sind Rechnungsmethoden zur Zuordnung von → **Kosten** auf → **Leistungen** (→ **Kalkulation**).

Kalkulationszeitpunkt

Begriff: K. ist der Zeitpunkt, auf den sich die jeweilige Rechnung bezieht (Bezugszeitpunkt).

Beispiel: Bei der → **Kapitalwertmethode** bezieht man alle → **Ein-** und → **Auszahlungen** auf den Zeitpunkt 0. Der Zeitpunkt 0 ist der Bezugszeitpunkt, auf den die erwarteten Ein- und Auszahlungen einer → **Investition** mit dem → **Kalkulationszinsfuß** abgezinst (diskontiert) werden.

Kalkulationszinsfuß

Begriff: K. ist die subjektiv zu bestimmende Mindestverzinsungsanforderung des Investors an seine → **Investition.**

Festlegung: Vor Durchführung der → **Investitionsrechnung** ist der betriebliche K. festzulegen. Mit diesem Zins wird kalkuliert, deshalb die Bezeichnung K. Er kann aus einem Basiszins und einem Risikozuschlag bestehen. Der Basiszins bei vollständiger Eigenfinanzierung ist der Habenzins des Kapitalmarktes. Bei vollständiger Fremdfinanzierung stellt der Sollzinssatz des Kapitalmarktes die Basis dar. Wird die Investition mit Eigen- und Fremdmitteln finanziert, so kann der K. als gewichtetes arithmetisches Mittel aus dem K. bei vollständiger Eigen- und jenem bei vollständiger Fremdfinanzierung errechnet werden. In der Praxis wird allerdings auch bei Mischfinanzierung der Sollzinssatz des Kapitalmarktes als Basiszins herangezogen. Gelegentlich wird der K. auch nach Maßgabe der jeweiligen → **Opportunitätskosten** festgelegt (= → **Rendite** der besten nicht gewählten Alternative).

Problem: (1) Am Kapitalmarkt gibt es nicht einen, sondern viele Haben- und Sollzinssätze, so daß schon der Basiszins nicht eindeutig fixiert werden kann.

(2) Der Risikozuschlag, der das mit der jeweiligen Investition verbundene Risiko erfassen soll, ist nicht objektiv quantifizierbar.

Aus beiden Gründen muß man sich bei praktischen Empfehlungen darauf beschränken, eine Spanne für den K. anzugeben. Diese Spanne liegt in der Praxis meist bei 8 bis 12 %.

Beispiel: Wenn der Habenzins 6 % und der Sollzinssatz 8 % beträgt, wenn ferner das Risiko mit einem Zuschlag von 4 % bewertet wird, dann erhält man bei unterschiedlichen Entscheidungssituationen die folgenden K.:

Entscheidungssituation	Kalkulationszinsfuß
Investition wird vollständig eigenfinanziert	i = 6 % + 4 % = 10 %
Investition wird vollständig fremdfinanziert	i = 8 % + 4 % = 12 %
Mischfinanzierung: 25 % Eigenmittel und 75 % Fremdmittel	$i = \frac{1}{4} \cdot 10\,\% + \frac{3}{4} \cdot 12\,\% = 11{,}5\,\%$

Hinweis: Der K. wird bei allen → **dynamischen Investitionsrechnungsmethoden** verwendet. Darüber hinaus benötigt man ihn in der → **Kostenrechnung** bei bestimmten langfristigen Wahlentscheidungen (→ **Eigenfertigung oder Fremdbezug,** → **Verfahrenswahl**). Häufig stimmt er mit dem zur Ermittlung der → **kalkulatorischen Zinsen** erforderlichen → **kalkulatorischen Zinsfuß** überein.

Kalkulationszuschlag

oder → **Kalkulationsaufschlag** ist die Erhöhung des Wareneinstandspreises im Handel um einen bestimmten Prozentsatz zwecks Ermittlung des Verkaufspreises. Er entspricht dem → **Handelsaufschlag.**

Kalkulation von Kuppelprodukten

meist → **Kuppelkalkulation** genannt, ist erforderlich beim Vorliegen von → **Kuppelproduktion.**

kalkulatorische Abschreibungen

Begriff: Die k. A. gehören zu den → **kalkulatorischen Kosten.** Sie sind → **Anderskosten,** denen → **Aufwendungen** (= bilanzielle → **Abschreibungen**) in anderer Höhe gegenüberstehen können (→ **Abgrenzung**). Entsprechend ihrem Kostencharakter sind sie nach Maßgabe des betriebsbedingten und leistungsbezogenen Werteverzehrs zu bemessen. Der Werteverzehr von → **Betriebsmitteln** hängt von den Entwertungsursachen → **Gebrauchsverschleiß und Zeitverschleiß** ab.

(1) Die nutzungsbedingte Entwertung (Gebrauchsverschleiß) ist beschäftigungsvariabel.

(2) Die nutzungsunabhängige Entwertung (Zeitverschleiß) ist beschäftigungsfix. Sie entsteht durch

- Korrosion, Witterungseinflüsse, Materialermüdung,
- Wegfall der Nutzungsmöglichkeiten,
- technisch-wirtschaftliches Veralten.

Problem: (1) Die theoretisch richtige Abschreibungsgrundlage ist in den → **Wiederbeschaffungskosten** (und nicht in den historischen → **Anschaffungskosten**) zu sehen, damit nach Nutzungsende genügend Abschreibungsgegenwerte für die Wiederbeschaffung des zu ersetzenden Betriebsmittels zur Verfügung stehen. Die Wiederbeschaffungskosten lassen sich aber nur schwer bestimmen, schließlich liegt der Wiederbeschaffungszeitraum in der Zukunft. Man wählt deshalb als Ersatzlösung

- die Wiederbeschaffungskosten der jeweiligen Periode (= Anschaffungskosten · Preismultiplikator) oder
- die ursprünglichen Anschaffungskosten.

(2) Bei Wahl der ursprünglichen Anschaffungskosten als Abschreibungsbasis ist es zweckmäßig, die kalkulatorische Abschreibung nicht dann enden zu lassen, wenn die Anschaffungskosten bei Ablauf der rechnerisch zugrunde gelegten → **Nutzungsdauer** amortisiert sind, sondern so lange weiter abzuschreiben, wie die Anlage tatsächlich noch verwendet wird. Bei Nullabschreibung würde der → **interne Erfolg** der späteren Nutzungsperioden ohne sachlichen Grund höher ausfallen. Daß die Summe der Abschreibungsbeträge bei diesem Vorgehen die früheren Anschaffungskosten übersteigt, nimmt man billigend in Kauf, weil man sich so den meist höheren Wiederbeschaffungskosten nähert.

(3) Schwierig zu bestimmen sind auch Nutzungsdauer (wichtig bei der Bewertung des Zeitverschleißes) und Leistungsvorrat (notwendig zur Ermittlung der beschäftigungsvariablen k. A.). Je nach → **Abschreibungsursache(n)** ist nach subjektiver Einschätzung des Einzelfalls jene Abschreibungsmethode (→ **lineare,** → **degressive,** → **progressive Abschreibung**) zu wählen, die den Verlauf der Wertminderung am besten wiedergibt.

Beispiel: Ein Lkw ist in der Lage, 100 000 km zu fahren. Der Anschaffungspreis beträgt 200 000 DM. Die monatliche Nutzung 4 000 km. Der

Restwert ist Null. Unabhängig von der tatsächlichen Inanspruchnahme ist der Lkw nach 40 Monaten nicht mehr einsetzbar (Zeitverschleiß).

$$\text{beschäftigungsvariable kalkulatorische Abschreibungen} = \frac{\text{abzuschreibender Betrag}}{\text{Gesamtleistung}} \cdot \text{Monatsnutzung}$$

$$\text{beschäftigungsvariable kalkulatorische Abschreibungen} = \frac{200\,000}{100\,000} \cdot 4\,000 = 8\,000 \text{ (DM/Mon)}$$

$$\text{beschäftigungsfixe kalkulatorische Abschreibungen} = \frac{\text{abzuschreibender Betrag}}{\text{Nutzungszeit}}$$

$$\text{beschäftigungsfixe kalkulatorische Abschreibungen} = \frac{200\,000}{40} = 5\,000 \text{ (DM/Mon)}$$

kalkulatorische Erlöse → kalkulatorische Leistungen

kalkulatorische Kosten

Begriff: Die k. K. umfassen als Oberbegriff → **Zusatzkosten** und → **Anderskosten.** Zusatzkosten sind → **Kosten,** denen kein → **Aufwand** gegenübersteht. Anderskosten sind Kosten, denen Aufwand in anderer Höhe gegenübersteht. In der → **Kostenrechnung** müssen k. K. verrechnet werden, damit ohne Rücksicht auf handels- und/oder steuerrechtliche Vorschriften die für kostenrechnerische Zwecke richtige Bemessung des Werteverzehrs an → **Produktionsfaktoren** gefunden wird. Die k. K. dienen der sachlichen → **Abgrenzung** von Kosten und Aufwendungen.

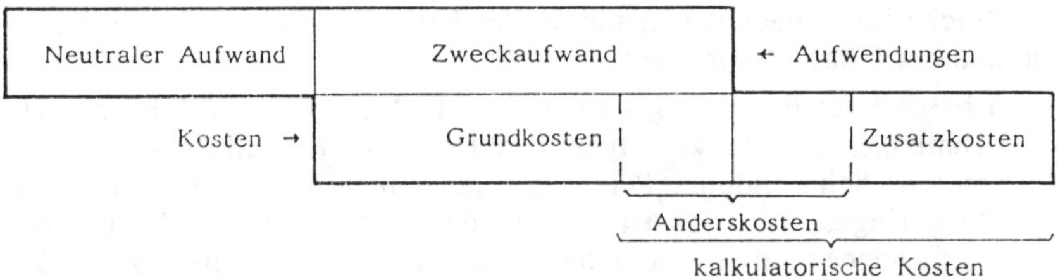

Beispiel: In der betrieblichen Praxis kennt man die folgenden kalkulatorischen Kostenarten:

→ **kalkulatorische Abschreibungen,**

→ **kalkulatorische Miete,**

→ **kalkulatorische Pacht,**
→ **kalkulatorischer Gewinn,**
→ **kalkulatorischer Unternehmerlohn,**
→ **kalkulatorische Wagnisse,**
→ **kalkulatorische Zinsen.**

kalkulatorische Leistungen

Begriff: K. L. umfassen als Oberbegriff → **Zusatzleistungen** und → **Andersleistungen.** Zusatzleistungen sind → **Leistungen**, denen kein → **Ertrag** gegenübersteht. Andersleistungen sind Leistungen, denen Erträge in anderer Höhe gegenüberstehen. In der → **Kostenrechnung** müssen k. L. verrechnet werden, um die richtige Bemessung der gesamten betrieblichen Leistung zu erzielen. Die k. L. dienen der sachlichen → **Abgrenzung** von Leistungen und Erträgen.

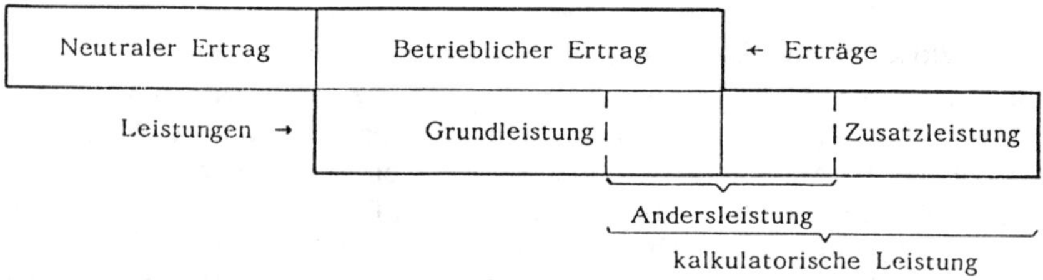

Beispiel: Die Erhöhung des Bestandes an → **Halb- und Fertigfabrikaten,** die Selbsterstellung von Maschinen, Gebäuden, → **Werkzeugen** und Patenten, die unentgeltliche Abgabe von → **Erzeugnissen** stellen betriebliche Leistungen dar, denen in der laufenden Periode keine Erträge in anderer Höhe entsprechen.

Von besonderer Bedeutung ist der Begriff der k. L. für öffentliche Unternehmungen und Verwaltungen. Ihre Leistungen, öffentliche Güter wie Sicherheit, Schulbildung, Personen- und Güterverkehr, werden häufig gegen geringes, die → **Kosten** nicht deckendes Entgelt oder gar zum Nulltarif abgegeben. Somit stehen diesen Leistungen keine oder andere (geringere) Erträge gegenüber.

Hinweis: Als Leistung bezeichnet man den mengenmäßigen, aber auch den wertmäßigen → **Output** des → **Betriebs.** Leistung steht also gleichermaßen für Mengen- und Wertabgaben. Leistung als Wertgröße wird gelegentlich ersetzt durch → **Erlös.** Man spricht deshalb gelegentlich auch von → **kalkulatorischen Erlösen.**

kalkulatorische Miete

Begriff: Die k. M. gehört zu den → **kalkulatorischen Kosten.** Man berechnet sie für solche Räume, die zwar betrieblich genutzt werden, für die aber keine Mietzahlungen anfallen. Eine Unternehmung, die über unentgeltlich nutzbare Räume verfügt, muß k. M. ansetzen, um so die Vergleichbarkeit ihrer → **Kostenrechnung** mit der anderer Unternehmungen zu erreichen. Entsprechendes gilt für Raummieten, die unter oder über dem ortsüblichen Niveau liegen. Die k. M. ist grundsätzlich nach Maßgabe der ortsüblichen Miete festzulegen.

Problem: In der Praxis besteht die Gefahr einer Doppelbelastung mit kalkulatorischen Kosten, wenn für unentgeltlich genutzte Räume → **kalkulatorische Zinsen** und → **kalkulatorische Abschreibungen** verrechnet werden. Man muß sich für das eine oder andere entscheiden.

Hinweis: Ein sinnvolles und praktisches Vorgehen besteht darin, daß man für alle Räumlichkeiten, gleichgültig ob eigene oder fremdgemietete, in der Kostenrechnung die ortsübliche Miete ansetzt. In der → **Gewinn- und Verlustrechnung** wird die tatsächlich gezahlte Miete als → **Aufwand** gebucht.

kalkulatorische Pacht

wird für solche Grundstücke berechnet, die zwar betrieblich genutzt werden, für die aber keine Pachtzahlungen anfallen. Sie entspricht der → **kalkulatorischen Miete.**

kalkulatorischer Gewinn

ist der nach den → **Leitsätzen für die Preisermittlung aufgrund von Selbstkosten** ermittelte → **Gewinn,** der (1) das allgemeine → **Unternehmerwagnis** (→ **kalkulatorische Wagnisse**) abgelten und (2) eine besondere unternehmerische → **Leistung** nach vorheriger Vereinbarung honorieren soll.

kalkulatorischer Unternehmerlohn

Begriff: Der k. U. gehört zu den → **kalkulatorischen Kosten.** Im Gegensatz zum angestellten Geschäftsführer einer GmbH oder Vorstandsmitglied einer AG erhalten die Eigentümer-Unternehmer in Personengesellschaften kein → **Gehalt.** Ihre Entnahmen werden aus steuerrechtlichen Gründen auf das Privatkonto gebucht. Für die Vergleichbarkeit der

→ **Kostenrechnungen** ist es erforderlich, auch in Personengesellschaften ein kalkulatorisches Entgelt für die dispositive Arbeit (→ **dispositiver Faktor,** → **Produktionsfaktoren**) anzusetzen. Neben dem Eigentümer-Unternehmer können auch mitarbeitende Familienangehörige dafür in Frage kommen.

Problem: (1) Die Festlegung der Höhe des k. U. kann im Einzelfall schwierig und problematisch sein. In der Literatur wird gern, „nicht immer als Kuriosum erkennbar" (L. Haberstock), die sogenannte → **Seifenformel** zitiert, die bei der → **Kalkulation öffentlicher Aufträge** von der Seifen- und Waschmittelindustrie ab 1940 zur Berechnung des k. U. verwendet wurde:

Kalkulatorischer Unternehmerlohn	$= 18 \cdot \sqrt{\text{Umsatz}}$	(bei einem Unternehmer)
Kalkulatorischer Unternehmerlohn	$= 1{,}5 \cdot (18 \cdot \sqrt{\text{Umsatz}})$	(bei zwei Unternehmern)
Kalkulatorischer Unternehmerlohn	$= 2{,}0 \cdot (18 \cdot \sqrt{\text{Umsatz}})$	(bei drei Unternehmern)
Kalkulatorischer Unternehmerlohn	$= 2{,}4 \cdot (18 \cdot \sqrt{\text{Umsatz}})$	(bei vier Unternehmern)

(2) Die „Seifenformel" führt im Regelfall nicht zu vernünftigen Ergebnissen. Bei → **Umsätzen** von unter 50 Mio DM ist der k. U. meist zu niedrig (bei einem Jahresumsatz von 1 Mio DM ergibt sich ein jährlicher k. U. von 18 000 DM), bei Umsätzen von über 70 Mio DM möglicherweise zu hoch.

(3) Der einzige praktisch bedeutsame Vorteil dieser Formeln zur Ermittlung des k. U. liegt darin, daß sie gelegentlich von staatlichen Auftraggebern als Abrechnungsgrundlage im Rahmen der → **Leitsätze für die Preisermittlung aufgrund von Selbstkosten** anerkannt werden.

Hinweis: Besser als die schematische Anwendung dieser Formel ist die Orientierung an vergleichbaren Gehältern. Dazu kann man zwei Fragen stellen:

- Was hätte der Unternehmer an anderer Stelle verdienen können, wie hoch sind seine → **Opportunitätskosten**?
- Was hätte die Unternehmung ausgeben müssen, wenn anstelle des Eigentümer-Unternehmers ein bezahlter Angestellter eingestellt worden wäre, wie hoch sind ihre Minderauszahlungen?

In beiden Fällen orientiert man sich am durchschnittlichen Gehalt eines leitenden Angestellten in vergleichbarer Position in einem vergleichbaren Betrieb gleicher oder ähnlicher Branche.

kalkulatorischer Zinsfuß

ist der Zinssatz, mit dem man das → **betriebsnotwendige Kapital** multipliziert, um die → **kalkulatorischen Zinsen** zu erhalten.

kalkulatorische Wagnisse

Begriff: K. W. werden nur für leistungsbedingte → **Einzelwagnisse,** nicht aber für das allgemeine Unternehmerrisiko (-wagnis) angesetzt. Das allgemeine → **Unternehmerwagnis** gilt durch den → **Gewinn** als abgegolten und zählt nicht zu den → **kalkulatorischen Kosten.** Zu den als kalkulatorische Kosten zu erfassenden Einzelwagnissen gehören:

→ **Gewährleistungswagnis,**
→ **Entwicklungswagnis,**
→ **Vertriebswagnis,**
→ **Anlagenwagnis,**
→ **Beständewagnis,**
→ **Fertigungswagnis.**

Problem: (1) Einzelwagnisse treten zufallsabhängig, unregelmäßig und in unterschiedlicher Höhe auf. Ihre Verrechnung muß standardisiert in der Weise erfolgen, daß auf lange Sicht eingetretene und kalkulierte Wagnisse in etwa übereinstimmen. Dazu sind bei der Festlegung der k. W. die Istwerte der letzten fünf (in Sonderfällen auch zehn) Jahre zu berücksichtigen. Neben der Betrachtung der Vergangenheit ist eine gesonderte Zukunftseinschätzung vorzunehmen.

(2) Soweit Einzelwagnisse extern versichert sind, können die Versicherungsprämien auch in der → **Kostenrechnung** verwendet werden. Dabei gilt: → **Aufwand =** → **Kosten.** Kalkulatorische Einzelwagniskosten sind also nur dann anzusetzen, wenn es sich um spezielle Risiken handelt, die nicht schon durch Fremdversicherungen abgedeckt wurden.

kalkulatorische Zinsen

Begriff: Die k. Z. gehören zu den → **kalkulatorischen Kosten.** Man berechnet sie für die Bereitstellung des → **betriebsnotwendigen Kapitals.** In der → **Finanzbuchhaltung** werden nur die tatsächlich gezahlten

→ **Zinsen** als → **Aufwand** verrechnet. In der → **Betriebsbuchhaltung** muß das gesamte betriebsnotwendige Kapital kalkulatorisch verzinst werden, um etwaige Unterschiede in den Finanzierungsverhältnissen auszugleichen.

Problem: (1) Der → **kalkulatorische Zinsfuß** ist subjektiv festzulegen. Der Kapitaleigner hat dabei zu bedenken, was er für seine Geldmittel an anderer Stelle langfristig und nachhaltig erzielen könnte.

(2) Das betriebsnotwendige Vermögen ist von dem nicht betriebsnotwendigen zu trennen, eine Abgrenzung, die nicht immer ganz eindeutig ist.

(3) Die betriebsnotwendigen Vermögensteile sind einzeln zu bewerten. Für das betriebsnotwendige Umlaufvermögen sind die in der Abrechnungsperiode durchschnittlich gebundenen Mengen zu bestimmen. Mögliches Verfahren:

$$\text{Durchschnittsbestand} = \frac{\text{Anfangsbestand} + \text{Endbestand}}{2}$$

(4) Das nicht abnutzbare betriebsnotwendige Anlagevermögen wird mit → **Anschaffungskosten** bewertet, das abnutzbare Anlagevermögen nach der → **Restwert- oder Durchschnittswertverzinsung.** Bei der Restwertverzinsung nehmen die k. Z. für das Anlagegut im Zeitablauf ab, bei der Durchschnittsverzinsung bleiben sie im Zeitablauf konstant. Restwert- und Durchschnittswertverzinsung haben statischen Charakter.

(5) Der Abzug von → **Abzugskapital,** von dem behauptet wird, es stehe zinsfrei zur Verfügung, sollte unterbleiben, und zwar aus zwei Gründen: Erstens ist Abzugskapital nur optisch, nicht faktisch zinsfrei. Zweitens trägt das Abzugskapital wieder die Finanzierungssituation in die → **Kostenrechnung** hinein. Dabei besteht der Zweck der k. Z. gerade darin, die Finanzierungssituation auszuschalten, mit dem Ziel, daß zwei identische → **Betriebe** trotz unterschiedlicher Finanzierung das gleiche → **Betriebsergebnis** ausweisen.

(6) Die Einzelbewertung der Vermögensgegenstände unter Ansatz der Restwert- oder Durchschnittswertverzinsung hat den großen Vorteil, daß man die in den einzelnen → **Kostenstellen** und Betriebsteilen gebundenen Vermögenswerte erfassen und korrekt zurechnen kann. Entsprechend weist das Globalverfahren, bei dem man sich damit begnügt, die in der Bilanz stehenden Vermögensgegenstände um die nicht dem Betriebszweck dienenden Positionen zu bereinigen, den Nachteil auf, daß die so ermittelten k. Z. nur für den Betrieb insgesamt, nicht aber für Betriebs-

teile, Bereiche, Kostenstellen, Produktgruppen angegeben werden können.

Beispiel: Man errechnet die k. Z., indem man das zu verzinsende betriebsnotwendige Kapital mit dem kalkulatorischen Zinsfuß multipliziert:

kalkulatorische Zinsen = betriebsnotwendiges Kapital · kalkulatorischer Zinsfuß

Im Einzelfall sind also kalkulatorischer Zinsfuß und betriebsnotwendiges Kapital zu bestimmen. Als kalkulatorischen Zinsfuß wählte man früher den sogenannten landesüblichen Zinssatz (= Zinssatz für langfristige Kapitalmarktanlagen), der eventuell noch um einen Risikozuschlag erhöht wurde. Heute geht man mehr und mehr dazu über, den → **Kalkulationszinsfuß** der → **Investitionsrechnung** auch bei der Ermittlung der k. Z. zu verwenden.

Geht man von einem kalkulatorischen Zinssatz von 8 % aus, dann ergeben sich betriebsnotwendiges Kapital und kalkulatorische Zinsen wie folgt:

	DM
betriebsnotwendiges Anlagevermögen	
a) nicht abnutzbares (zu kalkulatorischen Ausgangswerten)	800 000
a) abnutzbares (zu halben kalkulatorischen Ausgangswerten)	200 000
+ betriebsnotwendiges Umlaufvermögen	500 000
= betriebsnotwendiges Vermögen	1 500 000
– Abzugskapital	0
= betriebsnotwendiges Kapital	1 500 000

kalkulatorische Zinsen = betriebsnotwendiges Kapital · kalkulatorischer Zinss[atz]

kalkulatorische Zinsen = 1 500 000 · 0,08 = 120 000 (DM/Jahr)

Hinweis: Beim Verzicht auf die Berechnung k. Z. wäre die Kostenrechnung eines vollständig eigenfinanzierten Betriebs mit keinerlei Zinskosten belastet und von daher nur schwer mit der eines fremdfinanzierten Betriebs vergleichbar.

Außerdem hat der Unternehmer, der seine Geldmittel in seinen Betrieb investiert, auf eine anderweitige verzinsliche Anlage dieser Mittel am Kapitalmarkt verzichtet. Der Kapitaleigner nimmt durch die Kapitalbindung in seinem Betrieb einen Nutzenentgang hin, hat also → **Opportunitätskosten** in Höhe der entgangenen Verzinsung der besten nicht gewählten Alternative.

Kapazität

Begriff: K. ist die Fähigkeit eines → **Betriebs** oder eines einzelnen → **Betriebsmittels,** innerhalb einer bestimmten Periode → **Leistungen** in bestimmter Menge und Qualität zu erstellen.

Problem: Bei praktischer Anwendung des Kapazitätsbegriffs sind Präzisierungen erforderlich:

(1) Quantitative oder qualitative K.: Die qualitative K. gibt die maximale Ausprägung einer Bearbeitungseigenschaft an, z. B. die Bearbeitungsgenauigkeit. Die quantitative K. ist die Maximalmenge an Leistungseinheiten vorgegebener Qualitätsstufe, die in der Periode erzeugt werden kann.

(2) Technische oder wirtschaftliche K.: Die wirtschaftliche (optimale, ökonomische) K. ist die K., bei der die Leistungseinheiten mit minimalen → **Kosten** erstellt werden. Die technische K., sie liegt meist über der wirtschaftlichen K., gibt die höchstmögliche Leistung in der Periode an.

(3) Total- oder Periodenkapazität: → **Periodenkapazität** ist das Leistungsvermögen während einer einzelnen Periode. → **Totalkapazität** ist das Leistungsvermögen während der gesamten → **Nutzungsdauer.**

(4) Teil- oder Gesamtkapazität: Gesamtkapazität ist die Summe der Nutzleistungen, die der Gesamtbetrieb in der Periode abgeben kann. Teilkapazität ist die Summe der Nutzleistungen, die ein Betriebsteil (Bereich, → **Kostenstelle,** Maschine) in der Periode abgeben kann.

Kapazitätsausnutzungsgrad

oder Beschäftigungsgrad ist das Verhältnis von tatsächlicher → **Beschäftigung** und maximal möglicher Beschäftigung; es gilt:

$$\text{Kapazitätsausnutzungsgrad} = \frac{\text{Ist-Output}}{\text{Kann-Output}}$$

Kapazitätserweiterungseffekt (KEE)

Begriff: KEE oder → **Lohmann-Ruchti-Effekt** bezeichnet den Kapazitätseffekt, der bei kontinuierlicher → **Reinvestition** von verdienten → **Abschreibungen** (besser: Abschreibungsgegenwerten) festzustellen ist: Die mit Hilfe der Abschreibungsgegenwerte gekauften Anlagen erweitern die → **Kapazität.**

Hinweis: Die Kapazitätserweiterung bezieht sich ausschließlich auf die → **Periodenkapazität;** die → **Totalkapazität** bleibt konstant.

Kapazitätskosten

sind → **Kosten,** die aus der Vorhaltung der Produktionskapazität entstehen, unabhängig davon, ob diese genutzt wird oder nicht. Sie haben den Charakter von → **Fixkosten.** Synonyme sind: → **Bereitschaftskosten,** → **Betriebsbereitschaftskosten.**

Kapazitätsplanung

Begriff: K. ist ein Grundsatz betrieblicher → **Planung,** wonach die Werte der → **Bezugsgrößen** nach der jeweils realisierbaren → **Kapazität** der einzelnen → **Kostenstellen** festgelegt werden.

Problem: Die anderen betrieblichen Teilbereiche werden nicht beachtet.

Gegensatz: → **Engpaßplanung.**

Kapitaldienst (KD)

Begriff: Der KD ist ein wichtiger Begriff, der in verschiedenen Teilgebieten der Betriebswirtschaftslehre genutzt wird.

(1) → **Kostenrechnung:** KD = → **kalk. Abschreibungen** + → **kalk. Zinsen**

(2) Finanzierung: KD = Tilgungsanteil + Zinsanteil

(3) → **Investition:** KD = Wiedergewinnungsanteil + Zinsanteil

Beispiel: Für eine Maschine mit → **Anschaffungskosten** von A = 100 000 DM, einer Nutzungsdauer von n = 10 Jahren und einem Restwert von Null ermittelt man den KD beim → **kalkulatorischen Zinssatz** von i = 8 % wie folgt:

$$KD = \frac{A}{n} + \frac{A}{2} \cdot i = 10\,000 + 50\,000 \cdot 0{,}08 = 14\,000 \text{ (DM/Jahr)}$$

Problem: Diese in der → **Kostenrechnung** übliche Methode zur Kapitaldienstermittlung hat statischen Charakter und liefert nur ein angenähertes Ergebnis. Für eine genaue Berechnung ist der finanzmathematische Ansatz zu wählen; die Anschaffungskosten A sind mit dem → **Kapitalwiedergewinnungsfaktor** (KWF) zu multiplizieren:

$$KD = A \cdot KWF = 100\,000 \cdot 0{,}149029 = 14\,903 \text{ (DM/Jahr)}$$

Während der zehnjährigen Maschinennutzungsdauer tritt alljährlich eine Abweichung von 903 DM zwischen dem genauen und dem Näherungswert des KD auf.

Kapitalfreisetzungseffekt

Begriff: Der K. bezeichnet jenen Vorgang, bei dem die → **Abschreibungen** (besser: Abschreibungsgegenwerte) langlebiger → **Wirtschaftsgüter** bei Vollkostendeckung über den Verkaufspreis der gefertigten → **Produkte** noch während der → **Nutzungsdauer** der Anlagen hereinkommen und dem → **Betrieb** zur Verfügung stehen (→ **Lohmann-Ruchti-Effekt**).

Hinweis: (1) Investiert man die Abschreibungsgegenwerte kontinuierlich, so kommt es zu einer Erweiterung der → **Kapazität** (→ **Kapazitätserweiterungseffekt**).

(2) Es wächst nur die → **Periodenkapazität;** die → **Totalkapazität** bleibt konstant.

Kapitalkosten

sind → **kalkulatorische Zinsen** für Eigenkapital (→ **Eigenkapitalkosten**) und Fremdkapital (→ **Fremdkapitalkosten**). Kalkulatorisch ist das → **betriebsnotwendige Kapital** zu verzinsen, unabhängig davon, ob es eigen- oder fremdfinanziert wurde. Die kalkulatorische Verzinsung des → **Eigenkapitals** hat den Charakter von → **Zusatzkosten.** Die kalkulatorische Verzinsung des → **Fremdkapitals** gehört zu den → **Grundkosten** und/oder – bei unterschiedlichen Werten von Fremdkapitalzinssatz und → **kalkulatorischem Zinsfuß** – zu den → **Anderskosten.**

Kapitalrentabilität

ist das Verhältnis von → **Gewinn** zu → **Eigen-** und/oder → **Fremdkapital** (→ **Rentabilität**). Man unterscheidet Eigenkapitalrentabilität und Gesamtkapitalrentabilität:

$$\text{Eigenkapital-rentabilität} = \frac{\text{Gewinn}}{\text{Eigenkapital}} \qquad \text{Gesamtkapital-rentabilität} = \frac{\text{Gewinn + Zinsen}}{\text{Gesamtkapital}}$$

Kapitalumschlag

Begriff: K. ist eine Kennzahl für das Verhältnis von → **Umsatz** zu → **Eigenkapital** (EK) sowie Umsatz zu Gesamtkapital (EK + FK). Es gilt:

$$\text{Kapitalumschlag} = \frac{\text{Umsatz}}{\text{EK}} \text{ und Kapitalumschlag} = \frac{\text{Umsatz}}{\text{EK + FK}}$$

Hinweis: Bei hohem K. genügt eine kleine → **Umsatzrentabilität,** um eine hohe → **Kapitalrentabilität** zu erreichen (→ **Rentabilität**).

Kapitalwert

Begriff: K. ist die Summe aller mit dem Zinsfuß i auf den Zeitpunkt 0 abgezinsten (diskontierten) Nettoeinzahlungen (= Differenz zwischen → **Ein-** und → **Auszahlungen**) (→ **Kapitalwertmethode**).

Problem: Zur Berechnung des K. benötigt man möglichst genaue Informationen über die Ein- und Auszahlungen, die Laufzeit (→ **Nutzungsdauer**) und den zu verwendenden Diskontierungszinssatz i, den → **Kalkulationszinsfuß.**

Kapitalwertmethode

Begriff: Die K. ist eine → **dynamische Investitionsrechnung,** bei der alle während der → **Nutzungsdauer** einer → **Investition** anfallenden → **Ein-** und → **Auszahlungen** auf den Zeitpunkt 0 (= Investitionsbeginn) abgezinst werden. Lohnend ist eine Investition dann, wenn beim gegebenen → **Kalkulationszinsfuß** ein barwertiger Überschuß C_0 entsteht, der größer oder gleich Null ist: $C_0 \geq 0$.

Der barwertige Überschuß heißt → **Kapitalwert.** Er ergibt sich als Differenz zwischen dem Barwert aller Einzahlungen E_0 und dem Barwert aller Auszahlungen A_0. Die Bedingung für die Vorteilhaftigkeit einer Investition kann auch so formuliert werden: $E_0 \geq A_0$.

Problem: (1) Die Ermittlung der Einzahlungs- und Auszahlungsbarwerte beruht auf Schätzungen, wie dies bei allen zukunftsorientierten Rechnungen der Fall ist. Der Investor muß außerdem seinen Kalkulationszinsfuß in sinnvoller Weise festlegen.

(2) Sind die jährlichen Ein- und Auszahlungen konstant, läßt sich der Kapitalwert in der Weise ermitteln, daß man die konstanten jährlichen Nettoeinzahlungen (e – a) mit dem → **Diskontierungssummenfaktor** (DSF) multipliziert, den barwertigen → **Restwert** R addiert und die Anschaffungsauszahlung A subtrahiert:

$C_0 = (e - a) \cdot DSF + R \cdot AbF - A$

(3) Bei unterschiedlichen Werten der jährlichen Ein- und Auszahlungen ist zur Kapitalwertermittlung eine Einzeldiskontierung der jeweiligen Jahreswerte mit dem → **Abzinsungsfaktor (AbF)** vorzunehmen:

$$C_0 = \sum_{k=1}^{k=n} (e_k - a_k) \cdot (1+i)^{-k} + R(1+i)^{-n} - A$$

$(e_k - a_k)$ = Nettoeinzahlung des Jahres Nr. k

k = 1, 2, 3, ..., n

Beispiel:

Zeitpunkt	Auszahlungen A, a (DM)	Einzahlungen e, R (DM)	Nettoeinzahlungen (DM)	AbF (8%)	Barwerte (8%) (DM)
	I	II	III = II – I	IV	V = III · IV
0	500 000	–	– 500 000	–	– 500 000
1	100 000	250 000	150 000	0,925926	138 889
2	110 000	250 000	140 000	0,857339	120 027
3	120 000	250 000	130 000	0,793832	103 198
4	130 000	250 000	120 000	0,735030	88 204
5	140 000	280 000	140 000	0,680583	95 282
Kapitalwert = Summe der Barwerte der jährlichen Nettoeinzahlungen					45 600

Die Investition lohnt sich, da der Investor zusätzlich zur Wiedergewinnung und Verzinsung der jeweils noch ausstehenden Beträge einen barwertigen Überschuß von 45 600 DM erzielt.

Kapitalwiedergewinnungsfaktor (KWF)

Begriff: Der KWF gehört zu den finanzmathematischen Faktoren. Er verteilt einen jetzt fälligen Geldbetrag K_0 unter Berücksichtigung von Zins und Zinseszins in gleichen Annuitäten g auf n Jahre (verwandelt „Einmalzahlung jetzt“ in eine Zahlungsreihe). Andere Bezeichnungen: Verrentungsfaktor, Annuitätenfaktor.

Beispiel (Zeitstrahl):

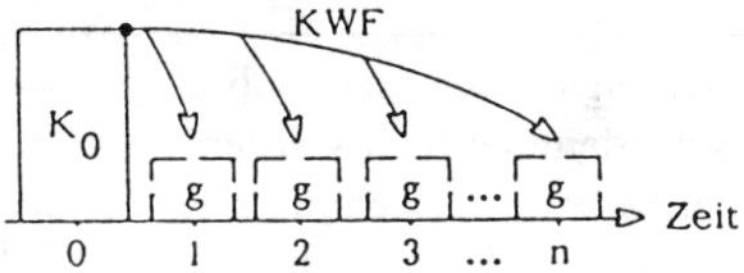

$$g = K_0 \cdot \frac{i(1+i)^n}{(1+i)^n - 1} = K_0 \cdot KWF$$

→ Kapitalwieder-wiedergewinnungsfaktor (KWF)

Kennzahlen, Kennziffern

Begriff: K. sind Zahlen, die sich auf betriebswirtschaftlich besonders wichtige Tatbestände beziehen und diese in konzentrierter Form wiedergeben. Sie dienen der → **Planung,** Steuerung und → **Kontrolle** des → **Betriebs** sowie dem → **Betriebsvergleich;** sie werden sowohl bei innerbetrieblichen als auch bei zwischenbetrieblichen Vergleichen eingesetzt. Entsprechend ihrem Aufbau unterscheidet man absolute und relative Kennzahlen.

Beispiel:

Arten absoluter Kennzahlen	Fälle
Einzelzahlen	Auftragseingang im letzten Quartal
Summenzahlen	Bilanzsumme
Differenzzahlen	→ **betriebsnotwendiges Kapital**
Mittelwerte	durchschnittlicher → **Deckungsbeitrag** einer Warengruppe

Arten relativer Kennzahlen (Verhältniszahlen)	Fälle	
Beziehungszahlen (sachlich verschiedene Größen werden miteinander in Beziehung gesetzt)	→**Umsatz** je Mitarbeiter	$= \frac{\text{Gesamtumsatz}}{\text{Zahl der Mitarbeiter}}$
	Eigenkapital-rentabilität	$= \frac{\text{Gewinn}}{\text{Eigenkapital}}$
Gliederungszahlen (Teilmasse wird zur Gesamtmasse in Beziehung gesetzt)	Material-kostenanteil	$= \frac{\text{Materialkosten}}{\text{Gesamtkosten}}$
	Personal-kostenanteil	$= \frac{\text{Personalkosten}}{\text{Gesamtkosten}}$
Veränderungszahlen (sachlich gleiche aber zeitlich verschiedene Größen werden miteinander in Beziehung gesetzt)	Umsatzindex	$= \frac{\text{Umsatz lfd. Jahr}}{\text{Umsatz Basisjahr}}$
	Kostenindex	$= \frac{\text{Kosten lfd. Jahr}}{\text{Kosten Basisjahr}}$

Kilobit (kb)

ist die Abkürzung für 2^{10} (= 1 024) → **Bits.**

Kilobyte (KB)

ist die Abkürzung für 2^{10} (= 1 024) → **Bytes.**

Kleinste-Quadrate-Methode

gehört zu den statistischen Methoden der → **Kostenauflösung** und wird meist als → **Methode der kleinsten Quadrate** bezeichnet.

Kompensationskalkulation

ist ein Verfahren der → **Handelskalkulation** (→ **Kalkulation**), bei dem diejenigen Artikel, die starker Konkurrenz unterworfen sind, sehr knapp kalkuliert werden, so daß die → **Erlöse** möglicherweise unter den → **Stückkosten** liegen (→ **Preisuntergrenze**). Als Kompensation, als Ausgleich kalkuliert man → **Güter,** die geringerer Konkurrenz unterworfen sind, mit höheren Zuschlägen. Man spricht auch von → **Ausgleichskalkulation** und → **Mischkalkulation.**

Komplementärgüter

Begriff: K. sind solche → **Güter,** die bei → **Produktion** oder Verbrauch sinnvollerweise zusammen eingesetzt werden (komplementär = ergänzend); die Verwendung des einen Gutes (Briefpapier) bedingt die Verwendung des anderen (Briefumschläge). Steigt der Absatz des einen Gutes (Schuhe), so steigt auch der Absatz des anderen (Schuhputzmittel).

Gegensatz: → **Substitutionsgüter** können sich wechselseitig ersetzen.

Kontenklassen

stellen die übliche Unterteilung eines → **Kontenrahmens** dar. Der → **Gemeinschaftskontenrahmen der Industrie (GKR)** umfaßt wie der → **Industrie-Kontenrahmen (IKR)** zehn nach dem Dezimalsystem gegliederte K.

Kontenplan

Begriff: K. ist die systematisch geordnete Gliederung der Konten in einem bestimmten Unternehmen.

Hinweis: Die meisten Industrieunternehmen orientieren sich bei der Aufstellung ihres K. am → **Gemeinschaftskontenrahmen der Industrie (GKR)** oder am → **Industrie-Kontenrahmen (IKR).** Die meisten Handelsunternehmungen orientieren sich am Großhandelskontenrahmen oder am Einzelhandelskontenrahmen.

Kontenrahmen

Begriff: K. ist ein Rahmenplan mit einem systematisch geordneten Verzeichnis der Konten und Kontengruppen für das gesamte → **Rechnungswesen.**

Hinweis: Nach dem 1937 durch Erlaß des Reichswirtschaftsministeriums für verbindlich erklärten sogenannten Erlaßkontenrahmen wurden in Deutschland mehr als 200 branchenbezogene K. erstellt. Heute ist die Verwendung eines K. zwar nicht mehr verbindlich, jedoch haben die Wirtschaftsverbände K. entwickelt, die als Rahmenvorschriften für die einzelnen Unternehmungen Empfehlungscharakter besitzen und unter Berücksichtigung der Gegebenheiten des Einzelfalls ausgestaltet werden können.

Von besonderer Bedeutung sind der → **Gemeinschaftskontenrahmen der Industrie (GKR)** und der 1971 herausgegebene → **Industrie-Kon-**

tenrahmen (IKR), der 1986 mit Rücksicht auf das Bilanzrichtlinien-Gesetz überarbeitet wurde. Daneben sind zu nennen: Einzelhandelskontenrahmen, Großhandelskontenrahmen, Handwerkskontenrahmen.

Kontrolle

ist der Vergleich zwischen Plan- und Istgrößen zwecks Feststellung von → **Abweichungen** mit dem Ziel, eine → **Abweichungsanalyse** vorzunehmen.

Koppelproduktion → Kuppelproduktion

Kosten

Begriff: Unter K. versteht man den bewerteten Verzehr von → **Gütern** und Diensten im → **Produktionsprozeß** für Herstellung und Absatz der betrieblichen → **Leistungen** und die Aufrechterhaltung der hierfür notwendigen → **Kapazitäten.** Das ist der auf Schmalenbach (1873–1955) zurückgehende wertmäßige Kostenbegriff, der heute in der praktischen → **Kostenrechnung** vorherrscht. Andere Kostenbegriffe, etwa der zahlungsorientierte pagatorische, sind dagegen praktisch bedeutungslos.

K. sind durch folgende Merkmale gekennzeichnet:

- Es muß ein Verzehr von Gütern und Diensten vorliegen.
- Der Verzehr von Gütern und Diensten ist zu bewerten.
- Der Verzehr muß im → **Betrieb,** im Produktionsprozeß stattfinden.
- Der Verzehr muß leistungsbezogen sein.

Problem: (1) Die K. sind von den anderen einsatzbezogenen → **Grundbegriffen des Rechnungswesens** (→ **Auszahlung,** → **Ausgabe,** → **Aufwand**) klar zu trennen, eine sorgfältige → **Abgrenzung** ist erforderlich.

(2) Die Festlegung der → **Grundkosten** ist vergleichsweise einfach: Hier übernimmt man wegen Grundkosten = → **Zweckaufwand** die entsprechenden Aufwandspositionen aus der → **Finanzbuchhaltung.**

(3) Schwierig ist dagegen die Festlegung der → **kalkulatorischen K.:** Hier liefert die Finanzbuchhaltung kalkulatorisch ungeeignete oder keine Werte, weshalb → **Anderskosten** und → **Zusatzkosten** zu kalkulieren sind. Die Anderskosten treten an die Stelle kalkulatorisch ungeeigneter Aufwandswerte; die Zusatzkosten werden für solche → **Kostenarten** festgelegt, die nicht zu Auszahlungen führen und deshalb in der Finanzbuchhaltung nicht erfaßt sind.

Beispiel: Die K. einer Abrechnungsperiode lassen sich je nach Rechnungszweck nach verschiedenen Gesichtspunkten einteilen.

Einteilungskriterium	Kostenbezeichnung	
Zurechenbarkeit	→ **Einzelkosten** → **Gemeinkosten**	(= zurechenbare K.) (= nicht zurechenbare K.)
Verhalten bei Beschäftigungsänderungen	→ **variable K.** → **Fixkosten**	(= mengenabhängige K.) (= mengenunabhängige K.)
Art der Kostenerfassung	Grundkosten kalkulatorische K.	(= aufwandgleiche K.) (= aufwandungleiche K.)
Herkunft der Kostengüter	→ **primäre K.** → **sekundäre K.**	(= von außen bezogene Güter) (= von innen bezogene Güter)
betriebliche Funktionen	→ **Beschaffungskosten** → **Fertigungskosten** → **Vertriebskosten** → **Verwaltungskosten**	

Übersicht: **Kosteneinteilung nach unterschiedlichen Kriterien**

Kostenabgrenzung

ist die → **Abgrenzung** zwischen → **Kosten** und → **Aufwand.**

Kostenabweichungen → Abweichungen

Kostenartengliederung

bezeichnet (1) die Kosteneinteilung nach unterschiedlichen Kriterien (→ **Kosten**), (2) den in einem bestimmten Unternehmen gültigen → **Kostenartenplan** (→ **Kostenartenrechnung**).

Kostenartenplan → Kostenartenrechnung

Kostenartenrechnung

Begriff: K. ist ein Teilgebiet der → **Kostenrechnung**. Als erste Stufe der Kostenrechnung dient sie der Erfassung und Gliederung der → **Kosten** je Abrechnungsperiode. Sie beantwortet die Frage, welche Kosten für welchen Zweck in welcher Höhe angefallen sind.

Aufgabe: Die K. hat die Aufgabe, die im → **Betrieb** anfallenden Kosten geordnet zu erfassen, um

(1) die Weiterverrechnung der Kosten in der → **Kostenstellen-** und → **Kostenträgerrechnung** zu ermöglichen (= Hauptaufgabe der K.),

(2) die Struktur der Kostenarten im → **Betriebsvergleich** (→ **Ist-Ist-**, → **Soll-Ist-** und → **Zeitvergleich**) darzustellen,

(3) in der Gegenüberstellung mit den → **Leistungen** ein kurzfristiges → **Betriebsergebnis** zu ermitteln.

Die Erfassung der Kosten wird in mehreren Abteilungen des Unternehmens vorgenommen, z. B. in der → **Finanzbuchhaltung,** der Lohn- und Gehaltsabrechnung, der Lager- und Anlagenbuchhaltung. Dabei werden die Kosten nach einem Kriterium oder mehreren Kriterien geordnet: → **Einzel-** oder → **Gemeinkosten,** → **Fixkosten** oder → **variable Kosten,** → **Grundkosten** oder → **kalkulatorische Kosten,** → **Materialkosten,** → **Fertigungs-,** → **Vertriebs-** oder → **Verwaltungskosten.**

Die wichtigste Einteilung ist die nach den verbrauchten Kostengütern, nach den eingesetzten → **Produktionsfaktoren.** Hier sind betriebliche Kostenartenpläne zu erstellen, die sich an den Vorgaben eines → **Kontenrahmens** oder den Empfehlungen eines Wirtschaftsverbandes orientieren können, um zu einer einheitlich geordneten und vollständigen Kostenerfassung zu kommen, die auch eine periodengerechte → **Abgrenzung** bietet.

Beispiel: Die Übersicht zeigt einen möglichen Kostenartenplan, der den Empfehlungen des Bundesverbandes der Deutschen Industrie (BDI) entspricht, und von folgender Unterteilung ausgeht:

- Kostenartenhauptgruppen,
- Kostenartengruppen,
- Kostenarten.

KOSTENARTENPLAN

1. Materialkosten und bezogene Leistungen

   a) Materialkosten

   Rohstoffe bzw. Einsatz- oder Fertigungsmaterial
   bezogene Vorprodukte
   Hilfsstoffe
   Betriebsstoffe
   Verschleißwerkzeuge
   Verpackungsmaterial
   Energiekosten
   Reparaturmaterial und Fremdinstandhaltung
   sonstiges Material
   Waren (Handelswaren)

   b) Kosten für bezogene Leistungen

   Fremdleistungen für eigene Erzeugnisse
   Fremdleistungen für andere Umsatzleistungen
   Fremdleistungen für die Auftragsgewinnung bei Auftragsfertigung, soweit einzelnen Aufträgen zurechenbar
   fremde Entwicklungsleistungen
   Frachten und Fremdlager
   Vertriebsprovisionen
   Fremdinstandhaltung und Reparaturmaterial
   sonstige Fremdleistung

2. Personalkosten

   a) Löhne

   Fertigungslöhne für geleistete Arbeitszeit
   Gemeinkostenlöhne für geleistete Arbeitszeit
   Gemeinkostenlöhne für andere Zeiten
   Ausbildungsbeihilfen für gewerblich Auszubildende
   Prämien für Verbesserungsvorschläge und Erfindervergütungen an Lohnempfänger
   sonstige tarifliche und vertragliche Vergütungen an Lohnempfänger
   sonstige freiwillige Vergütungen an Lohnempfänger

   b) Gehälter

   Fertigungsgehälter
   Gemeinkostengehälter für geleistete Arbeitszeit
   Gemeinkostengehälter für andere Zeiten
   Ausbildungsbeihilfen für kaufmännische und technische Auszubildende
   Prämien für Verbesserungsvorschläge und Erfindervergütungen an Gehaltsempfänger
   sonstige tarifliche und vertragliche Vergütungen an Gehaltsempfänger
   sonstige freiwillige Vergütungen an Gehaltsempfänger

   c) Sozialkosten für Lohn- und Gehaltsbereich

   Arbeitgeberanteile zur Sozialversicherung
   Beiträge zur Berufsgenossenschaft
   sonstige gesetzliche Sozialkosten
   Kosten der freiwilligen Altersversorgung und Unterstützung
   sonstige freiwillige Sozialkosten

   d) sonstige Personalkosten

   e) kalkulatorischer Unternehmerlohn

3. Kapitalkosten

   a) kalkulatorische Abschreibungen

   Abschreibungen auf immaterielle Vermögensgegenstände
   Abschreibungen auf Grundstücke (in Sonderfällen, z. B. bei Ausbeutung)

Abschreibungen auf Gebäude und Grundstückseinrichtungen
Abschreibungen auf technische Anlagen und Maschinen
Abschreibungen auf Betriebs- und Geschäftsausstattung

b) kalkulatorische Zinsen auf das betriebsnotwendige Kapital

Zinsen auf das Anlagevermögen
Zinsen auf das Umlaufvermögen

4. Sonstige Kosten

a) Kosten für Rechte und Dienste

Mieten, Pachten, Leasing
Lizenzen und Konzessionen
Gebühren
Leiharbeitskräfte
Geld- und Kapitalverkehr
Provisionen
Prüfungs-, Rechts- und Beratungskosten
sonstige Dienste

b) Kosten für Kommunikation

Büromaterialien und Literatur
Postdienste
Reisekosten und Repräsentation
Werbekosten

c) Wagnisse, Beiträge und andere sonstige Kosten

kalkulatorische Wagnisse
Versicherungsbeiträge
Beiträge zu Verbänden
andere sonstige Kosten

5. Kostensteuern und vergleichbare Abgaben

Gewerbesteuer
Besitzsteuern
Verkehrssteuern
Verbrauchssteuern

Quelle: Bundesverband der Deutschen Industrie (Hrsg.), Empfehlungen zur Kosten- und Leistungsrechnung, Band 1, 2., überarb. Aufl., Köln 1988, S. 33 ff.

Übersicht: **BDI-Vorschlag für Kostenartenplan**

Kostenartenverfahren

Begriff: K. ist ein unvollständiges, nicht exaktes Verfahren der → **innerbetrieblichen Leistungsverrechnung,** bei dem die leistende → **Kostenstelle** der empfangenden nur die der → **innerbetrieblichen Leistung** direkt zurechenbaren → **Kosten** (→ **Einzelkosten**) in Rechnung stellt. Die anteiligen → **Gemeinkosten** der leistenden Kostenstelle werden der empfangenden nicht belastet, sie bleiben bei der leistenden Stelle und werden direkt über das Betriebsergebniskonto abgerechnet.

Problem: (1) Das K. benachteiligt die liefernde und bevorzugt entsprechend die empfangende Kostenstelle, beinhaltet also eine Verzerrung des Kostenbildes der Kostenstellen und läßt keine zuverlässigen Aussagen über deren → **Wirtschaftlichkeit** zu.

(2) Auch der Vergleich zwischen → **Eigenfertigung oder Fremdbezug** wird verfälscht.

(3) Durch die Beschränkung auf die Erfassung der → **direkten Kosten** ist das K. leicht zu handhaben; akzeptabel ist es jedoch nur dann, wenn eine innerbetriebliche Leistungsverrechnung nur selten und auch nur in geringem Umfang erforderlich ist. In diesem Fall verzichtet man auf die Einrichtung von → **Hilfskostenstellen;** die innerbetrieblichen Leistungen werden nur nebenbei zwischen den → **Hauptkostenstellen** verrechnet.

Beispiel: Die Fertigungshauptkostenstelle I liefert an die Stelle II → **Werkzeuge,** für die direkt zurechenbare Kosten in Höhe von 4 000 DM entstanden sind. Die Gemeinkosten der Stellen vor Verrechnung der innerbetrieblichen Leistung betragen in I 100 000 DM und in II 150 000 DM.

	Fertigungshauptkostenstelle I	Fertigungshauptkostenstelle II
Σ Primäre Gemeinkosten	100 000 DM	150 000 DM
Verrechnung der innerbetrieblichen Leistung	- 4 000 DM	+ 4 000 DM
Gemeinkosten nach Verrechnung der innerbetrieblichen Leistung	96 000 DM	154 000 DM

Kostenauflösung

Begriff: K. (auch Kostenspaltung, Kostenzerlegung) ist die Trennung der gesamten → **Kosten** in → **Fixkosten** und → **variable Kosten.** Sie ist von zentraler Bedeutung für alle → **Teilkostenrechnungen** und sollte im → **Betrieb** auf der Basis von → **Kostenstellen** oder (aussagefähiger) → **Kostenplätzen** erfolgen.

Arten: Die Aufteilung der → **Gesamtkosten** in ihre fixen und variablen Anteile kann unter Nutzung früherer → **Istkosten** der Kostenstelle erfolgen. Weil man sich hierbei auf Vergangenheitswerte stützt, bezeichnet man dies als statistische K. Die K. kann aber auch auf der Basis von Zukunftsbetrachtungen (Messungen, Berechnungen, Schätzungen) erfolgen, dann spricht man von analytischer K.

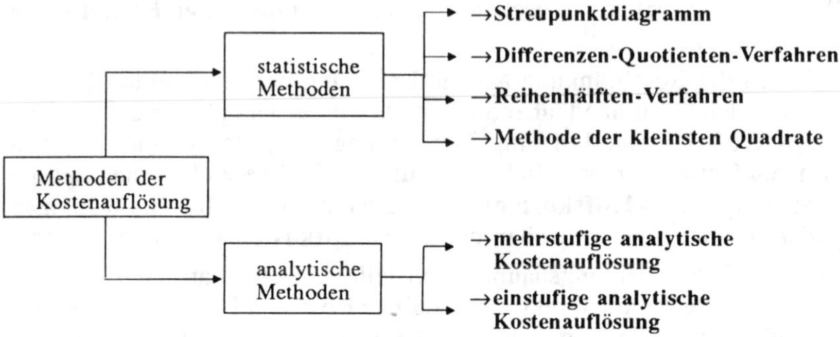

Übersicht: **Statistische Methoden sind vergangenheits-, analytische zukunftsbezogen**

Kostenaufspaltung

meist → **Kostenauflösung,** ist die Aufteilung der → **Gesamtkosten** in → **Fixkosten** und → **variable Kosten.**

Kostenbestimmungsfaktoren

Begriff: K. sind alle Faktoren, die die Kostenhöhe beeinflussen. Man spricht deshalb auch von Kosteneinflußgrößen.

Beispiel: Kostenbeeinflussende Faktoren können sein: → **Beschäftigung,** Qualität der eingesetzten → **Produktionsfaktoren,** → **Preise** der Produktionsfaktoren, Betriebsgröße, → **Fertigungsprogramm.** Kurzfristig ist die Beschäftigung (→ **Ausbringungsmenge**) der wichtigste K.

Kostendeckung

liegt vor, wenn ein Bezugsobjekt die ihm zugerechneten → **Kosten** durch seine → **Umsätze** erwirtschaftet. Die Auffindung des Kostendeckungspunktes ist Gegenstand der → **Break-even-Analyse** (→**Gewinnschwelle).**

Kostendegression → degressive Kosten, → Fixkostendegression

Kosteneinflußgrößen → Kostenbestimmungsfaktoren

Kostenfunktion

Begriff: K. ist der Zusammenhang zwischen → **Ausbringungsmenge** und → **Kosten;** die K. gibt die Kosten an, die bei unterschiedlichen Ausbringungsmengen (→ **Leistung,** → **Produktion**) mindestens anfallen. Man charakterisiert unterschiedliche K. mit Hilfe des Verlaufs der

→ **Gesamtkosten,** → **variablen Kosten** und → **Fixkosten,** → **Stückkosten** (→ **Durchschnittskosten),** → **variablen Stückkosten** und → **Grenzkosten.**

Begriff	Symbol	Begriffsbestimmung
Gesamtkosten	K	Gesamtkosten eines Betriebes für die Erstellung der betrieblichen Leistung in einer Periode [DM/Per]
variable Kosten	K_v	Kosten, die mit steigender Produktion steigen und mit fallender Produktion fallen [DM/Per]
Fixkosten	K_f	Kosten der Betriebsbereitschaft, die bei einer Änderung der Ausbringungsmenge konstant bleiben [DM/Per]
Stückkosten (Durchschnittskosten)	k	$k = \frac{\text{Gesamtkosten}}{\text{Produktionsmenge}} = \frac{K}{x}$ [DM/Stck]
variable Stückkosten	k_v	$k_v = \frac{\text{variable Kosten}}{\text{Produktionsmenge}} = \frac{K_v}{x}$ [DM/Stck]
Grenzkosten	K'	Kostenänderung bei Änderung der Ausbringungsmenge um eine Einheit

Übersicht: **Kostenbegriffe zur Charakterisierung von Kostenfunktionen**

Problem: (1) Im allgemeinen kann die K. nur für einen → **Kostenplatz** oder eine → **Kostenstelle,** nicht aber für den Gesamtbetrieb ermittelt werden (Ausnahme: → **Einprodukt-Unternehmung**).

(2) Die K. gibt den Zusammenhang zwischen Ausbringungsmenge und Kosten im Bereich von Nullproduktion bis → **Produktion** an der Kapazitätsgrenze an. Tatsächlich verfügt man aber nur über Erfahrungswerte im Bereich der gegenwärtigen Istproduktion, so daß Verlaufsannahmen, die weit über den Istbereich hinausreichen, häufig spekulativen Charakter haben.

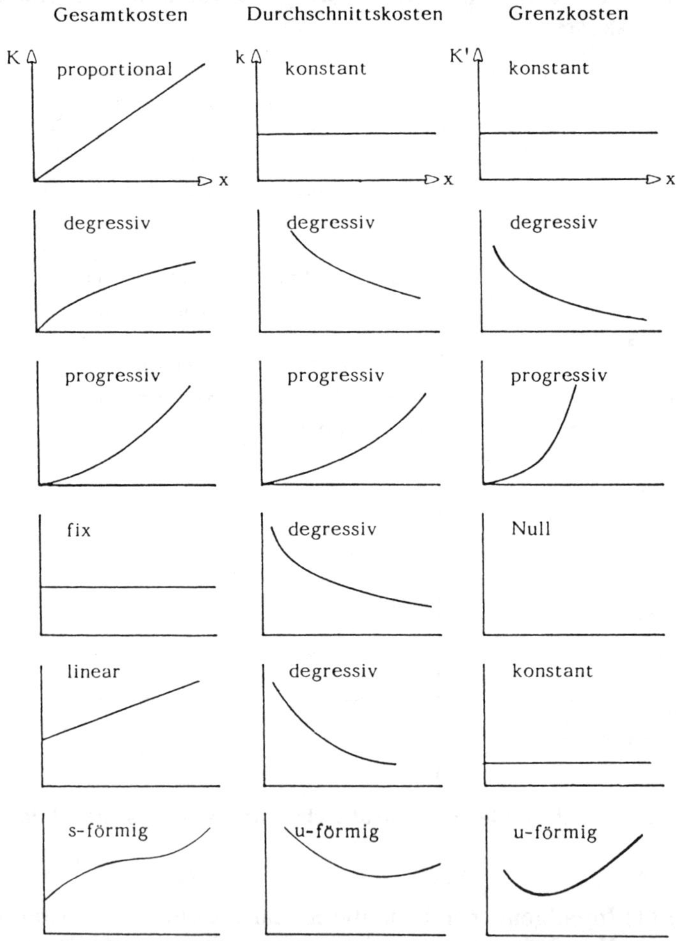

Abbildung: **Kostenverläufe in Abhängigkeit von der Beschäftigung**

Beispiel: Die Abbildung zeigt einige denkbare → **Kostenverläufe.** In der Praxis findet man meist die lineare Gesamtkostenfunktion mit degressiven Durchschnittskosten und konstanten Grenzkosten.

Kostenkontrolle

ist die Überwachung der → **Wirtschaftlichkeit** der → **Kostenverursachung.** Sie kann durch externe oder interne Stellen erfolgen (externe oder interne K.). Extern wird die K. etwa im Rahmen der → **Leitsätze für die Preisermittlung aufgrund von Selbstkosten** vorgenommen, um die Angemessenheit der → **Selbstkostenpreise** zu überprüfen. Intern kann die K. als → **Ist-Ist-,** → **Soll-Ist-** oder → **zwischenbetrieblicher Vergleich** durchgeführt werden.

Kostenkurve → Kostenfunktion

Kostenplanung

Begriff: Die Durchführung der K. im Rahmen der → **Plankostenrechnung** erfordert und beinhaltet die vorherige → **Planung**

- der → **Beschäftigung** (→ **Bezugsgrößenplanung** gemäß → **Kapazitäts-** oder → **Engpaßplanung**),
- der → **Einzelkosten** (sie erfolgt kostenträgerweise),
- der → **Gemeinkosten** (wird meist kostenstellenweise durchgeführt).

Problem: (1) Schätzung künftiger Beschäftigungs- und Kostenwerte.

(2) Zuordnung von Kostenwerten zu den → **Kostenträgern** und → **Kostenstellen.**

(3) K. muß durch → **Kostenkontrolle** ergänzt werden; Planung ohne → **Kontrolle** ist sinnlos.

Kostenplatz

Begriff: K. ist ein elementarer Abrechnungsbezirk unterhalb der Kostenstellenebene. Die → **Kostenstellen** werden in einzelne Arbeitsplätze oder Maschinenplätze aufgeteilt, was eine bessere Kostenzurechnung ermöglicht (→ **Kostenverteilungsprinzipien**).

Beispiel:

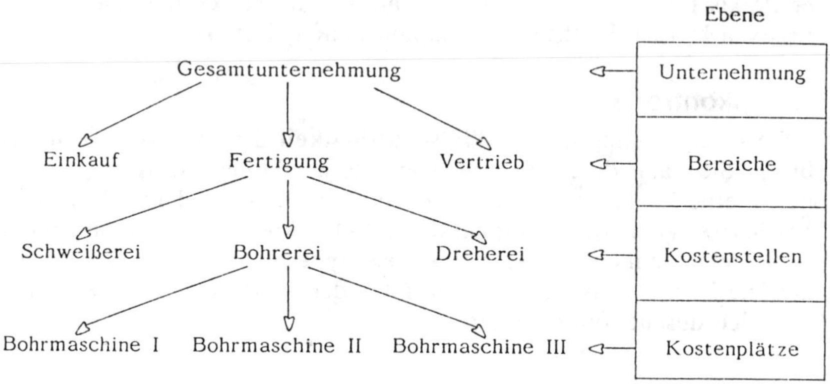

Übersicht: **Kostenplätze sind die unterste Abrechnungsstufe**

Kostenplatzrechnung → Platzkostenrechnung

Kostenpreis

Begriff: K. ist ein aufgrund staatlicher Kalkulationsvorschriften ermittelter → **Preis.** Die → **Leitsätze für die Preisermittlung aufgrund von Selbstkosten (LSP)** enthalten Details zur Ermittlung von → **Selbstkostenpreisen.**

Gegensatz: → **Marktpreis.**

Kostenprogression → progressive Kosten

Kostenrechnung

Begriff: K. ist ein Teilgebiet des → **betrieblichen Rechnungswesens,** in dem → **Kosten** erfaßt, bestimmten Bezugsobjekten zugerechnet und für spezielle Zwecke ausgewertet werden.

Aufgaben: Zur vollständigen Erreichung der Unternehmungsziele muß die K. folgende Aufgaben erfüllen:

(1) → **Kurzfristige Erfolgsrechnung:** Der → **interne Erfolg** (→ **Betriebserfolg**) wird mehrere Male im Jahr (z. B. monatlich oder viertel-

jährlich) ermittelt, um die Unternehmensleitung laufend über den Grad der Zielerfüllung zu informieren.

(2) → **Kalkulation** der betrieblichen → **Leistung:** Die K. soll Informationen darüber liefern, ob der für das zu verkaufende → **Produkt** erzielbare → **Marktpreis** ausreichend ist und zu welchem → **Preis** das Produkt kurzfristig und langfristig gerade noch verkauft werden kann (→ **Preisuntergrenzen**).

(3) Bereitstellung von Zahlenmaterial für die → **Bewertung** in der Handelsbilanz: Selbsterstellte Anlagen und → **unfertige** sowie → **Fertigfabrikate** müssen in der Bilanz zu → **Herstellungskosten** bewertet werden.

(4) Bereitstellung von Zahlenmaterial für betriebliche Entscheidungen, die sich im wesentlichen auf folgende Bereiche beziehen:

(a) Optimierung des → **Produktionsprogramms** durch die Aufnahme neuer Produkte und das Ausscheiden bisher angebotener Produkte (→ **Programmoptimierung),**

(b) Optimierung der Kosten für die → **Produktionsfaktoren,** u. a. durch → **Verfahrenswahl** sowie Entscheidungen über → **Eigenfertigung oder Fremdbezug.**

(5) Wirtschaftlichkeitskontrolle: Durch den Vergleich der Kosten einer Periode mit den Kosten anderer Perioden, durch den Vergleich der Kosten des eigenen → **Betriebs** mit den Kosten anderer Betriebe (→ **Betriebsvergleich**) oder durch den Vergleich von → **Plankosten** mit → **Istkosten** werden Kosteneinsparungsmöglichkeiten aufgezeigt (→ **Kostenkontrolle).**

Aufbau: Die Mindestform einer K. umfaßt lediglich eine kurzfristige Ergebnisrechnung nach dem → **Gesamtkostenverfahren,** für die eine → **Kostenartenrechnung,** die auf den Ist-Daten der → **Finanzbuchhaltung** basiert, erforderlich ist. Um die erstellten → **Güter** und Dienstleistungen kalkulieren zu können, muß die Kostenartenrechnung um eine → **Kostenstellen-** und eine → **Kostenträgerrechnung** erweitert werden. Die Kostenartenrechnung steht am Anfang der K. und dient der Erfassung und Gliederung der Kosten.

In der Kostenstellenrechnung werden die Kosten, die den → **Kostenträgern** nicht direkt zugerechnet werden können (→ **Gemeinkosten**), zunächst auf die Betriebsbereiche verteilt, in denen sie angefallen sind. Die Kostenträger werden dann in dem Maße mit diesen Gemeinkosten belastet, wie sie Leistungen der → **Kostenstellen** in Anspruch genommen haben. Außerdem belastet man sie mit den ihnen direkt zurechenbaren → **Einzelkosten.**

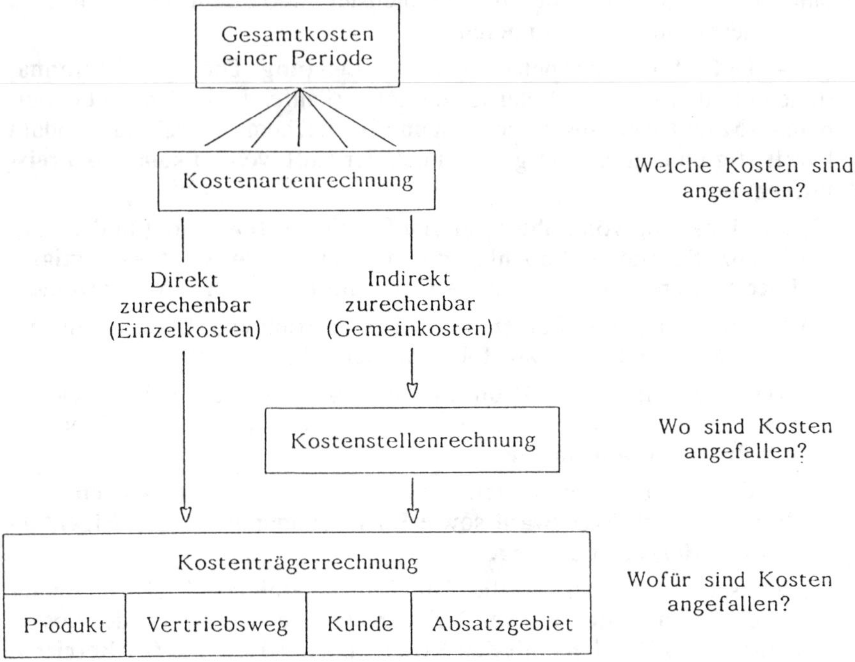

Übersicht: **Zusammenhang von Kostenarten-, Kostenstellen- und Kostenträgerrechnung**

Die Kostenträgerrechnung oder → **Kalkulation** hat die Aufgabe, die Kosten für eine Einheit (→ **Stückkosten**) der erstellten Leistung zu ermitteln.

Wenn die K. auch als Entscheidungshilfe dienen soll, muß sie zur → **Teilkostenrechnung** (→ **Deckungsbeitragsrechnung**) ausgebaut werden. Soll daneben eine effektive Wirtschaftlichkeitskontrolle durchgeführt werden, ist der Vollausbau der K. unter Einbeziehung einer → **Plankostenrechnung** notwendig (→ **Grenzplankostenrechnung**).

Kostenrechnungssoftware

Begriff: K. sind → **Programme** zur → **EDV**-gestützten Durchführung der → **Kostenrechnung** im → **Betrieb.**

Problem: (1) In aller Regel ist die manuelle Erstellung der Kostenrechnung nicht wirtschaftlich. Mögliche Ausnahme: Kleinbetriebe.

(2) Eigenprogrammierung unter Nutzung handelsüblicher → **Tabellenkalkulationsprogramme** kann für kleinere und mittlere Betriebe die geeignete Methode sein.

(3) Bei Neueinführung sollte man bei mittleren und größeren Unternehmungen nach Möglichkeit auf Standardsoftware zurückgreifen. Sie steht seit den 80er Jahren zur Verfügung und hat inzwischen einen guten Leistungsstandard erreicht.

Kostenrechnungssysteme

Begriff: K. sind Systeme zur Erfassung, Speicherung und Auswertung der → **Kosten** nach vorgegebenen Regeln. Man unterscheidet K. in zweifacher Hinsicht:

(1) Zeitbezug der Rechnungsgrößen: → **Istkostenrechnung,** → **Normalkostenrechnung,** → **Plankostenrechnung.**

(2) Umfang der Kostenverrechnung: → **Vollkostenrechnung,** → **Teilkostenrechnung.**

Beispiel: Ein bestimmtes K. wird durch die Kombination beider Kriterien beschrieben. So können Ist-, Normal- und Plankostenrechnung sowohl als Vollkostenrechnung wie auch als Teilkostenrechnung aufgebaut werden.

Zeitbezug → / ↓ Verrechnung	Vergangenheit		Zukunft
	→ **Istkosten**	→ **Normalkosten**	→ **Plankosten**
Verrechnung der vollen Kosten auf die → **Kostenträger**	Istkostenrechnung auf Vollkostenbasis	Normalkostenrechnung auf Vollkostenbasis	Plankostenrechnung auf Vollkostenbasis
Verrechnung der → **variablen Kosten** auf die Kostenträger	Istkostenrechnung auf Teilkostenbasis	Normalkostenrechnung auf Teilkostenbasis	Plankostenrechnung auf Teilkostenbasis (→ **Grenzplankostenrechnung**)

Übersicht: **Durch Kombination ergeben sich sechs Kostenrechnungssysteme**

Kostenremanenz

Begriff: K. oder Kostenresistenz bezeichnet den verzögerten Kostenrückgang bei rückläufiger → **Beschäftigung.** Die → **Gesamtkosten** folgen bei rückläufiger Beschäftigung nicht immer der gleichen → **Kostenfunktion** wie bei ansteigender Beschäftigung. Vielmehr liegen die → **Kosten** über der Kostenkurve, die bei zunehmender Beschäftigung galt.

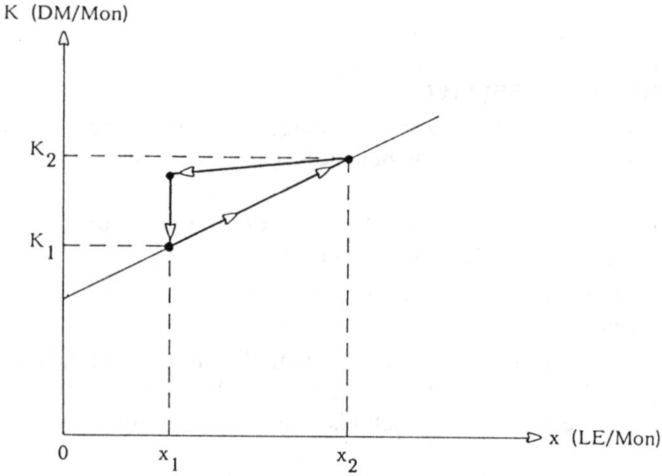

Übersicht: **Kostenremanenz = verzögerte Kostenanpassung**

Beispiel: Steigt die Beschäftigung von x_1 auf x_2, so erhöhen sich die Kosten von K_1 auf K_2. Geht die Beschäftigung von x_2 wieder zurück auf x_1, so dauert es seine Zeit, bis auch die Kosten wieder den Wert K_1 erreicht haben. Bei einem Beschäftigungsrückgang werden Fachkräfte nicht oder nicht sofort entlassen, die Auftragsabwicklung wird zeitlich gestreckt, Betriebsgebäude und Maschinen können kurzfristig weder verkleinert noch verkauft werden.

Kostenschlüsselung

ist die Zurechnung der → **indirekten Kosten** oder → **Gemeinkosten** auf bestimmte Bezugsobjekte, z. B. → **Kostenstellen** oder → **Kostenträger.** Man nutzt dabei → **Mengenschlüssel** und → **Wertschlüssel** (→ **Gemeinkostenschlüsselung).**

Kostenspaltung

meist → **Kostenauflösung,** ist die Aufteilung der → **Gesamtkosten** in → **Fixkosten** und → **variable Kosten.**

Kostenstelle

Begriff: K. ist der Ort der Kostenentstehung und Kostenzurechnung, ein betrieblicher Bereich, der selbständig abgerechnet wird. Die Einteilung des → **Betriebs** in K. erfolgt nach Verantwortungsbereichen, räumlichen Gesichtspunkten, Betriebsfunktionen, abrechnungstechnischen Aspekten. Somit ist eine K. ein Betriebsteil, der

- einem Kostenstellenbereich untergeordnet oder mit ihm identisch ist,
- eine Einheit für die Kostenerfassung bildet,
- eine Einheit für die Leistungserfassung darstellt und
- die Zuordnung der → **Kosten** zu den → **Leistungen ermöglicht.**

Beispiel: (1) K. werden häufig nach Funktionsbereichen des Industriebetriebs unterschieden:

- Materialkostenstellen,
- Fertigungskostenstellen,
- Forschungs- und Entwicklungskostenstellen,
- Verwaltungskostenstellen,
- Vertriebskostenstellen,
- allgemeine Kostenstellen.

} Kostenstellenbereiche

(2) K. können auch nach der Art der Abrechnung geordnet werden:

→ **Hilfskostenstellen** (sie geben ihre Leistungen an andere K. ab) und

→ **Hauptkostenstellen** (ihre Leistungen werden nicht auf andere K., sondern auf die → **Kostenträger** verrechnet).

Hinweis: In der Praxis wird das Ergebnis der Kostenstellenaufteilung im → **Kostenstellenplan** festgehalten.

Kostenstellenausgleichsverfahren

Begriff: Das K. ist ein unvollständiges, nicht exaktes Verfahren der → **innerbetrieblichen Leistungsverrechnung,** bei dem die leistende

→ **Kostenstelle** der empfangenden die der → **innerbetrieblichen Leistung** direkt zurechenbaren → **Kosten** (→ **Einzelkosten**) sowie anteilige → **Gemeinkosten** in Rechnung stellt. Als Regel gilt: Innerbetriebliche → **Leistungen** werden in gleicher Weise kalkuliert wie → **Absatzleistungen.**

Problem: Man arbeitet beim K. mit vorläufigen → **Zuschlagssätzen,** denen eine → **Gemeinkostenschlüsselung** zugrunde liegt. Die Schlüsselung bedingt einen Umlagefehler, der tendenziell mit steigender Gemeinkostenhöhe steigt.

Beispiel: Die → **Fertigungshauptkostenstelle** I liefert an die Stelle II Werkzeuge, für die direkt zurechenbare Kosten in Höhe von 4 000 DM entstanden sind. Die Gemeinkosten der Stellen vor Verrechnung der innerbetrieblichen Leistung betragen in I 100 000 DM und in II 150 000 DM; in I kalkuliert man mit einem Gemeinkostenzuschlagssatz von 200 %.

	Fertigungshaupt-kostenstelle I	Fertigungshaupt-kostenstelle II
Σ Primäre Gemeinkosten	100 000 DM	150 000 DM
Verrechnung der Einzelkosten der innerbetrieblichen Leistung	- 4 000 DM	+ 4 000 DM
Verrechnung der Gemeinkosten der innerbetrieblichen Leistung	- 8 000 DM	+ 8 000 DM
Gemeinkosten nach Verrechnung der innerbetrieblichen Leistung	88 000 DM	162 000 DM

Kostenstellenblatt → Kostenstellenplan

Kostenstelleneinzelkosten

Begriff: K. sind → **Kosten**, die sich einer → **Kostenstelle** direkt zurechnen lassen. Sie können bezüglich der → **Kostenträger** sowohl → **Einzel-** als auch → **Gemeinkostencharakter** haben.

Beispiel: Das → **Gehalt** des Kostenstellenleiters und die Kosten einer in dieser Stelle stehenden Maschine lassen sich der Stelle exakt zurechnen. Dient die Stelle der Bearbeitung eines einzigen → **Erzeugnisses,**

ist auch für dieses eine direkte Zurechenbarkeit gegeben; dient sie der Bearbeitung mehrerer Erzeugnisse, so lassen sich die K. nicht direkt auf die Erzeugnisse verrechnen.

Gegensatz: → **Kostenstellengemeinkosten.**

Kostenstellenfixkosten

sind solche → **Fixkosten,** die man einer → **Kostenstelle** verursachungsgerecht zurechnen kann.

Kostenstellengemeinkosten

Begriff: K. sind → **Kosten,** die sich einer → **Kostenstelle** nicht direkt zurechnen lassen, weil sie für mehrere Stellen gemeinsam anfallen (→ **Gemeinkosten**).

Beispiel: Das → **Gehalt** eines Werksleiters und die Kosten des Werksgebäudes lassen sich verursachungsgerecht nur der Gesamtheit aller im Werksgebäude befindlichen Kostenstellen zurechnen. Die Umlage auf einzelne Stellen ist nur mit Hilfe einer mehr oder weniger willkürlichen Schlüsselung möglich (→ **Gemeinkostenschlüsselung**).

Hinweis: Meist richtet man zur Erfassung von K. besondere Verrechnungskostenstellen ein, in denen die nicht zurechenbaren Kosten gesammelt werden, bevor eine Weiterverrechnung erfolgt.

Gegensatz: → **Kostenstelleneinzelkosten.**

Kostenstellenplan

Begriff: K. ist das Ergebnis der unternehmensspezifischen Aufteilung eines → **Betriebs** in → **Kostenstellen.** Maßgebend für die Erstellung des K. sind meist die im Betrieb vorhandenen Funktionsbereiche. Wegen der branchenbedingten Unterschiede und Vielfältigkeit betrieblicher Abläufe sind K. in hohem Maße betriebsspezifisch: Jeder Betrieb hat seinen eigenen K., auch Kostenstellenblatt genannt.

Beispiel: Für einen Industriebetrieb kann der im folgenden dargestellte, vom Bundesverband der Deutschen Industrie (BDI) empfohlene K. als Anhaltspunkt dienen.

KOSTENSTELLENPLAN

1. Materialkostenstellen (Beschaffung)

Einkauf

- Angebotsbearbeitung
- Bestellwesen
- Terminwesen
- Materialgruppen
- Lieferbranchen

Warenannahme und -prüfung

- Warenannahme
- Wareneingangskontrolle
- Lagerrevision
- Permanente Inventur

Materialverwaltung

- Lagerbuchhaltung
- Materialdisposition

Materiallagerung und -ausgabe

- Rohstofflager
- Teilelager
- Werkzeuglager
- Werkzeugausgabe
- Auswärtslager
- Schrottlager

2. Fertigungskostenstellen (Fertigung)

Fertigungshilfsstellen:

Fertigungsvorbereitung und -steuerung

- Fertigungs- und Betriebsmittelplanung
- Arbeits- und Zeitstudien
- Fertigungssteuerung
- Fertigungstechnik

Betriebsbüro

Betriebsmittelfertigung

Zwischenlager

Werkzeuglager

Qualitätssicherung

Fertigungshauptstellen:

Vorfertigung

Hauptfertigung

Montage

Sonderfertigung

3. Forschungs- und Entwicklungskostenstellen (Entwicklung)

Forschung und Entwicklung

- Forschung
- Entwicklung
- Verfahrensversuche

Konstruktion

- Normung
- Zeichnungsregistratur

Versuche, Erprobung

- Prüflaboratorien
- Prüffelder
- Werkstoffprüfungen

Musterbau und -erprobung

- Funktionsmuster
- Ausstellungsmuster

4. Verwaltungskostenstellen (Verwaltung)

Unternehmensleitung

Geschäftsleitung
Pressestelle

Personalverwaltung

Lohn- und Gehaltsabrechnung
Vorschlagswesen
Aus- und Fortbildung
Sozialwesen

Finanz- und Rechnungswesen

Hauptbuchhaltung
Kontokorrentbuchhaltung
Finanzabteilung
Anlagenbuchhaltung
Betriebsabrechnung
Kalkulation
Auswertung und Controlling

Spezielle Verwaltungsdienste

Recht
Steuern
Organisation
Revision
Unternehmensplanung
Datenverarbeitung
Patente

Allgemeine Verwaltung

Telefonzentrale
Hauspost
Registratur
Übersetzungsbüro
Büromateriallager
Vervielfältigung

5. Vertriebskostenstellen (Vertrieb)

Verkaufsvorbereitung

Marktforschung
Produktinformation
Verkaufsplanung
Werbung

Akquisition/Verkauf

Außendienst
Niederlassungen

Auftragsabwicklung

Auftragsbearbeitung
Fakturierung

Fertigwarenlager, Verpackung und Versand

Packerei
Versand

Kundendienst

6. Kostenstellen des Allgemeinen Bereichs

Grundstücke und Gebäude

Grundstücke
Fabrikgebäude
Geschäftsgebäude
Lagergebäude
Wohngebäude
Baracken

Energieversorgung

Wasserversorgung
Dampfversorgung
Heizungsanlage
Kraftzentrale
Gasversorgung

Transport

Lastkraftwagen
Personenkraftwagen
Elektrokarren
Gleisanlagen
Tankstellen

Instandhaltung

Inst. Maschinen und Werkzeuge
Inst. Gebäude
Inst. Elektr. Anlagen

Allgemeiner Werksdienst	Sozialeinrichtungen
Werksschutz	Werksarzt
Feuerwehr	Betriebsarzt
	Sporteinrichtungen
	Bücherei
	Kantine
	Erholungswerk

Quelle: Bundesverband der Deutschen Industrie (Hrsg.), Empfehlungen zur Kosten- und Leistungsrechnung, Band 1, 2., überarb. Aufl., Köln 1988, S. 49 ff.

Übersicht: **BDI-Vorschlag für Kostenstellenplan**

Kostenstellenrechnung

Begriff: Die K. ist ein Teilgebiet der → **Kostenrechnung.** Als zweite Stufe der Kostenrechnung steht sie zwischen der → **Kostenarten-** und → **Kostenträgerrechnung.** Ihre Aufgabe besteht darin, die nach Arten gegliederten → **Kosten** auf die Stellen im → **Betrieb** zu verteilen, bei denen sie angefallen sind (→ **Kostenstellen**). Sie beantwortet die Frage: Wo sind Kosten in welcher Höhe angefallen?

Aufgabe: Im einzelnen mißt man der K. drei Aufgaben zu:

- Kontrolle der → **Wirtschaftlichkeit** der Kostenstellen,
- Erhöhung der Genauigkeit der → **Kalkulation,**
- Lieferung → **relevanter Kosten** aus den Betriebsbereichen.

Um diese Aufgaben zu erfüllen, muß sich die K. damit befassen,

- den Betrieb in Kostenstellen (und diese eventuell in → **Kostenplätze**) aufzuteilen und einen → **Kostenstellenplan** zu erarbeiten,
- die Gemeinkostenverteilung im → **Betriebsabrechnungsbogen (BAB)** vorzunehmen,
- dabei gleichzeitig die → **innerbetriebliche Leistungsverrechnung** durchzuführen und
- zur Weiterverrechnung der → **Gemeinkosten** auf die → **Kostenträger** → **Kalkulationssätze** zu ermitteln.

Problem: (1) Nicht immer sind die → **Kostenträgergemeinkosten** den Kostenstellen eindeutig zuzuordnen.

(2) Schwierig ist es mitunter, in einer Kostenstelle die richtige → **Bezugsgröße** für die Kostenverursachung (→ **Verursachungsprinzip**) zu finden.

(3) Auch gibt es Fälle, in denen man mit mehr als einer Bezugsgröße zu arbeiten hat (→ **heterogene Kostenverursachung**).

(4) Wichtig ist die Wahl eines geeigneten Verfahrens für die innerbetriebliche Leistungsverrechnung, das die nötige Genauigkeit gewährleistet.

Hinweis: Der BAB ist zwar ein wichtiges Hilfsmittel der K., es wäre aber falsch, ihn mit der K. gleichzusetzen.

Kostenstellenumlageverfahren

ist die Sammelbezeichnung für → **Anbauverfahren** und → **Stufenleiterverfahren** (→ **innerbetriebliche Leistungsverrechnung**).

Kostensteuern

Begriff:. K. sind → **Steuern,** die durch die betriebliche Tätigkeit entstehen und deshalb in die → **Kalkulation** eingehen. Zu den Steuern mit Kostencharakter rechnet man: Gewerbeertrag- und Gewerbekapitalsteuer, Grund- und Vermögensteuer und die Kraftfahrzeugsteuer.

Problem: (1) Beim Ansatz der K. ist eine zeitliche → **Abgrenzung** vorzunehmen. Maßgebend ist nicht der Zeitpunkt der Steuerzahlung, sondern der Zeitraum der Steuerverursachung.

(2) Umstritten ist der Kostencharakter der Gewerbeertragsteuer. Generell rechnet man gewinnabhängige Steuern nicht zu den K. Trotzdem wird die Gewerbeertragsteuer in der Praxis wie eine K. behandelt, weil sie zusammen mit der Gewerbekapitalsteuer veranlagungstechnisch eine Einheit bildet und außerdem bei Staatsaufträgen, die nach den → **Leitsätzen für die Preisermittlung aufgrund von Selbstkosten (LSP)** abgerechnet werden, als K. behandelt wird.

Gegensatz: Nicht als → **Kosten** kalkulierbare Steuern sind: Einkommen-, Körperschaft-, Kirchensteuer, Erbschaft- und Schenkungsteuer.

Kostenträger

Begriff: K. sind alle vom → **Betrieb** erstellten → **Leistungen.** Sie haben als Kalkulationsobjekte der → **Kostenträgerrechnung** alle → **Kosten** zu „tragen". Sie können als → **Absatzleistungen** zur Verwertung am → **Markt,** aber auch als → **innerbetriebliche Leistungen** zur Wiederverwertung im Betrieb bestimmt sein.

Beispiel: Absatzleistungen sind: Endprodukte, Zwischenerzeugnisse für Endprodukte, Montage-, Revisions- und Wartungsleistungen, Ingenieur- und Konstruktionsarbeiten, Programmier-, Forschungs- und Entwicklungsleistungen.

Innerbetriebliche Leistungen sind: selbsterstellte Anlagen, Maschinen und → **Werkzeuge,** innerbetriebliche Transporte, Eigendampf, -strom, -gas, Eigeninstandhaltung, Forschungs- und Entwicklungsleistungen.

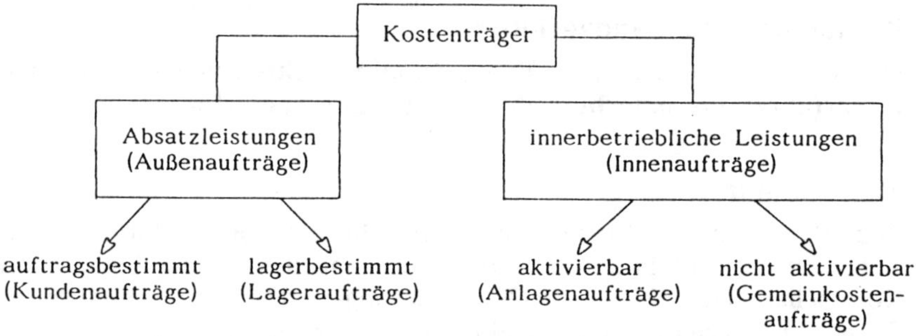

Übersicht: **Absatzleistungen und innerbetriebliche Leistungen sind Kostenträger**

Kostenträgereinzelkosten

Begriff: K. können den produzierten → **Leistungen** direkt (ohne Schlüssel, verursachungsgerecht) zugerechnet werden (→ **Einzelkosten**).

Beispiel: Fertigungsmaterial, Fertigungsakkordlöhne, → **Kosten** für Spezialwerkzeuge, spezielle Versandgebinde.

Gegensatz: → **Kostenträgergemeinkosten.**

Kostenträgergemeinkosten

Begriff: K. können den produzierten → **Leistungen** nicht verursachungsgerecht (direkt), sondern nur mittels mehr oder weniger willkürlicher Schlüsselung zugerechnet werden (→ **Gemeinkosten,** → **Gemeinkostenschlüsselung**). Die Schlüsselung erfolgt mit Hilfe von → **Kalkulationssätzen** (= Verrechnungssätze oder Zuschlagsätze). Die → **Teilkostenrechnung** verzichtet auf die Zurechnung fixer K.; sie beschränkt sich auf die Zurechnung variabler K.

Beispiel: → **Kalkulatorische Zinsen** und → **kalkulatorische Abschreibungen,** → **Gehälter** und → **Sozialkosten,** → **Energie-** und Reinigungskosten, → **Steuern,** → **Gebühren und Beiträge.**

Gegensatz: → **Kostenträgereinzelkosten.**

Kostenträgerrechnung

Begriff: Die K. ist ein Teilgebiet der → **Kostenrechnung.** Als dritte Stufe folgt sie auf die → **Kostenstellenrechnung** und ermittelt die → **Kosten** der betrieblichen → **Leistungen.** Sie beantwortet also die Frage: Wofür sind wieviel Kosten angefallen?

Arten: Die K. wird sowohl für die Gesamtstückzahl einer Leistungsart in der Periode (→ **Kostenträgerzeitrechnung**) als auch für das einzelne Stück, die einzelne Leistungseinheit (→ **Kostenträgerstückrechnung**) durchgeführt. In der Praxis bezeichnet man die Kostenträgerstückrechnung meist als → **Kalkulation.**

Aufgabe: Aus der Hauptaufgabe der K., der Zurechnung der Kosten auf die → **Kostenträger,** entweder unmittelbar bei → **Kostenträgereinzelkosten** oder über die → **Kostenstellen** bei → **Kostenträgergemeinkosten,** ergeben sich folgende Einzelaufgaben:

- Beurteilung der Ertragskraft eines Kostenträgers durch Vergleich von Verkaufserlösen und zugerechneten Kosten;
- Preisfindung am Absatzmarkt bei staatlichen Aufträgen, die nach den → **Leitsätzen für die Preisermittlung aufgrund von Selbstkosten (LSP)** kalkuliert werden;
- Ermittlung der → **kurzfristigen** und → **langfristigen Preisuntergrenzen;**
- Vergleich von → **Vor-** und → **Nachkalkulation;**
- → **Bewertung** der Bestände an → **Halb- und Fertigfabrikaten** und der selbsterstellten Leistungen in Handels- und Steuerbilanz und in der → **kurzfristigen Erfolgsrechnung;**
- Bildung interner → **Verrechnungspreise** zwischen Betriebsteilen oder Kostenstellen, falls keine → **Marktpreise** angesetzt werden;
- Vergleich der → **Stückkosten** zwischen verschiedenen → **Betrieben** (→ **Betriebsvergleich**), → **Fertigungsverfahren** (→ **Verfahrenswahl**), Beschaffungsmöglichkeiten (→ **Eigenfertigung oder Fremdbezug**), → **Losgrößen** usw.;

- Feststellung von Selbstkostenveränderungen aus externen und internen Einflüssen mit dem Ziel, rasch Korrekturmaßnahmen einzuleiten (→ **Kostenkontrolle**).

Kostenträgerstückrechnung

Begriff: Die K. ermittelt die → **Stückkosten** der betrieblichen → **Leistungen,** präziser: die → **Selbstkosten** je Kostenträgereinheit. Die Stückkosten einer Leistungseinheit setzen sich zusammen aus → **Herstell-,** → **Verwaltungs-** und → **Vertriebskosten.** Die der einzelnen Einheit direkt zurechenbaren → **Kosten** gehen von der → **Kostenartenrechnung** in die K. ein, die → **Kostenträgergemeinkosten** dagegen werden mit Hilfe von → **Kalkulationssätzen** von den → **Kostenstellen** auf die → **Kostenträger** verrechnet.

Arten: Die K., meist → **Kalkulation** genannt, verfügt über verschiedene Verfahren, die zum Beispiel nach Kalkulationszeitpunkt und verwendeter Rechentechnik unterschieden werden können.

Kriterium	Kalkulationsverfahren
Kalkulationszeitpunkt	→ **Vorkalkulation** → **Zwischenkalkulation** → **Nachkalkulation**
Rechentechnik	→ **Divisionskalkulation** → **Äquivalenzziffernkalkulation** → **Zuschlagskalkulation** → **Kuppelkalkulation**

Kostenträgerverfahren

Begriff: Beim K. werden → **innerbetriebliche Leistungen** wie → **Absatzleistungen** behandelt und als selbständige → **Kostenträger** abgerechnet. Mit Hilfe einer differenzierten → **Zuschlagskalkulation** rechnet man den innerbetrieblichen → **Leistungen** nach den → **direkten Kosten** die → **Gemeinkosten** zu. Die → **Kosten** der innerbetrieblichen Leistungen, die in der gleichen Periode verbraucht werden, belastet man sofort den leistungsverbrauchenden Stellen.

Beispiel: Das K. kommt in erster Linie bei größeren Innenaufträgen (Großreparaturen, Eigenbau von großen Maschinen, Herstellung wertvoller → **Werkzeuge**) zum Zuge.

Hinweis: Bei zu aktivierenden innerbetrieblichen Leistungen (Maschinen, Werkzeuge) verbucht man die Kosten zunächst auf besondere Kostenträgerkonten und überträgt sie danach auf Bestandskonten.

Kostenträgerzeitrechnung

ist ein Synonym für → **Betriebserfolgsrechnung,** → **Betriebsergebnisrechnung** und → **kurzfristige Erfolgsrechnung.**

Kostentragfähigkeit → Tragfähigkeitsprinzip

Kostenvergleichsrechnung

Begriff: K. ist eine statische → **Investitionsrechnung,** die auf Zahlungen als Rechnungselemente verzichtet und statt dessen die pro Periode anfallenden → **Kosten** ins Zentrum der Betrachtung stellt. Sie wird in der Praxis im Rahmen zweier klar voneinander zu unterscheidenden Problemstellungen angewendet:

(1) Auswahlproblem (Alternativenvergleich) = Wahlentscheidung zwischen verschiedenen noch anzuschaffenden Anlagen:

Eine → **Investition** I ist einer Investition II dann vorzuziehen, wenn ihre Jahreskosten K_I geringer sind als K_{II}. Allgemein lautet das Kostenkriterium beim Alternativenvergleich $K_I \gtreqless K_{II}$.

(2) Ersatzproblem = Wahlentscheidung zwischen Sofortersatz oder Weiterbetrieb einer technisch noch nutzbaren, im → **Betrieb** befindlichen Altanlage:

Eine Altanlage sollte sofort ersetzt werden, wenn ihre → **variablen Kosten** pro Periode größer sind als die Summe der Betriebs- und → **Kapitalkosten** der in Frage kommenden Neuanlage. Man fragt also:

- Welche Kosten fallen bei Sofortersatz der Altanlage weg? Das sind deren Betriebskosten B_{alt}, die den Charakter variabler Kosten haben.
- Welche Kosten entstehen bei Anschaffung der Neuanlage zusätzlich? Das sind deren Betriebskosten B_{neu} und deren Kapitalkosten, der → **Kapitaldienst** KD_{neu}.

Somit lautet das Kostenkriterium beim Ersatzproblem für den Fall, daß keine Restwerte existieren, allgemein wie folgt:

$$B_{alt} \gtreqless B_{neu} + KD_{neu}$$

Problem: (1) Die K. weist die Mängel aller → **statistischen Investitionsrechnungsverfahren** auf, nämlich:

- fehlende finanzmathematische Basis (keine korrekte Erfassung zeitlicher Unterschiede mittels Auf- und Abzinsens);
- unzweckmäßige Rechnungselemente (→ **Leistungen** und Kosten anstelle von → **Ein-** und → **Auszahlungen**);
- häufig beschränkt man sich auf eine einperiodische Betrachtung der Kosten des Erstjahres, um so Prognoseprobleme zu umgehen; gerade das Erstjahr ist aber in aller Regel atypisch.

(2) K. bedeutet Beschränkung auf die Kostenseite und Nichtberücksichtigung der Leistungsseite. Die K. ist bei ertragsändernden Investitionen grundsätzlich nicht anwendbar und somit im wesentlichen auf → **Rationalisierungsinvestitionen** beschränkt.

Hinweis: (1) Die → **Gewinnvergleichsrechnung** beseitigt durch Einbeziehung der Ertragsseite einen wesentlichen Mangel der K.

(2) Speziell beim Ersatzproblem findet man bei praktischer Anwendung häufig einen Grundsatzfehler: die Berücksichtigung des → **Kapitaldienstes** der zu ersetzenden Altanlage. Der Altanlagenkapitaldienst gehört aber nicht zu den → **entscheidungsrelevanten Kosten;** er fällt in beiden Situationen, Weiterbetrieb wie Sofortersatz, gleichermaßen an.

(3) In der Praxis wendet man heute vermehrt → **dynamische Investitionsrechnungsverfahren** an, um die Grundsatzfehler der statischen Verfahren zu vermeiden.

Kostenverlauf → Kostenfunktion

Kostenverteilungsprinzipien

Begriff: K. (Kostenrechnungs-, Kostenzuordnungs-, Kostenzurechnungsprinzipien) sind Grundsätze, die die Verteilung der → **Gemeinkosten** im Rahmen der → **Kostenstellen-** und → **Kostenträgerrechnung** regeln.

Arten: Die wesentlichsten Prinzipien zur Gemeinkostenverteilung sind:
→ **Durchschnittsprinzip,**
→ **Tragfähigkeitsprinzip,**
→ **Verursachungsprinzip.**

Hinweis: Im praktischen Fall sollte nach Möglichkeit das Verursachungsprinzip angewendet werden.

Kostenverursachung → Verursachungsprinzip

Kostenzerlegung

meist → **Kostenauflösung,** ist die Aufteilung der → **Gesamtkosten** in → **Fixkosten** und → **variable Kosten.**

Kostenzuordnungsprinzipien → Kostenverteilungsprinzipien

Kostenzurechnungsprinzipien → Kostenverteilungsprinzipien

kritische Menge

Begriff: K. M. ist die Menge, bei der zwei verschiedene → **Produktionsverfahren** mit gleichen → **Kosten** arbeiten. Bei Überschreiten der k. M. ist auf das kostengünstigere Verfahren mit vergleichsweise höheren → **Fixkosten,** aber geringeren → **variablen Kosten** überzugehen.

Hinweis: Im Bereich der → **Break-even-Analyse** bezeichnet man auch jene Menge, bei der → **Umsatz** und Kosten gleich sind, als k. M. Im Bereich der → **Investitionsrechnung** bezeichnet man jene Menge als k. M., bei der eine → **Investition** gerade eben vorteilhaft ist.

kritischer Weg

auch kritischer Pfad, ist ein Begriff der → **Netzplantechnik** und bezeichnet jenen Weg durch den Netzplan, der all die Arbeitsgänge miteinander verbindet, bei denen die Ausdehnung der Bearbeitungszeit die Verlängerung der Gesamtzeit des Projektes zur Folge hätte.

kumulative Zuschlagskalkulation → Zuschlagskalkulation

Kuppelkalkulation

Begriff: K., auch Koppelkalkulation, ist die Durchführung der → **Kostenträgerstückrechnung** bei → **Kuppelproduktion**. Die K. verfolgt das Ziel, die → **Gesamtkosten** des Kuppelproduktionsprozesses auf die → **Kuppelprodukte** zu verteilen.

Problem: Bei Kuppelproduktion sind zwar die → **Kosten** der gesamten Leistungserstellung, nicht aber die der einzelnen Kuppelprodukte feststellbar. Eine verursachungsgemäße Zurechnung der Kosten auf die Einzelprodukte ist nicht möglich. Jede Kostenzurechnung muß willkürlich bleiben.

Verfahren: In der Praxis haben sich Restwertmethode und Verteilungsmethode als Verfahren der K. durchgesetzt.

(1) Restwertmethode (Subtraktionsmethode): Sie wird angewandt, wenn eines der Kuppelprodukte als Hauptprodukt gilt, während die anderen als Nebenprodukte angesehen werden. Die Nettoerlöse der Nebenprodukte (= → **Erlöse** abzüglich solcher Kosten, die für die Nebenprodukte gesondert anfallen) subtrahiert man von den Gesamtkosten des Kuppelproduktionsprozesses, um so, nach Division durch die Stückzahl, die Restkosten des Hauptprodukts zu erhalten. Zur Selbstkostenermittlung können anschließend noch Verwaltungs- und → **Vertriebsgemeinkosten** zugeschlagen werden.

Beispiel: In einer Kokerei betragen die Gesamtkosten für die Herstellung von 50 000 Tonnen des Hauptprodukts Koks und 600 000 m^3 des Nebenprodukts Gas insgesamt 3 600 000 DM pro Monat. Das Gas verursacht zusätzliche Reinigungs- und Aufbereitungskosten von 0,03 DM je m^3 und erbringt im Verkauf 0,30 DM je m^3. Wie hoch sind die → **Herstellkosten** je Tonne Koks?

Gesamtkosten der Kuppelproduktion	3 600 000 DM
– Nettoerlös aus Nebenprodukten 600 000 · 0,27	162 000 DM
= zugerechnete Gesamtkosten Hauptprodukt	3 438 000 DM

$$\text{Herstellkosten Hauptprodukt} = \frac{\text{Gesamtkosten Hauptprodukt}}{\text{Produktionsmenge Hauptprodukt}} = \frac{3\,438\,000}{50\,000} = 68{,}76 \text{ DM/t}$$

(2) Verteilungsmethode (Äquivalenzziffernmethode): Sie wird angewandt, wenn die Trennung in Haupt- und Nebenprodukte nicht sinnvoll ist, weil mehrere Hauptprodukte vorliegen. Die Verteilung der Kosten

aufgrund von → **Äquivalenzziffern** geschieht im Gegensatz zur üblichen → **Äquivalenzziffernkalkulation** nicht nach der → **Kostenverursachung** (sie ist bei Kuppelproduktion nicht feststellbar), sondern nach der Kostentragfähigkeit. Die Kostentragfähigkeit mißt man meist an → **Marktpreisen,** hilfsweise auch an technischen Größen (Heizwerte bei Kohle, Gas, Öl), → **Tragfähigkeitsprinzip.**

Beispiel: In einem → **Betrieb** werden drei Hauptprodukte zu Herstellkosten von 124 000 DM pro Monat erzeugt. Die Marktpreise werden als Äquivalenzziffern genutzt. Man ermittle die Herstellkosten der drei Kuppelprodukte.

Daten des Beispiels			Berechnungen		
Kuppel-produkt	Menge (kg/Monat) I	Marktpreis = Äquivalenz-ziffer (DM/kg) II	Marktwert (DM/Monat) III = I · II	Herstell-kosten (DM/kg) IV = 0,8 · II	Herstell-kosten insgesamt V = I · II
1	4 000	20,00	80 000	16,00	64 000
2	3 000	15,00	45 000	12,00	36 000
3	2 500	12,00	30 000	9,60	24 000
			155 000		124 000

$$\frac{\text{Kosten je DM}}{\text{Marktwert}} = \frac{\text{Gesamtkosten}}{\text{Gesamtmarktwert}} = \frac{124\,000}{155\,000} = 0{,}80 \text{ DM/kg}$$

Kuppelprodukte

Begriff: K. (joint products, Koppelprodukte, Ko-Produkte, Spaltprodukte, verbundene → **Produkte,** Zwangsanfallsprodukte) entstehen zwangsläufig aus naturgesetzlich-technischen Gründen im Rahmen eines gemeinsamen → **Produktionsprozesses:** Wer Produkt A erstellt, erzeugt automatisch auch Produkt B, C, D usw.

Beispiel: Die Stahlproduktion im Hochofen erbringt auch Gichtgas, Schlacke, Abwärme; bei der Benzinerzeugung fallen auch Heizöl, Schweröl und Bitumen an; im Sägewerk entstehen nicht nur Balken, sondern auch Bretter, Schwarten und Sägespäne. Der Milcherzeugung folgt das Angebot von Rindfleisch, Talg und Rinderleder; dem Eierangebot das Suppenhuhn und (separat) die Federn.

Problem: (1) Die praxisübliche Unterteilung von K. in Hauptprodukte, Nebenprodukte und Abfälle ist oft unzweckmäßig, weil Abfälle leicht zu zu Nebenprodukten und Nebenprodukte zu Hauptprodukten werden können. Der bei der Weinerzeugung anfallende Trester kann als organischer Abfall deponiert, als Viehfutter genutzt (= Nebenprodukt) oder zur Tresterschnapsherstellung verwendet werden. Sofern es sich dabei um einen edlen Grappa handelt, ist dieser als Hauptprodukt anzusehen: Abfälle sind potentielle Neben- und Hauptprodukte.

(2) Bei der Kalkulation von K. (→ **Kuppelkalkulation**) zeigt es sich, daß eine verursachungsgerechte Kostenzurechnung auf die K. unmöglich ist. Es spricht vieles dafür, das Paket der Ko-Produkte insgesamt als Kalkulationsobjekt zu verwenden.

(3) K. werden häufig als Ausnahmefall empfunden. In Wirklichkeit stellen sie den Regelfall dar: Fast immer, wenn ein bestimmtes → **Erzeugnis** erstellt wird, fallen weitere an.

Kuppelproduktion

Begriff: K. (Koppelproduktion, Verbundproduktion) liegt dann vor, wenn bei der Erstellung eines → **Produktes** mit technischer Notwendigkeit mindestens ein weiteres Produkt anfällt. Man unterscheidet K. mit festem Mengenverhältnis und K. mit variablem Verhältnis der erzeugten → **Güter.**

Problem: (1) Die → **Kosten** der K. sind → **Kostenträgergemeinkosten,** sie können den → **Kuppelprodukten** nicht verursachungsgerecht zugerechnet werden, deshalb bleibt jede → **Kuppelkalkulation** willkürlich.

(2) Die Grenze zwischen Abfall- und Kuppelprodukten ist fließend. Die Abwärme eines E-Werks kann Flüsse umweltschädlich aufheizen oder umweltnützlich in Wohnungen oder Betriebe geleitet werden. Aus Umweltgründen ist anzustreben, wirtschaftlich ungenutzte Kuppelprodukte (Späne, Abraum, Abgase, Abwärme, Abkälte, Abluft, Abwasser) weiterzuverwerten (→ **externe Kosten,** → **Verursacherprinzip**).

Beispiel: K. ist kein Ausnahmefall, sie kommt vielmehr in fast allen Branchen vor. Wer im Tiefbau Gruben, Schächte, Kanäle aushebt, wird den Aushub für Dämme, Knickaufschüttungen oder Verfüllung alter Gruben zu verwenden suchen. Wer auf elektrolytischem Weg Wasserstoff gewinnt, muß sich über die Verwendung des dabei im festen Mengenverhältnis 2:1 anfallenden Sauerstoffs Gedanken machen. Wer Strom produziert, erzeugt auch Abwärme: Kraft-Wärme-Kopplung bietet sich an. Wer Stämme zu Balken schneidet, sollte auch Bretter, Kleinholz und Sägemehl verwerten. Wer Rohöl raffiniert, erzeugt Benzin, Diesel, Heiz- und Schweröl sowie Bitumen. Zum Eier- und Milchangebot gehört das spätere Suppenhuhn- und Rindfleischangebot.

kurze Periode

Begriff: K. P. ist der Zeitraum, innerhalb dessen der betriebliche Produktionsapparat unverändert bleibt. In der k. P. sind die → **Fixkosten** konstant und gehören deshalb nicht zu den → **relevanten Kosten.**

Hinweis: Langfristig sind auch die fixen Kosten variabel (→ **lange Periode,** → **Dispositionsbestimmtheit der Kosten**).

kurzfristige Erfolgsrechnung

Begriff: Die k. E. (→ **Kostenträgerzeitrechnung,** → **Betriebserfolgs-,** → **Betriebsergebnisrechnung**) stellt die Differenz zwischen den → **Leistungen** und den für die Leistungserstellung angefallenen → **Kosten** für einen unterjährigen Zeitraum dar (Quartal, Monat, Dekade, Woche, Tag). Ihr Ziel besteht in der laufenden → **Kontrolle** des → **Betriebserfolgs** und in der Steuerung des Betriebsgeschehens.

Problem: (1) Der Jahresgewinn der → **Finanzbuchhaltung** ist für die Erfolgskontrolle ungeeignet wegen

- der häufig zu langen Abrechnungsperiode. Die k. E. wird unterjährig erstellt;
- der für externe Zwecke gedachten Rechnungselemente (→ **Erträge** und → **Aufwendungen**). Die k. E. nutzt Leistungen und Kosten;
- der Gliederung der → **GuV,** bei der → **Umsatzerlöse** pauschal ausgewiesen und Aufwendungen nach → **Produktionsfaktoren** gegliedert werden. Das verstellt den Blick auf die Erfolgsbeiträge einzelner → **Produkte,** Gruppen und Bereiche. Die k. E. stellt sich die Aufgabe, das Ergebnis nach → **Kostenträgern** und → **Kostenträgergruppen** aufgeschlüsselt zu ermitteln.

(2) Die Art und Weise der Analyse des Betriebserfolgs ist betriebsspezifisch und ergibt sich aus den Fragestellungen des Einzelfalls. So können folgende weitere Informationen von Interesse sein:

- Geschäftsbereiche, Produktgruppen, Produktarten;
- Ausland, Inland, Absatzregionen;
- Abnehmer und Abnehmergruppen (Industrie, Großhandel, Einzelhandel, Staat);
- betriebliche Teilbereiche (Werke, Betriebsteile).

Verfahren: Bei der Erstellung der k. E. kann entweder nach dem → **Gesamtkostenverfahren (GKV)** oder dem → **Umsatzkostenverfahren** (UKV) vorgegangen werden.

Während man das Gesamtkostenverfahren in der Praxis vor allem auf Vollkostenbasis findet (Teilkostenbasis wäre theoretisch auch möglich), wird das Umsatzkostenverfahren praktisch auf Voll- und Teilkostenbasis durchgeführt. Das Gesamtkostenverfahren gliedert die gesamten Kosten nach → **Kostenarten,** ist also kostenartenorientiert, was sich als nachteilig für die Analyse des Betriebserfolgs erweist. Das Umsatzkostenverfahren bietet eine Gliederung der Kosten der umgesetzten → **Erzeugnisse** nach Kostenträgern, ist also kostenträgerorientiert, was sich als günstig für das Analyseziel der k. E. erweist. Die k. E. in Form des Umsatzkostenverfahrens auf Teilkostenbasis heißt → **Deckungsbeitragsrechnung.** Das kostenträgerorientierte Umsatzkostenverfahren verdient in der Praxis den Vorzug gegenüber dem Gesamtkostenverfahren.

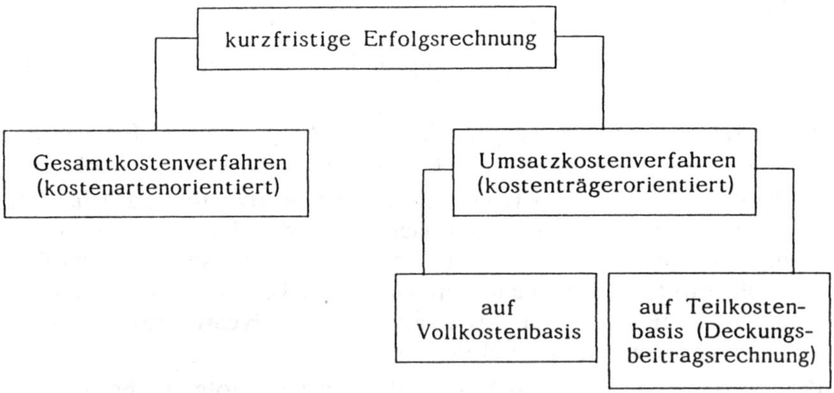

Übersicht: **K. E. sollte nach dem UKV auf Teilkostenbasis durchgeführt werden**

kurzfristige Preisuntergrenze (PUG)

Begriff: Kurzfristige PUG ist der → **Preis,** der die mit der → **Produktion** verbundenen → **variablen Stückkosten** deckt.

Problem: Sinkt der → **Marktpreis** für die Leistungseinheit unter die variablen Stückkosten, so ist die Produktion sofort einzustellen, da nicht einmal die bei Produktionsverzicht vermeidbaren → **variablen Kosten** gedeckt werden. Ein → **Betrieb,** der zu variablen Stückkosten verkauft, wird als → **Grenzanbieter** oder → **Grenzbetrieb** bezeichnet. Bei einem → **Marktpreis** dieser Höhe entsteht ein → **Verlust** in Höhe der → **Fixkosten,** und der → **Gesamtdeckungsbeitrag** ist gleich Null, eine Situation, die nur kurzfristig, nicht aber langfristig hingenommen werden kann.

Gegensatz: → **langfristige Preisuntergrenze.**

kurzfristige Programmoptimierung (PO)

Begriff: kurzfristige PO ist die Zusammenstellung des gewinngünstigsten → **Fertigungsprogramms** bei gegebenen betrieblichen → **Kapazitäten,** d. h. bei gegebenen und konstanten → **Fixkosten.**

Hinweis: Die Durchführung der kurzfristigen PO hängt wesentlich von der betrieblichen Engpaßsituation ab.

(1) Kein Kapazitätsengpaß: Kurzfristige PO erfolgt mit Hilfe des → **Stückdeckungsbeitrages;** jedes → **Produkt** mit positivem Stückdeckungsbeitrag ist förderungswürdig.

(2) Ein einziger Kapazitätsengpaß: Kurzfristige PO erfolgt mit Hilfe des → **spezifischen Deckungsbeitrags;** es werden bevorzugt → **Erzeugnisse** mit hohem spezifischem Deckungsbeitrag produziert.

(3) Mehrere Kapazitätsengpässe: Kurzfristige PO erfolgt mit Hilfe der → **Linearen Programmierung (LP).**

L

Lagerbuchhaltung

ist die Erfassung der Bestände sowie Zu- und Abgänge an → **Werkstoffen** (→ **Roh-**, **Hilfs-** und **Betriebsstoffe**); sie wird auch → **Materialbuchhaltung** genannt.

Lagereinzelkosten

Begriff: L. sind → **Kosten**, die den Lagerbeständen verursachungsgerecht zugerechnet werden können.

Beispiel: Lagerverluste, Mischkosten, Auszeichnen, Bemustern, Verpakken, Zählen, Wiegen, Messen, Ziehen von Prüfproben.

Lagerhaltungskosten, Lagerkosten

Begriff: L. sind die für die Zeitüberbrückung von Lagergütern anfallenden → **Kosten.**

Problem: (1) Die L. der Eingangslagerung (Materiallagerung) werden meist als → **Materialgemeinkosten** den → **Kostenträgern** belastet. Die L. der Ausgangslagerung gehen meist in die → **Vertriebsgemeinkosten** ein. Bei der Eingangslagerung ist die materialwertabhängige Verteilung der L. üblich. Bei der Ausgangslagerung wählt man meist die → **Herstellkosten** als → **Bezugsgröße** für die Verteilung der L. Beide Verteilungsverfahren sind für die Verteilung der → **Zinskosten** zwar akzeptabel, für die meisten anderen L. stellen sie keine verursachungsgerechte Zurechnung dar.

(2) Anzustreben ist ein höherer Anteil an L., die den → **Kostenstellen** und -trägern direkt zugerechnet werden können. Dazu sind separate Lagerkostenstellen (ggf. auch Lagerkostenplätze) einzurichten.

Beispiel: Die L. bestehen im einzelnen aus:

(1) → **Kosten** für Lagerraum (→ **kalkulatorische Abschreibungen** und → **kalkulatorische Zinsen** auf Lagergebäude und Lagerinventar),

(2) Kosten der Lagerbestände (kalkulatorische Zinsen auf gebundenes Kapital, Versicherungsprämien, Lagerverluste),

(3) Kosten der Behandlung der Lagerbestände (Materialbewegung, Betrieb der Transport- und Förderungsanlagen, Belüften, Befeuchten, Mischen, Teilen, Zurichten, Wiegen, Messen, Ziehen von Prüfproben),

(4) Kosten der Lagerverwaltung (→ **Personalkosten** der Lagermeisterei, → **EDV**-Kosten für Lagerhaltungshardware und -software).

lange Periode

Begriff: L. P. ist der Zeitraum, ab dem der betriebliche Produktionsapparat durch → **Investitionen** oder → **Desinvestitionen** verändert werden kann. In der l. P. sind die → **Fixkosten** variabel und gehören deshalb zu den → **relevanten Kosten.**

Problem: (1) Die Grenze zwischen kurzer und l. P. läßt sich nicht allgemein kalenderzeitmäßig festlegen. Sie ist von → **Betrieb** zu Betrieb verschieden und hängt von der Geschwindigkeit ab, mit der der betriebliche Produktionsapparat verändert werden kann.

(2) Auf lange Sicht gibt es überhaupt keine fixen Kosten; auf lange Sicht sind alle → **Kosten** dispositionsbestimmt und veränderbar (→ **Dispositionsbestimmtheit der Kosten**).

Gegensatz: → **kurze Periode.**

langfristige Preisuntergrenze (PUG)

Begriff: Langfristig muß ein → **Produkt** alle mit ihm verbundenen → **Kosten** am → **Markt** einbringen, deshalb ist die langfristige PUG durch die gesamten → **Stückkosten** (= → **fixe Stückkosten** plus → **variable Stückkosten**) gegeben.

Problem: Bei der → **Mehrproduktunternehmung** ist die verursachungsgerechte Zurechnung aller → **Fixkosten** auf die Produkte oft nicht möglich, da die → **Fixkosten** überwiegend Gemeinkostencharakter haben. Man fordert dann, daß die über die → **variablen Kosten** hinaus erzielten → **Deckungsbeiträge** der Produkte in ihrer Summe die Fixkosten der Unternehmung decken.

Gegensatz: → **kurzfristige Preisuntergrenze.**

langfristige Programmoptimierung

ist das Ziel der → **stufenweisen Fixkostendeckungsrechnung.**

Leasing

Begriff: L. ist die miet- oder pachtweise Überlassung von → **Wirtschaftsgütern** durch die Produzenten dieser → **Güter** oder spezielle Leasing-Gesellschaften gegen periodische Zahlung von Leasing-Raten.

Arten: (1) Nach der Person des Vermieters trennt man

- direktes L. (Hersteller-L.) und
- indirektes L. (Vermietung durch L.-Gesellschaft).

(2) Je nach Verpflichtungscharakter des L.-Vertrages handelt es sich um

- Finanzierungs-L. (L.-Geber übernimmt nur Finanzierungsfunktion),
- Maintenance-L. (langfristiger Vertrag und Wartung durch Vermieter),
- Operating-L. (kurzfristiger Vertrag und Wartung durch Vermieter),
- Sale-lease-back (L.-Gesellschaft kauft Objekt vom künftigen L.-Nehmer an und vermietet es wieder an ihn).

(3) Nach Zahl und Zusammensetzung der L.-Objekte unterscheidet man

- Equipment L. (Vermietung einzelner Objekte) und
- Plant L. (Vermietung kompletter Industrieanlagen).

(4) Nach der Art der L.-Objekte unterscheidet man

- Konsumgüter-L. und
- Investitionsgüter-L. (Mobilien-L. und Immobilien-L.).

(5) Nach der Zahlungshöhe während der Grundmietzeit trennt man

- Vollamortisationsvertrag (L.-Geber erzielt während der Grundmietzeit eine volle Amortisation des von ihm verauslagten Betrags) und
- Teilamortisationsvertrag (L.-Geber erzielt erst nach der Grundmietzeit eine volle Amortisation des von ihm verauslagten Betrags).

Problem: Als Alternative zum L. ist stets der kreditfinanzierte Kauf zu prüfen. Die Entscheidung zwischen L. oder Kreditkauf sollte sich auf den Vergleich der Auszahlungsbarwerte (→ **Kapitalwertmethode**) oder der → **Effektivzinssätze** (→ **interne Zinsfuß-Methode**) stützen. Nicht selten ist der Kreditkauf bei genauer Betrachtung günstiger als L.

Lebenszyklus → Produktlebenszyklus

Leckage

bezeichnet (1) den Gewichtsverlust, der bei flüssigen Waren in Kanistern, Fässern, Tanks, Kesselwagen, Pipelines usw. durch Verdunsten oder Versickern entstehen kann, (2) den Anteil der aus dem Reaktorkern nach außen entweichenden Elektronen, der für die Fortführung der Kettenreaktion als Verlust (Leckverlust) gilt.

Leer- und Nutzkosten

Begriff: Leerkosten sind → **Fixkosten**, die für die Bereitstellung nicht in Anspruch genommener → **Kapazität** entstehen. Nutzkosten sind Fixkosten, die für die Bereitstellung der tatsächlich durch die → **Produktion** in Anspruch genommenen Kapazität entstehen.

Beispiel: In einer → **Kostenstelle** belaufen sich die Fixkosten K_f auf 10 000 DM je Monat. Bei maximaler Kapazitätsauslastung ist im kommenden Monat mit 8 000 Leistungseinheiten zu rechnen. Welche Höhe haben L. u. N. bei einer tatsächlichen Beschäftigung von 0; 2 000; 4 000; 6 000; 8 000 LE/Monat?

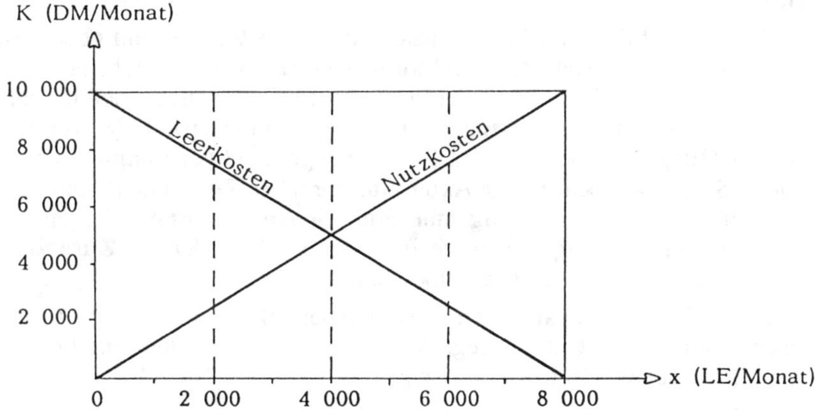

Abbildung: **Mehr produzieren heißt: Nutzkosten steigern, Leerkosten reduzieren**

Beschäftigung (LE/Monat)	Leerkosten	Nutzkosten (DM/Monat)	gesamte Fixkosten
0	10 000	0	10 000
2 000	7 500	2 500	10 000
4 000	5 000	5 000	10 000
6 000	2 500	7 500	10 000
8 000	0	10 000	10 000

Allgemein gilt:

$$K_f = K_{Nutz} + K_{Leer}$$

$$K_{Nutz} = \frac{K_f}{x_{max}} \cdot x$$

$$K_{Leer} = K_f \cdot \left(1 - \frac{x}{x_{max}}\right)$$

Hinweis: Die Leerkosten sind mit der → **Beschäftigungsabweichung** identisch.

Leistung

Begriff: (1) L. bildet ein Begriffspaar mit den → **Kosten** und gehört zu den → **Grundbegriffen des Rechnungswesens.** Man versteht unter L. in Geld bewertete, aus dem betrieblichen → **Produktionsprozeß** hervorgegangene → **Güter** und Dienste einer Abrechnungsperiode (= wertmäßiger → **Output**). Seltener wird L. als mengenmäßiger Output (= produzierte Stückzahl, bearbeitete Akten) interpretiert. Zwischen L. und dem verwandten Begriff → **Ertrag** muß eine → **Abgrenzung** erfolgen, da den → **Andersleistungen** Erträge in anderer Höhe, den → **Zusatzleistungen** keinerlei Erträge gegenüberstehen.

(2) Neben dem wirtschaftlichen Leistungsbegriff kennt man den naturwissenschaftlichen Leistungsbegriff. Danach ist L. der Quotient aus Arbeit und hierfür benötigter Zeit. Es gilt:

$$\text{Leistung} = \frac{\text{Arbeit}}{\text{Zeit}}$$

Beispiel: Die L. eines → **Betriebs** kann folgendermaßen gegliedert sein:

Umsatzerlöse für Erzeugnisse	Absatzleistungen
+ Umsatzerlöse für Dienstleistungen	
+ Umsatzerlöse für Handelswaren	
+ Bestandsveränderungen fertige Erzeugnisse	
+ Bestandsveränderungen unfertige Erzeugnisse	
+ innerbetriebliche Leistungen (selbsterstellte Maschinen und Werkzeuge)	
= Leistungen gesamt	

Hinweis: Weil die aus dem Betrieb hervorgehenden L. letztlich die Kosten tragen müssen, nennt man die betrieblichen L. auch → **Kostenträger**, wobei → **Absatzleistungen** und → **innerbetriebliche Leistungen** zu unterscheiden sind.

Leistungsabschreibung

Begriff: L. erfolgt nicht nach Kalenderzeit, sondern nach Maßgabe der Inanspruchnahme oder Substanzverringerung des → **Betriebsmittels**. Sie gehört im Gegensatz zur zeitlichen → **Abschreibung** zu den → **variablen Kosten**. Sie ist dann die Methode der Wahl, wenn der → **Gebrauchsverschleiß** als → **Abschreibungsursache** dominiert.

Beispiel: Man teilt den abzuschreibenden Betrag durch den geschätzten Gesamtleistungsvorrat und multipliziert die Leistungsentnahme pro Periode mit diesem Betrag. So ergeben sich bei einer Maschine mit einem Nutzungsvorrat von 24 000 Laufstunden bei → **Anschaffungskosten** von 480 000 DM die folgenden Abschreibungsbeträge pro Jahr:

1. Jahr:	2 000 Stunden	=	40 000 DM
2. Jahr:	4 000 Stunden	=	80 000 DM
3. Jahr:	8 000 Stunden	=	160 000 DM
4. Jahr:	4 000 Stunden	=	80 000 DM
5. Jahr:	5 000 Stunden	=	100 000 DM
6. Jahr:	1 000 Stunden	=	20 000 DM
	24 000 Stunden	=	480 000 DM

Leistungsabweichung

auch Ausbeuteabweichung, ist der Teil der → **Gesamtabweichung** (→ **Abweichungen**), der auf eine Differenz zwischen der geplanten und der tatsächlichen → **Ausbringungsmenge** je Maschinenzeiteinheit zurückzuführen ist.

Leistungsgrad

ist das Verhältnis zwischen tatsächlicher → **Leistung** und geplanter Leistung.

Leistungslohn

ist die Sammelbezeichnung für → **Akkordlohn** und → **Prämienlohn**.

Leistungsrechnung

bildet zusammen mit der → **Kostenrechnung** die Kosten- und L. Die L. stellt die betrieblichen → **Leistungen**, geordnet nach Erlösträgern, zusammen. Zu den Leistungen oder → **Kostenträgern** gehören sowohl → **Absatzleistungen** wie auch → **innerbetriebliche Leistungen**.

Leistungsverrechnung

→ **innerbetriebliche Leistungsverrechnung**

Leitsätze für die Preisermittlung auf Grund von Selbstkosten (LSP)

Begriff: Die LSP gehören als Anlage zu der 1953 erlassenen Verordnung über die Preise bei öffentlichen Aufträgen (→ **VPöA**). Beide bilden sachlich eine Einheit und werden deshalb am zweckmäßigsten zusammen betrachtet.

Inhalt VPöA: Die VPöA kennt bei der Preisermittlung für öffentliche Aufträge eine sogenannte Preistreppe, aus der sich die Rangfolge der anzuwendenden Preisfeststellungsmethode ergibt. Grundsätzlich haben → **Marktpreise** den Vorrang. Dieser wird allerdings durch Höchst-, Fest- oder → **Mindestpreise** aufgehoben, wie sie in § 3 VPöA geregelt sind: Tarife im Post- und Fernmeldewesen, Gebührenordnungen für Ärzte, Anwälte, Notare, Architekten.

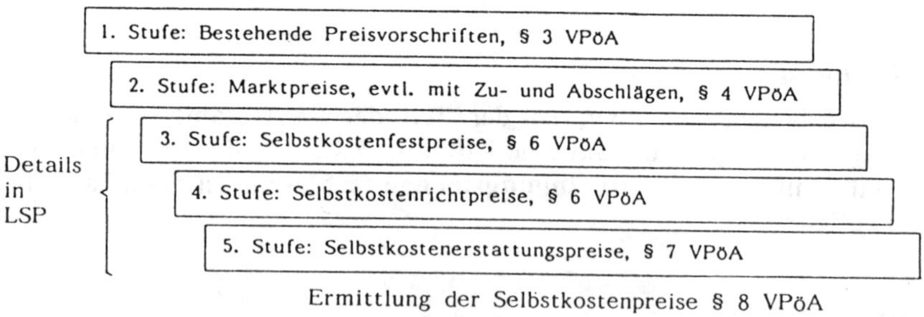

Übersicht: **VPöA legt Preistreppe fest.**
LSP kommentiert die §§ 6, 7 und 8 VPöA

→ **Selbstkostenpreise** sollen die Ausnahme darstellen, sie kommen nur dann in Frage, wenn

(1) keine Preisvorschriften existieren oder

(2) die Feststellung von Marktpreisen nicht möglich ist oder

(3) der Marktpreis infolge einer Mangellage überhöht ist oder

(4) der Wettbewerb auf der Anbieterseite so beschränkt ist, daß keine Marktpreisbildung möglich ist.

Inhalt LSP: Die LSP beinhalten einen ausführlichen Kommentar der §§ 6, 7 und 8 VPöA und spricht unter anderem folgende Punkte an:

- Einrichtung und Ausgestaltung des → **Rechnungswesens** des Auftragnehmers (Nr. 2 LSP),
- Gliederung der → **Preiskalkulation** (Nr. 10 LSP),
- Kostenartenkatalog mit → **kalkulatorischen Kosten** (Nr. 11 ff. LSP),
- → **kalkulatorischer Gewinn** (Nr. 51 f. LSP).

Nach den LSP ist die → **Kalkulation** eines öffentlichen Auftrags grundsätzlich als mehrstufige → **Zuschlagskalkulation** auf Vollkostenbasis aufzubauen. Abweichungen sind jedoch zulässig, so daß im Einzelfall sowohl die → **Divisionskalkulation** als auch die Kalkulation auf Teilkostenbasis den LSP entsprechen können (→ **LSP-Kalkulationsschema**).

Wird eine → **Teilkostenkalkulation** gewählt (→ **Deckungsbeitragsrechnung**), so ist diese durch eine → **stufenweise Fixkostendeckungsrechnung** zu ergänzen, bei der separate Fixkostenzuschläge für die Erzeugnisarten, Erzeugnisgruppen, Betriebsbereiche und die Gesamtunternehmung vorgenommen werden.

LESS

ist die Abkürzung für Least Cost Estimating and Scheduling = Minimalkostenschätzung und Terminplanung, eine besondere → **Netzplantechnik**, ähnlich der Critical Path Methode (→ **CPM**), die die Kapazitätenrechnung in das → **Programm** einbezieht.

lineare Abschreibungen

sind → **Abschreibungen**, die aus der gleichmäßigen Verteilung der → **Anschaffungs-**, → **Herstellungs-** oder → **Wiederbeschaffungsko-**

sten eines Anlagegutes auf die Nutzungsjahre resultieren. Sie bleiben im Zeitablauf konstant und ergeben sich als:

$$\text{jährliche Abschreibung} = \frac{\text{Abschreibungsbetrag}}{\text{Nutzungsjahre}}$$

lineare Optimierung → lineare Programmierung

lineare Programmierung (LP)

Begriff: LP (auch lineare Planungsrechnung, lineare Optimierung) ist die Minimierung oder Maximierung einer → **Zielfunktion** unter Beachtung verschiedener → **Nebenbedingungen** (→ **Restriktionen**), wobei die Variablen in Zielfunktion und Nebenbedingungen nur in der ersten Potenz auftreten. LP gehört zu den Verfahren des → **Operations Research.**

Beispiel: Betrachtet wird ein → **Betrieb**, der die → **Produkte** A und B auf den Maschinen 1 und 2 herstellt. Gegeben sind die Stückpreise p, die → **variablen Stückkosten** k_v und die → **Stückdeckungsbeiträge** d (= ökonomische Daten), ferner die → **Stückzeiten** der Produkte A und B auf den beiden Maschinen t_a und t_b sowie die Kapazitäten T der Maschinen (= technische Daten).

ökonomische Daten			
Produkt	p	k_v DM/St	d
A	180	90	90
B	200	80	120

technische Daten			
Maschine	t_a Std/St	t_b Std/St	T (Std/Monat)
1	3	6	420
2	4	3	360

Zur Bestimmung der gewinnoptimalen Menge wird eine Abteilungsleiter-Konferenz einberufen. Dabei erklärt der Leiter der Verkaufsabteilung, daß aus absatz- und sortimentspolitischen Gründen von Produkt A mindestens 20 und höchstens 80 Einheiten pro Monat hergestellt werden sollen. Die entsprechenden Werte für Produkt B belaufen sich auf 10 (Mindestmenge) und 50 (Höchstmenge). Der Leiter der Einkaufsabteilung berichtet von einer Lieferstockung hinsichtlich eines zur Erzeugung von A notwendigen → **Rohstoffs.** Danach können im kommenden Monat lediglich 150 Rohstoffeinheiten beschafft werden. Zur Erstellung einer

Einheit A sind 2 Rohstoffeinheiten erforderlich. Die monatlichen → **Fixkosten** belaufen sich auf 8 000 DM.

Gesucht ist das gewinnmaximierende → **Programm**. Dazu sind die verfügbaren Informationen in Nebenbedingungen, Zielfunktion und → **Nichtnegativitätsbedingungen** umzuformen.

Nebenbedingungen (Restriktionen)

Maschine 1	(1)	$3x_a + 6x_b \leq 420$	maschinelle
Maschine 2	(2)	$4x_a + 3x_b \leq 360$	
Mindestmenge A	(3)	$x_a \geq 20$	absatzbedingte
Höchstmenge A	(4)	$x_a \leq 80$	
Mindestmenge B	(5)	$x_b \geq 10$	
Höchstmenge B	(6)	$x_b \leq 50$	
Rohstoffengpaß	(7)	$x_a \leq 75$	rohstoffbedingte

Zielfunktion

Nettogewinn	(8)	$G_{ne} = 90x_a + 120x_b - 8\,000 = \max!$

Nichtnegativitätsbedingungen

Produkt A	(9)	$x_a \geq 0$
Produkt B	(10)	$x_b \geq 0$

Zur Lösung des so formulierten Problems wird im allgemeinen die → **Simplex-Methode** verwendet. Im gegebenen Fall zweier → **Güter** läßt sich aber auch eine graphische Lösung darstellen. Diese hat den Vorzug der Anschaulichkeit.

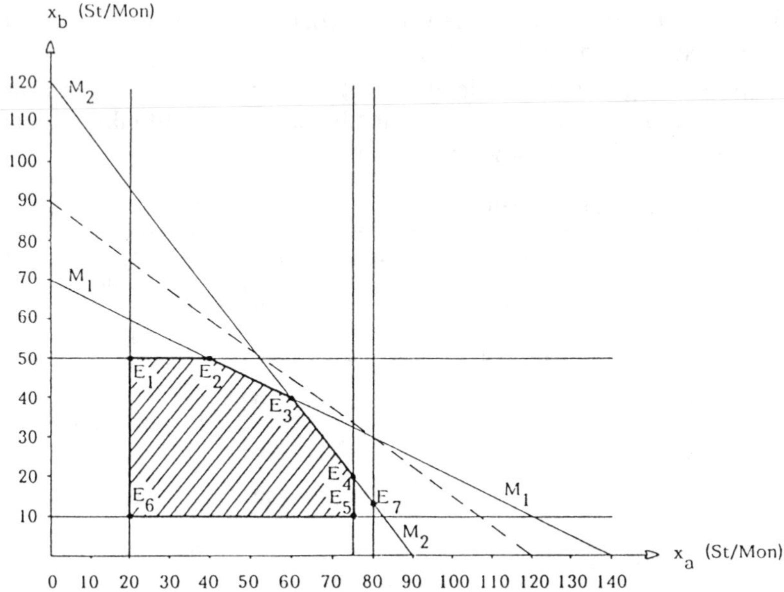

Abbildung: **LP nach der graphischen Methode im Zweigüterfall**

Betrachtet man die gestrichelte → **Isogewinnlinie** mit der Steigerung $-\frac{90}{120}$, dann erkennt man, daß die Ecke E_3 gewinnoptimal ist. Demnach sind im kommenden Monat zu fertigen: $x_a = 60$ Einheiten und $x_b = 40$ Einheiten. Dabei wird ein → **Nettogewinn** von $G_{ne} = 60 \cdot 90 + 40 \cdot 120 - 8\,000 = 2\,200$ DM erzielt.

Anwendung: Die Anwendungsbreite der LP ist beträchtlich. Neben der Bestimmung des gewinnmaximalen Programms (→ **Programmoptimierung**) läßt sich dieses Verfahren einsetzen zur

- Verschnittminimierung, z. B. bei der Bearbeitung von Blechen,
- Mischungsoptimierung, z. B. bei der Herstellung von Tierfuttermittel,
- Problemlösung bei → **Eigenfertigung oder Fremdbezug,**
- Transportoptimierung (kostenminimierende Tourenpläne für Reisende),
- Ermittlung → **optimaler Bestellmengen** und → **Losgrößen.**

LP kann auch außerhalb der → **Kostenrechnung** angewendet werden, etwa zur Ermittlung optimaler Investitions- und Finanzierungsprogramme, zur Produktionssteuerung und zur Erstellung von Stundenplänen.

Zur Lösung eines LP-Problems ist im praktischen Fall ein → **Computer**-Einsatz notwendig; eine manuelle Lösung kommt meist schon aus Zeitgründen nicht in Frage. Für Großrechner existiert mittlerweile ein breites Angebot an Standardsoftware, die manches über die Optimierungsrechnung hinaus anbietet, etwa → **Sensibilitätsanalyse.** Die Entwicklung von LP-→ **Programmen** für den PC ist noch in vollem Gange. Für kleinere und mittlere Betriebe dürften die PC-Lösungen ausreichen.

Logistik

ist die Summe der Tätigkeiten, die sich auf Transport-, Lagerungs-, Verkehrs- und Umschlagvorgänge im Realgüterbereich in und zwischen → **Betrieben** beziehen. Sie soll die "vier r" sicherstellen, wonach die benötigten → **Güter** zur richtigen Zeit, am richtigen Ort, in richtiger Menge und richtiger Qualität zur Verfügung stehen müssen. Zur L. eines Betriebs gehören unter anderem: Lagerbestandsmanagement, Management des Material- und Produktumschlags, Transportmanagement.

Lohmann-Ruchti-Effekt (LRE)

Begriff: LRE oder → **Kapazitätserweiterungseffekt** ist der Kapazitätseffekt, der bei kontinuierlicher → **Reinvestition** von verdienten → **Abschreibungen** (besser: Abschreibungsgegenwerten) verzeichnet werden kann: Die mit Hilfe der Abschreibungsgegenwerte gekauften Anlagen erweitern die → **Kapazität.**

Hinweis: (1) Der LRE wurde nach M. Lohmann und H. Ruchti benannt, jedoch schon vorher von Marx und Engels beschrieben.

(2) Die Kapazitätserweiterung bezieht sich ausschließlich auf die → **Periodenkapazität**; die → **Totalkapazität** bleibt konstant.

Lohn

ist das Arbeitsentgelt für Arbeiter im Unterschied zum → **Gehalt**, dem Arbeitsentgelt für Angestellte (→ **Personalkosten**, → **Sozialkosten**).

Lohnbuchführung, Lohnbuchhaltung

ist ein Teilgebiet der → **Finanzbuchhaltung** und betrifft die Erfassung, Abrechnung und Buchung sämtlicher Arbeitsentgelte.

Lohnformen

sind → **Akkordlohn,** → **Prämienlohn,** → **Zeitlohn.**

Lohnkosten

sind Teil der → **Personalkosten** und umfassen die Bruttolöhne, die die Unternehmung je Abrechnungsperiode (Woche, Monat, Jahr) für die Leistungserstellung zu entrichten hat (→ **Sozialkosten**).

Lohnsteuer

ist keine eigenständige → **Steuer**, sondern eine besondere Erhebungsart der Einkommensteuer im Quellenabzugsverfahren. Bei nichtselbständigen Arbeitnehmern wird die L. vom Arbeitgeber einbehalten und an das Finanzamt abgeführt.

Lohnzuschlagskalkulation

gehört zu den Verfahren der → **Zuschlagskalkulation** und verteilt die → **Gemeinkosten** auf der Basis der → **Lohnkosten**.

Los

Begriff: L., meist → **Fertigungslos**, ist die Menge eines → **Erzeugnisses**, die hintereinander ohne Unterbrechung durch andere → **Produkte** erstellt wird. Der Begriff L. hat Ähnlichkeit mit den Begriffen → **Serie** und → **Sorte.**

Hinweis: Wichtig ist die Bestimmung der optimalen → **Losgröße.**

Losgröße

Begriff: L. ist ein fertigungstechnischer Begriff und gibt die Menge einer → **Sorte** oder → **Serie** an, die hintereinander ohne Umschaltung oder Unterbrechung der → **Fertigung** hergestellt wird (→ **Fertigungsverfahren**).

Problem: Die Auflagenhöhe eines Buches, die Produktionsmenge eines Schmerzmittels oder einer Vase können so bemessen werden, daß die

Fertigungsmenge Tage, Monate oder Jahre ausreicht. Die L. ist so zu planen, daß die (entscheidungs-) → **relevanten Kosten** je Stück minimiert werden; das ist die optimale L. Dabei sind zwei einander entgegenwirkende → **Kosteneinflußfaktoren** zu beachten:

(1) Aus der Sicht der Fertigung ist es wegen der → **Fixkostendegression** um so günstiger, je größer die Auflage oder Produktionsmenge ist.

(2) Aus der Sicht der Lagerabteilung sprechen wachsende → **Lagerkosten** und → **Zinskosten** des im Lager gebunden Kapitals für eine Auflagen- oder Produktionsmengenverringerung.

Die optimale L., die beide Argumente berücksichtigt, ergibt sich aus folgender Losgrößenformel:

$$x_{opt} = \sqrt{\frac{2 \cdot K_f \cdot u}{l}}$$

x_{opt} = optimale Losgröße (Stück)
K_f = losfixe Kosten (DM)
u = jährlicher Bedarf (Stück/Jahr)
l = Lager- und Zinskosten je Einheit und Jahr

Beispiel: Ein Verlag möchte die Auflagenhöhe eines Buches festlegen. Die → **Fixkosten** der Auflage betragen K_f = 24 000 DM. Die Jahresabsatzmenge wird aufgrund der bisherigen Verkaufserfahrungen mit dem Titel auf 5 000 Einheiten geschätzt. Der Lagerkostensatz für ein Buch beträgt 3 DM; er enthält Zinskosten, → **kalkulatorisches Wagnis** und variable Lagerkosten. Welche Auflagenhöhe ist aus kostenrechnerischer Sicht anzustreben?

$$\text{optimale Auflagenhöhe} = \sqrt{\frac{2 \cdot 24\,000 \cdot 5\,000}{3}} = 8\,944 \text{ Stück}$$

Hinweis: Ein analoges Problem ist die Ermittlung der → **optimalen Bestellmenge**.

LSÖ

ist die Abkürzung für Leitsätze für die Preisermittlung auf Grund der Selbstkosten bei Leistungen für öffentliche Auftraggeber. Die LSÖ wurden 1953 durch die → **LSP** abgelöst.

LSP

ist die Abkürzung für → **Leitsätze für die Preisermittlung auf Grund von Selbstkosten (LSP).**

LSP-Kalkulationsschema

Begriff: Die → **Leitsätze für die Preisermittlung auf Grund von Selbstkosten (LSP)** legen ein → **Kalkulationsschema** fest (vgl. LSP Nr. 10), das als Mindestgliederung bei der Ermittlung der → **Selbstkostenpreise** einzusetzen ist. Als → **Kalkulationsverfahren** sind die → **Divisionskalkulation,** → **Äquivalenzziffernkalkulation** und die → **Zuschlagskalkulation** erlaubt. Obgleich die LSP damit grundsätzlich jedes Kalkulationsschema zulassen, ist im Interesse der Prüfbarkeit und Vergleichbarkeit des Selbstkostenpreises wie folgt vorzugehen:

	Fertigungsstoffkosten,
+	Fertigungskosten,
+	Entwicklungs- und Entwurfskosten,
+	Verwaltungskosten,
+	Vertriebskosten,
=	Selbstkosten,
+	kalkulatorischer Gewinn,
=	Selbstkosten (LSP Nr. 10)

Hinweis: (1) Die vorstehende Gliederung ist eine Mindestgliederung; sie darf im praktischen Fall bei Beibehaltung der Gliederungsgrundsätze auch ausführlicher erstellt werden.

(2) Soweit möglich und branchenüblich sind → **Einzelkosten** und → **Gemeinkosten** getrennt auszuweisen; weiterhin ist innerhalb der Einzelkosten zwischen → **Fertigungseinzelkosten** und → **Sondereinzelkosten** zu unterscheiden.

(3) Allerdings gibt es auch die Möglichkeit einer Zusammenfassung von Kalkulationsposten: Soweit es die → **Wirtschaftlichkeit** des → **Rechnungswesens** erfordert, ist es zulässig, Stoff- und → **Fertigungsgemeinkosten** sowie → **Verwaltungs-** und → **Vertriebsgemeinkosten** zusammenzufassen.

M

make or buy

ist das Entscheidungsproblem, ob ein → **Gut** selbst hergestellt oder gekauft (fremdbezogen) werden soll (→ **Eigenfertigung oder Fremdbezug**).

Marge

ist der Ausdruck für bestimmte Differenzen, z. B. zwischen An- und Verkaufskursen und -preisen, Soll- und Habenzinssätzen, → **Marktpreisen** und → **Selbstkosten.**

marginal cost

ist der angelsächsische Ausdruck für → **Grenzkosten.**

marginal costing

ist der angelsächsische Ausdruck für Grenzkostenrechnung (→ **Deckungsbeitragsrechnung**).

Markt

Begriff: M. ist das Zusammentreffen von Angebot an und Nachfrage nach einem bestimmten → **Gut** zu einer bestimmten Zeit an einem bestimmten Ort.

Problem: (1) Oft ist der Ort, der zum M. gehört, lediglich die gedachte Mitte zwischen zwei Telefonapparaten.

(2) Der Begriff M. umfaßt so verschiedene Erscheinungsformen wie den Ölmarkt in Rotterdam, die Waren- und Wertpapierbörsen, Warenhäuser, Ladengeschäfte und den Heiratsmarkt.

(3) Der Marktzugang kann beschränkt oder unbeschränkt sein.

(4) Der M. kann transparent sein, ein Zustand, bei dem die Marktteilnehmer vollkommene Marktübersicht besitzen und den Preisbildungsprozeß durchschauen; er kann auch intransparent sein (häufiger Fall), was zur Entstehung unvollkommener M. führt.

Beispiel:

Goldmarkt, Kaffeemarkt, Pkw-M. (Einteilung nach Sachgütern); Weltmarkt, EG-M., bayerischer M. (Einteilung nach Regionen); Weihnachts-, Oster-, Pfingstmarkt (Einteilung nach saisonalen Aspekten); Monopol-, Oligopol-, Polypol-M. (Einteilung nach der Zahl der Anbieter).

Marktpreis

Begriff: M. ist der von Angebot und Nachfrage, aber auch von der Marktstruktur (z. B. Zahl der Anbieter und Nachfrager) bestimmte, tatsächlich gezahlte → **Preis**, der an einem Handelsplatz für → **Güter** einer bestimmten Art, zu einem bestimmten Zeitpunkt oder in einem bestimmten Zeitraum im Durchschnitt angesetzt wird.

Beispiel: Eierpreise auf dem Wochenmarkt; Aktienkurs an der Börse.

Maschinenstundensatz (MS)

MS ist die Gesamtheit der → **Kosten**, die eine Maschine während der Laufstunde verursacht. Alle der Maschine zurechenbaren Kosten (→ **kalkulatorische Abschreibungen**, → **kalkulatorische Zinsen**, → **Raum-** und → **Energiekosten**, → **Instandhaltungskosten**, Schmierstoffe, → **Werkzeuge**) werden auf die Maschinenlaufzeit bezogen.

Maschinenstundensatzrechnung (MSR)

Begriff: Bei der MSR faßt man alle maschinenabhängigen → **Kostenträgergemeinkosten** in einem Verrechnungssatz, dem → **Maschinenstundensatz (MS),** zusammen. Der MS dient als → **Kalkulationssatz** bei der nachfolgenden → **Kostenträgerrechnung.** Er wird folgendermaßen ermittelt:

$$\frac{\text{geplante maschinenabhängige Kostenträgergemeinkosten DM/Monat}}{\text{geplante Maschinenlaufzeit h/Monat}} = \text{MS DM/h}$$

Problem: (1) Die MSR ist in den → **Kostenstellen** sinnvoll, bei denen der Großteil der → **Kosten** durch die Maschinenzeit als → **Bezugsgröße** korrekt und verursachungsgemäß wiedergegeben wird.

(2) Sie beinhaltet keine Lösung des Fixkostenproblems. So muß der MS beim Übergang vom Einschichtbetrieb auf den Zwei- oder Dreischichtbetrieb jeweils neu berechnet werden, was zeigt, daß der MS auch proportionalisierte → **Fixkosten** enthält.

(3) Es ist deshalb eine Fortentwicklung der MSR anzustreben, die die Aufteilung des MS in → **fixe** und → **variable Kosten** zum Inhalt hat.

Beispiel:

Maschinen-Nr.:	26	Anschaffungspreis:	100 000 DM
Bezeichnung:	Schnellstanze	Gesamtleistung:	10 000 h
Standort:	Halle 5	Monatliche Leistung:	160 h
Anschaffungsjahr:	1992		

Kostenart	Berechnung	Betrag DM/h
Abschreibung	$\frac{100\,000 \text{ DM}}{10\,000 \text{ h}}$	10,00
Instandhaltung und Wartung	Erfahrungswert	2,50
Kalkulatorische Zinsen (10 % auf das durchschnittlich gebundene Kapital)	$\frac{5\,000 \text{ DM}}{1\,920 \text{ h}}$	2,60
Raumkosten	10 qm zu 12 DM/qm/Monat: $\frac{10 \cdot 12}{160}$	0,75
Energieverbrauch	10 kwh je Stunde zu 0,14 DM/kWh	1,40
Maschinenstundensatz		17,25

Übersicht: **Ermittlung des Maschinenstundensatzes (MS)**

Massenfertigung, Massenproduktion

Begriff: M. ist ein → **Fertigungstyp**, bei dem eine vorab nicht beschränkte Menge von → **Gütern** mit gleichen Eigenschaften in ständiger Wiederkehr erzeugt wird.

Beispiel: E-Werk, Zementfabrik, Ziegelei, Brennerei, Mineralbrunnenbetrieb.

Massenkalkulation

Begriff: Die → **Kalkulation** der → **Massenproduktion** erfolgt typischerweise als → **Divisionskalkulation**. Bei → **Einproduktunternehmen** ohne Bestandsveränderungen an → **Halb- und Fertigfabrikaten** kommt man mit der einstufigen Divisionskalkulation aus; entstehen Lagerbestandsveränderungen an Fertigfabrikaten, so ist die zweistufige, entstehen zusätzlich Lagerbestandsveränderungen an Halbfabrikaten, so ist die mehrstufige Divisionskalkulation zu verwenden.

Problem: Die Grenzen zur → **Sorten-** und → **Serienfertigung** sind fließend (so wird gelegentlich auch die Pkw-Produktion, typisches Beispiel für Serienfertigung, im Zusammenhang mit der Massenfertigung genannt). Die Kostenzurechnung bei den dann nicht völlig identischen Produkten ist z. T. nicht mehr eindeutig möglich.

Materialbuchhaltung

Begriff: M. ist eine Nebenbuchhaltung der → **Betriebsbuchhaltung**. Die M. (auch Materialabrechnung, Materialbuchführung, → **Lagerbuchhaltung**) hat die Aufgabe, die Zu- und Abgänge an → **Werkstoffen** wert- und mengenmäßig zu erfassen. Hilfsmittel zur Erfassung des Materialzugangs und -abgangs sind:

→ **Befundrechnung** (Befundaufnahme),

→ **Fortschreibung** (Skontration),

→ **Materialentnahmescheine** (Materialbelege).

Hinweis: Die M. ist ein wesentlicher Datenlieferant der → **Kostenrechnung**: Sie ermittelt die → **Istkosten** für die vom Lager gehenden → **Roh-, Hilfs-** und → **Betriebsstoffe** nach → **Kostenarten** und ordnet sie den verbrauchenden → **Kostenstellen** und (bei → **Kostenträgereinzelkosten**) den betrieblichen → **Leistungen** zu.

Materialeinzelkosten → Einzelmaterialkosten

Materialentnahmeschein

Begriff: M. dienen der belegmäßigen Erfassung des Materialabgangs vom Lager (→ **Materialbuchhaltung**) und informieren darüber,

- welche → **Kostenart** verbraucht wird,
- in welcher → **Kostenstelle** der Verbrauch stattfindet,

- für welchen → **Kostenträger** der Materialverbrauch bestimmt ist,
- wann und durch wen die Entnahme erfolgte.

Beispiel:

Firmenbezeichnung Materialentnahmeschein	Ausstellvermerke: Datum: *6. 6. 87*	Name: *Meier*	Kostenstellen-/Kostenarten-Nr.: Auftrags-/Artikel-Nr.: *307 428* Werkauftrags-Nr.:

Zeilen-Nr.	Materialarten-Bezeichnung	Material-Nr.	Mengen-einheit	ausgegebene Menge	Preis pro Mengeneinheit	Kosten-betrag
1	*Zugfedern*	66 743	*Stück*	*1 000*	*0,50*	*500,–*
2	*Dichtungen*	*66 815*	*Stück*	*2 000*	*0,10*	*200,–*
3						
4						
5	Summe					*700,–*

Ausgabevermerke: Datum:	Name:	Lager-Nr.:	Empfänger:	Lagerkartei gebucht: Datum:	Name:
7. 6. 87	*Schulz*	*14*	*Müller*	*28. 6. 87*	*Meyer*

Quelle: W. Kilger, Einführung in die Kostenrechnung, 3., durchges. Aufl., Wiesbaden 1987, S. 82.

Materialgemeinkosten → Gemeinkostenmaterial

Materialgemeinkostenzuschlag

Begriff: Setzt man die Summe der Materialgemeinkosten (→ **Gemeinkostenmaterial**) in Relation zu einem Bezugsgrößenwert (meist → **Einzelmaterialkosten**, denkbar sind aber auch andere → **Bezugsgrößen**), so erhält man den M.

Beispiel:

$$\text{Einkaufskosten-Zuschlag} = \frac{\text{Gemeinkosten der Einkaufsstellen (DM)}}{\text{Materialeinkauf (DM)}}$$

$$\text{Warenannahme und Prüfkosten-Zuschlag} = \frac{\text{Gemeinkosten Warenannahme und -prüfung (DM)}}{\text{Wareneingang (DM)}}$$

$$\text{Lagerkosten-Zuschlag} = \frac{\text{Gemeinkosten der Lagerstellen (DM)}}{\text{Lagerabgang (DM)}}$$

Gelegentlich ist es sinnvoll, die Zuschlagssätze zu differenzieren. Falls beispielsweise wert- und mengenabhängige → **Kosten** berücksichtigt werden sollen, könnte dies folgendermaßen geschehen:

$$\text{Zuschlag für wertabhängige Einkaufskosten} = \frac{\text{einkaufswertabhängige Gemeinkosten (DM)}}{\text{Materialeinkauf (DM)}}$$

$$\text{Zuschlag für mengenabhängige Einkaufskosten} = \frac{\text{einkaufsmengenabhängige Gemeinkosten (DM)}}{\text{Materialeinkauf (Stück)}}$$

Materialkosten

Begriff: M. (→ **Werkstoffkosten**) sind alle Materialeinzel- und Materialgemeinkosten (→ **Einzelmaterialkosten** und → **Gemeinkostenmaterial**).

Beispiel: Die M. ergeben sich durch → **Bewertung** des mengenmäßigen Verbrauchs an

- → **Fertigungsmaterial** (→ **Rohstoffe**, Fremdbauteile, Vorprodukte),
- Fremdleistungen für eigene → **Erzeugnisse** (fremde Lohnarbeiten als verlängerte Werkbank, fremde Lohnarbeiten wegen fehlender Betriebseinrichtungen),
- Gemeinkostenmaterial (→ **Hilfsstoffe**, → **Betriebsstoffe**, Verschleißwerkzeuge),
- Verpackungsmaterial,
- Handelswaren,
- Energien.

$$\text{Materialkosten} = \text{mengenmäßiger Verbrauch} \cdot \text{Preis}$$

Materialkostenstellen

Begriff: M. sind alle → **Kostenstellen**, die der Beschaffung, Annahme, Prüfung, Lagerung und Auslieferung von → **Werkstoffen** dienen (→ **Kostenstellenpläne**).

Beispiel:

- Einkauf (Angebotsbearbeitung, Bestellwesen, Rechnungsprüfungsstelle),

- Warenannahme und -prüfung (Warenannahme, Eingangskontrolle, Lagerrevision und -inventur),
- Materialverwaltung (→ **Lagerbuchhaltung,** Materialdisposition),
- Materiallagerung (Rohstoff-, Teile-, Werkzeuglager, Hilfs- und Betriebsstofflager),
- Warenausgabe.

Materialzuschlagskalkulation

ist die Verteilung der → **Materialgemeinkosten** mit Hilfe eines → **Materialgemeinkostenzuschlags.** Meist werden die Materialgemeinkosten auf die → **Materialeinzelkosten** aufgeschlagen.

mathematische Kostenauflösung

(auch → **Differenzen-Quotienten-Verfahren**) gehört zu den statistischen Methoden der → **Kostenauflösung.**

mathematisches Verfahren

ist die Bezeichnung für ein Verfahren zur → **innerbetrieblichen Leistungsverrechnung** mit Hilfe eines Gleichungssystems (→ **Gleichungsverfahren**).

mehrfach-flexible Plankostenrechnung (PKR)

Begriff: Mehrfach-flexible PKR ist eine Form der → **flexiblen Plankostenrechnung (PKR)**, bei der neben der → **Beschäftigung** als Kosteneinflußgröße weitere → **Kostenbestimmungsfaktoren** berücksichtigt werden.

Hinweis: Ein solches → **Kostenrechnungssystem** wird auch als doppelt-flexibel oder voll-flexibel bezeichnet. Da man meist nicht alle denkbaren Kosteneinflußfaktoren berücksichtigen kann, erscheint es sinnvoll, nicht von einer → **doppelt-** oder voll-flexiblen, sondern von einer mehrfach-flexiblen PKR zu sprechen.

Die → **einfach-flexible PKR** kennt als Kostenbestimmungsfaktor nur die Höhe der Beschäftigung und zerlegt die → **Gesamtabweichung** lediglich in → **Beschäftigungsabweichung** und → **Verbrauchsabweichung.**

Die mehrfach-flexible PKR berücksichtigt demgegenüber weitere mögliche → **Abweichungen**, z. B.:

- → **Preisabweichung,**
- → **Intensitätsabweichung,**
- Arbeitsablaufabweichung,
- Fixkostenabweichung.

Mehrprodukt-Unternehmung

Begriff: M.-U. ist eine Unternehmung, die nicht nur ein einziges, sondern zwei oder mehr → **Produkte** herstellt (eine Brauerei hat meist mehrere Biersorten, ein Pkw-Hersteller verschiedene Pkw-Typen in unterschiedlicher Ausstattung, ein Elektrogeräte-Hersteller möglicherweise ein Programm, das von Haushaltsgeräten bis zur Unterhaltungselektronik reicht).

Problem: Die Zurechnung der → **Gemeinkosten** ist das größte Problem der M.-U.

Gegensatz: → **Einprodukt-Unternehmung.**

mehrstufige analytische Kostenauflösung

Begriff: Die analytischen Verfahren der → **Kostenauflösung** werden auf der Basis von Zukunftsbetrachtungen mit Hilfe von Verbrauchsanalysen, Messungen und Berechnungen durchgeführt. Bei der m. a. K. plant man die Mengen- und Zeitvorgaben im Gegensatz zur → **einstufigen analytischen Kostenauflösung** nicht nur für einen einzigen, sondern für mehrere Beschäftigungswerte. So könnte man bei einer Einteilung in 10 Stufen (vorgeschlagen wird auch eine Drei- und Vier-Stufen-Einteilung) für 10 Beschäftigungswerte die jeweils zugehörigen Kostenwerte ermitteln, wie aus dem folgenden Beispiel ersichtlich wird. Eine Trennung in fixe und variable Bestandteile ist dabei nicht zwingend erforderlich, da sich aus den zehn Wertepaaren ein Kostenverlauf ergibt, der einen Eindruck vom Verhalten der → **Kosten** bei unterschiedlichen Werten der → **Bezugsgröße** vermittelt (→ **Kostenfunktion**).

Problem: (1) Der mögliche Vorteil der m. a. K., die Darstellung einer nichtlinearen oder unstetigen Sollkostenfunktion, fällt in der Praxis nicht ins Gewicht, weil solche Sollkostenfunktionen kaum vorkommen. Eine Ausnahme stellt die Nahtstelle zwischen Normalbeschäftigung und Überstundenbeschäftigung dar, ab der die → **Sollkostenlinie** steiler verläuft.

(2) Die fehlende Trennung von → **fixen** und → **variablen Kosten** begründet auch Zweifel an der Genauigkeit des Verfahrens.

(3) Die Informationen über die Plankostenwerte bei vielen unterschiedlichen Beschäftigungswerten werden in der Praxis nicht benötigt: Es genügt die Kenntnis der → **Plankosten** bei → **Planbeschäftigung**, und zwar aufgeteilt in fixe und variable. Also sollte man auf die m. a. K. verzichten und statt dessen die einstufige analytische Kostenauflösung wählen, weil letztere genau die Informationen zur Verfügung stellt, die die Praxis braucht.

Beispiel:

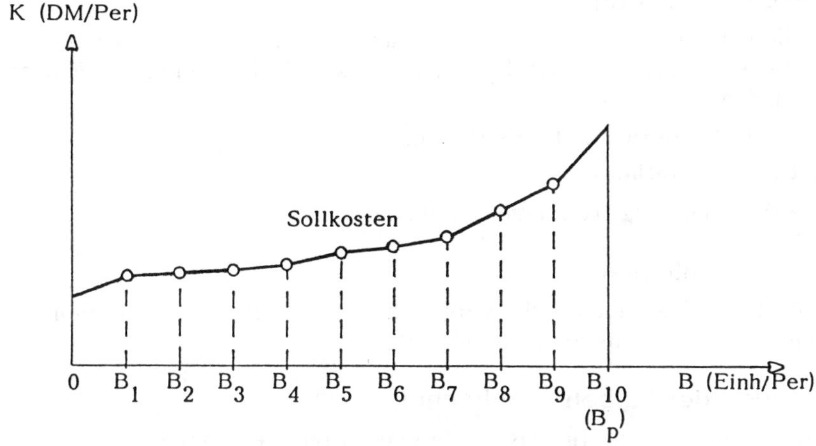

Abbildung: **Mehrstufige analytische Kostenauflösung**

mehrstufige Deckungsbeitragsrechnung

gängige Bezeichnung für die → **stufenweise Fixkostendeckungsrechnung.**

mehrstufige Divisionskalkulation → Divisionskalkulation

mehrstufiges direct costing

seltene Bezeichnung für die → **stufenweise Fixkostendeckungsrechnung.**

mehrstufige Zuschlagskalkulation → Zuschlagskalkulation

Meldebestand

Begriff: Der M. gehört zu den Begriffen der Materialwirtschaft und bezeichnet die Bestandsmenge, bei deren Erreichung eine Materialbestellung zu veranlassen ist.

Hinweis: Der M. ist so festzulegen, daß er für den während der Beschaffungszeit anfallenden Materialverbrauch ausreicht. Zusätzlich ist ein Sicherheitsbestand vorzusehen.

Mengenabweichung → Verbrauchsabweichung

Mengenerfassung

ist die Erfassung des quantitativen Materialverbrauchs (→ **Verbrauchsmengenerfassung**). Sie erfolgt in der Praxis nach einer der drei folgenden Methoden:

→ **Fortschreibungsmethode** (Skontration),

→ **Inventurmethode,**

→ **Rückrechnung** (retrograde Methode).

Mengenschlüssel

sind physikalisch-technische Größen zur Verteilung der → **Gemeinkosten** (→ **Gemeinkostenschlüsselung**).

Methode der halben Durchschnitte

seltene Bezeichnung für das → **Reihenhälften-Verfahren.**

Methode der kleinsten Quadrate (MKQ)

Begriff: Die MKQ ist Teil der Regressions- und Korrelationsrechnung und kommt in der → **Kostenrechnung** zum Einsatz, wenn es darum geht, Kosten- und Beschäftigungswerten, die sich aus Messungen ergeben haben, eine lineare → **Kostenfunktion** zuzuordnen.

Die lineare Kostenfunktion, die die empirischen Wertepaare am besten beschreibt, wird so bestimmt, daß die Summe der Abweichungen zwischen den effektiven → **Istkosten** und den zugehörigen Werten auf der Regressions- oder Ausgleichsgeraden ein Minimum ergibt.

Problem: (1) Die MKQ gehört zu den statistischen Methoden der → **Kostenauflösung** und weist die für diese Methodengruppe typische Schwäche der Vergangenheitsbezogenheit auf.

(2) Früher wurde die MKQ gelegentlich wegen des hohen Rechenaufwands abgelehnt. Das Argument des Rechenaufwands ist heute nicht mehr stichhaltig. Heute genügt ein PC, oftmals ein Taschenrechner, um die MKQ durchzuführen.

Beispiel: In der → **Kostenstelle** Endmontage sind im vergangenen Jahr die aus der Tabelle (linker Teil) hervorgehenden Reparaturkosten und → **Ausbringungsmengen** angefallen:

Werte aus der Kostenstelle			Berechnungen	
Monat	B_i Ausbringung (Stück/Monat)	K_i Reparaturkosten (DM/Monat)	B_i^2	B_iK_i
Januar	300	500	90 000	150 000
Februar	325	650	105 625	211 250
März	400	600	160 000	240 000
April	300	575	90 000	172 500
Mai	200	650	40 000	130 000
Juni	425	750	180 625	318 750
Juli	450	700	202 500	315 000
August	550	775	302 500	426 250
September	375	650	140 625	243 750
Oktober	450	800	202 500	360 000
November	525	850	275 625	382 500
Dezember	600	700	360 000	420 000
Summen	4 900 ΣB_i	8 200 ΣK_i	2 150 000 ΣB_i^2	3 433 750 ΣB_iK_i

Übersicht: **Kleinste-Quadrate-Methode fußt auf tabellarischer Werteermittlung**

Zeichnet man die Werte aus der Stelle Endmontage in ein Diagramm, dann wird deutlich, daß sich der Zusammenhang zwischen den → **Kosten** der Stelle und der → **Beschäftigung** näherungsweise durch eine Gerade (Regressionsgerade, Ausgleichsgerade) darstellen läßt. Diese ist so ins Diagramm zu legen, daß die Quadrate der Abweichungen (eine Abweichung ist beispielhaft eingezeichnet) minimiert werden.

Zur Ermittlung der die Lage der → **Sollkostenlinie** bestimmenden Größen → **Fixkosten** K_{fp} und → **variable Kosten** je Bezugsgrößeneinheit k_{vp} nutzt man die Bestimmungsgleichungen (1) und (2):

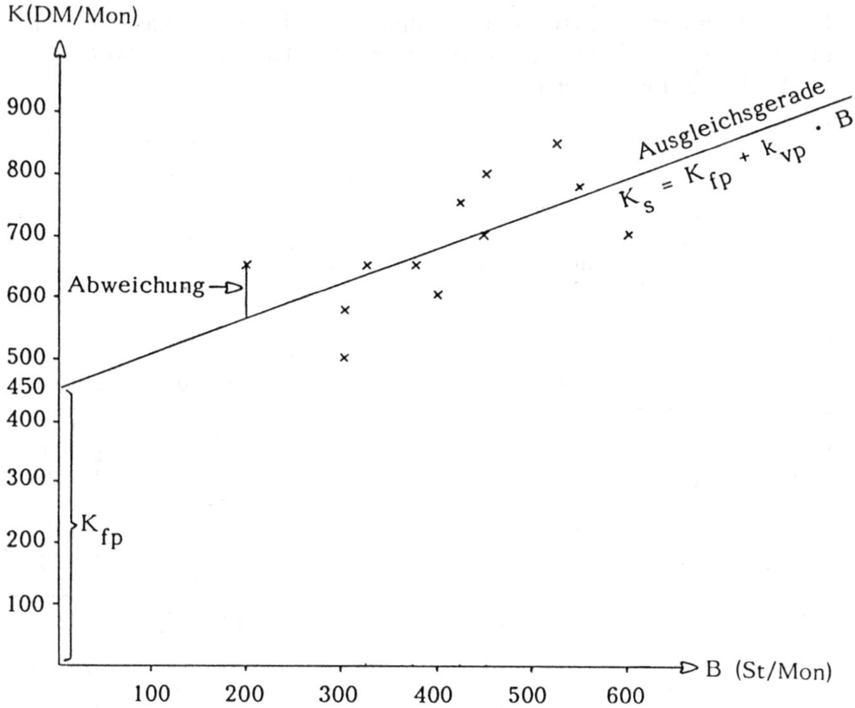

Abbildung: **Kleinste-Quadrate-Methode ersetzt Punktwolke durch Gerade**

$$(1)\quad k_{vp} \cdot \Sigma B_i^2 + K_{fp} \cdot \Sigma B_i = \Sigma B_i \cdot K_i$$
$$(2)\quad k_{vp} \cdot \Sigma B_i + K_{fp} \cdot n = \Sigma K_i$$

$$(1)\quad k_{vp} \cdot 2\,150\,000 + K_{fp} \cdot 4\,900 = 3\,433\,750$$
$$(2)\quad k_{vp} \cdot 4\,900 + K_{fp} \cdot 12 = 8\,200$$

Die Lösung der zwei Gleichungen mit zwei Unbekannten ergibt:

$$k_{vp} = 0{,}573$$
$$K_{fp} = 449{,}51$$

Damit lautet die Sollkostenlinie: $K_s = 449{,}51 + 0{,}573B$.

Methode der Reihenhälften → Reihenhälften-Verfahren

Mindestdeckungsbeitrag

ist ein vorgegebener Sollwert des → **Deckungsbeitrags**, der je verkaufter Leistungseinheit, je Auftrag oder je Engpaßkapazitätseinheit erreicht werden soll und nicht unterschritten werden darf (→ **Plandeckungsbeitrag**).

Mindestpreis

Begriff: M. sind staatlich festgesetzte → **Preise**, die nicht unter-, wohl aber überschritten werden dürfen (administrierte Preise).

Problem: (1) Liegt der → **Marktpreis** über dem M., so bleibt der M. ohne ökonomische Wirkung.

(2) Liegt der Marktpreis unter dem M., so wird mehr angeboten als nachgefragt. Der Angebotsüberschuß ist dann durch staatliche Stellen vom → **Markt** zu nehmen. Auch Prämien für Nichtproduktion kommen in Frage. Die Außerkraftsetzung des Marktmechanismus hat sich als fragwürdig erwiesen (Abschlachtprämien, Butter- und Zuckerberg).

Beispiel: M. existieren vor allem bei Agrarerzeugnissen wie Milch, Getreide, Rind- und Schaffleisch.

Minimalkostenkombination

ist die Kombination der im → **Produktionsprozeß** eingesetzten → **Güter** und Dienste, bei der eine bestimmte vorgegebene → **Ausbringungsmenge** mit den geringsten → **Gesamtkosten** hergestellt wird.

Minutenfaktor

Begriff: M. ist ein Teil der Lohnformel der Berechnung des → **Akkordlohns** im Falle des → **Zeitakkords.** Er gibt den auf die Minute bezogenen Akkordlohn, bestehend aus tariflichem Mindestlohn plus Akkordzuschlag, an.

Beispiel: Beim tariflichen Mindestlohn von 20 DM/Std und einem Akkordzuschlag von 20 % wird der M. folgendermaßen ermittelt:

$$\text{Minutenfaktor:} = \frac{\text{tarifl. Mindestlohn (DM/Std)} + \text{Akkordzuschlag (DM/Std)}}{60\ \text{(Min/Std)}}$$

$$\text{Minutenfaktor:} = \frac{20\ \text{(DM/Std)} + 4\ \text{(DM/Std)}}{60\ \text{(Min/Std)}} = \frac{24}{60} = 0{,}40\ \text{DM/Min}$$

Beträgt die → **Vorgabezeit** für die Bearbeitung eines → **Werkstücks** 15 Minuten, so ergibt sich ein → **Lohn** von 6 DM je Werkstück. Bearbeitet der Arbeiter vier Werkstücke pro Stunde, so beläuft sich sein Stundenverdienst auf 24 DM, bearbeitet er stündlich fünf Werkstücke, so steigt sein Stundenverdienst auf 30 DM.

Hinweis: Im Fall von Lohnerhöhungen ist beim Zeitakkord lediglich der M. zu ändern, während beim Geldakkord der Geldsatz pro Stück insgesamt zu erhöhen ist.

Mischkalkulation → Kompensationskalkulation

Mischkosten

Begriff: M. sind → **Kosten**, die sich aus variablen und fixen Komponenten zusammensetzen und daher weder den → **variablen** noch den → **fixen Kosten** vollständig zugerechnet werden können.

Beispiel: → **Abschreibungen** mit zeit- und leistungsabhängigem Charakter, Stromkosten mit Grundgebühr und Arbeitspreis, Vorarbeiterlöhne für Aufsichts- und Fertigungsarbeiten, → **Transportkosten** mit Stand- und Fahrtzeiten.

Monopol

Begriff: M. ist eine Marktform mit nur einem Anbieter, dem Monopolisten.

Gegensatz → Polypol.

Monopolpreis

Begriff: M. ist der → **Preis**, den der Monopolist, der einer → **Preis-Absatz-Funktion** gegenübersteht, bei Verfolgung des Ziels der → **Gewinnmaximierung** setzt.

Hinweis: Der M. ergibt sich aus dem → **Cournot-Punkt.**

MPM

ist die Abkürzung für Metra-Potential-Method, eine in Paris zur Planung von Atomkraftwerken entwickelte Form der → **Netzplantechnik**, die übersichtlicher als → **CPM** und → **PERT** ist.

N

Nachfragefunktion → Preis-Absatz-Funktion

Nachkalkulation

Begriff: N. ist eine auf die Leistungseinheit oder den Auftrag bezogene → **Kalkulation** (Kontrollrechnung), der die belegmäßig erfaßten, tatsächlichen → **Kosten** (→ **Istkosten**) zugrunde liegen. Sie dient der → **Kontrolle** der → **Vorkalkulation** und wird je nach den Umständen des Einzelfalls als → **Divisions-**, → **Äquivalenzziffern-**, → **Zuschlags-** oder → **Kuppelkalkulation** durchgeführt.

Beispiel: N. kommt zum Einsatz für

- → **LSP**-Aufträge, bei denen die tatsächlich entstandenen → **Selbstkosten** plus → **Gewinn** erstattet werden,
- Zwecke der steuerbilanziellen → **Bewertung** (Ansatz der Ist-Herstellungskosten),
- → **Einzelfertigung**.

NC-Maschinen

Begriff: NC-Maschinen sind numerisch gesteuerte (numerical control) Maschinen, die die Bearbeitung eines bestimmten → **Werkstücks** automatisch durchführen, wobei die Abfolge der Arbeitsschritte durch ein → **Computer-**→ **Programm** (NC-Programm) festgelegt ist.

Hinweis: Flexibler als NC-Maschinen sind → **CNC-Maschinen.**

Nebenbedingungen

oder → **Restriktionen** setzt man im Rahmen der → **linearen Programmierung** und bei den übrigen → **Operations-Research**-Verfahren ein.

Nebenkostenstellen

Begriff: N. werden unterschiedlich definiert. Einmal sieht man sie als → **Hauptkostenstellen**, die keine Haupt-, sondern Nebenprodukte fertigen, also beispielsweise Abfall weiterverarbeiten. Zum anderen sieht man sie als → **Hilfskostenstellen**, die ihre → **Leistungen** nicht an den

Gesamtbetrieb abgeben, sondern lediglich eine oder einige Hauptkostenstellen beliefern.

Problem: (1) Uneinheitliche Definition.

(2) Die Einteilung in Haupt- und Hilfskostenstellen reicht für praktische Belange aus; weitere begriffliche Differenzierungen sind weder nötig noch sinnvoll.

Nettoerlös

ist der → **Erlös** bzw. → **Umsatz**, vermindert um → **Erlösschmälerungen** (Rabatte, Skonti, Boni, Preisnachlässe, Warenrücksendungen).

Nettogewinn

Begriff: N. ist die Differenz zwischen betrieblichen → **Leistungen** und → **Kosten**. In der → **Deckungsbeitragsrechnung** ermittelt man ihn als Differenz zwischen der Summe aller → **Stückdeckungsbeiträge** d und den → **Fixkosten** K_f:

$$G_{ne} = \sum_{i=1}^{n} d_i - K_f. \qquad G_{ne} = \text{Nettogewinn}$$

Gegensatz: → Bruttogewinn (→ Deckungsbeitrag).

Nettostückgewinn

Begriff: N. ist die Differenz zwischen Stückpreis p und → **Stückkosten** k. Es gilt: $g = p - k$.

Problem: Die → **Vollkostenrechnung** zieht den N. in Ermangelung anderer Entscheidungshilfen zu → **Programmentscheidungen** heran. Fehlentscheidungen sind die Folge, wenn → **Produkte** mit negativem N. aus dem → **Sortiment** genommen werden, obschon ihr (unbekannter) → **Stückdeckungsbeitrag** positiv ist. Kurzfristige Programmentscheidungen sollten sich besser am → **Deckungsbeitrag** je Leistungseinheit orientieren.

Nettoumsatz → Nettoerlös

Netzplantechnik (NPT), Netzwerktechnik

Begriff: NPT ist der Sammelbegriff für eine Gruppe graphisch-mathematischer Verfahren zur Planung komplexer Projekte mit dem Ziel, alle

Arbeitsschritte zu erfassen und optimal zu koordinieren. Die NPT kann eingesetzt werden zur

- Strukturplanung,
- Zeitplanung,
- → **Kapazitätsplanung,**
- → **Kostenplanung,**
- Liquiditätsplanung,
- Durchführungskontrolle.

Die Kostenplanung baut auf der Struktur-, Zeit- und Kapazitätsplanung auf. Bewertet man die Vorgangsdauern mit den zugehörigen → **Kosten** und spielt die Alternativen durch, so läßt sich die kostenminimale Projektdauer bestimmen.

Verfahren: Die bekanntesten Verfahren der NPT sind

→ **PERT** = Program Evaluation and Review Technique,
→ **CPM** = Critical Path Method,
→ **MPM** = Metra Potential Method,
→ **LESS** = Least Cost Estimating Scheduling,
→ **RAMPS** = Resources Allocation and Multi Project Scheduling.

Beispiel: Die Anwendungsmöglichkeiten der NPT sind vielgestaltig:

- Entwicklung von Waffen- und Nachrichtensystemen (PERT erwies sich bei Entwicklung und Bau der amerikanischen Polaris-Raketen als so wirkungsvoll, daß der Einsatz der NPT für die Erlangung von Regierungsaufträgen in den USA obligatorisch wurde);
- Planung größerer Bauvorhaben (Brücken, Fabriken, E-Werke, Krankenhäuser);
- Installation und Programmierung von → **EDV**-Anlagen;
- Wartungs- und Reparaturplanung von Großanlagen (Flugzeuge, Schiffe, Raffinerien);
- Erprobung und Markteinführung neuer → **Produkte**.

neutraler Aufwand

Begriff: N. A. gehört zu den → **Grundbegriffen des Rechnungswesens.** Im Zusammenhang mit der → **Abgrenzung** von → **Kosten** und → **Aufwand** trennt man den n. A. vom → **Zweckaufwand**. N. A. ist der Aufwand, der nicht durch den ordentlichen (regelmäßigen) betrieblichen Leistungsprozeß bedingt ist, also keinen Kostencharakter hat.

Hinweis: Man gliedert den n. A. in:

- → **betriebsfremden Aufwand** (Spende, Schenkung),
- außerordentlichen Aufwand (Verlust bei Maschinenverkauf),
- periodenfremden Aufwand (Steuernachzahlung aus früheren Jahren).

neutraler Erfolg → neutrales Ergebnis

neutraler Ertrag

Begriff: Der n. E. gehört zu den → **Grundbegriffen des Rechnungswesens.** Im Zusammenhang mit der → **Abgrenzung** von → **Ertrag** und → **Leistung** trennt man den n. E. vom betrieblichen oder → **Zweckertrag**. N. E. ist der Ertrag, der nicht aus dem ordentlichen (regelmäßigen) betrieblichen Leistungsprozeß stammt, also keinen Leistungscharakter hat.

Hinweis: Man gliedert den n. E. in:

- → **betriebsfremden Ertrag** (Ertrag aus Finanzanlagen),
- außerordentlichen Ertrag (Gewinn bei Maschinenverkauf),
- periodenfremden Ertrag (Steuerrückzahlung).

neutrales Ergebnis

(neutraler Erfolg) ist die Differenz zwischen den → **neutralen Erträgen** und den → **neutralen Aufwendungen**. Das n. E. ist Bestandteil des externen → **Erfolgs**, des Unternehmungsergebnisses (→ **Gewinn**). Mit dem internen Erfolg, dem → **Betriebsergebnis**, hat es nichts zu tun.

Nichtnegativitätsbedingungen

sind im Rahmen der → **Linearen Programmierung (LP)** und der anderen → **Operations Research**-Verfahren zu beachtende → **Nebenbedingungen**, wonach keine der Variablen des linearen Gleichungssystems negative Werte annehmen darf. Für die Anwendung der Linearen Programmierung in der Programmplanung bedeutet das:

(1) Das optimale → **Programm** darf keine negativen Mengenstückzahlen enthalten.

(2) Es darf keine negativen Werte der → **Schlupfvariablen** enthalten, denn negative → **Kapazitäten** sind genauso unsinnig wie negative Produktmengen.

Normalkalkulation → Normalkostenkalkulation

Normalkosten

Begriff: (1) N. als statistische Mittelwerte ergeben sich aus den → **Istkosten** mehrerer früherer Abrechnungsperioden. N. sind also Durchschnittswerte, denen der normale, durchschnittliche Verbrauch an Kostengütern zugrunde liegt.

(2) Die Aussagefähigkeit einer → **Normalkostenrechnung** läßt sich steigern, wenn man bei der Festlegung der Durchschnittswerte, der N., inzwischen eingetretene Veränderungen der → **Kostenbestimmungsfaktoren**, etwa gestiegene Rohstoffpreise, berücksichtigt. Man spricht dann von aktualisierten Mittelwerten.

Problem: (1) Die Normalisierung der → **Kosten** muß nicht sämtliche Kostenelemente erfassen, sie kann unterschiedlich weit gehen. Schon bei der → **Istkostenrechnung** werden Teile der Kosten als N. erfaßt: Die häufig gewählte lineare → **Abschreibung** erfolgt Jahr für Jahr, und zwar unabhängig von der Nutzungsintensität. Um ständigen Schwankungen innerbetrieblicher Verrechnungssätze aus dem Wege zu gehen, rechnet man in der Praxis gern mit normalen → **Verrechnungspreisen**. Neben die Normalisierung der → **Preise** kann noch die Normalisierung der Mengen treten.

(2) Nach Ablauf einer Periode muß man feststellen, ob die angenommenen N. ausreichen, um die später tatsächlich angefallenen Istkosten zu decken. Da Normal- und Istkosten nur zufällig übereinstimmen, erhält man im Regelfall Kostenüber- und -unterdeckungen:

Kostenüberdeckung	=	Normalkosten > Istkosten
Kostenunterdeckung	=	Normalkosten < Istkosten

Normalkostenkalkulation

Begriff: Die N. beruht auf Durchschnitten früherer → **Istkosten** (→ **Normalkosten**). Sie dient der Beschleunigung der → **Nachkalkulation**, weil sie auf die belegmäßige Kostenerfassung verzichtet, und schaltet die Zufallsschwankungen der → **Istkostenkalkulation** aus.

Problem: Die N. bleibt mit ihren Wert- und Mengenansätzen vergangenheitsorientiert und sollte durch eine → **Plankostenkalkulation** ergänzt werden.

Normalkostenrechnung (NKR)

Begriff: Die NKR ist ein→ **Kostenrechnungssystem**, das mit → **Normalkosten** arbeitet. Anstelle tatsächlich angefallener → **Istkosten** verwendet man vergangenheitsorientierte Durchschnitte früherer Istkosten (statistische Mittelwerte) oder durch aktuelle Informationen korrigierte Werte (aktualisierte Mittelwerte).

Eine konsequent durchgeführte NKR zeichnet sich durch normalisierte → **Verrechnungspreise** für → **innerbetriebliche Leistungen** und normalisierte → **Kalkulationssätze** der → **Hauptkostenstellen** aus. Man verzichtet also gezielt und bewußt auf die Überwälzung der tatsächlich angefallenen Istkosten (Istkostenüberwälzung), um die Abrechnung zu erleichtern, zu beschleunigen und von Zufallsschwankungen zu befreien.

Problem: (1) Die NKR steht zwischen → **Istkostenrechnung (IKR)** und → **Plankostenrechnung (PKR)**. Sie bietet eine im Vergleich zur Istkostenrechnung beschleunigte → **Nachkalkulation** und vermeidet den Fehler der Istkostenrechnung: die durch die Istkostenüberwälzung bewirkten Zufallsschwankungen.

(2) Jedoch bleibt die NKR vergangenheitsorientiert und kann die zukunftsbezogene Plankostenrechnung nicht ersetzen.

(3) Verschiedene Varianten der NKR ergeben sich daraus, daß man die Normalisierung der → **Kosten**, die Durchschnittsbildung,

- nur für die Preise oder
- nur für die Mengen oder
- für Preise und Mengen durchführt; dies kann für alle → **Kostenarten** oder für einzelne, besonders wichtige Kostenarten geschehen.

(4) Aus der Differenz zwischen Normal- und Istkosten ergeben sich Kostenüber- und Kostenunterdeckungen, die Anhaltspunkte für eine → **Kostenkontrolle** darstellen können. Eine wirksame Kostenkontrolle erfordert allerdings den Vergleich von Plan- und Istwerten.

Verfahren: Bei der NKR unterscheidet man zwei Verfahren, die starre und die flexible NKR.

(1) Starre NKR: Sie entspricht der Istkostenrechnung, wenn man diese auf ein bestimmtes Beschäftigungsniveau einfriert. Sie verzichtet auf die Trennung von → **fixen** und → **variablen Kosten** und stellt den → **Kostenträgergemeinkosten** einer → **Kostenstelle** die auf die → **Istbeschäftigung** bezogenen → **Normalkosten** gegenüber.

(2) Flexible NKR: Sie spaltet die Normalkosten in fixe und variable Bestandteile (→ **Kostenauflösung**) und ermöglicht den Ausweis von → **Beschäftigungs-** und → **Verbrauchsabweichungen**.

Normalleistung

Begriff: N. ist ein Begriff, der im Zusammenhang mit der Vorgabezeitermittlung (→ **Auftragszeit**) nach → **REFA**-Methoden verwendet wird. Die REFA-N. kann erfahrungsgemäß von jedem in erforderlichem Maße geeigneten, geübten und voll eingearbeiteten Arbeiter auf die Dauer und im Mittel der Schichtzeit erbracht werden, sofern er die für persönliche Bedürfnisse und gegebenenfalls auch für Erholung vorgegebenen Zeiten einhält und die freie Entfaltung seiner Fähigkeiten nicht behindert wird.

Problem: (1) Neben der REFA-Definition gibt es weitere Begriffsbestimmungen, eine einheitliche Definition existiert nicht.

(2) Die N. ist nicht mit der Durchschnittsleistung identisch, sie liegt gewöhnlich unter der Durchschnittsleistung.

Normalzuschläge

sind prozentuale → **Gemeinkostenzuschläge** (→ **Zuschlagskalkulation**), die aufgrund von Erfahrungen aus früheren Abrechnungsperioden festgelegt werden. N. sind ein Ergebnis der → **Normalkostenrechnung (NKR)**; sie werden meist auf Einzelkostenbasis zum Zwecke der Weiterverrechnung der → **Gemeinkosten** auf die → **Kostenträger** ermittelt.

Normkosten, Normkostenrechnung

sind Synonyme zu → **Sollkosten** und → **Plankostenrechnung.**

NPT

ist die Abkürzung für → **Netzplantechnik.**

Null-Basis-Budgetierung → Zero-Base-Budgeting (ZBB)

numerische Steuerung

ist die direkte Steuerung von Maschinen und Anlagen durch eine → **EDV-Anlage** (→ **NC-Maschinen**).

Nummerung

Begriff: Unter N. (Nummernordnung, Nummernschlüssel) versteht man nach → **DIN** 6763 das Bilden, Erteilen, Verwalten und Anwenden von Nummern für Nummerungsobjekte. Die Nummer ist nach DIN 6763 eine festgelegte Folge von Zeichen; dabei werden Ziffern, Buchstaben und Sonderzeichen unterschieden.

Problem: Im Unternehmen muß jeder Gegenstand, jede Person, jeder Sachverhalt eindeutig und unverwechselbar angesprochen werden. Bei einer Vielzahl von Nummerungsobjekten ist eine ausführliche Benennung zu lang und unhandlich, und man greift zu Abkürzungen: Ziffern, Buchstaben, Sonderzeichen.

Beispiel: Numerische Nummern enthalten nur Ziffern, alphanumerische Nummern enthalten Ziffern und Buchstaben, alphabetische Nummern nur Buchstaben.

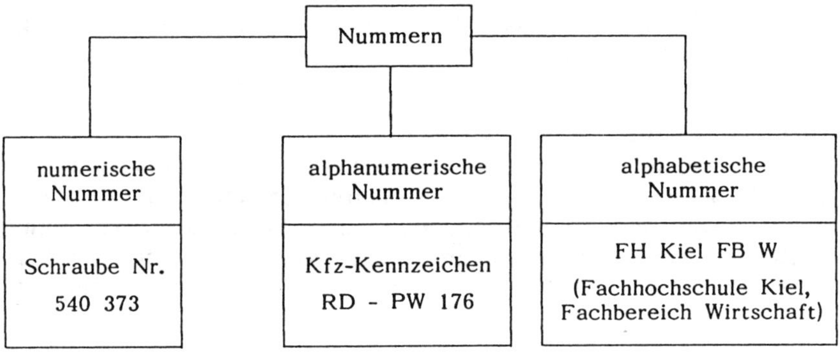

Übersicht: **Nummerung ermöglicht die rasche und eindeutige Identifizierung**

Nutzengrenze

ist der obere Beschäftigungswert, bei dem sich Umsatz- und Gesamtkostenkurve schneiden; hier verläßt der → **Betrieb** die Gewinnzone. Man spricht deshalb auch von → **Gewinngrenze** (→ **Break-even-Analyse**).

Nutzenschwelle

ist der untere Beschäftigungswert, bei dem sich Umsatz- und Gesamtkostenkurve schneiden; hier tritt der → **Betrieb** in die Gewinnzone ein. Man spricht deshalb auch von → **Gewinnschwelle** (→ **Break-even-Analyse**).

Nutzkosten

Begriff: N. sind → **Fixkosten,** die für die Bereitstellung der tatsächlich durch die → **Produktion** in Anspruch genommenen → **Kapazität** entstehen (→ **Leerkosten und Nutzkosten**).

Gegensatz: → **Leerkosten.**

Nutzungsdauer

Begriff: N. ist die Zeitspanne, für die ein abnutzbares → **Wirtschaftsgut** im → **Betrieb** verwendet werden kann.

Problem: Es gibt keinen einheitlichen Begriff der N., vielmehr unterscheidet man die

- betriebsgewöhnliche N. im Steuerrecht (ist in AfA-Tabellen quantifiziert),
- technische N. (hängt von Qualität und Beanspruchung des Wirtschaftsguts ab),
- ökonomische N. (bringt zum Ausdruck, wie lange es wirtschaftlich sinnvoll ist, ein technisch noch brauchbares → **Gut** weiterzunutzen).

Nutzwertanalyse (NWA)

Begriff: NWA ist ein Verfahren zur Bewertung von Handlungsmöglichkeiten, die auch an solchen Bewertungskriterien gemessen werden, die nicht in Geld ausgedrückt werden können.

Problem: (1) Der Gesamtnutzwert ist das Ergebnis einer subjektiven Beurteilung (Welche Kriterien sind heranzuziehen? Wie wichtig sind die Einzelkriterien? Inwieweit bringen die betrachteten Alternativen eine Zielerfüllung?).

(2) Der Wert der NWA liegt darin, daß sie die Bestimmungsgründe einer Entscheidung in eine übersichtliche, nachvollziehbare Form bringt, so daß Argumente und deren Gewicht diskutiert werden können.

(3) Die NWA sollte im praktischen Fall nicht isoliert, sondern im Verbund mit einer die finanzielle Seite beleuchtenden Rechnung eingesetzt werden. Bei Investitionsentscheidungen bietet sich das Tandem → **Investitionsrechnung** plus NWA an; beide zusammen bilden eine wichtige Entscheidungshilfe.

Beispiel: Eine Unternehmung, die aus mehreren → **Betrieben** besteht, unterhält zwischen den Betrieben einen Transportdienst für Post, Akten und Personal, für den mehrere Kleintransporter eingesetzt werden. Die bisherigen Modelle sind in absehbarer Zeit zu ersetzen. Welcher neue Transportertyp soll angeschafft werden?

Schritt 1: Bewertungskriterien formulieren

Schritt 2: Gewichtsfaktoren festlegen (Wie wichtig sind die einzelnen Kriterien?)

Bewertungs-kriterium	Gewichtsfaktor
Kosten	0,34 = 34 %
Service	0,08 = 8 %
Volumen	0,50 = 50 %
Komfort	0,08 = 8 %
	1,00 = 100 %

Schritt 3: Zielerfüllung der Alternativen prüfen (Inwieweit erfüllen die Transporter A, B, C die Kriterien?)
3 = gut
2 = mittel
1 = schlecht

Bewertungs-kriterium	Zielerfüllung Transporter A	B	C
Kosten	2	3	1
Service	2	1	3
Volumen	1	2	3
Komfort	3	1	2

Schritt 4: Teilnutzwerte und Gesamtnutzwerte ermitteln

Bewer-tungs-kriterium	Gewich-tungs-faktor I	Transporter A: Ziel-erfüllung II	Teil-nutzwert III = I · II	B: Ziel-erfüllung IV	Teil-nutzwert V = I · IV	C: Ziel-erfüllung VI	Teil-nutzwert VII = I · VI
Kosten	0,34	2	0,68	3	1,02	1	0,34
Service	0,08	2	0,16	1	0,08	3	0,24
Volumen	0,50	1	0,50	2	1,00	3	1,50
Komfort	0,08	3	0,24	1	0,08	2	0,16
Gesamtnutzwert:			1,58		2,18		2,24

Übersicht: **Formular zur Durchführung einer Nutzwertanalyse (NWA)**

O

öffentliche Aufträge

sind von Bund, Ländern, Gemeinden und Gemeindeverbänden sowie sonstigen Personen des öffentlichen Rechts vergebene Aufträge an Privatunternehmer. Nach der Verordnung über die Preise bei öffentlichen Aufträgen (→ **VPöA**) sind grundsätzlich → **Marktpreise** zu vereinbaren. Nur ausnahmsweise sollen → **Selbstkostenpreise** angesetzt werden, die nach den → **Leitsätzen für die Preisermittlung aufgrund von Selbstkosten (LSP)** zu kalkulieren sind.

Ökologie

Begriff: Ö. ist die Lehre von den Wechselbeziehungen zwischen den Lebewesen und ihrer Umwelt, die Lehre vom Haushalt der Natur (oikos, griech. = Haus, Haushalt).

Problem: Die Beziehungen zwischen → **Ökonomie** und Ö. sind künftig von besonderer Bedeutung. Bei langfristiger Betrachtung sind die ökologischen Folgen wirtschaftlichen Handelns zu beachten, z. B. durch → **Internalisierung externer Kosten.** Neben → **externen Kosten** kann auch ein → **externer Nutzen** auftreten.

Ökonomie

läßt sich zurückführen auf oikos, griech. = Haus, Haushalt und nomos, griech. = Gesetz. Ö. hat viele Bedeutungen: (1) Wirtschaft, (2) → **Wirtschaftlichkeit,** Sparsamkeit, (3) Wirtschaftswissenschaft.

ökonomisches Prinzip

Begriff: Das ö. P. (Rationalprinzip, Wirtschaftlichkeitsprinzip) besagt, daß zwischen Mitteleinsatz und → **Ertrag** ein optimales Verhältnis herzustellen ist. Es existiert in zwei Versionen:

(1) Maximum-Version: Bei vorgegebenem Mitteleinsatz ist ein möglichst hoher Ertrag zu erzielen.

(2) Minimum-Version: Ein vorgegebener Ertrag ist mit möglichst geringem Mitteleinsatz zu erreichen.

Problem: Eine Größe (Mitteleinsatz oder Ertrag) muß festgelegt werden. Die gelegentlich zu hörende Formulierung, man solle „mit dem geringsten

Mitteleinsatz einen maximalen Ertrag erreichen", ist eine inhaltsleere Aussage.

Beispiel: Ökonomisch im Sinne dieses Prinzips handelt nicht nur der Student, der seine ganze Arbeitskraft auf das Studium konzentriert, um ein möglichst gutes Examen abzulegen; ökonomisch handelt auch jener Student, der lediglich bestehen möchte und nur die dafür unbedingt notwendige Zeit in sein Studium investiert.

Oligopol

ist eine Marktform mit wenigen, meist großen Anbietern; sie steht zwischen → **Monopol** und → **Polypol**.

Operations Research (OR)

Begriff: OR ist die Anwendung mathematischer Methoden zur Vorbereitung optimaler Entscheidungen. Sofern die vorzubereitenden Entscheidungen betrieblicher Natur sind, heißt OR auch Unternehmensforschung. OR entstand während des Zweiten Weltkriegs in England und in den USA und wurde zunächst im militärischen Bereich angewendet; heute dominiert die betriebswirtschaftliche Anwendung.

Beispiel: OR ist durch eine Vielfalt von Verfahren und Anwendungsmöglichkeiten gekennzeichnet.

OR-Verfahren	OR-Anwendungsgebiete
→ **lineare Programmierung (LP)**	gewinnmaximales → **Programm**
Warteschlangenmodelle	Ampelregelungen an Kreuzungen
Lagerhaltungsmodelle	→ **optimale Bestellmenge/Losgröße**
→ **Netzplantechnik (NPT)**	Planung von Großbauten und Fabriken
Ersatzmodelle	prophylaktischer Bahnschwellenersatz
dynamische Programmierung	Produktionsplanungsprobleme
Simulationsverfahren	Lagersteuerung, Reihenfolgeprobleme

Übersicht: **Methodenvielfalt und Anwendungsbreite kennzeichnen OR**

Die lineare Programmierung (LP) ist das bedeutsamste und am besten entwickelte OR-Verfahren. LP wird eingesetzt zur Ermittlung des größten → **Gewinns**, der geringsten → **Kosten**, des höchsten Werbeerfolgs, der kürzesten Wegstrecke, der günstigsten Futtermittelmischung, der Verschnittminimierung usw.

Opportunitätskosten (OK)

Begriff: OK oder Alternativkosten sind allgemein definiert als entgangener Nutzen der besten nicht gewählten Alternative. Der entgangene Nutzen ist im Einzelfall inhaltlich zu konkretisieren: entgangener → **Gewinn**, entgangene → **Zinsen**, entgangener → **Deckungsbeitrag.**

Problem: Gelegentlich werden OK auch unzweckmäßig als entgangener Nutzen der zweitbesten Alternative definiert. Maßgebend für den Unternehmer ist jedoch einzig und allein der entgangene Nutzen der besten nicht gewählten Alternative, die zweitbeste Alternative sollte ihm gleichgültig sein. Nur bei Wahl der besten Alternative ist die zweitbeste zugleich die beste nicht gewählte.

Beispiel: In der → **Kostenrechnung** findet sich das Denken in Alternativen, in (verpaßten) Chancen (= opportunities) und deren „Kosten", dem entgangenen Nutzen (= → **opportunity costs**), in vielen Bereichen:

→ **Kalkulatorische Zinsen**: Welche Verzinsung hätte das → **betriebsnotwendige Kapital** an anderer Stelle erbracht?

→ **Kalkulatorischer Unternehmerlohn:** Welches Einkommen entgeht dem Eigentümer-Unternehmer, der seine Arbeitskraft in den eigenen → **Betrieb** investiert?

→ **Spezifischer Deckungsbeitrag** (= Deckungsbeitrag je knapper Engpaßkapazitätseinheit, z. B. je Maschinenminute): Die Mehrproduktion eines bestimmten → **Gutes** A ist bei Vorliegen eines innerbetrieblichen Kapazitätsengpasses nur möglich, wenn man gleichzeitig von einem anderen → **Produkt** B weniger erzeugt. Damit verliert man den B-Deckungsbeitrag je Engpaßkapazitätseinheit (spezifischer Deckungsbeitrag). Der entgangene B-Deckungsbeitrag je Engpaßkapazitätseinheit repräsentiert die OK der Mehrproduktion des Gutes A.

opportunity costs

angelsächsicher Ausdruck für → **Opportunitätskosten** im Sinne von Nutzenentgang.

optimale Bestellmenge

Begriff: O. B. ist die Bestellmenge, bei der die stückbezogenen → **Kosten** als Summe von Beschaffungs- und → **Lagerkosten** (→ **Stückkosten**) ihr Minimum erreichen.

Problem: (1) Je mehr man bestellt, desto günstiger kann der Stückpreis (Mengenrabatt) sein; auch verteilen sich die bestellfixen Kosten auf eine höhere Stückzahl.

(2) Gegen eine hohe Bestellmenge sprechen die wachsenden → **Zins-** und Lagerkosten.

Die o. B., die → **Fixkostendegression** sowie Zins- und Lagerkosten berücksichtigt, ergibt sich aus der folgenden Bestellmengenformel:

$$x_{opt} = \sqrt{\frac{2 \cdot K_f \cdot u}{l}}$$

x_{opt} = optimale Bestellmenge (Stück)
K_f = bestellfixe Kosten (DM)
u = jährlicher Bedarf (Stück/Jahr)
l = Lager- und Zinskosten je Einheit und Jahr

Beispiel: Ein Buchhändler weiß, daß er jährlich rund 200 Einheiten eines bestimmten Kochbuchs verkaufen kann. Die → **Fixkosten** eines Bestellakts veranschlagt er auf 20 DM, den Lagerkostensatz je Buch und Jahr inkl. Zinsen auf 2,50 DM. Welche Kochbuchmenge sollte er jeweils bestellen?

$$\text{optimale Bestellmenge} = \sqrt{\frac{2 \cdot 20 \cdot 200}{2{,}50}} = 57 \text{ Stück}$$

Hinweis: Ein analoges Problem ist die Ermittlung der optimalen → **Losgröße**.

optimale Fertigungsmenge

ist ein Synonym für optimale → **Losgröße**.

optimale Intensität

ist die → **Intensität**, bei der die → **variablen Kosten** je Leistungseinheit minimiert werden.

optimale Losgröße → Losgröße

optimale Maschinenbelegung → Verfahrenswahl

optimaler Lagerbestand

ist die wirtschaftlichste Lagerbestandsgröße; sie ergibt sich aus der → **optimalen Bestellmenge.**

optimales Produktionsverfahren → Verfahrenswahl

Optimierung

Begriff: (1) In der Mathematik steht O. für das Aufsuchen des größten oder kleinsten Wertes einer Funktion, bezeichnet also gleichermaßen Maximierung und Minimierung. (2) Allgemein versteht man unter O. die bestmögliche Lösung eines bestimmten Problems.

Hinweis: Optimierungsverfahren bieten die Methoden des → **Operations Research (OR)** und hier insbesondere die → **lineare Programmierung (LP).**

Optimum

Begriff: O. bezeichnet das Beste oder Bestmögliche, das ist der Bestwert, der unter gegebenen Umständen im Hinblick auf ein Ziel erreichbar ist.

Gegensatz: Pessimum (das Schlechteste).

OR

ist die Abkürzung für → **Operations Research.**

Organisation

Begriff: O. läßt sich zurückführen auf organon, griech. = Glied und bezeichnet entweder die Tätigkeit des Organisierens oder das Ergebnis dieser Tätigkeit.

Hinweis: In der Wirtschaft hat sich die Unterscheidung zwischen → **Aufbau-** und → **Ablauforganisation** durchgesetzt.

(1) Aufbauorganisation ist die Gliederung des Unternehmens in → **Kostenstellen** und der Zusammenhang zwischen den betrieblichen Teilbereichen. Hierbei sind vor allem → **divisionale Organisation** und → **funktionale Organisation** von Bedeutung.

(2) Ablauforganisation ist die räumliche und zeitliche Gestaltung von Arbeits- und Bewegungsvorgängen. Die Ablauforganisation gliedert Arbeitsprozesse in ihre einzelnen Teilverrichtungen und ordnet diesen → **Werkstoffe** und → **Betriebsmittel** zu. Sie ordnet die Teilverrichtungen in der Weise, daß die Ziele (→ **Qualität,** Termin, → **Gewinn**) optimal erreicht werden.

originäre Kosten

seltene Bezeichnung für → **primäre Kosten.**

Output

Begriff: O. ist der mengenmäßige → **Ertrag** eines → **Betriebs** (→ **Ausbringung**, → **Ausstoß,** → **Produktion**, → **Beschäftigung**). Outputgüter sind Ausbringungsgüter.

Problem: Der Begriff O. kann sich auf den Einzelbetrieb, aber auch auf die gesamte Volkswirtschaft beziehen. Er kann in physischen Mengen gemessen oder (in Ausnahmefällen) in Geld ausgedrückt werden. Betriebswirtschaftlich ergibt sich aus dem mengenmäßigen Ertrag nach Bewertung mit den → **Preisen** die betriebliche → **Leistung**.

Gegensatz: → Input.

P

Päckchen-Deckungsbeitrag

Begriff: P.-D. ist der → **Deckungsbeitrag** eines Bündels von → **Erzeugnissen**, das mit technischer Notwendigkeit immer nur als Einheit erstellt werden kann (→ **Kuppelproduktion**).

Problem: Bei der Kuppelproduktion fallen die Erzeugnisse und deren → **Kosten** stets gemeinsam an. Es hat Sinn, auf die → **Gemeinkostenschlüsselung** zu verzichten und das gesamte Produktbündel (Päckchen) und dessen → **variable Kosten** zu betrachten. Die Vermarktung eines weiteren Päckchens lohnt sich kurzfristig dann, wenn dessen P.-D. positiv ist.

Päckchen-Rechnung

ist ein Verfahren der → **Kuppelkalkulation**, bei dem man auf die → **Gemeinkostenschlüsselung** verzichtet.

Parallelkalkulation

Begriff: P. (auch → **Doppelkalkulation**) ist die Kombination von → **Voll-** und → **Teilkostenrechnung,** die nebeneinander durchgeführt werden.

Problem: (1) Bei der P. muß stets beachtet werden, daß die Teilkostenrechnung als Hauptrechnung und die Vollkostenrechnung als Nebenrechnung auszulegen ist.

(2) Der mit der P. verbundene zusätzliche Arbeitsaufwand ist meist dann gerechtfertigt, wenn mindestens einer der folgenden Tatbestände erfüllt ist:

- öffentliche Aufträge, die nach den → **Leitsätzen für die Preisermittlung aufgrund von Selbstkosten** abzurechnen sind,
- → **Betriebsvergleiche** und Berichterstattung in großen Unternehmungen,
- Inventurbewertung selbsterstellter Erzeugnisse (→ **Inventur**),
- Erfolgsverantwortung bei → **Profit-Center**,
- Preispolitik (→ **kurzfristige** und → **langfristige Preisuntergrenze**).

Hinweis: Die Ziele der P. lassen sich häufig auch mit Hilfe der → **stufenweisen Fixkostendeckungsrechnung (SFD)** erreichen.

Partie

ist eine begrenzte Erzeugnismenge, die in einheitlicher Beschaffenheit und → **Qualität** hergestellt wird.

Partiefertigung

Begriff: P. ist eine Sonderform der → **Sortenfertigung**, bei der eine begrenzte Menge eines Einsatzstoffes bearbeitet wird, die eine qualitätsmäßige Einheit darstellt.

Problem: Die P. muß deutlich von der → **Chargenfertigung** abgegrenzt werden. Bei der P. wird die einheitliche Erzeugnismenge nicht durch das Fassungsvermögen eines → **Betriebsmittels**, sondern durch die zur Verfügung stehende Einsatzmenge eines Rohstoffs begrenzt. P. hat mit der Chargenfertigung also nur das Merkmal der mengenmäßig begrenzten und gleichartigen Endprodukte gemein.

Beispiel: Tee aus Assam, Preiselbeeren aus Lappland, Holz aus Polen, Deckblätter von Qualitätszigarren, Diamanten bestimmter Größe und → **Qualität.**

Partiekalkulation

Begriff: P. ist die Ermittlung der → **Stückkosten** der zu einer → **Partie** gehörenden Mengeneinheiten mittels → **Divisionskalkulation**; sie entspricht in ihrer äußeren Form einer → **Chargenkalkulation.**

Beispiel: (P. auf Voll- und Teilkostenbasis):

Gesamtkosten einer Ausbringungseinheit

$$= \frac{\text{Gesamtkosten der Partie}}{\text{Ausbringungseinheiten der Partie}} = \frac{60\,000}{4\,000} = 15 \text{ (DM/Stück)}$$

variable Kosten einer Ausbringungseinheit

$$= \frac{\text{variable Kosten der Partie}}{\text{Ausbringungseinheiten der Partie}} = \frac{40\,000}{4\,000} = 10 \text{ (DM/Stück)}$$

Pay-back-Periode

ist die Amortisationszeit, also der Zeitraum, innerhalb dessen die Anschaffungsauszahlung wiedergewonnen wird (→ **Amortisationsrechnung**).

Pay-back-Rechnung

(Pay-off-Rechnung) Synonym zu → **Amortisationsrechnung**.

Periodenkapazität

Begriff: P. ist das Leistungsvermögen eines → **Betriebs** oder eines einzelnen → **Betriebsmittels** innerhalb einer einzelnen Periode.

Gegensatz: → **Totalkapazität.**

Periodenkosten

sind die → **Gesamtkosten** einer Abrechnungsperiode.

Personalkosten

Begriff: P. sind alle → **Kosten**, die durch den Einsatz von Arbeitnehmern (= Arbeiter und Angestellte) entstehen. Der → **kalkulatorische Unternehmerlohn** gehört nicht dazu. Die P., bestehend aus → **Löhnen** und → **Gehältern**, lassen sich wie folgt aufteilen:

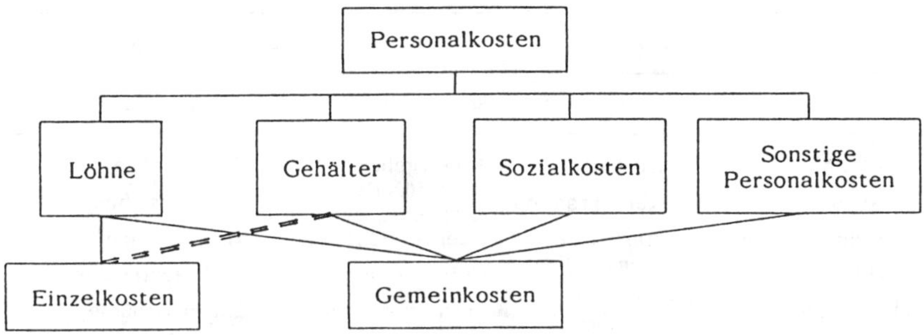

Übersicht: **Aufteilung der Personalkosten**

Problem: (1) Für die Weiterverrechnung der P. in der → **Kostenstellen-** und → **Kostenträgerrechnung** muß in der → **Kostenartenrechnung** eine Aufteilung in → **Einzelkosten** und → **Gemeinkosten** vorgenommen werden.

(2) Löhne können sowohl Einzel- als auch Gemeinkosten darstellen. Die Einzelkostenlöhne sind immer variabel. Eine Aufteilung der Gemeinkosten in variable und fixe Bestandteile läßt sich erst in der Kostenstellenrechnung vornehmen.

(3) In Ausnahmefällen kann ein Teil der Gehälter Einzelkostencharakter haben.

(4) Die Erfassung der P. erfolgt in der → **Lohnbuchhaltung** mit Hilfe verschiedener Belege wie Gehaltslisten, Zeitlohnscheinen, Akkordscheinen, Zusatzlohnscheinen, Prämienunterlagen, Stempelkarten.

(5) Die in der Lohnbuchhaltung erfaßten Kosten können ohne Schwierigkeiten in die → **Kostenrechnung** übernommen werden. Problematisch ist jedoch die zeitliche Verteilung der Urlaubs-, Krankheits- und Feiertagslöhne und -gehälter. So fallen Urlaubslöhne überwiegend im Sommer an. Belastete man allein die Ferienmonate mit Urlaubslöhnen, erhielte man in diesen Monaten ein extrem schlechtes → **Betriebsergebnis**. Daher verteilt man die Urlaubs-, Krankheits- und Feiertagslöhne und -gehälter gleichmäßig auf die Monate, in denen der → **Betrieb** → **Leistungen** erstellt (→ **Abgrenzung**).

Beispiel: Zusätzlich zu den P. sind die → **Personalnebenkosten** zu beachten; sie setzten sich zusammen aus → **Sozialkosten** und sonstigen P.

Personalkosten		Personalnebenkosten	
Löhne	Gehälter	Sozialkosten	sonstige Personalkosten
Zeitlöhne Akkordlöhne Prämienlöhne Hilfslöhne Zusatzlöhne Zuschlagslöhne	Tarifgehälter Leistungsprämien übertarifliche Zulagen Mehrarbeits-pauschalen Tantiemen Provisionen	Arbeitgeberanteile für Renten-, Kranken-, Arbeitslosenversicherung Unfallversicherung Zusatzversorgung Betriebskrankenkassen	Urlaubslöhne Feiertagslöhne Krankenlöhne Weihnachtsgelder Essenzuschüsse Wohnungsbeihilfen Ausbildungswesen

Übersicht: **Beispiele für Personalkosten und Personalnebenkosten**

Personalnebenkosten

(auch Personalzusatzkosten) sind gesetzliche und freiwillige → **Personalkosten**, die zusätzlich zum Leistungsentgelt anfallen; dabei handelt es sich überwiegend um → **Sozialkosten**.

PERT

ist die Abkürzung für Program Evaluation and Review Technique, eine in den USA entwickelte Variante der → **Netzplantechnik**, bei der für jede Aktivität drei Zeiten (eine optimistische, eine wahrscheinliche, eine pessimistische) geschätzt werden.

Planbeschäftigung

Begriff: P. ist die in der → **Plankostenrechnung** für eine künftige Periode vorgegebene → **Beschäftigung** eines → **Betriebs**, eines Betriebsteils oder einer → **Kostenstelle**. Zunächst sind die jeweils zweckmäßigen Bezugsgrößenarten festzulegen (→ **Ausbringungsmenge,** Fertigungsstunden, Maschinenstunden); sodann werden die Werte für die P. in den jeweiligen → **Bezugsgrößen** ermittelt.

Problem: (1) Es sind nur solche Bezugsgrößen zu wählen, die die Kostenverursachung möglichst gut wiedergeben (→ **Verursachungsprinzip).**

(2) Die Festlegung der P. in einer Kostenstelle kann nach Maßgabe der → **Engpaßplanung** oder der → **Kapazitätsplanung** vorgenommen werden.

(3) Meist ergeben sich → **Abweichungen** zwischen P. und → **Istbeschäftigung**, so daß eine → **Abweichungsanalyse** erforderlich wird.

Plandeckungsbeitrag

ist ein vorgegebener Sollwert für den → **Deckungsbeitrag**, der je verkaufter Leistungseinheit, je Auftrag oder je Engpaßkapazitätseinheit unter normalen Bedingungen erreicht werden soll und kann. Er darf nur in ganz bestimmten Fällen aus absatzpolitischen Gründen unterschritten werden (→ **Mindestdeckungsbeitrag**).

Plankalkulation

ist die → **Vorkalkulation** für künftig zu erstellende → **Kostenträger** im Rahmen einer → **Plankostenrechnung**.

Plankosten

Begriff: P. sind die im Rahmen einer Vorausschaurechnung (→ **Plankostenrechnung**) ermittelten → **Kosten** künftiger Abrechnungsperioden, gegliedert nach → **Kostenarten**, → **Kostenstellen** und → **Kostenträgern**.

Problem: Die in der Plankostenrechnung verwendeten Planwerte beruhen auf Messungen, Berechnungen aber vielfach auch auf Schätzungen.

Beispiel: P. ergeben sich aus der Multiplikation vorgegebener Mengen oder Zeiten mit geplanten Preisen (→ **Planpreise**).

(1) Plankosten = Planmenge · Planpreis

(2) Plankosten = Planzeit · Planpreis

Plankostenkalkulation → Plankalkulation

Plankostenrechnung (PKR)

Begriff: Im Gegensatz zur vergangenheitsorientierten → **Istkostenrechnung** ist die PKR zukunftsorientiert. Das → **Kostenrechnungssystem** PKR bemüht sich, Kostenvorgaben mit Hilfe von Messungen, Berechnungen und Schätzungen festzulegen. Bei gleichzeitiger Verwendung von → **Planpreisen** entsteht so eine neue → **Kostenart**, die → **Plankosten**, bei der Mengen- und Zeitgerüste und Wertansätze Plangrößen sind.

Arten: In der Praxis kennt man vor allem drei Arten der PKR, nämlich die

→ **starre PKR,**

→ **flexible PKR auf Vollkostenbasis,**

→ **flexible PKR auf Teilkostenbasis.**

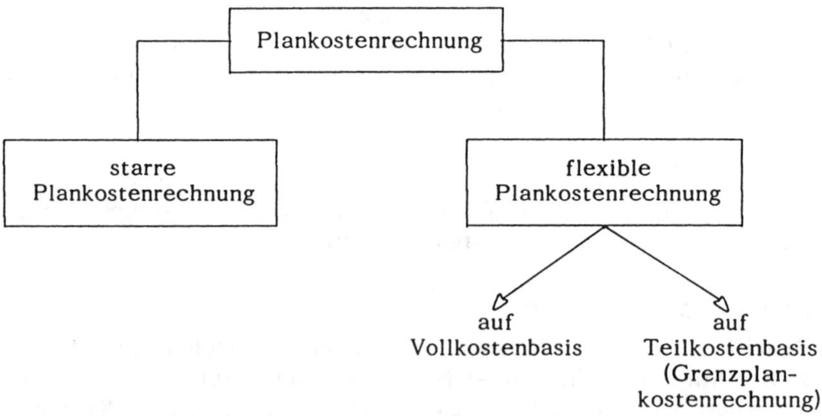

Übersicht: **Formen der Plankostenrechnung**

Plankostenverrechnungssatz (PKV)

Begriff: Der PKV gibt die geplanten → **Kosten** k_p je Bezugsgrößeneinheit wieder. Er kann als Vollkostensatz oder Teilkostensatz ermittelt werden (→ **flexible Plankostenrechnung**).

Beispiel:

$$(1)\ \text{Vollkostensatz} = \frac{\text{geplante Gesamtkosten}}{\text{Planbeschäftigung}} = \frac{12\,000\ \text{DM/Monat}}{300\ \text{h/Monat}} = 40\ \text{DM/h}$$

$$(2)\ \text{Teilkostensatz} = \frac{\text{geplante variable Kosten}}{\text{Planbeschäftigung}} = \frac{9\,000\ \text{DM/Monat}}{300\ \text{h/Monat}} = 30\ \text{DM/h}$$

Planpreise

Begriff: P. sind zukünftige Durchschnitts- oder → **Verrechnungspreise**, mit denen die Plan- oder Istmengen einer → **Kostenart** im Rahmen der → **Plankostenrechnung** bewertet werden.

Problem: P. bleiben während der → **Planungsperiode** konstant. Sie sind so festzulegen, daß sie möglichst genau dem während der Planungsperiode erwarteten Durchschnittspreis entsprechen.

Hinweis: Der Begriff P. steht einmal für den Verrechnungswert von → **Produktionsfaktoren** im Rahmen einer Plankostenrechnung, er steht daneben auch für die geplanten Verkaufspreise der → **Kostenträger**.

Planung

Begriff: P. oder Planungsrechnung ist die Vorbereitung unternehmerischer Entscheidungen. Sie kann sich auf alle Unternehmungsbereiche beziehen (Beschaffungsplan, Produktionsplan, Absatzplan, Investitionsplan, Finanzplan). Sie kann kurz-, mittel- oder langfristig sein:

kurzfristige P. = operative P.,

mittelfristige P. = taktische P.,

langfristige P. = strategische P.

Beispiel:

- → **Verfahrenswahl,**
- → **Eigenfertigung oder Fremdbezug,**
- Annahme oder Ablehnung eines → **Zusatzauftrags** (→ **kurzfristige Preisuntergrenze**),
- Zusammenstellung des optimalen → **Produktionsprogramms** (→ **Programmoptimierung**),
- Berechnung → **optimaler Bestellmengen** und → **Losgrößen**.

Planungsperiode

Begriff: P. ist die Zeit, für die die → **Kosten** im Rahmen der → **Plankostenrechnung** geplant werden; in der Regel dauert die P. ein Jahr.

Hinweis: Die P. wird meist in kleinere → **Abrechnungszeiträume** (Abrechnungsperioden) von einem Monat eingeteilt, an deren Ende ein → **Soll-Ist-Vergleich** erfolgt. Änderungen der Planzahlen werden während der P. nur dann vorgenommen, wenn sich wesentliche → **Abweichungen** bei den → **Kosten** und → **Leistungen** ergeben.

Planungsrechnung → Planung

Planverrechnungssatz → Plankostenverrechnungssatz (PKV)

Platzkostenrechnung

Begriff: P. (Kostenplatzrechnung) ist eine Form der → **Kostenstellenrechnung**, bei der die → **Kostenstellen** so tief gegliedert werden, daß einzelne Arbeitsplätze oder Maschinen als Planungseinheit zur Verfügung stehen, für die dann Arbeitsstundensätze oder → **Maschinenstundensätze** ermittelt werden.

Die Summe der → **Kosten** eines solchen Teilbereichs bezeichnet man als Platzkosten.

Problem: (1) Zwar läßt sich durch eine tiefere Kostenstellengliederung ein höherer Kostenanteil verursachungsgerecht zurechnen, jedoch wird dieser Vorteil durch zusätzliche Kosten erkauft (→ **Kostenstellenpläne**).

(2) Wenn die → **Istkosten** zusammengefaßt nach kompletten Kostenstellen abgerechnet werden, können jeweils nur die Kostenabweichungen der gesamten Kostenstellen, nicht aber die → **Abweichungen** der Kostenplätze sichtbar gemacht werden. Somit steht der relativ genauen → **Planungsrechnung** eine vergleichsweise grobe → **Kontrolle** gegenüber.

(3) Es bleiben im Fall der → **Vollkostenrechnung** immer noch einige Gemeinkostenarten, die den Kostenplätzen nicht direkt zuzurechnen sind und zu Umlagefehlern führen können.

Beispiel: Der Platzkostensatz beträgt 90 DM/h, die geplante Belegungszeit beläuft sich auf 1,5 Stunden je Auftrag.

Platzkosten des Auftrags = 90 · 1,5 = 135 DM/Auftrag.

Die Platzkosten setzen sich aus folgenden Kostenarten zusammen:

(1) → **Personalkosten**

- Fertigungslohnkosten (→ **Fertigungslöhne**)
- Hilfslohnkosten (→ **Hilfslöhne**)
- Lohnnebenkosten (→ **Personalnebenkosten**)

(2) direkte → **Fertigungsgemeinkosten**

- Hilfsstoffkosten (→ **Hilfsstoffe**)
- → **Werkzeug-** und Vorrichtungskosten
- → **Raum-**, → **Energie-** und → **Instandhaltungskosten**
- Projektierungs-, Entwicklungs- und Konstruktionskosten

(3) → **Kapitalkosten**

- → **kalkulatorische Abschreibungen**
- → **kalkulatorische Zinsen**

(4) Umlagekosten
(= prozentualer Zuschlag auf die Summe der oben genannten Kosten)

Polypol

Begriff: P. ist eine Marktform mit vielen Anbietern (Polypolisten).

Gegensatz: → **Monopol.**

Potentialfaktoren

Begriff: P. sind solche → **Produktionsfaktoren**, die nicht durch den einmaligen Einsatz in der → **Produktion** verzehrt, sondern erst im Laufe der Zeit aufgebraucht werden. Sie verkörpern Nutzungs- oder Leistungspotentiale.

Beispiel: Gebäude, Maschinen, langlebige → **Werkzeuge.**

Gegensatz: → **Repetierfaktoren.**

Prämienlohn

Begriff: P. ist eine Mischform zwischen den → **Lohnformen** → **Zeit-** und → **Leistungslohn** und besteht aus zwei Elementen:

(1) → **Grundlohn:** Er darf nicht unter dem → **Tariflohn** liegen, ist konstant und repräsentiert das Zeitlohnelement.

(2) Prämie: Sie stellt ein zusätzliches Entgelt dar und wird für quantitative und/oder qualitative Mehrleistungen gezahlt, die bei reiner Zeitlohnarbeit nicht ohne weiteres erwartet werden können.

Im Gegensatz zum → **Akkordlohn** erhält der Arbeiter beim P. nur einen Teil der Vergütung für seine Mehrleistung. Sie wird zwischen ihm und dem → **Betrieb** nach einem vereinbarten Schlüssel aufgeteilt.

Beispiel: Die Prämien lassen sich nach → **Bezugsgrößen** einteilen in:

- Quantitätsprämien: Sie prämieren die mengenmäßige → **Ausbringung** und haben das Ziel, diese zu erhöhen. Hierin stimmen sie mit dem Akkordlohn überein; der Unterschied zum Akkordlohn liegt in der Existenz des Grundlohns.
- Qualitätsprämien: Sie orientieren sich an der Qualität der erzeugten Leistungseinheiten. Es sollen möglichst wenig wertverminderte → **Erzeugnisse** zweiter und dritter Wahl oder Ausschußartikel entstehen.
- Ersparnisprämien: Sie werden für kostenbewußtes Produzieren gezahlt; prämiert werden Einsparungen an Material, Energie, → **Hilfsstoffen**, → **Werkzeugen** usw.
- Nutzungsprämien: Sie belohnen die bessere Auslastung von Maschinen und Werkzeugen, also die Verringerung von Warte-, Leerlauf- und Reparaturzeiten.

Hinweis: (1) Der P. kann sich aus der Kombination mehrerer Prämien zusammensetzen und so mehrere → **Kostenbestimmungsfaktoren** berücksichtigen.

(2) Die Festlegung der Prämienkonditionen unterliegt dem Mitbestimmungsrecht des Betriebsrats, sofern bislang keine tarifliche Regelung besteht.

(3) Die Prämie kann bei zunehmender → **Leistung** gleich, schneller oder langsamer wachsen: Man unterscheidet proportionale, progressive und degressive Prämienkurven.

Preis

ist der Geldbetrag, der am → **Markt** für → **Wirtschaftsgüter** entrichtet wird.

Preis-Absatz-Funktion (PAF)

Begriff: PAF oder Nachfragefunktion heißt der Zusammenhang zwischen gefordertem → **Preis** und der abgesetzten Menge (→ **Cournot-Punkt**).

Problem: (1) Die PAF kann in ihrem Verlauf nur geschätzt werden. In der Praxis kennt man lediglich einzelne Punkte dieser Funktion, etwa den gegenwärtigen → **Preis** und die gegenwärtige Absatzmenge sowie entsprechende Werte der Vormonate. Praktisch bedeutsam sind vor allem solche Werte, die in der Nähe der gegenwärtigen Preis-Mengen-Kombination liegen.

(2) Aus der PAF läßt sich die → **Umsatzfunktion** entwickeln, indem man die Absatzmenge mit dem zugehörigen Preis multipliziert, z. B.: $U_1 = x_1 \cdot p_1$.

Beispiel: Die PAF verläuft im einfachsten Fall gradlinig. Dabei gibt p_H den Höchstpreis an, bei dem jede Nachfrage verschwindet. Jede Preissenkung um Δp führt zu einer Zunahme der nachgefragten Menge um Δx. Beim Preis von Null wird eine begrenzte Menge, die Sättigungsmenge x_s, nachgefragt.

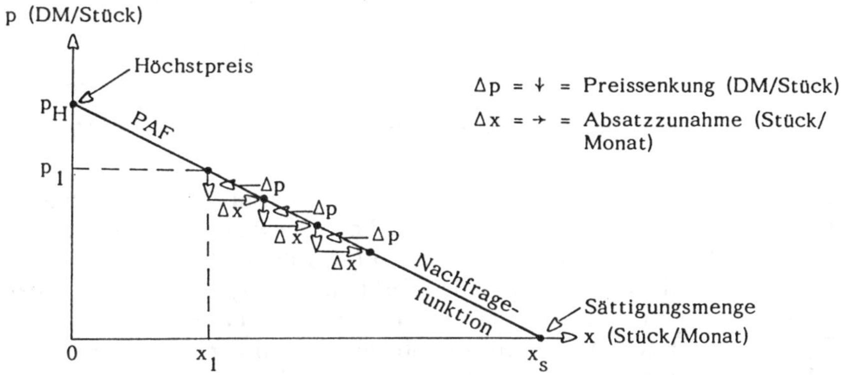

Abbildung: **Wer mehr absetzen will, muß den Preis senken**

Preisabweichung (PA)

Begriff: PA ist die Differenz zwischen → **Sollkosten** und → **Istkosten**, die auf Unterschieden zwischen → **Planpreis** und Istpreis beruht. Es gilt:

	Istmenge	· Istpreis	=	Istkosten
–	Istmenge	· Planpreis	=	Sollkosten
=	Preisabweichung (PA)			

Verfahren: Für die Errechnung der PA gibt es verschiedene Verfahren, die nach dem Erfassungszeitpunkt, dem Umfang des Planpreises und der Durchführungsorganisation unterschieden werden können:

Kriterium	Verfahren
Zeitpunkt der Erfassung	beim Zugang beim Abgang
Umfang des Planpreises	Einstandspreis Verbrauchspreis
Organisatorische Durchführung	kontenmäßig statistisch-tabellarisch

Übersicht: **Verfahren zur Ermittlung von Preisabweichungen (PA)**

Die PA kann zum Zeitpunkt des Zugangs von Material oder zum Zeitpunkt des Verbrauchs ermittelt werden. Dabei kann der Planpreis entweder nur außerbetriebliche Bestandteile enthalten (→ **Einstandspreis**) oder auch innerbetriebliche Preisbestandteile (Verbrauchspreis). Die Erfassung der PA erfolgt bei Anwendung des → **Gemeinschaftskontenrahmens der Industrie (GKR)** in Kontenform, beim → **Industriekontenrahmen (IKR)** dagegen statistisch-tabellarisch in Staffelform.

Hinweis: Von den möglichen Verfahrensalternativen ist die Erfassung der PA beim Zugang unter Verwendung von → **Einstandspreisen** in tabellarisch-statistischer Form das häufigste Verfahren. Die PA des Zugangs errechnet man wie folgt:

PA des Zugangs = Zugangsmengen · (Isteinstandspreis – Planeinstandspreis)

Bei positivem PA-Vorzeichen sind zusätzliche → **Kosten** entstanden, bei negativem PA-Vorzeichen wurden zu hohe Kosten verrechnet.

Preisgrenzen

können auftreten als → **Preisobergrenzen** bei der Beschaffung von → **Gütern** oder → **Preisuntergrenzen** bei deren Verkauf.

Preiskalkulation

Begriff: P. ist die Ermittlung des Angebotspreises mit Hilfe der → **Kostenrechnung** (→ **Kalkulation**, → **Kostenträgerrechnung**).

Problem: (1) → **Preise** ergeben sich in der Marktwirtschaft meist nicht aufgrund der → **Kalkulation**, sondern als → **Marktpreise** aufgrund von Angebot und Nachfrage. Ausnahme: Öffentliche Aufträge, die nach den → **Leitsätzen für die Preisermittlung aufgrund von Selbstkosten (LSP)** zu kalkulieren sind.

(2) Die Aufgabe der P. besteht vor allem in der Beurteilung des → **Marktpreises** sowie in der Ermittlung von → **kurz-** und → **langfristigen Preisuntergrenzen**. Des weiteren ermittelt man → **Verrechnungspreise** für → **innerbetriebliche Leistungen** und → **Preisobergrenzen** für Beschaffungsgüter.

(3) Wichtig ist die Festlegung der jeweils (entscheidungs-)→ **relevanten Kosten**: Kurzfristig sind nur → **variable Kosten**, langfristig auch → **Fixkosten** relevant.

Preisobergrenze (POG)

Begriff: POG ist der Höchstpreis einer Leistungseinheit, bei dem sich deren Verwendung im → **Betrieb** gerade noch lohnt.

Problem: Wie bei allen kostenrechnerischen Entscheidungen ist auch bei der Festlegung der POG die Frage der → **relevanten Kosten** zu prüfen: Langfristig sind neben den → **variablen** auch die abbaufähigen → **Fixkosten** entscheidungsrelevant.

Beispiel: Für die Festlegung der POG in der Praxis sind drei Fälle zu unterscheiden:

(1) Existiert für das benötigte → **Gut** eine Alternative, ein → **Substitutionsgut**, so ist der → **Preis** des Substitutionsguts als POG anzusetzen.

(2) Kann ein Gut nicht nur gekauft, sondern auch im eigenen Betrieb hergestellt werden, so bestimmt sich die POG beim Kauf durch die → **Kosten** der Selbsterstellung (→ **Eigenfertigung oder Fremdbezug**).

(3) Besteht die Alternative zur Beschaffung des Guts im Verzicht auf die Herstellung des Endprodukts, so bestimmt sich die POG durch den entgangenen → **Gewinn** (→ **Opportunitätskosten**) beim Nichtverkauf des Artikels.

Preisprüfung

ist die Prüfung der nach den → **Leitsätzen für die Preisermittlung aufgrund von Selbstkosten (LSP)** oder anderen staatlichen Festlegungsregeln zustande gekommenen → **Preise** im Hinblick auf deren Rechtmäßigkeit.

Preisuntergrenze (PUG)

ist der → **Mindestpreis** einer abzusetzenden Leistungseinheit, bei dem sich deren Verkauf eben noch lohnt. Man unterscheidet → **kurzfristige** und → **langfristige PUG**.

pretiale Lenkung

heißt die auf Schmalenbach (1873–1955) zurückgehende geldmäßige (vom → **Preis** her erfolgende) Unternehmenssteuerung, die bei dezentraler Planung den Einsatz der → **Produktionsfaktoren** durch innerbetriebliche Lenkungspreise steuert.

primäre Kosten

Begriff: P. K. sind die → **Kosten** der von außen bezogenen → **Wirtschaftsgüter.** Sie werden in der → **Kostenartenrechnung** erfaßt. Man bezeichnet die p. K. gelegentlich auch als ursprüngliche oder → **originäre Kosten.**

Beispiel: Kosten der → **Roh-, Hilfs-** und **Betriebsstoffe**, → **Personalkosten**, Fremdreparaturen, Büromaterial.

Gegensatz: → **sekundäre Kosten.**

Produkt

ist das Ergebnis der → **Produktion** oder des → **Produktionsprozesses.** P. können Sachgüter, Dienstleistungen oder Energien sein.

Produktdifferenzierung

liegt dann vor, wenn ein bestimmtes → **Erzeugnis** in unterschiedlichen Qualitäten und Aufmachungen angeboten wird, um zusätzliche Käuferschichten zu gewinnen.

Produktgestaltung

ist die Gesamtheit der Maßnahmen zur Beeinflussung der äußeren Erscheinungsform eines → **Erzeugnisses** im Hinblick auf → **Qualität,** Form und Verpackung, um zusätzliche Nachfrage auszulösen.

Produktion

Begriff: P. ist die Erzeugung (→ **Fertigung,** Herstellung) von Sachgütern, Energien und Dienstleistungen. Oder: P. ist die Umwandlung von → **Inputs** (→ **Produktionsfaktoren**) mit Hilfe einer bestimmten → **Technik** in → **Outputs** (mengenmäßige Erträge), kurz P. = → **Produktionsprozeß.**

Input → Betrieb → Output

Abbildung: **Produktion ist die Umformung von Input in Output**

Hinweis: Daneben steht P. aber auch für das Ergebnis des Produktionsprozesses, den Produktionsertrag, und zwar sowohl mengen- als auch wertmäßig.

Produktionsfaktoren

Begriff: P. sind alle zur Leistungserstellung im → **Produktionsprozeß** eingesetzten → **Güter** und Dienste (→ **Inputs**).

Arten: Der betriebliche Leistungsprozeß erfordert den Einsatz von menschlicher Arbeit, von Maschinen, → **Werkzeugen** und → **Werkstoffen**. Man unterscheidet:

(1) → **Betriebsmittel**: Das sind alle im → **Produktionsprozeß** verwendeten Gegenstände, die nicht Bestandteile der erzeugten → **Leistung** werden (Grundstücke, Gebäude, Maschinen, Werkzeuge).

(2) Werkstoffe: Das sind alle → **Roh-,** → **Hilfs-** und → **Betriebsstoffe** sowie → **Halb- und Fertigfabrikate,** die ganz oder teilweise in die produzierten Leistungseinheiten eingehen, also Bestandteil des → **Erzeugnisses** werden.

(3) Objektbezogene menschliche Arbeit: Sie befaßt sich unmittelbar mit dem Produktionsprozeß und ist ausführender Natur.

(4) Dispositive menschliche Arbeit: Sie bewirkt im Unterschied zur objektbezogenen Arbeit keine unmittelbaren Veränderungen an den Erzeugnissen. Zur dispositiven Arbeit rechnet man die Unternehmungsleitung, → **Planung,** → **Organisation** und → **Kontrolle.**

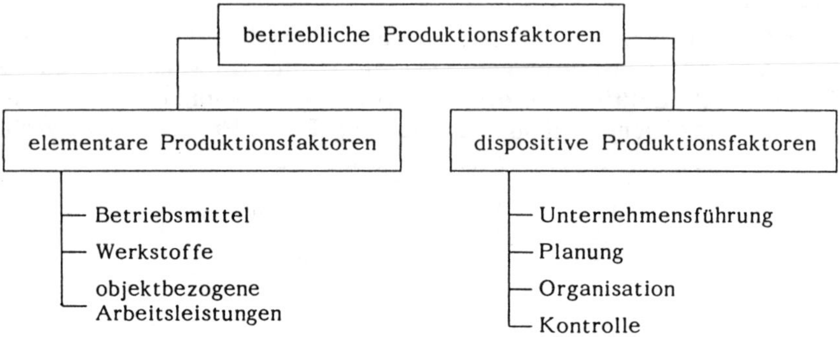

Übersicht: **Gutenberg-Einteilung der betrieblichen Produktionsfaktoren**

Problem: Die Abgrenzung zwischen objektbezogener und dispositiver Arbeit ist oft schwierig, da diese gelegentlich in einer Person vereinigt sind.

Produktionsfunktion

Begriff: Eine P. gibt den quantitativen Zusammenhang zwischen den Einsatzmengen der → **Produktionsfaktoren** (= → **Inputs**) und den Produktionsmengen (→ **Ausbringungsmengen,** → **Outputs**) an. Man nennt sie auch Ertragsfunktion oder Input-Output-Funktion.

Arten: Es gibt verschiedene Typen von P.:

(1) Die ertragsgesetzliche P. (→ **Ertragsgesetz**) mit gegenseitig austauschbaren Produktionsfaktoren (= P. vom Typ A).

(2) Die P. auf der Grundlage eines fest vorgegebenen Verhältnisses der Produktionsfaktoren (= P. vom Typ B).

(3) Daneben gibt es inzwischen Weiterentwicklungen bis zu Typ F.

Produktionsprogramm

ist die Summe aller Sachgüter, Energien und Dienstleistungen, die ein Unternehmen in einer Periode erstellt.

Produktionsprozeß

ist der im Zeitablauf sich vollziehende Vorgang der Erstellung von → **Leistungen** im → **Betrieb**.

Produktionsverfahren → Fertigungsverfahren

Produktivität

Begriff: P. ist eine Kennzahl für die technische Ergiebigkeit. Sie gibt die Relation zwischen → **Output** und einer bestimmten Inputgröße (→ **Input**) an:

$$P. = \frac{\text{Output}}{\text{Input}}$$

Arten: Man unterscheidet technische und wirtschaftliche P. Die technische P. ist eine Mengen-P. und drückt die mengenmäßige → **Leistung** im Verhältnis zu einer Inputgröße aus. Die wirtschaftliche P. ist eine Wert-P. und drückt den Wert einer Inputeinheit in DM aus.

Beispiel: **technische Produktivität**

$$\text{Materialeinsatz je Erzeugniseinheit} = \frac{\text{Materialverbrauch (z. B. kg)}}{\text{Erzeugungsmenge}} = \frac{2\,400\ \text{kg/Mo}}{800\ \text{LE/Mo}} = 3\ \text{kg/LE}$$

$$\text{Arbeitsstunden je Erzeugniseinheit} = \frac{\text{Gesamtarbeitsstunden (h)}}{\text{Erzeugungsmenge}} = \frac{520\ \text{h/Mo}}{1\,040\ \text{LE/Mo}} = 0{,}5\ \text{h/LE}$$

wirtschaftliche Produktivität

$$\text{Arbeitsproduktivität} = \frac{\text{Gesamtleistung}}{\text{Beschäftigte}} = \frac{4\,800\,000\ \text{DM}}{400\ \text{Mitarb.}} = 12\,000\ \text{DM/Mitarb.}$$

$$\text{Umsatz je qm Verkaufsfläche} = \frac{\text{Umsatz}}{\text{Verkaufsfläche}} = \frac{6\,000\,000\ \text{DM}}{2\,000\ \text{qm}} = 3\,000\ \text{DM/qm}$$

$$\text{Materialkosten je Produktionseinheit} = \frac{\text{Materialkosten}}{\text{Produktionsmenge}} = \frac{2\,000\,000\ \text{DM}}{5\,000\ \text{LE}} = 400\ \text{DM/LE}$$

Produktlebenszyklus

Begriff: P. ist die Beschreibung des Lebenswegs eines → **Erzeugnisses** in Analogie zum Lebensverlauf mit Hilfe ausgewählter Größen wie Absatzmenge, → **Umsatz**, → **Gewinn**, → **Deckungsbeitrag**. Gelingt die

Einführung eines neuen → **Produkts**, so durchläuft es eine Entwicklung, die irgendwann in der Degeneration endet. Der Lebensweg kann im Einzelfall ganz unterschiedlich verlaufen; idealtypisch besteht er aus folgenden Phasen:

Einführungsphase: Die Nachfrage ist gering. Die Marketingaufwendungen zur Nachfragestimulierung sind erheblich. Man muß sich mit geringen → **Stückdeckungsbeiträgen** begnügen und eventuell Anfangsverluste hinnehmen.

Wachstumsphase: Das Produkt ist bekannt. Die Nachfrage wächst. Umsätze und Deckungsbeiträge steigen. Mitbewerber beginnen das Produkt nachzuahmen.

Reifephase: Das Produkt ist zur Selbstverständlichkeit geworden. Es wird mit Hilfe der → **Produktgestaltung,** der Vertriebs- und Verpackungspolitik so differenziert, daß zusätzliche Marktchancen ausgeschöpft werden.

Sättigungsphase: Die meisten Nachfrager besitzen das Produkt. Die Erstnachfrage geht stark zurück. Der Ersatzbedarf ist vergleichsweise gering.

Degenerationsphase: Der Absatz sinkt, weil das Angebot der Mitbewerber sowie völlig neue Produkte eine zunehmende Rolle spielen. Das Produkt muß aufgegeben werden.

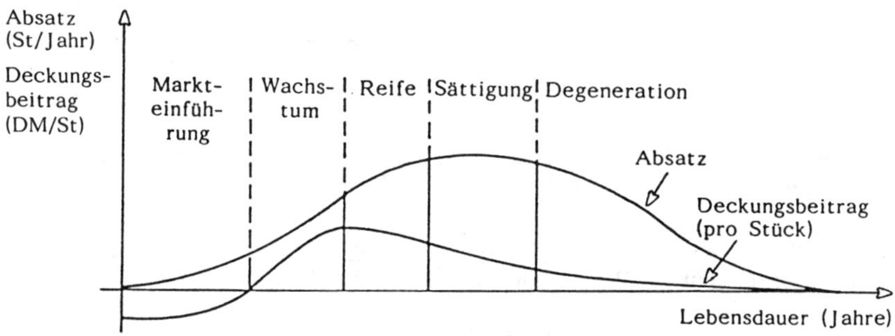

Abbildung: **Wer Gewinne will, muß Anlaufverluste in Kauf nehmen**

Problem: (1) Der P. basiert auf Verhaltensannahmen, die im Einzelfall nicht immer zutreffen.

(2) Er zeigt, daß es für den Fortbestand einer Unternehmung wichtig ist, ältere Artikel rechtzeitig, also schon in der Sättigungsphase, aus dem → **Markt** zu nehmen.

(3) Auch sind neue Erzeugnisse frühzeitig, am besten schon während der Wachstums- und Reifephase der Alterzeugnisse, in das → **Programm** aufzunehmen.

Profit-Center

Begriff: P.-C. ist ein unternehmerischer Teilbereich, der eine gewisse Selbständigkeit besitzt. Bei → **divisionaler Organisation** entstehen P.-C. (→ **Divisions,** → **Gewinnzentren,** Geschäftsbereiche, → **Sparten**), die nach → **Produkten**, Abnehmergruppen oder Verkaufsregionen gebildet werden und beispielsweise die Funktionen Einkauf, → **Fertigung,** Verkauf umfassen.

Gegensatz: → **funktionale Organisation.**

Programm

ist (1) die Summe aller Sachgüter, Energien und Dienstleistungen, die ein Unternehmen in einer Periode erstellt und (2) eine Arbeitsanweisung oder Folge von Anweisungen für eine → **EDV**-Anlage zur Lösung einer bestimmten Aufgabe (→ **Software,** → **Computer**).

Programmentscheidungen

Begriff: P. sind Entscheidungen, die den Umfang und die artmäßige Zusammensetzung des Produktions- und/oder Angebotssortiments zum Inhalt haben.

Beispiel: Aufnahme neuer → **Erzeugnisse**, Herausnahme alter → **Produkte**, Hereinnahme von → **Zusatzaufträgen**.

Programmoptimierung (PO)

Begriff: PO ist die Zusammenstellung der im Hinblick auf die Zielsetzung bestmöglichen Angebotspalette; meist geht es um das gewinnmaximierende → **Sortiment.**

Arten: Bei der Durchführung der PO kommt es auf die Planungsfrist und auf die Engpaßsituationen im → **Betrieb** an.

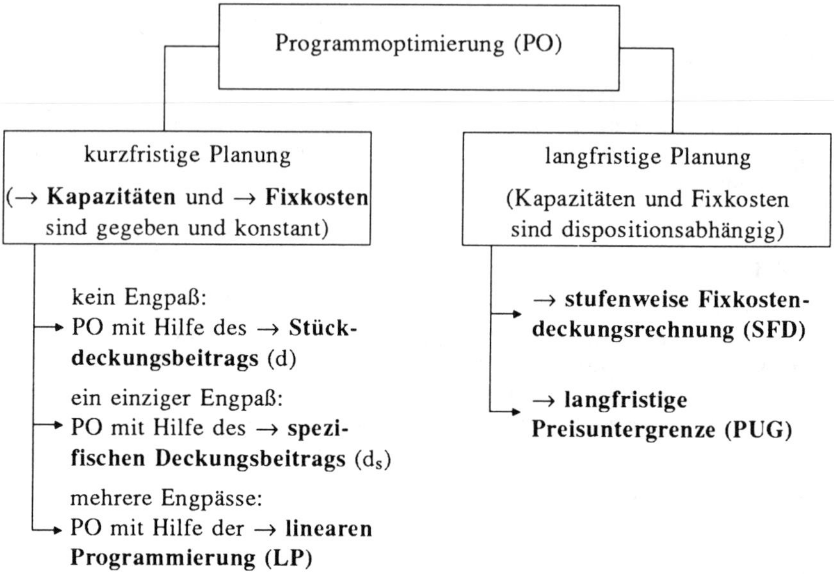

Übersicht: **Kurzfristig sind nur variable, langfristig auch fixe Kosten relevant**

progressive Abschreibungen

Begriff: P. A. sind → **Abschreibungen,** die betragsmäßig von Jahr zu Jahr steigen.

Hinweis: P. A. sind in der Praxis nahezu bedeutungslos, da steuerrechtlich stets und handelsrechtlich meist unzulässig. Kostenrechnerisch sind sie denkbar bei einer Anlage, deren → **Kapazität** anfänglich nicht voll ausgelastet ist, wenn die Nutzung allmählich gesteigert wird.

progressive Kalkulation → Vorwärtskalkulation

progressive Kosten

Begriff: P. K. sind dadurch gekennzeichnet, daß eine Beschäftigungsänderung um ein Prozent zu einer Kostenänderung von mehr als einem Prozent führt. Die → **Kosten** K steigen also schneller als die → **Ausbringungsmenge.** Effekt: Mit steigender Ausbringungsmenge x steigen die gesamten → **Stückkosten** k.

Beispiel:

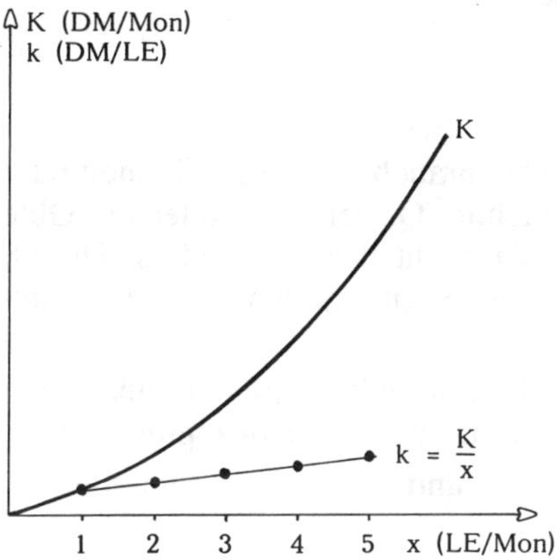

Abbildung: **Die Kosten sind progressiv, wenn die Stückkosten steigen**

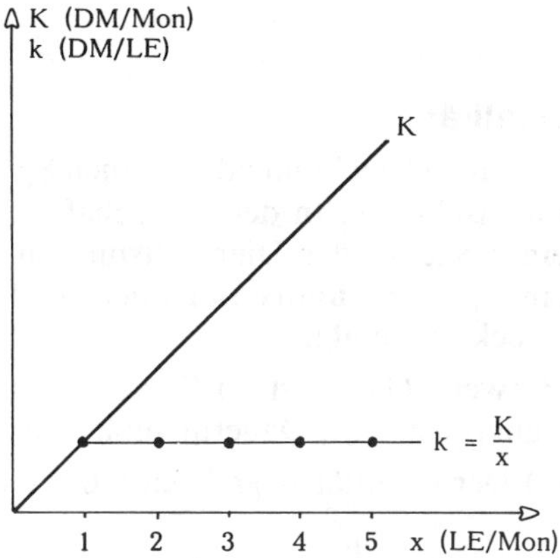

Abbildung: **Bei konstanten Stückkosten sind die Kosten proportional**

proportionale Kosten

Begriff: P. K. sind dadurch gekennzeichnet, daß eine Beschäftigungsänderung um ein Prozent zu einer Kostenänderung von ebenfalls einem Prozent führt. Die → **Kosten** K steigen im gleichen Verhältnis wie die → **Ausbringungsmenge.** Effekt: Bei steigender Ausbringungsmenge x bleiben die gesamten → **Stückkosten** k konstant.

Beispiel: Vgl. obige Abbildung.

Provision

Begriff: P. ist die für die Besorgung oder Vermittlung eines Handelsgeschäfts übliche Vergütung in Form einer prozentualen Beteiligung an einer Wertgröße, meist am → **Umsatz** (→ **Umsatzprovision**), aber auch am → **Deckungsbeitrag** (→ **Deckungsbeitragsprovision**). P. erhalten unter anderem: freiberufliche Handelsvertreter, angestellte Verkäufer, Vermittler.

Hinweis: Verkaufsprovisionen können meist einem → **Produkt** oder einer Produktgruppe verursachungsgerecht zugerechnet werden und sind dann → **Sondereinzelkosten** des Vertriebs. P., die im Einkaufsbereich fällig werden, sind Teile der Beschaffungskosten.

Q

Qualität

Begriff: Q. steht im allgemeinen Sprachgebrauch für Beschaffenheit oder Eigenschaften. In der Wirtschaft bezeichnet Q. den Wert oder die Güte einer Sach- oder Dienstleistung aus der Sicht des Anwenders. Die Q. eines → **Erzeugnisses** ist der Grad seiner Eignung, dem Verwendungszweck zu genügen.

Hinweis: (1) Q. ist im Einzelfall ein Gesamteindruck aus Teilqualitäten (funktionale Q., Dauerqualität, Ausführungsqualität, Konzeptqualität).

(2) Der Qualitätsbegriff umfaßt objektive und subjektive Momente.

Qualitätsgruppe → Qualitätszirkel

Qualitätskennzahlen

Begriff: Q. sind statistische → **Kennziffern**. Sie geben an, wie hoch der Prozentsatz der fehlerfreien Leistungseinheiten im Verhältnis zur Gesamtproduktion bzw. Verkaufsmenge ist.

Problem: Nur ein Teil der fehlerhaften Leistungseinheiten läßt sich im → **Betrieb** feststellen und als Ausschuß aussortieren. Ein weiterer Teil der → **Ausbringungsmenge** wird erst vom Käufer als mangelhaft erkannt. Entsprechend unterscheidet man Ausschußquote und Reklamationsquote.

Beispiel: Ein Glühlampenhersteller erzeugt arbeitstäglich 100 000 Glühbirnen, von denen 450 als defekt auszusortieren sind, weitere 150 werden reklamiert.

$$\text{Ausschuß-quote} = \frac{\text{i. Betr. aussortierte Glühlampen}}{\text{Gesamtproduktion}} = \frac{450}{100\,000} = 0{,}0045 = 0{,}45\,\%$$

$$\text{Reklamations-quote} = \frac{\text{reklamierte Glühlampen}}{\text{Verkaufsmenge}} = \frac{150}{99\,550} = 0{,}0015 = 0{,}15\,\%$$

Qualitätskosten

Begriff: Q. sind → **Kosten**, die überwiegend durch Qualitätsforderungen entstehen.

Beispiel: Q. können im Rahmen der → **Kostenarten**, → **Kostenstellen-** und → **Kostenträgerrechnung** auftreten.

(1) → **Kostenarten:** Sortierkosten, → **Abschreibungen** für Prüfgeräte, → **Gehalt** des Prüfingenieurs, Fremdleistungskosten für Prüfungsplanung und -durchführung.

(2) → **Kostenstellen:** Materialeingangsprüfung, Materiallabor, Crash-Stand, Windkanal, Endkontrolle.

(3) → **Kostenträger:** Nachbearbeitungs-/Gewährleistungskosten, Rücksendekosten.

Übersicht: **Einteilung der Qualitätskosten**

Qualitätszirkel

Begriff: Q. (auch Werkstattkreis, Qualitätsgruppe) ist eine Gruppe von Arbeitnehmern, die sich regelmäßig treffen, um gemeinsam die Güte der selbstgefertigten → **Erzeugnisse**, die → **Wirtschaftlichkeit** der → **Fertigung** und die Arbeitsbedingungen zu verbessern.

Hinweis: Q. werden zunehmend auch in deutschen Unternehmungen eingesetzt, nachdem vor allem japanische Unternehmungen gute Erfahrungen damit gemacht haben.

qualitative Anpassung

Begriff: Q. A., auch selektive → **Anpassung** genannt, liegt vor, wenn bei rückläufiger → **Beschäftigung** qualitätsmäßig schlechtere → **Betriebsmittel** zuerst stillgelegt und leistungsschwächere Mitarbeiter zuerst entlassen werden. Umgekehrt nimmt man bei zunehmender Beschäftigung zuerst die qualitativ besseren Maschinen wieder in Betrieb und stellt leistungsstärkere Mitarbeiter bevorzugt ein.

Problem: Die vorgegebene → **Ausbringungsmenge** soll mit minimalen → **variablen Kosten** erstellt werden. → **Fixkosten** stellen kurzfristig keine (entscheidungs-) → **relevanten Kosten** dar.

quantitative Anpassung

liegt vor, wenn bei rückläufiger → **Beschäftigung** die Anzahl der eingesetzten → **Betriebsmittel** und Arbeitskräfte reduziert und bei steigender Beschäftigung erhöht wird (→ **Anpassung**).

Quasi-Kosten

Begriff: Q.-K. sind nach E. Schneider (1900–1970) solche → **Kosten**, die zwar das Kostenkriterium „Werteverzehr im → **Produktionsprozeß**" nicht korrekt erfüllen, jedoch aus Gründen der Zweckmäßigkeit so behandelt werden, als ob sie Kosten wären (Als-ob-Kosten).

Beispiel: → **Zinsen** und → **Steuern**.

R

Rabatt

Begriff: R. ist der dem Käufer gewährte Preisnachlaß, der z. B. gewährt wird für

- sofortige Barzahlung (Barzahlungsrabatt),
- Abnahme einer größeren Menge (Mengenrabatt),
- langjährige Geschäftsbeziehungen (Treuerabatt).

Hinweis: Im Geschäftsverkehr mit dem Endverbraucher ist der Rabattsatz auf 3 % begrenzt. Die 3 %-Grenze gilt aber nicht für die vorgelagerten Stufen (vgl. §§ 2 und 3 Rabattgesetz).

RAM

ist die Abkürzung für random access memory, einen Speicher mit wahlweisem Zugriff, der das Lesen und Schreiben von Daten erlaubt (Schreib-/Lesespeicher).

RAMPS

ist die Abkürzung für Resources Allocation and Multi Project Scheduling, eine Variante der → **Netzplantechnik**, die besonders auf den optimalen Einsatz von Personal, Material und Finanzmitteln ausgerichtet ist und die gleichzeitige Planung mehrerer Projekte erlaubt.

Rationalisierung

Begriff: R. ist die Gesamtheit aller Maßnahmen, die zu einer kostengünstigeren → **Produktion** führen. Oder: R. ist die Beseitigung innerbetrieblicher Unwirtschaftlichkeiten.

Beispiel: Nach Kilger (1927–1986) ergeben sich besonders häufig Kostensenkungen durch die Beseitigung folgender Unwirtschaftlichkeiten:

- unwirtschaftlicher Personaleinsatz,
- unwirtschaftlicher Energieeinsatz,
- unwirtschaftliche Verfahren und Arbeitsabläufe,
- unwirtschaftlicher Werkzeugeinsatz,
- unwirtschaftlicher Materialeinsatz,
- unwirtschaftlicher Transportmitteleinsatz.

Rationalisierungsinvestition

ist jene → **Investition**, die ein technisch noch gebrauchsfähiges Investitionsobjekt durch eine neue Anlage ersetzt, die wirtschaftlicher arbeitet.

Rationalisierungs-Kuratorium der Deutschen Wirtschaft e. V. (RKW)

ist ein Verein, der es sich zur Aufgabe gemacht hat, Rationalisierungsmaßnahmen zu fördern und zu koordinieren. Der Verein wurde 1921 als „Reichskuratorium für Wirtschaftlichkeit" gegründet. Bei der Neugründung 1949 erfolgte die Umbenennung. Das RKW führt Schulungen und Beratungen durch und gibt mehrere Schriftenreihen (z. B. „Wege zur Rationalisierung") sowie Zeitschriften und RKW-Bücher heraus.

Rationalprinzip

oder → **ökonomisches Prinzip** ist die Grundlage vernünftigen menschlichen Handelns: Ein gegebenes Ziel sollte mit geringstmöglichem Mitteleinsatz erreicht werden, ein gegebener Mitteleinsatz sollte zu einer möglichst weitgehenden Zielerfüllung genutzt werden.

Raumkosten

Begriff: R. sind alle → **Kosten**, die infolge der Bereitstellung von Räumen für den betrieblichen Leistungsprozeß anfallen. Sie werden zweckmäßigerweise als → **Fixkosten** eingeordnet und im Rahmen der → **Kostenstellenrechnung** den raumnutzenden Stellen nach Maßgabe der genutzten Flächen- oder Raumeinheiten zugerechnet.

Beispiel: Bezieht man alle geplanten R. auf die Flächeneinheiten (Raumeinheiten), so ergibt sich der → **Plankostenverrechnungssatz (PKV)** für die R., auch → **Raumkostendeckungssatz** genannt; er beläuft sich in unserem Beispiel (vgl. die folgende Übersicht) auf 5,93 DM je Quadratmeter und Monat.

Ermittlung der Raumkosten-Deckungssätze					
Pos.	Kostenarten	Maßeinheit für Planbezugsgröße	Planmenge bzw. Planzeit	Planpreis in DM/ Mengeneinheit	Plankosten in DM/Monat
1	Hilfslöhne für Reinigungspersonal 7 Putzfrauen	Stunden	168	5,30	6 233

2	sonstige Hilfslöhne und Gehälter 1 Heizungs- und Klimawart 1 Hausmeister 1 Nachtwächter 2 Pförtner	 Stunden Monat Monat Monat	 168 1 1 1	 7,90 1 750,00 1 100,00 1 200,00	 1 327 1 750 1 100 2 400
3	Sozialkosten-Lohnempfänger	%/Stunde	41,7	-	3 153
4	Sozialkosten-Gehaltsempfänger	%/Monat	46,8	-	2 457
5	Werkzeugkosten				80
6	Hilfs- und Betriebsstoffkosten				400
7	Brennstoffkosten (Ferngas)				7 900
8	Instandhaltungskosten laut Bauinstandhaltungsplan und Wartungskosten für Heizung und Wasser				5 050
9	verschiedene Gemeinkosten laut Aufstellung				2 190
10	kalkulat. Abschreibung				9 200
11	kalkulatorische Zinsen auf Anlagevermögen: Grundstücke Gebäude	 DM DM	 1 500 000 4 900 000	 14%/12 7%/12	 17 500 28 583
12	kalkulat. Stromkosten	KWh	5 100	0,12	612
13	kalkulat. Wasserkosten	m^3	360	0,60	216
Summe in DM/Monat					90 151
erfaßte Gebäudefläche aller Kostenstellen in m^2					15 210

$$\text{Raumkosten-Deckungssatz} = \frac{90\,151 \text{ DM}}{15\,210 \text{ m}^2 \cdot \text{Monat}} = 5{,}93 \frac{\text{DM}}{\text{m}^2 \cdot \text{Monat}}$$

Quelle: REFA (Hrsg.), Methodenlehre der Planung und Steuerung, Teil 4, 4. Aufl., München 1985, S. 338.

Übersicht: **Ermittlung des Plankostenverrechnungssatzes für die Raumkosten**

Raumkostendeckungssatz → Raumkosten

Realinvestition

ist jene → **Investition**, die den Kauf von Sachanlagen (Grundstücke, Gebäude, Maschinen) zum Inhalt hat; man spricht auch von Sachinvestition.

Rechnungswesen → betriebliches Rechnungswesen

REFA

ist die Abkürzung für Reichsausschuß für Arbeitszeitermittlung. Seit 1977 lautet die offizielle Bezeichnung: REFA – Verband für Arbeitsstudien und Betriebsorganisation e. V. Der Verband ist tätig auf den Gebieten der → **Arbeitszeitermittlung**, Arbeitsbewertung und Arbeitsgestaltung. In neuerer Zeit hat er seine Aktivitäten ausgedehnt und nimmt auch zu kostenrechnerischen Fragen Stellung (vgl. die Reihen: „Methodenlehre der Planung und Steuerung“ sowie „Methodenlehre des Arbeitsstudiums“).

regressive Kosten

Begriff: R. K. sind → **Kosten**, die mit zunehmender → **Beschäftigung** sinken und mit abnehmender Beschäftigung steigen.

Beispiel: In Diskotheken kann man bei zunehmendem Besuch die Heizung abstellen. Bei Neueinführung der Nachtschicht entfallen Bewachungskosten.

Hinweis: In der Praxis findet man nur selten r. K.

Reichsausschuß für Arbeitszeitermittlung → REFA

Reihenhälften-Verfahren

Begriff: Das R.-V. (auch Methode der Reihenhälften, Methode der halben Durchschnitte) gehört zu den statistischen Methoden der → **Kostenauflösung**. Es teilt die Daten in zwei Hälften, eine untere und eine obere, und ermittelt für jede Datenhälfte getrennt das arithmetische Mittel der Bezugsgrößen- und Kostenwerte.

Problem: (1) Das R.-V. weist wie alle statistischen Methoden der Kostenauflösung die für diese Methodengruppe typische Schwäche der Vergangenheitsbezogenheit auf.

(2) Das R.-V. steht, was Genauigkeit und methodischen Ansatz angeht, zwischen dem → **Differenzen-Quotienten-Verfahren** und der → **Methode der kleinsten Quadrate.** Wie das Differenzen-Quotienten-Verfahren reduziert es die Punktwolke auf zwei als repräsentativ angesehene Wertepaare. Wie die Kleinste-Quadrate-Methode berücksichtigt es alle Wertepaare und legt die → **Sollkostenlinie** als Ausgleichsgerade mit dem Ziel der Abweichungsminimierung durch die Punktwolke.

Beispiel: In der → **Kostenstelle** Endmontage sind im vergangenen Jahr die aus der Tabelle hervorgehenden Reparaturkosten und → **Ausbringungsmengen** angefallen:

Monat	B_i Ausbringung (Stück/Monat)	Rang	K_i Reparaturkosten (DM/Monat)
Januar	300	2	500
Februar	325	4	650
März	400	6	600
April	300	3	575
Mai	200	1	650
Juni	425	7	750
Juli	450	8	700
August	550	11	775
September	375	5	650
Oktober	450	9	800
November	525	10	850
Dezember	600	12	700

Übersicht: **Reihenhälften-Verfahren teilt die Daten in zwei Hälften**

	Monat	B_i Ausbringung (Stück/Monat)	Rang	K_i Reparaturkosten (DM/Monat)
	Mai	200	1	650
	Januar	300	2	500
untere Hälfte	April	300	3	575
	Februar	325	4	650
	September	375	5	650
	März	400	6	600
	Summe	1 900 : 6		3 625 : 6
	Durchschnitt	317		604

	Monat	B_i Ausbringung (Stück/Monat)	Rang	K_i Reparaturkosten (DM/Monat)
obere Hälfte	Juni	425	7	750
	Juli	450	8	700
	Oktober	450	9	800
	November	525	10	850
	August	550	11	775
	Dezember	600	12	700
	Summe	3 000 : 6		4 575 : 6
	Durchschnitt	500		763

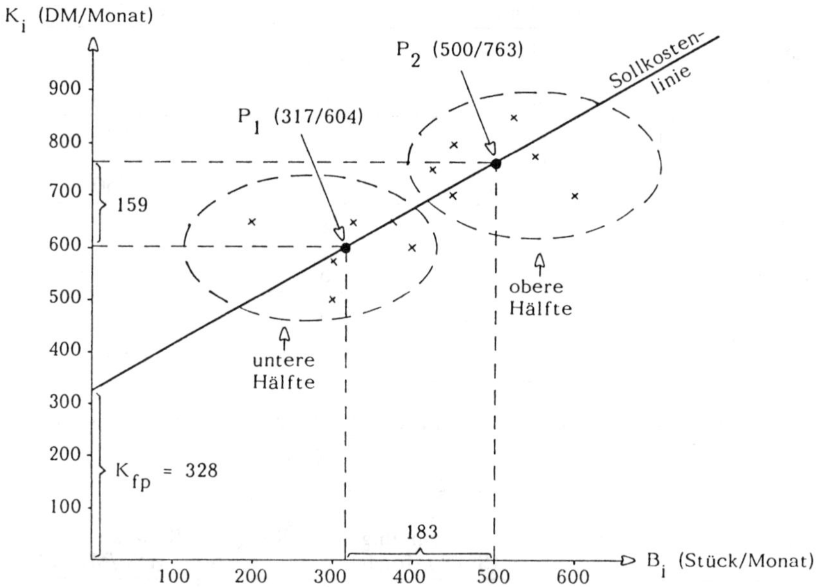

Abbildung: **Punktwolke wird auf zwei Durchschnittswerte reduziert**

Für die zu planenden → **variablen Stückkosten** k_{vp} gilt:

$$k_{vp} = \frac{\text{Kostendifferenz}}{\text{Beschäftigungsdifferenz}} = \frac{K_2 - K_1}{B_2 - B_1} = \frac{763 - 604}{500 - 317} = \frac{159}{183} = 0{,}87 \text{ DM/Stück}$$

Für die zu planenden → **Fixkosten** K_{fp} gilt:

$K_{fp} = K_2 - k_{vp} \cdot B_2 = 763 - 0,87 \cdot 500 = 763 - 435 = 328$ DM/Monat

Somit lautet die Sollkostenlinie: $K_s = 328 + 0,87 \cdot B$

Reinvestition

ist die erneute → **Investition** freiwerdender Geldmittel. Häufig wird R. auch gleichgesetzt mit → **Ersatzinvestition.**

relative Einzelkosten

Begriff: R. E. sind → **Einzelkosten** im Hinblick auf eine bestimmte → **Bezugsgröße** oder ein bestimmtes Bezugsobjekt (→ **Erzeugnis,** Erzeugnisgruppe, → **Kostenstelle**, Bereich, Unternehmung). Der Anteil zurechenbarer Einzelkosten wird umso größer, je umfassender das Bezugsobjekt ist.

Hinweis: (1) Der Begriff r. E. geht auf Riebel zurück, der eine → **Deckungsbeitragsrechnung mit relativen Einzelkosten** entwickelte.

(2) Die **stufenweise Fixkostendeckungsrechnung** greift mit ihrer schichtweisen Aufteilung der → **Fixkosten** die Idee der r. E. auf und setzt sie in die Praxis um.

relativer Deckungsbeitrag

ist der → **Deckungsbeitrag** je Leistungseinheit, dividiert durch den Stückpreis. Er gibt an, wieviel Prozent vom → **Preis** der Deckungsbeitrag ausmacht.

relevante Kosten

Begriff: R. K. sind diejenigen → **Kosten**, die durch die jeweilige Entscheidung beeinflußt werden können. Kosten, die durch eine Entscheidung unbeeinflußt bleiben, sind nicht entscheidungsrelevant.

Beispiel: Alle Entscheidungen, die von einem gegebenen Produktionsapparat ausgehen, also kurzfristiger Natur sind, lassen die → **Fixkosten** unbeeinflußt. Somit sind Fixkosten für kurzfristige Entscheidungen nicht relevant. Kurzfristig können nur die → **variablen Kosten** verändert werden.

Anders verhält es sich bei Entscheidungen, die auf lange Sicht getroffen werden: Mit länger werdender → **Planungsperiode** sinkt der Anteil der fixen an den → **Gesamtkosten.** In der → **langen Periode** gibt es keine Fixkosten, auf lange Sicht sind alle Kosten dispositionsbestimmt, → **Dispositionsbestimmtheit der Kosten** (→ **Programmoptimierung**, → **Verfahrenswahl**, → **Eigenfertigung oder Fremdbezug**).

Remanenz

bezeichnet das verzögerte Zurückgehen der → **Kosten** bei rückläufiger → **Beschäftigung** (→ **Kostenremanenz**).

Rendite → interner Zinsfuß

Rentabilität

Begriff: R. ist das Verhältnis einer Ertrags- oder Erfolgsgröße zu einer Kapitalgröße.

Beispiel:

$$\text{Gesamtkapitalrentabilität} = \frac{\text{Gewinn + Zinsen}}{\text{Gesamtkapital}} = \frac{200\,000}{2\,500\,000} = 0{,}08 = 8\,\%$$

$$\text{Eigenkapitalrentabilität} = \frac{\text{Gewinn}}{\text{Eigenkapital}} = \frac{120\,000}{1\,200\,000} = 0{,}10 = 10\,\%$$

$$\text{Umsatzrentabilität} = \frac{\text{Gewinn}}{\text{Umsatz}} = \frac{200\,000}{10\,000\,000} = 0{,}02 = 2\,\%$$

$$\text{Betriebsrentabilität} = \frac{\text{Betriebsgewinn}}{\text{betriebsnotwendiges Kapital}} = \frac{100\,000}{2\,000\,000} = 0{,}05 = 5\,\%$$

Rentabilitätsrechnung

Begriff: R. ist ein statisches Verfahren zur Beurteilung von → **Investitionen**, bei dem die tatsächliche → **Rentabilität** eines Objekts mit dem von der Unternehmungsleitung festgelegten Mindestwert verglichen wird. In Frage kommen nur Objekte, die den Mindestwert erreichen oder überschreiten. Dabei gilt: Rentabilität ist der Quotient von → **Gewinn** und Kapital.

Problem: Neben den allgemeinen Schwachstellen der → **statischen Investitionsrechnungsverfahren** weist die R. zusätzliche Schwachpunkte auf:

- Schematische Festlegung des Kapitaleinsatzes; er entspricht meist nicht der tatsächlichen Kapitalbindung.
- Probleme bei der inhaltlichen Ausfüllung des Gewinnbegriffs im Hinblick auf die Berücksichtigung von → **Zinsen** und → **Abschreibungen**.

Hinweis: Im praktischen Fall empfiehlt es sich, die R. durch ein → **dynamisches Investitionsrechnungsverfahren** zu ersetzen, z. B. durch die → **interne Zinsfuß-Methode**, die dem Denken der R. relativ nahe kommt, ohne ihre Grundsatzfehler zu übernehmen.

Rentenbarwertfaktor → Diskontierungssummenfaktor (DSF)

Repetierfaktoren

Begriff: R., auch Verbrauchsfaktoren, sind solche → **Produktionsfaktoren**, die bei einmaligem Einsatz im → **Produktionsprozeß** verbraucht werden.

Beispiel: → **Roh-**, → **Hilfs-** und → **Betriebsstoffe.**

Gegensatz: → **Potentialfaktoren.**

Restriktionen

heißen die bei der → **linearen Programmierung (LP)** und den übrigen → **Operations Research-Verfahren** zu beachtenden → **Nebenbedingungen.**

Restwert

ist in der → **Kostenrechnung** die Differenz zwischen Anschaffungswert und bisher vorgenommenen → **Abschreibungen**. In der → **Investitionsrechnung** bezeichnet man den Verkaufserlös einer Anlage (gegebenenfalls abzüglich Demontageauszahlungen) als R.

Restwertabschreibung

(auch → **geometrisch- degressive Abschreibung**) ist ein Abschreibungsverfahren, bei dem der jährliche Abschreibungsbetrag durch Multiplikation des → **Restwertes** des Vorjahrs mit einem im Zeitablauf gleichbleibenden Prozentsatz errechnet wird (→ **Abschreibung**).

Restwertmethode

ist ein Verfahren der → **Kuppelkalkulation**.

Restwert- und Durchschnittswertverzinsung

Begriff: Als Verzinsungsbasis zur Ermittlung der → **kalkulatorischen Zinsen** dienen bei den abnutzbaren Gegenständen des Anlagevermögens kalkulatorische → **Restwerte** oder kalkulatorische Durchschnittswerte.

Bei der Restwertverzinsung ermittelt man die kalkulatorischen Zinsen auf der Grundlage der im Zeitablauf fallenden Restwerte. Folge: Die kalkulatorischen Zinsen nehmen im Lauf der Zeit ab.

Bei der Durchschnittswertverzinsung dient das durchschnittlich gebundene Kapital, die Hälfte des Ausgangswerts, als Bezugsbasis. Dann sind die kalkulatorischen Zinsen im Zeitablauf konstant.

Problem: (1) Die Restwertverzinsung hat zwar den Vorteil, die effektive Kapitalbindung des abnutzbaren Anlagevermögens in etwa wiederzugeben, sie belastet aber die einzelnen Abrechnungsjahre ungleichmäßig. In der Praxis findet man daher überwiegend die Durchschnittswertmethode, die nicht nur zu einer gleichmäßigen Zinsbelastung der Nutzungsjahre führt, sondern auch einfacher anzuwenden ist.

(2) In beiden Fällen errechnet man kalkulatorische Zinsen, die zu den → **Fixkosten** gehören. Verfügt der → **Betrieb** über eine → **Teilkostenrechnung**, ist das gewählte Verfahren weniger wichtig, denn die (entscheidungs-) → **relevanten Kosten** (die → **variablen Kosten**) bleiben unbeeinflußt. Das ist anders bei einem Betrieb mit → **Vollkostenrechnung**: Hier ergeben sich, hat man die Restwertverzinsung gewählt, anfänglich vergleichsweise hohe und am Ende der → **Nutzungsdauer** relativ geringe kalkulatorische Zinskosten je Leistungseinheit.

Beispiel: Eine Maschine im Wert von 500 000 DM wird angeschafft und linear über 5 Jahre abgeschrieben. Einen Liquidationserlös am Ende der fünfjährigen Nutzungsdauer erwartet man nicht. Der → **kalkulatorische Zinsfuß** beträgt 10 %.

Restwertverzinsung: Man ermittelt Jahr für Jahr den durchschnittlichen Restwert; er steht in der Mitte zwischen dem Restwert zum Jahresanfang und dem Restwert zum Jahresende.

Durchschnittswertverzinsung: Man ermittelt das über die Gesamtnutzungsdauer durchschnittlich gebundene Kapital; es beläuft sich auf 250 000 DM.

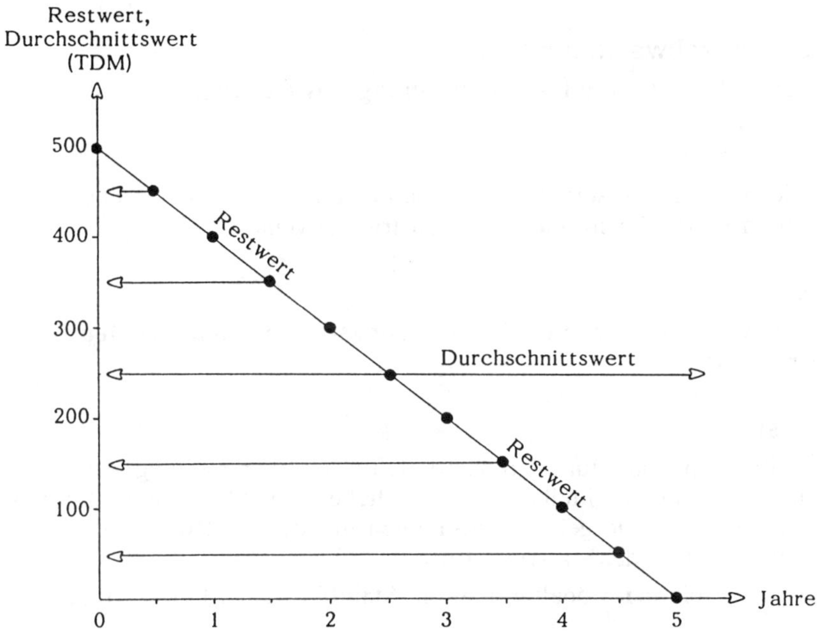

Abbildung: **Restwert sinkt im Zeitablauf, Durchschnittswert bleibt gleich**

Jahr	Restwert (DM) Jahresanfang	Restwert (DM) Jahresende	Restwert (DM) Jahresdurchschnitt	kalk. Zinsen (10 %) Restwertverzinsung (DM/Jahr)	kalk. Zinsen (10 %) Durchschnittswertverzinsung (DM/Jahr)
1	500 000	400 000	450 000	45 000	25 000
2	400 000	300 000	350 000	35 000	25 000
3	300 000	200 000	250 000	25 000	25 000
4	200 000	100 000	150 000	15 000	25 000
5	100 000	0	50 000	5 000	25 000
kalkulatorische Zinsen insgesamt:				125 000	125 000

Übersicht: **Restwertverzinsung führt zu fallenden kalkulatorischen Zinsen, Durchschnittswertverzinsung ergibt konstante kalkulatorische Zinsen**

retrograde Kalkulation → Rückwärtskalkulation

Revision → interne Revision

Revisionsabweichung

ist gleichbedeutend mit → **Verrechnungsabweichung.**

Richtkosten

ist der veraltete Ausdruck für → **Plankosten**; er wird heute noch gelegentlich in der Eisen- und Stahlindustrie verwendet.

RKW

ist die Abkürzung für → **Rationalisierungs-Kuratorium der Deutschen Wirtschaft e. V.**

Rohstoffe

Begriff: R. sind alle für die industrielle Be- und Verarbeitung geeigneten Materialien, die unmittelbar als wesentliche Bestandteile in die Endprodukte eingehen. Sie gehören zusammen mit den → **Hilfs-** und → **Betriebsstoffen** zu den → **Werkstoffen.**

Beispiel: Holz bei Möbelfabrikation, Stahlbleche bei Pkw-Fertigung.

ROM

ist die Abkürzung für read only memory, übersetzt: Nur-Lese-Speicher oder Festwertspeicher. Sein Inhalt wird vom Hersteller festgelegt. Seine Daten können nur gelesen, nicht aber verändert werden.

Rückrechnung

Begriff: Bei der R. (retrograde Methode) leitet man den Verbrauch an → **Roh-,** → **Hilfs-** und → **Betriebsstoffen** aus den gefertigten Stückzahlen der → **Halb- und Fertigfabrikate** ab. Ausgangspunkt der Berechnung sind Konstruktionszeichnungen und → **Stücklisten** der → **Kostenträger**. Es gilt:

Verbrauch = produzierte Leistungseinheiten · Sollverbrauch je Leistungseinheit

Problem: Bei diesem Verfahren der → **Verbrauchsmengenerfassung** ist eine genaue Ermittlung des Materialverbrauchs nicht möglich, weil das → **Gemeinkostenmaterial** nicht direkt zurechenbar ist. Außerdem werden Lagerverluste nicht erfaßt.

Rückwärtskalkulation

Begriff: R. ist eine Art der → **Handelskalkulation** (→ **Kalkulation**), bei der lediglich eine Größe, nämlich der Listeneinkaufspreis, beeinflußbar erscheint. Alle anderen Größen gelten als fest und können nicht beeinflußt werden. Man ermittelt dann, ausgehend vom Verkaufspreis (also rückwärts), jenen Listeneinkaufspreis, den man eben noch akzeptieren kann.

Beispiel: Die R. ergibt eine → **Preisobergrenze,** bei der sich der Einsatz eines → **Wirtschaftsgutes** im → **Betrieb** gerade noch lohnt. Die Preisobergrenze kann wie folgt ermittelt werden:

	Verkaufspreis
–	geplanter Gewinn
–	Verwaltungskosten
–	Vertriebskosten
–	Fertigungslöhne
–	Fertigungsgemeinkosten
=	maximale Materialkosten
–	Materialgemeinkosten
=	Materialpreisobergrenze

Rüstzeit

Begriff: R. ist Bestandteil der → **Auftragszeit** im Sinne des → **REFA**-Verbandes und umfaßt die Soll-Zeiten, die bei der Vorbereitung eines Auftrags oder einer → **Serie** nur einmal anfallen.

Beispiel: Empfangen und Lesen des Auftrags und der Arbeitsanweisungen, Bereitstellen von → **Werkzeugen,** Einstellen der Maschinen.

Hinweis: Die R. (auch Vorbereitungszeit) hat also im Gegensatz zur → **Ausführungszeit** auftragsfixen Charakter. Ihr Zweck besteht darin,

(1) Mitarbeiter und Maschinen auf den Auftrag vorzubereiten,

(2) Mitarbeiter und Maschinen in den vorigen Zustand zurückzuversetzen.

S

Schlüsselung → Gemeinkostenschlüsselung

Schlupfvariable

werden im Rahmen der → **linearen Programmierung (LP)** eingeführt, um lineare Ungleichungen in Gleichungen zu verwandeln.

Seifenformel

heißt eine zuerst von der seifenverarbeitenden Industrie 1949 angewandte Methode zur Ermittlung des → **kalkulatorischen Unternehmerlohns.**

sekundäre Kosten

Begriff: S. K. (selten auch: abgeleitete oder derivative Kosten) sind die → **Kosten** der selbsterstellten → **Güter** und Dienste. Sie werden in der → **Kostenstellenrechnung** im Rahmen der Durchführung der → **innerbetrieblichen Leistungsverrechnung** erfaßt. Häufig nutzt man zu diesem Zweck den → **Betriebsabrechnungsbogen (BAB).**

Beispiel: Kosten für Eigenstrom und Eigendampf, Kosten der Eigenreparaturen und Eigentransporte, selbsterstellte Maschinen und → **Werkzeuge.**

Gegensatz: → **primäre Kosten.**

Selbstkosten

Begriff: S. umfassen die Gesamtheit aller → **Kosten**, die im Zusammenhang mit der Herstellung und dem Verkauf eines → **Guts** oder einer Dienstleistung anfallen, also → **Herstellkosten,** → **Verwaltungs-** und → **Vertriebskosten.**

Problem: (1) Bei der → **Vollkostenrechnung** verteilt man sämtliche in der Abrechnungsperiode entstandenen Kosten auf die → **Ausbringungsmenge**, was eine → **Gemeinkostenschlüsselung** mit dem zugehörigen Umlagefehler notwendig macht. Bei Zurechnung von → **Fixkosten** auf die Leistungseinheiten ist die Frage der (entscheidungs-)→ **relevanten Kosten** zu prüfen (→ **langfristige Preisuntergrenze**).

(2) Bei der → **Teilkostenrechnung** verteilt man nur die → **variablen Kosten** auf die Leistungseinheiten (→ **kurzfristige Preisuntergrenze**).

Beispiel: Zur Ermittlung der S. nutzt man je nach betrieblicher Situation ein bestimmtes → **Kalkulationsverfahren** (→ **Kostenträgerrechnung**). In der Einproduktunternehmung ist dies die → **Divisionskalkulation**; in der Mehrproduktunternehmung die → **Zuschlagskalkulation.**

(1) Divisionskalkulation

$$\text{Selbstkosten (Stückkosten)} = k = \frac{\text{Gesamtkosten (DM/Monat)}}{\text{Ausbringung (LE/Monat)}} = \frac{250\,000}{5\,000} = 50 \text{ (DM/LE)}$$

(2) Zuschlagskalkulation

Die Zuschlagskalkulation folgt dem allgemeinen auf Wöhe zurückgehenden Schema:

<table>
<tr><td>Materialeinzelkosten</td><td>Materialgemeinkosten</td><td>Lohneinzelkosten</td><td>Fertigungsgemeinkosten</td><td>Sondereinzelk. d. Fert.</td><td colspan="3"></td></tr>
<tr><td colspan="2">Materialkosten</td><td colspan="3">Fertigungskosten</td><td colspan="3"></td></tr>
<tr><td colspan="5">Herstellkosten</td><td>Verwalt.-gemeinkosten</td><td>Vertriebsgemeinkosten</td><td>Sondereinzelk. d. Vertr.</td></tr>
<tr><td colspan="8">Selbstkosten</td></tr>
</table>

Übersicht: **Zusammensetzung der Selbstkosten im allgemeinen Schema**

Daraus ergibt sich folgende → **Kalkulation** der S.:

	DM	DM
Materialeinzelkosten	120 000	
Materialgemeinkosten 8 %	9 600	
Materialkosten		129 600
Fertigungseinzelkosten	180 000	
Fertigungsgemeinkosten 90 %	162 000	
Fertigungskosten		342 000
Herstellkosten		471 600
Verwaltungsgemeinkosten 20 %		94 320
Vertriebsgemeinkosten 15 %		70 740
Selbstkosten (DM/Monat)		636 660
Selbstkosten (DM/LE) bei 10 000 LE/Monat		63,67

Selbstkostenerstattungspreis → Selbstkostenpreis

Selbstkostenfestpreis → Selbstkostenpreis

Selbstkostenkalkulation

ist die Ermittlung der → **Selbstkosten** einer Leistungseinheit nach einer bestimmten Art von → **Kalkulation** (→ **Kostenträgerrechnung**).

Selbstkostenpreis

Begriff: (1) S. ist der → **Preis,** der die → **Selbstkosten** einer Leistungseinheit deckt.

(2) S. ist des weiteren ein Begriff des öffentlichen Preisrechts, das durch die → **Verordnung über die Preise bei öffentlichen Aufträgen (VPöA)** in Verbindung mit den → **Leitsätzen für die Preisermittlung aufgrund von Selbstkosten (LSP)** geregelt ist. Danach wird im öffentlichen Preisrecht ein S.-Begriff verwendet, der von dem sonst in der Betriebswirtschaftslehre üblichen dadurch abweicht, daß der → **Gewinn** Bestandteil des S. ist. So schreiben die LSP Nr. 10 folgendes → **Kalkulationsschema** als Mindestgliederung vor:

Fertigungsstoffkosten, + Fertigungskosten, + Entwicklungs- und Entwurfskosten, + Verwaltungskosten, + Vertriebskosten,
= Selbstkosten, + kalkulatorischer Gewinn,
= Selbstkostenpreis

Die VPöA unterscheidet zwischen drei Grundformen der Selbstkostenpreise:

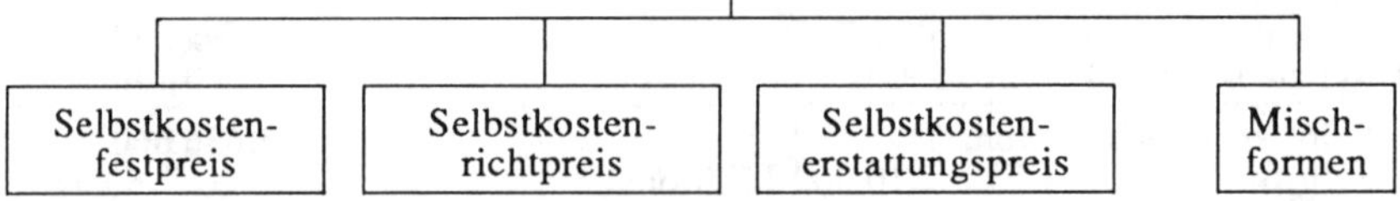

Selbstkostenfestpreis: Kommen S. in Betracht, muß nach § 6 Abs. 1 VPöA möglichst ein Selbstkostenfestpreis vereinbart werden. Voraussetzung für die Bildung eines Selbstkostenfestpreises ist die Überschaubarkeit der zum Zeitpunkt der Angebotsabgabe vom Auftragnehmer eingereichten → **Vorkalkulation**, die die voraussichtlich angemessenen → **Kosten** berücksichtigt. Die Festlegung von Selbstkostenfestpreisen muß bei Abschluß eines Vertrages durchgeführt werden oder spätestens unmittelbar danach.

Selbstkostenrichtpreis: Kann ein Selbstkostenfestpreis bei Vertragsabschluß noch nicht festgestellt werden (z. B. bei → **Leistungen**, die erstmalig erstellt werden), so kann zunächst ein Selbstkostenrichtpreis vereinbart werden. Dieser ist als vorläufiger Selbstkostenfestpreis anzusehen. Sobald die Kalkulationsgrundlagen überschaubar sind, ist der Selbstkostenrichtpreis noch vor Beendigung der Auftragsausführung in einen Selbstkostenfestpreis umzuwandeln (§ 6 Abs. 3 VPöA).

Selbstkostenerstattungspreis und Mischformen: Selbstkostenerstattungspreise werden aufgrund der tatsächlich angefallenen → **Selbstkosten** gemäß einer → **Nachkalkulation** ermittelt. Sie dürfen nur vereinbart werden, wenn keine andere Preisermittlung möglich ist. Bei diesem Preistyp werden dem Auftragnehmer die bei der Leistungserstellung entstandenen Kosten vom Auftraggeber erstattet, wobei die Höhe der erstattungsfähigen Kosten ganz oder teilweise durch Vereinbarung begrenzt werden kann. Darüber hinaus können für einzelne Kalkulationsbereiche (z. B. → **Verwaltungs-** und → **Vertriebskosten**) feste Sätze vereinbart werden, die aufgrund von Vorkalkulationen zu ermitteln sind. Damit entsteht eine Mischform, bei der für einen Teilbereich ein Festsatz, der Selbstkostenfestpreis, im übrigen aber der Selbstkostenerstattungspreis gilt.

Problem: (1) Die inhaltliche Ausfüllung des Selbstkostenbegriffs durch das öffentliche Preisrecht und die Betriebswirtschaftslehre ist unterschiedlich.

(2) Die → **Kalkulation** von S. kann in der Marktwirtschaft im wesentlichen nur der Marktpreisbeurteilung dienen. Preise kalkulieren, das heißt noch lange nicht, sie vom → **Markt** vergütet zu bekommen. Dabei muß beachtet werden, daß ein wesentlicher Bestimmungsfaktor für den S. die → **Ausbringungsmenge** ist: Mit steigender Ausbringungsmenge sinken die S. (→ **Kostenfunktion**).

(3) Das Dilemma der betrieblichen Preispolitik liegt darin, daß zwischen Selbstkosten und Verkaufspreisen zwar keine funktionale Beziehung be-

steht, daß die Unternehmung auf Dauer aber nur bestehen kann, wenn die Verkaufspreise → **Vollkostendeckung** gewährleisten. Es ist daher notwendig, mit Hilfe einer → **Grenzplankostenrechnung** wenigstens → **kurz-** und → **langfristige Preisuntergrenze** zu bestimmen und → **Planpreise** mit Hilfe von → **Plandeckungsbeiträgen** vorzugeben.

Selbstkostenrechnung

ist die Ermittlung der → **Selbstkosten** einer Leistungseinheit nach einer bestimmten Art von → **Kalkulation** (→ **Kostenträgerrechnung**).

Selbstkostenrichtpreis → Selbstkostenpreis

selektive Anpassung → qualitative Anpassung

Sensibilitätsanalyse

Begriff: S. (auch → **Sensitivitätsanalyse**) ist ein Verfahren zur Prüfung der Stabilität einer gefundenen Lösung. Man fragt, ob und wie weit sich Eingabedaten ändern dürfen, ohne daß die bisher gefundene Lösung revidiert werden muß.

Beispiel: Bei der kostenrechnerischen → **Programmoptimierung** mit Hilfe der → **linearen Optimierung** fragt man, wie weit sich → **variable Stückkosten** und/oder Verkaufspreise je Leistungseinheit ändern können, bevor ein neues Programm optimal wird. Bei der → **Investitionsrechnung** fragt man, wie weit die jährlichen → **Einzahlungen** fallen und/oder die jährlichen → **Auszahlungen** steigen dürfen, ohne daß der → **Kapitalwert** einer → **Investition** negativ wird.

Sensitivitätsanalyse

häufig gebrauchtes, aber sprachlich fragwürdiges Ersatzwort für → **Sensibilitätsanalyse** (= Empfindlichkeitsanalyse). Sensitivität (= Überempfindlichkeit, Gefühlszartheit) paßt nicht in eine Optimierungsrechnung.

Serie

Anzahl in gleicher Ausführung gefertigter → **Erzeugnisse** der gleichen Art.

Serienfertigung

Begriff: S. ist ein → **Fertigungsverfahren,** das zwischen der → **Einzel-** und → **Massenfertigung** steht. Es werden gleichzeitig oder nacheinander mehrere gleichartige → **Erzeugnisse** produziert. Nach Erstellung einer bestimmten Stückzahl (→ **Serie,** → **Los,** Auflage) wird eine neue Artikelserie aufgelegt.

Problem: (1) Je nach Seriengröße unterscheidet man Groß-, Mittel- und Kleinserien. Bei sehr großen Stückzahlen rückt die S. in die Nähe der Massenfertigung, bei sehr kleinen → **Losgrößen** oder Auflagewerten nähert sie sich der Einzelproduktion.

(2) Je größer die Serie, das Los ist, desto kleiner sind die losfixen Kosten (→ **Rüstkosten**) je Leistungseinheit. Gleichzeitig steigen aber die → **Lagerkosten** für die → **Halb- und Fertigerzeugnisse,** so daß man im praktischen Fall die Losgröße als optimalen Wert zu bestimmen hat.

Beispiel: S. findet man häufig beim Fahrzeugbau, Maschinenbau und in der Elektroindustrie (Erstellung einer Anzahl gleichartiger Lkw-Anhänger, Bohrmaschinen und Schaltschränke).

Seriengröße → Losgröße

Serienkalkulation

ist die auf die Ermittlung der → **Stückkosten** der zu einer → **Serie** gehörenden Leistungseinheiten gerichtete Rechnung (→ **Kalkulation**). Sie erfolgt meist als → **Zuschlagskalkulation**, kann aber auch mit einer → **Divisionskalkulation** kombiniert werden.

Simplex-Methode (S.-M.)

Begriff: Die von dem Amerikaner George B. Dantzig 1946 vorgestellte S.-M. gehört zu den wichtigsten Lösungsverfahren der → **linearen Programmierung (LP)**. Sie stellt die Gleichungen in der Matrix (Simplex-Tableau) zusammen und wandelt diese nach bestimmten Regeln so lange in neue Matrizen (Tableaus) um, bis die optimale Lösung gefunden ist. Die S.-M. als numerisch-iteratives Rechenverfahren (→ **Iteration**) eignet sich besonders gut für → **EDV**-Lösungen. Standardprogramme für diese Methode liegen heute in allen bekannten Programmiersprachen vor.

Rechenregeln der S.-M.: Die Regeln dieser Methode lassen sich für den Fall der → **Gewinnmaximierung** in acht Punkte fassen:

(1) Formulierung des mathematischen Ansatzes mit Zielfunktion, → **Nebenbedingungen** und → **Nichtnegativitätsbedingungen**.
(2) Umformung der Nebenbedingungen in Gleichungen.
(3) Herstellung eines ersten Simplex-Tableaus.
(4) Festlegung der Pivotspalte, das ist die Spalte mit dem größten positiven Koeffizienten in der Zielfunktionszeile.
(5) Festlegung der Pivotzeile, das ist die Zeile mit positivem Koeffizienten in der Pivotspalte, für die sich bei Division der rechten Seite durch das betreffende Element der Pivotspalte der kleinste Zahlenwert ergibt (= engste → **Restriktion**).
(6) Tableau-Umformung mittels
   - Division der Pivotzeile durch das Pivotelement zur Herstellung der neuen Basiseins.
   - Herstellen von Nullen ober- und unterhalb der neuen Basiseins durch Addition oder Subtraktion geeigneter Vielfacher der Pivotzeile zu bzw. von den anderen Zeilen.
(7) Wiederholung der Schritte (4) bis (6), bis die Zielfunktionszeile keine positiven Koeffizienten mehr enthält; dann ist das → **Optimum** erreicht.
(8) Ablesen der optimalen Lösung aus dem Endtableau.

simultanes Gleichungsverfahren

heißt ein Verfahren zur → **innerbetrieblichen Leistungsverrechnung**, das eine exakte Lösung auch dann ermöglicht, wenn sich die → **Kostenstellen** gegenseitig beliefern. Meist bezeichnet man es vereinfachend als → **Gleichungsverfahren**.

Skontration → Fortschreibungsmethode

Software

Begriff: S. ist die zusammenfassende Bezeichnung für alle → **Programme**, die auf einer → **EDV**-Anlage ausgeführt werden können. Erst im Zusammenspiel mit der → **Hardware** ergibt sich ein gebrauchsfähiges System.

Arten: Man unterscheidet Systemsoftware und Anwendungssoftware. Die Systemsoftware bildet zusammen mit der Hardware die Grundlage für das Funktionieren der EDV-Anlage. Die Anwendungssoftware dient unmittelbar der Lösung betriebswirtschaftlicher Probleme.

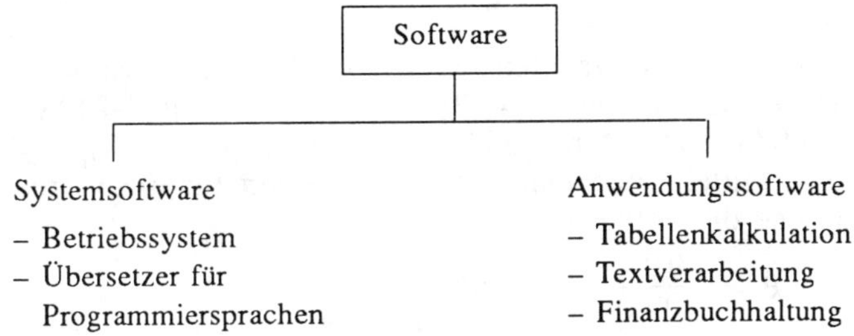

Hinweis: Ein → **Computer** besteht aus Hardware und S.

Soll-Ist-Vergleich

Begriff: S.-I.-V. (auch → **Abweichungsanalyse** oder → **Planung** und → **Kontrolle**) ist die Art der Gegenüberstellung von → **Kosten** und/oder → **Leistungen**, bei der die vor einer bestimmten Periode geplanten Werte mit den nach Ablauf der betreffenden Periode angefallenen tatsächlich entstandenen Werten verglichen werden. Kurz: → **Sollkosten** eines Monats werden mit den später festgestellten → **Istkosten** dieses Monats verglichen.

Hinweis: Der S.-I.-V. ist das Kernstück der → **Plankostenrechnung**. Man ermittelt die → **Abweichungen** (z. B. → **Beschäftigungsabweichung**, → **Intensitätsabweichung**, → **Preisabweichung**, → **Verbrauchsabweichung**) und fragt nach den Ursachen der festgestellten Abweichungen (→ **mehrfach-flexible Plankostenrechnung**).

Gegensatz: → **Ist-Ist-Vergleich.**

Sollkosten

sind Kostenvorgaben in der → **flexiblen Plankostenrechnung** und umfassen die in einer → **Kostenstelle** anfallenden → **Fixkosten** sowie die bei der jeweiligen → **Beschäftigung** anfallenden → **variablen Kosten.** Zu den S. gehören nur solche → **Kosten**, die bei wirtschaftlicher Betriebsführung und bei Eintritt der Plandaten zu erwarten sind.

Sollkostenfunktion, Sollkostenlinie

Begriff: Die S. gibt die Beziehung zwischen der Höhe der → **Sollkosten** und unterschiedlichen Werten der → **Bezugsgröße** B an.
Es gilt: $K_s = K_{fp} + k_{vp} \cdot B$.

Beispiel: In der → **Kostenstelle** Gewindeschneiderei wurden für die → **Planbeschäftigung** von B_p = 1 000 h/Monat gesamte → **Plankosten** von K_p = 60 000 DM/Monat und fixe Plankosten von K_{fp} = 20 000 DM/Monat ermittelt. Wie lauten die Funktionen für die verrechneten Plankosten und die Sollkosten?

$$K_{verr} = k_p \cdot B = \frac{60\,000}{1\,000} \cdot B = 60\,B$$

$$K_s = 20\,000 + \frac{40\,000}{1\,000} \cdot B = 20\,000 + 40\,B$$

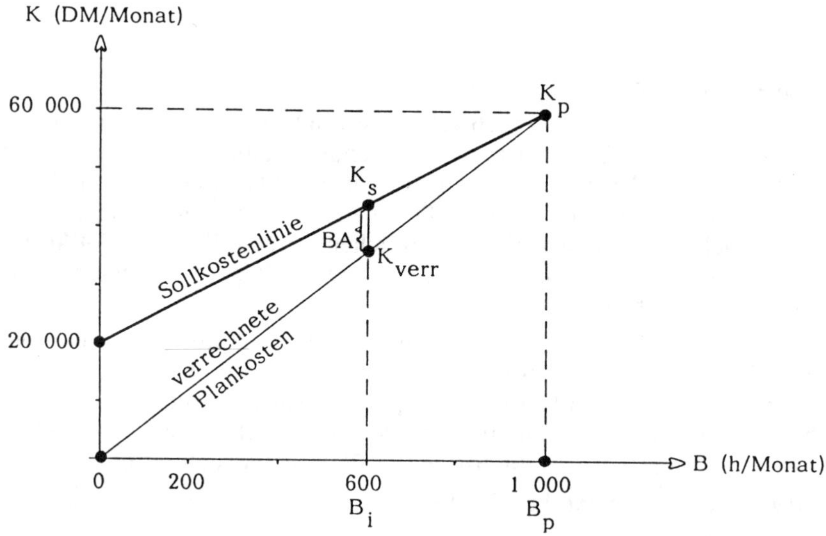

Abbildung: **Sollkostenfunktion in der Gewindeschneiderei**

Symbole
K_p = Plankosten (DM/Monat)
K_s = Sollkosten (DM/Monat)
K_{verr} = verrechnete Plankosten (DM/Monat)
K_{fp} = geplante Fixkosten (DM/Monat)
B_p = Planbeschäftigung (h/Monat)
B_i = Istbeschäftigung (h/Monat)

k_p = geplante Stückkosten (DM/h)
k_{vp} = geplante variable Stückkosten (DM/h)
BA = Beschäftigungsabweichung (DM/Monat)

Hinweis: Aus der Differenz zwischen Sollkosten und → **verrechneten Plankosten** erhält man im Rahmen der → **flexiblen Plankostenrechnung** die → **Beschäftigungsabweichung**.

Sondereinzelkosten (SEK)

Begriff: SEK sind solche → **Einzelkosten**, die man über die → **Einzelmaterial-** und → **Einzellohnkosten** hinaus den → **Kostenträgern** direkt zurechnet. Sie sind im Unterschied zu den „normalen" Einzelkosten nicht stückvariabel, sondern auftragsvariabel, serienvariabel oder produktartvariabel und können demzufolge einem Auftrag, einer → **Serie**, einer Produktart insgesamt verursachungsgerecht zugerechnet werden. Sie entstehen und entfallen mit dem Auftrag, der Serie, der Produktart.

Arten: Man unterscheidet SEK der Fertigung und SEK des Vertriebs. SEK der Fertigung liegen vor bei → **Werkzeugen**, Modellen, Lizenzen, die nur für einen Auftrag (eine Serie, eine Produktart) bestimmt sind. SEK des Vertriebs finden sich im Bereich Verpackung, Frachten, → **Provisionen**.

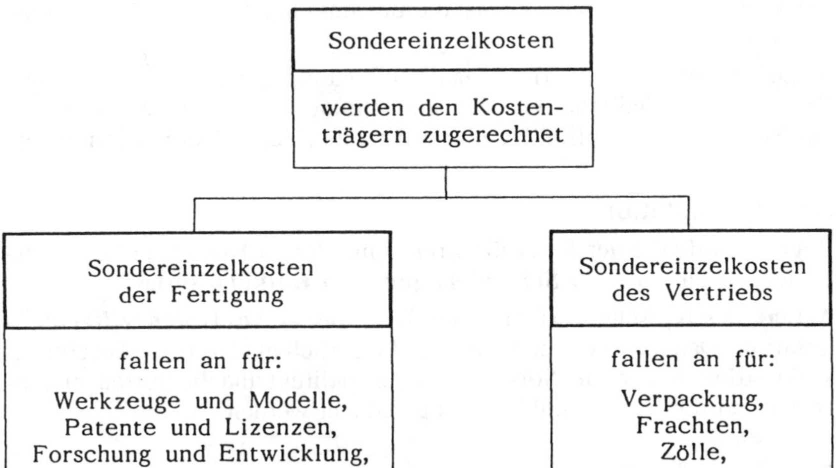

Übersicht: **Sondereinzelkosten fallen bei Fertigung und Vertrieb an**

Problem: Nicht alle SEK sind Einzelkosten im Wortsinne, nicht alle SEK sind dem einzelnen Kostenträger verursachungsgemäß zurechenbar. Akzeptiert man sie dennoch aus Zweckmäßigkeitsgründen als → **Kostenträgereinzelkosten**, so bleibt stets zu beachten, daß sie in Wirklichkeit eine Mittelstellung zwischen Einzel- und → **Gemeinkosten** einnehmen.

Sondereinzelkosten der Fertigung → Sondereinzelkosten

Sondereinzelkosten des Vertriebs → Sondereinzelkosten

Sonderkosten → Sondereinzelkosten

Sorte

in begrenzter Anzahl hergestellte Variante eines → **Erzeugnisses.**

Sortenfertigung

Begriff: S. ist ein → **Fertigungsverfahren**, bei dem artverwandte → **Produkte** aus gleichen oder ähnlichen Grundstoffen parallel zueinander oder nacheinander erstellt werden.

Problem: Kernproblem der S. ist die Bestimmung der optimalen → **Losgröße.**

Beispiel: Von Sorten spricht man bei Zigaretten verschiedener Länge, Bieren unterschiedlicher Geschmacksrichtungen, verschiedenen Stärken von Stahlblechen, Profilhölzern, Profilstählen, Kabel, Drähte, Schrauben.

Sortenkalkulation

Begriff: Aufgabe der S. ist die Ermittlung der → **Kosten** je Leistungseinheit im Falle der → **Sortenfertigung** (→ **Kalkulation**).

Arten: Das typische Verfahren der S. ist die → **Äquivalenzziffernkalkulation**. Daneben verwendet man gelegentlich auch die → **Zuschlagskalkulation**, bei der die Sorteneinzelkosten direkt und die Sortengemeinkosten indirekt (mit Schlüsseln) zugerechnet werden.

Sortiment

ist die Summe aller Sachgüter, Energien und Dienstleistungen, die ein Unternehmen in einer Periode anbietet.

Sortimentsentscheidungen → Programmentscheidungen

Sortimentsoptimierung → Programmoptimierung

soziale Kosten

sind solche → **Kosten,** die nicht von den sie verursachenden Wirtschaftssubjekten getragen, sondern der Gesellschaft oder Dritten aufgebürdet werden (→ **externe Kosten**). Sie sind streng zu trennen von den → **Sozialkosten.**

Sozialkosten

Begriff: S. gehören zu den → **Personalkosten** und sind in freiwillige S. und gesetzliche S. zu unterteilen. Typisch für die S. ist, daß sie zusätzlich zum Leistungsentgelt anfallen (→ **Lohn** und → **Gehalt**); man spricht deshalb auch von → **Personalneben-** oder Personalzusatzkosten.

Arten: (1) Gesetzliche S.: Sie sind durch Gesetz, aber auch durch Tarif oder Verordnung festgelegt. Hierzu gehören die Arbeitgeberanteile an Renten-, Kranken-, Arbeitslosen- und Unfallversicherung sowie tariflich vereinbarte Krankengeldzuschüsse.

(2) Freiwillige S.: Zusätzliche Zahlungen an die Sozialversicherung, freiwillige Pensionszusagen, Fahrt- und Verpflegungszuschüsse, Fortbildung. Neben freiwilligen S., die den Mitarbeitern direkt zugute kommen (= primäre S.), sind auch solche S. zu nennen, von denen die Mitarbeiter indirekt profitieren: Sanitätsstation, Werksbücherei, Betriebssport, Kindergarten, Kantine, Werkszeitung (= sekundäre S.).

Problem: S. sind klar zu trennen von den sozialen oder → **externen Kosten**. S. gehen in die betriebliche → **Kostenrechnung** ein, soziale Kosten werden in der Kostenrechnung nicht berücksichtigt, obgleich dies wünschenswert wäre (→ **Internalisierung externer Kosten**).

Beispiel: Die gesetzlichen und freiwilligen S., oft auch als zweiter Lohn bezeichnet, betrugen 1975 im produzierenden Gewerbe insgesamt 62,8 Prozent des vereinbarten Leistungsentgelts und sind seitdem laufend gestiegen. 1991 erreichten sie, wie die nachstehende Übersicht zeigt, den Wert von 83,8 Prozent. Im gleichen Jahr zahlte man im Großhandel freiwillige und gesetzliche S. von 69,2 %, im Einzelhandel 71,5 %, im Versicherungsgewerbe 97,5 % und im Bankgewerbe 102,5 %.

Personalzusatzkosten / Jahr	1966	1975	1981	1984	1988	1989	1990	1991
	in %							
Insgesamt	43,4	62,8	77,5	81,6	82,6	82,8	82,9	83,8
Gesetzliche Personalzusatzkosten	19,4	30,7	34,7	34,7	35,8	36,0	36,0	36,9
Sozialversicherungs-beiträge der Arbeitgeber	11,7	17,7	20,7	21,9	23,0	23,1	22,9	23,7
Bezahlte Feiertage und sonstige Ausfallzeiten	4,0	5,1	5,6	5,3	5,4	5,4	5,4	5,4
Entgeltfortzahlung im Krankheitsfall	1,7	5,4	5,7	4,9	5,0	5,1	5,3	5,4
Sonstige gesetzliche Personalzusatzkosten	1,9	2,5	2,7	2,7	2,4	2,4	2,4	2,4
Tarifliche und betriebliche Personalzusatzkosten	24,0	32,1	42,8	46,9	46,8	46,8	46,9	46,9
Urlaub, einschl. Urlaubsgeld	9,8	15,9	19,5	20,5	20,6	20,6	20,6	20,6
Sonderzahlungen (Gratifikationen, 13. Monatsgehalt usw.)	5,0	7,4	8,9	9,6	10,0	10,0	10,0	10,0
Betriebliche Altersversorgung	4,1	2,4	6,9	9,0	8,8	8,8	9,0	9,0
Vermögensbildung	0,2	1,5	1,9	1,7	1,5	1,5	1,4	1,4
Sonstige Personalzusatzkosten	4,9	4,9	5,6	6,1	5,9	5,9	5,9	5,9
nachrichtlich: Personalzusatzkosten bezogen auf die Personalkosten insgesamt	30,2	38,6	43,6	44,9	45,2	45,3	45,3	45,6

Quelle: Institut der Deutschen Wirtschaft (Hrsg.), Zahlen zur wirtschaftlichen Entwicklung der Bundesrepublik Deutschland, Köln 1992, Tabelle 60.

Übersicht: **Personalzusatzkosten im produzierenden Gewerbe (in % des Entgelts für geleistete Arbeit)**

Sparte

unternehmerischer Teilbereich bei → **divisionaler Organisation,** häufig auch → **Profit-Center** genannt.

spezifische Mehrkosten

Begriff: S. M. sind die Mehrkosten je freiwerdender Engpaßkapazitätseinheit, wenn bei kurzfristiger → **Verfahrenswahl** oder bei kurzfristigen Entscheidungen über → **Eigenfertigung oder Fremdbezug** der bestehende innerbetriebliche Engpaß entlastet werden soll.

Beispiel:

$$\text{spezifische Mehrkosten bei innerbetrieblicher Produktionsverlagerung} = \frac{\text{Mehrkosten je Stück}}{\text{Engpaßentlastung je Stück}} = \frac{24 \text{ DM/Stück}}{2 \text{ Min/Stück}} = 12 \text{ DM/Min}$$

$$\text{spezifische Mehrkosten bei Fremdbezug} = \frac{\text{Mehrkosten je Stück}}{\text{Engpaßentlastung je Stück}} = \frac{36 \text{ DM/Stück}}{4 \text{ Min/Stück}} = 9 \text{ DM/Min}$$

spezifischer Deckungsbeitrag

Begriff: Den s. D. d_s erhält man, indem man den → **Deckungsbeitrag** je Leistungseinheit (= Differenz zwischen → **Preis** p und → **variablen Stückkosten** k_v) durch die zur Erstellung einer Leistungseinheit benötigten Engpaßkapazitätseinheiten e dividiert. Er wird benötigt zur → **Programmoptimierung** beim Vorliegen eines einzigen innerbetrieblichen Engpasses.

Beispiel:

$$d_s = \frac{p - k_v}{e} = \frac{12 \text{ DM/Stück}}{3 \text{ Min/Stück}} = 4 \text{ DM/Minute}$$

Spontankauf

(→ **Impulskauf,** Reizkauf) ist eine Kaufentscheidung, die einem plötzlichen Antrieb folgt, der durch einen Reiz an der Einkaufsstelle ausgelöst wird.

sprung-fixe Kosten

auch intervall-fixe, stufenfixe oder Sprungkosten, bleiben innerhalb eines Intervalls der → **Bezugsgröße** gleich und steigen bei Überschreiten dieses Intervalls sprunghaft an (→ **absolut-fixe und intervall-fixe Kosten**).

Sprungkosten

auch intervall-fixe, sprung-fixe, stufenfixe → **Kosten** bleiben innerhalb eines Intervalls der → **Bezugsgröße** gleich und steigen bei Überschreiten dieses Intervalls sprunghaft an (→ **absolut-fixe und intervall-fixe Kosten**).

Standardkosten

veralteter Ausdruck für → **Plankosten**.

Standardkostenrechnung

veralteter Ausdruck für → **Plankostenrechnung (PKR)**.

starre Plankostenrechnung (PKR)

Begriff: Starre PKR heißt eine frühe Entwicklungsform der → **Plankostenrechnung (PKR)**, die erstens eine → **Vollkostenrechnung** darstellt und zweitens die → **Kosten** nur für eine einzige → **Beschäftigung**, die → **Planbeschäftigung**, vorgibt.

Problem: (1) Eine wirksame → **Kostenkontrolle** ist nur dann möglich, wenn die → **Istbeschäftigung** mit der Planbeschäftigung übereinstimmt. Bei allen anderen → **Beschäftigungsgraden** läßt sich eine → **Verbrauchsabweichung** nicht isolieren, weil in der → **Gesamtabweichung** der Anteil der → **Fixkosten**, der bei sinkender Beschäftigung nicht abgebaut werden kann, mitenthalten ist. Es müßten die → **Sollkosten** bekannt sein, die berücksichtigen, daß bei sinkender Beschäftigung nur die → **variablen Kosten** sinken (→ **Abweichungsanalyse**).

(2) In der → **Kostenträgerrechnung** ist die → **kurzfristige Preisuntergrenze** nicht bestimmbar, weil die → **variablen Kosten** nicht ermittelt werden können. Für dispositive Aufgaben ist die starre PKR daher nicht geeignet, weil die → **Deckungsbeiträge** der einzelnen → **Kostenträger** nicht bekannt sind.

(3) Die starre PKR sollte in der Praxis nicht angewendet werden

- bei → **Kostenstellen** mit schwankender Beschäftigung und/oder
- bei Kostenstellen mit erheblichen Fixkosten.

Beispiel: Die Planbezugsgröße in einer Kostenstelle seien 6 000 Fertigungsstunden. Die → **Kostenträgergemeinkosten** werden auf insgesamt 4 800 DM in der Abrechnungsperiode veranschlagt. Die Istbeschäftigung erreicht entgegen der Erwartung nur 4 000 Fertigungsstunden. Dabei sind → **Istkosten** in Höhe von 4 200 DM angefallen.

Wie groß ist die Gesamtabweichung GA?

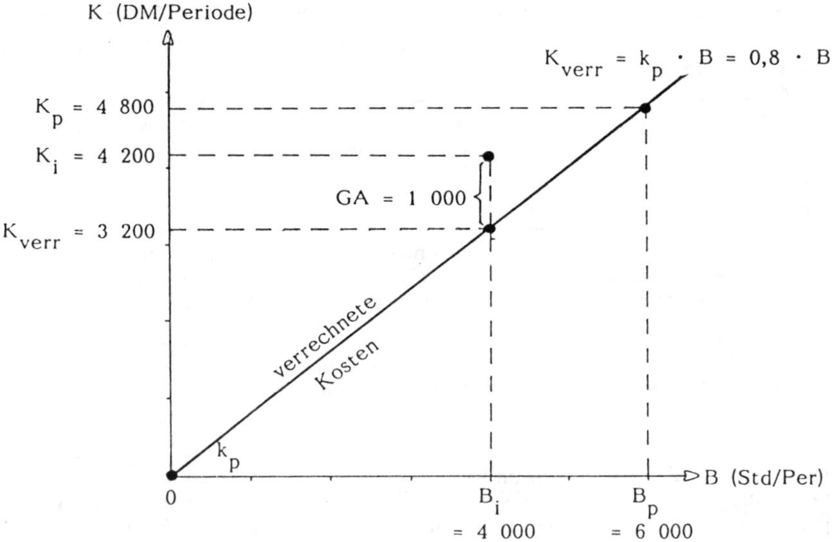

Abbildung: **Bei der starren PKR wird nur die Gesamtabweichung ausgewiesen**

Hinweis: Die starre PKR weist die → **Plankosten** K_p für die Planbeschäftigung aus. Dividiert man die Plankosten durch die Planbeschäftigung B_p, so erhält man die geplanten → **Stückkosten** k_p je Bezugsgrößeneinheit, häufig auch → **Plankostenverrechnungssatz** genannt. Die starre PKR erlaubt nur die Ermittlung einer einzigen → **Abweichung**, der Gesamtabweichung, die sich als Differenz zwischen den Istkosten K_i der tatsächlichen Beschäftigung und deren verrechneten Plankosten K_{verr} ergibt.

statische Investitionsrechnungsverfahren

Begriff: S. I. sind solche Verfahren zur Investitionsbeurteilung, die sich im Laufe der Zeit in der betrieblichen Praxis als Faustregeln herausgebildet haben. Sie fußen im Gegensatz zu den dynamischen Verfahren nicht auf einer finanzmathematischen Basis. Die fehlende finanzmathematische Basis bewirkt, daß Zeitunterschiede im Anfall der → **Ein-** und **Auszahlungen** von → **Investitionen** nicht oder nur unvollkommen berücksichtigt werden. Auch geht man bei den s. I. im Regelfall nicht von

Ein- und Auszahlungen als Rechnungselementen aus, sondern nutzt stattdessen die Rechnungsgrößen → **Aufwand**/→ **Ertrag** oder → **Kosten**/ → **Leistungen**.

Grundfragen	Antwort bei statischen Methoden	Antwort bei dynamischen Methoden
Wird eine finanzmathematische Basis genutzt?	nein	ja
Werden Zeitunterschiede beim Anfall der Rechnungselemente berücksichtigt?	Zeitunterschiede werden nicht oder nicht korrekt berücksichtigt	Zeitunterschiede werden durch Auf- oder Abzinsen korrekt berücksichtigt
Welche Rechnungselemente werden genutzt?	– Kosten und Leistungen – Aufwand und Ertrag	– Ein- und Auszahlungen – Einnahmen und Ausgaben
Wie werden die Rechnungselemente festgelegt?	primitive Methoden: – Werte des Erstjahres sind automatisch repräsentativ verbesserte Methoden: – Einzelschätzung mit Durchschnittsbildung oder Ansatz einer repräsentativen Periode	Einzelschätzung und gegebenenfalls auch Einzeldiskontierung, wenn Werte unterschiedlich sind

Übersicht: **Unterschied zwischen statischen und dynamischen Methoden**

Arten: Man kennt vier Varianten s. I.:

→ **Kostenvergleichsrechnung,**

→ **Gewinnvergleichsrechnung,**

→ **Amortisationsrechnung,**

→ **Rentabilitätsrechnung.**

Stelleneinzelkosten → Kostenstelleneinzelkosten

Stellengemeinkosten → Kostenstellengemeinkosten

step ladder system → Stufenleiterverfahren

Steuern

Begriff: In § 3 der Abgabenordnung (AO) findet sich die Legaldefinition des Begriffs: „Steuern sind Geldleistungen, die nicht eine Gegenleistung für eine besondere Leistung darstellen und von einem öffentlich-rechtlichen Gemeinwesen zur Erzielung von Einnahmen allen auferlegt werden, bei denen der Tatbestand zutrifft, an den das Gesetz die Leistungspflicht knüpft; die Erzielung von Einnahmen kann Nebenzweck sein. Zölle und Abschöpfungen sind Steuern im Sinne des Gesetzes."

Der Kostencharakter der S. ist in der Literatur umstritten, weil das Kostenkriterium „Werteverzehr im → **Produktionsprozeß** nicht immer als erfüllt angesehen wird. Man behilft sich begrifflich durch die Einordnung der S. als → **Quasi-Kosten.**

Die Praxis hat den Kostencharakter bestimmter S. nie in Frage gestellt: Alle durch die betriebliche Tätigkeit verursachten S. gelten als → **Kosten**, eine Auffassung, die sich auch weitgehend mit der des Gesetzgebers deckt. So unterscheiden die → **Leitsätze für die Preisermittlung aufgrund von Selbstkosten (LSP)** kalkulierbare S. und nicht kalkulierbare S.

Problem: Die Einordnung der Gewerbeertragsteuer, die zusammen mit der Gewerbekapitalsteuer die Gewerbesteuer ausmacht, als → **Kostensteuer** ist umstritten, denn die Gewerbeertragsteuer knüpft nicht wie die anderen kalkulierbaren S. an den Einsatz oder Verbrauch von Kostengütern an, sie besteuert den Gewerbeertrag, eine Gewinngröße. Gleichwohl rechnen die LSP sie zu den Kostensteuern, eine Haltung, der sich auch der → **BDI** angeschlossen hat. Die Begründung für die Einordnung der Gewerbeertragsteuer als Kostensteuer mag darin liegen, daß sie zusammen mit der Gewerbekapitalsteuer veranlagungstechnisch eine Einheit bildet.

Beispiel: Die Selbstkostenermittlung erfolgt unter Berücksichtigung der Kostensteuern (= kalkulierbare S.). Nicht kalkulierbare S. gelten nicht als Kosten. Nach Nr. 30 LSP ist folgendermaßen zu unterscheiden:

kalkulierbare Steuern (Kostensteuern)	nicht kalkulierbare Steuern
Gewerbesteuer Vermögensteuer Grundsteuer Kraftfahrzeugsteuer Umsatzsteuer } Sonderkosten Verbrauchsteuern }	Einkommensteuer Körperschaftsteuer Kirchensteuer Erbschaftsteuer Schenkungsteuer

Stillstandskosten

Begriff: S. sind die bei vorübergehender Stillegung eines → **Betriebs** oder Betriebsteils nicht wegfallenden → **Kosten**. Man spricht auch von Betriebsunterbrechungskosten sowie Ausfallkosten.

Beispiel: → **Raumkosten**, → **kalkulatorische Zinsen**, Grundsteuer, zeitabhängige → **kalkulatorische Abschreibungen**.

Streckenerfolg

Begriff: Verkehrsbetriebe rechnen den von ihnen bedienten Strecken → **Kosten** und → **Erlöse** zu. Der S. ergibt sich dann als Differenz zwischen dem Streckenerlös und den Streckenkosten.

Problem: Die Streckenkosten bestehen aus → **variablen Kosten** und → **Fixkosten.** Kurzfristige Entscheidungen sollte man am Streckendekkungsbeitrag (= Streckenerlös – variable Kosten der Strecke) orientieren; bei langfristigen Entscheidungen sollte man den Restdeckungsbeitrag der Strecke ermitteln (= Streckenerlös abzüglich variable Streckenkosten sowie zurechenbare fixe Streckenkosten).

Hinweis: Eine derartige Streckenerfolgsrechnung hat Ähnlichkeit mit der → **stufenweisen Fixkostendeckungsrechnung.**

Streudiagramm → Streupunktdiagramm

Streupunktdiagramm

Begriff: S. ist die graphische Darstellung von Einzelpunkten mit dem Ziel, aus der Punkteverteilung Rückschlüsse auf die Beziehungen zwischen zwei Größen zu ziehen. Man spricht auch von Streudiagramm, Streuungsdiagramm und Freihandmethode. Es gehört zu den statistischen Methoden der → **Kostenauflösung.**

Problem: (1) Das S. beruht auf statistischen Werten, ist also vergangenheitsbezogen.

(2) Die Lösung wird letztlich mittels Ablesens gefunden und kann somit Ungenauigkeiten enthalten. Diese sind vermeidbar, wenn man sich der → **Methode der kleinsten Quadrate (MKQ)** bedient.

Beispiel: In der → **Kostenstelle** Endmontage sind in den letzten Monaten die aus der Tabelle hervorgehenden Reparaturkosten und → **Ausbringungsmengen** angefallen.

Monat	Ausbringung (Stück/Monat)	Reparaturkosten (DM/Monat)
Januar	300	500
Februar	325	650
März	400	600
April	300	575
Mai	200	650
Juni	425	750
Juli	450	700
August	550	775
September	375	650
Oktober	450	800
November	525	850
Dezember	600	700
Durchschnitt	4 900 : 12 = 408	8 200 : 12 = 683

Übersicht: **Streupunktdiagramm fußt auf graphischer Darstellung von Punkten**

Wie lautet die zu diesen zwölf Wertepaaren gehörende → **Sollkostenlinie?**

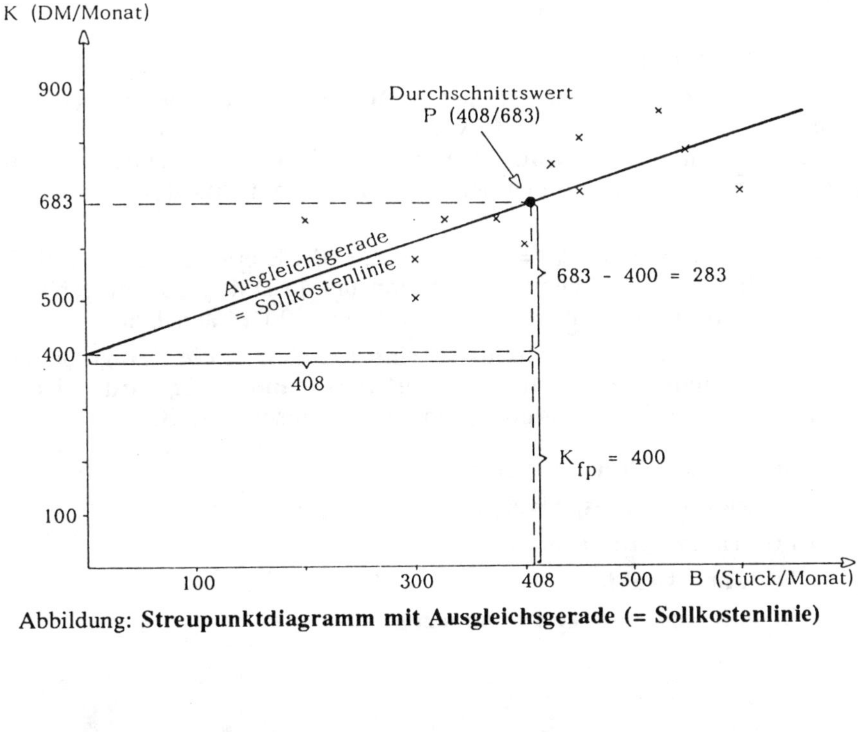

Abbildung: **Streupunktdiagramm mit Ausgleichsgerade (= Sollkostenlinie)**

Die Ausgleichsgerade (= Sollkostenlinie) wird so in die Punktwolke gelegt, daß sich negative und positive Abweichungen in etwa ausgleichen; außerdem soll sie durch den Punkt P (408/683) gehen, der den Gesamt-Durchschnitt repräsentiert. Dann erhält man:

K_{fp} = 400 DM/Monat (durch Ablesen an Ordinate) und

k_{vp} = $K_v : B = 283 : 408 = 0{,}69$ DM/Stunde.

Damit lautet die Sollkostenfunktion:

$K_s = 400 + 0{,}69\ B$

Streuungsdiagramm

andere Bezeichnung für das → **Streupunktdiagramm.**

Stückakkord

liegt vor, wenn die Arbeitnehmer für jede gefertigte Leistungseinheit einen bestimmten Lohnsatz erhalten (→ **Akkordlohn**).

Stückdeckungsbeitrag

Begriff: Der S., oft auch kurz als → **Deckungsbeitrag** bezeichnet, gibt an, um wieviel DM der → **Gewinn** steigt, wenn eine zusätzliche Leistungseinheit verkauft wird. Man errechnet den S. d als Differenz zwischen dem Stückpreis p und den → **variablen Stückkosten** k_v. Es gilt: $d = p - k_v$.

Beispiel: Bei $d = p - k_v = 20 - 8 = 12$ DM/LE erhöht jede zusätzlich verkaufte Leistungseinheit den Gewinn um 12 DM; jede weniger verkaufte Leistungseinheit läßt den Gewinn um 12 DM abnehmen.

Hinweis: Der S. oder → **Bruttogewinn** je Stück ist die Kerngröße der → **Teilkosten-** oder → **Deckungsbeitragsrechnung**. Er wird bei der Lösung vieler Entscheidungsprobleme eingesetzt, z. B.:

→ **kurzfristige Preisuntergrenze,**

→ **Deckungsbeitragsprovision,**

→ **Programmoptimierung,**

→ **Verfahrenswahl,**

→ **Eigenfertigung oder Fremdbezug.**

Stückgewinn

ist der → **Gewinn** pro abgesetzter Leistungseinheit. Es gilt: Stückgewinn = Stückpreis – → **Stückkosten.**

Stückkosten

Begriff: S. (auch → **Durchschnittskosten,** → **durchschnittliche totale Kosten,** → **Einheitskosten**) sind die auf die einzelne Leistungseinheit bezogenen → **Kosten**. Man errechnet sie, indem man die → **Gesamtkosten** K durch die Stückzahl x dividiert. Sie setzen sich zusammen aus den → **variablen Stückkosten** k_v und den → **fixen Stückkosten** k_f (→ **Fixkostendegression,** → **Kostenfunktion).** Es gilt:

$$k = \frac{K}{x} = \frac{K_f + K_v}{x} = k_f + k_v$$

Symbole

k = Stückkosten (DM/Stück)
K = Gesamtkosten (DM/Periode)
x = Ausbringungsmenge (Stück/Periode)
K_f = Fixkosten (DM/Periode)
K_v = variable Kosten (DM/Periode)
k_f = fixe Stückkosten (stückanteilige Fixkosten) (DM/Stück)
k_v = variable Stückkosten (DM/Stück)

Problem: Die Ermittlung der S. in der beschriebenen Weise gilt nur für den Fall der → **Einproduktunternehmung**. Bei der → **Mehrproduktunternehmung,** die unterschiedliche → **Erzeugnisse** herstellt, sind – je nach → **Fertigungsverfahren** und Verwandtschaftsgrad der Erzeugnisse – andere Verfahren zur Stückkostenermittlung bzw. zur → **Kalkulation** der → **Selbstkosten** einzusetzen, z. B.

→ **Äquivalenzziffernkalkulation** bei → **Sortenfertigung,**

→ **Zuschlagskalkulation** bei → **Serien-** und → **Einzelfertigung.**

Beispiel: Auf einem Prüfstand können arbeitstäglich maximal 6 Maschinenprüfungen vorgenommen werden. Der Prüfstand verursacht → **Fixkosten** von 400 DM/Tag, zusätzlich fallen je einzelner Prüfung → **variable Kosten** von 40 DM an. Somit gelten (vgl. nachstehende Abbildung)

- die (Gesamt-)Kostenfunktion: $K = 400 + 40\ x$ und
- Stückkostenfunktion: $k = \frac{400}{x} + 40$

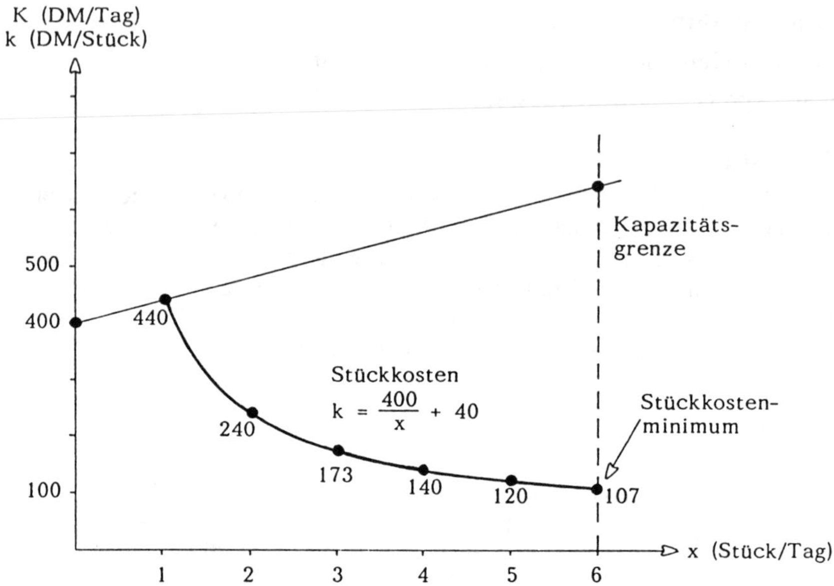

Abbildung: **Stückkosten sinken bei zunehmender Beschäftigung**

Die Abbildung zeigt, daß bei dem in der Praxis vorherrschenden linearen Kostenverlauf die S. mit zunehmender → **Ausbringungsmenge** sinken. Das Stückkostenminimum liegt dann an der Kapazitätsgrenze.

Stückliste

Begriff: S. ist die tabellarische Darstellung sämtlicher Einzelteile, die für die Herstellung eines → **Produkts** (einer Produktgruppe, eines Auftrags) notwendig sind.

Beispiel: Bei der Erstellung von S. sind → **DIN** 199, 6771 sowie 6789 zu beachten. Danach enthalten S. (vgl. nachstehende Übersicht) neben den notwendigen Identifizierungskennzeichen unter anderem

- die Positionsnummer,
- die Häufigkeit des Vorkommens,
- die verbale Beschreibung eines Einzelteils oder einer Baugruppe,
- die zugehörige Zeichnungsnummer oder DIN-Nummer,
- Bezeichnung und ggf. Abmessungen des → **Werkstoffs**,
- eine Spalte für Bemerkungen über Besonderheiten.

Hinweis: S. werden unter dieser Bezeichnung vor allem in der metallverarbeitenden Industrie eingesetzt, wo sie ursprünglich aus Konstruktionszeichnungen entstanden. Daneben findet man sie unter anderen Bezeichnungen in vielen weiteren Industriezweigen.

Industriezweig	Bezeichnung für Stückliste
Chemische Industrie	Rezeptur
Gießereien und Stahlerzeugung	Gattierungsliste
holzverarbeitende Industrie	Holzliste
Bauindustrie	Materialliste

Mit Hilfe der S. und der Planproduktion läßt sich der Plan-Materialverbrauch durch Multiplikation des Verbrauchs je Stück und der geplanten Stückzahl ermitteln. S. dienen als Hilfsmittel der Materialdisposition und der Fertigungssteuerung und enthalten wichtige Informationen für die → **Vor-** und → **Nachkalkulation.**

Urstückliste		Gerät: Automat. Feuerzeug »Sturmvogel«		Zeichnung-Nr.: 163—000	
Pos.-Nr.	St. je Einheit	Benennung	Zeichnungs-Nr., DIN-Nr.	Werkstoff und Abmessungen	Bemerkungen
1	1	Tank	163—001	Ms 63 weich 0,8	vernickelt
2	1	Hülse	163—002	Ms 63 weich 0,8	glatt, vernickelt, mit Prägung
3	1	Plattform	163—003	Ms 63 weich 0,6	vernickelt
4	1	Rahmen	163—004	Ms 58 weich 0,8	vernickelt
5	1	Drucktaste	163—005	Ms 63 weich 0,8	vernickelt
6	1	Dochtkappe	163—006	Ms 58 weich 0,8	vernickelt
7	1	Deckel	163—007	Al 98 weich 0,5	
8	1	Schaltfeder	163—008	Federbandstahl 10 x 0,2	weiß poliert
9	1	Gelenk	163—009	Ms 63 halbhart 0,8	
10	1	Zugfedereinhänghaken	163—010	Ms 63 halbhart 16 x 6 x 1,0	
11	1	Reibrad			Fremdbezug
12	1	Verschlußkappe	163—011	Ms 63 weich 0,5	vernickelt
13	1	Dochtrohr	163—012	Ms 58 3 Ø	vernickelt
14	1	Steinrohr	163—013	Ms 58 3 Ø	
15	1	Achsschraube z. Drucktaste	163—014	St 33—2	vernickelt
16	1	Zugfeder			Fremdbezug
17	1	Steinfeder			Fremdbezug
18	2	Zylinderschraube	DIN 84	St 33—2	
19	1	Steinschraube	163—015	Ms 58	

20	1	Rechtsschraube f. Dochtkappe	163—016	St 33—2	vernickelt
21	1	Linksschraube f. Dochtkappe	163—016	St 33—2	vernickelt
22	1	Lagerrohr f. Reibrad	163—017	St 50—1 2,3 Ø	
23	1	Lagerschraube f. Reibrad	163—018	St 33—2	vernickelt
24	1	Bolzen zur Steinfeder	163—019	St 33—2	

	Tag	Name		Tag	Name	
Bearbeitet:	2. 12. 73	Jonas	Geändert:			Blatt . . 1 . . von . . 1 . . Blättern
Geprüft:	4. 12. 73	Mikosch	Geprüft:			

Quelle: E. Hammer, Industriebetriebslehre, 2. Aufl., München 1977, S. 187.

Übersicht: **Beispiel einer Stückliste für das Feuerzeug „Sturmvogel"**

Stücklohn → Akkordlohn

Stückzeit

ist die zur Bearbeitung einer einzelnen Leistungseinheit erforderliche Zeit.

Stufenkalkulation

ist gleichbedeutend mit mehrstufiger → **Divisionskalkulation**. Dabei zerlegt man den → **Betrieb** in aufeinander folgende Fertigungsstufen, wobei die → **Leistungen** jeder Stufe zu → **Herstellkosten** bewertet und durch die auf der jeweiligen Stufe gefertigte Anzahl Leistungseinheiten dividiert werden.

Stufenleiterverfahren

Begriff: Das S. (step ladder system, Stufenverfahren, Treppenverfahren) dient der → **innerbetrieblichen Leistungsverrechnung** und gehört zu den nicht-exakten Methoden. Es beruht auf der Grundidee, die → **Kostenstellen** so nacheinander anzuordnen, daß (im Idealfall) zwar jede Kostenstelle an die nachfolgende → **Leistungen** abgibt, aber selbst keine Leistungen von nachgelagerten Kostenstellen erhält.

Problem: (1) Das S. ermöglicht die Kostenumlage nur in einer Richtung. Der Leistungsfluß ist ein einseitiger; den gegenseitigen Leistungsaustausch, wie er in der Praxis die Regel ist, kann das S. nicht berücksichtigen.

(2) Man hilft sich in der Weise, daß man die → **Hilfskostenstellen** so anordnet, daß möglichst geringe Leistungen an vorgelagerte Stellen fließen. Am Anfang stehen die Hilfsstellen, die vorwiegend Leistungen abgeben und nur geringe Leistungen empfangen. Am Ende stehen die Hilfskostenstellen, die überwiegend Leistungen empfangen, aber nur geringe Leistungen an andere Hilfsstellen abgeben.

(3) Die Genauigkeit des S. steht und fällt mit dem Umfang der Leistungsrückflüsse. Man sollte deshalb ein genaueres Verfahren, zum Beispiel das → **Gleichungsverfahren,** einsetzen.

Beispiel: Im angesprochenen Idealfall ergibt sich die in der Übersicht dargestellte Abrechnung der Hilfskostenstellen, wobei das Bild einer Stufenfolge, das dem Verfahren den Namen gegeben hat, deutlich wird.

Kostenstellen → / Kostenarten ↓	Raumkostenstelle (Hilfskostenstellen)	Stromversorgung	Reparaturwerkstatt	innerbetr. Transporte	Sozialwesen	übrige Kostenstellen (Hauptkostenstellen)
primäre Stellenkosten	16 580	8 950	12 730	7 523	24 565	500 873
Umlage • Raumkosten		500	650	830	1 200	14 400
• Strom			951	243	256	8 000
• Reparaturen				980	150	13 201
• Transporte					540	9 036
• Sozialwesen						26 711
vorläufige Stellenkosten						71 348

Übersicht: **Innerbetriebliche Leistungsverrechnung gemäß Stufenleiterverfahren**

Hinweis: Das S. gilt als das in der → **Betriebsabrechnung** (→ **Betriebsabrechnungsbogen**) am weitesten verbreitete Verfahren der innerbetrieblichen Leistungsverrechnung, weil es leicht und manuell durchführbar ist.

Stufenverfahren → Stufenleiterverfahren

stufenweise Fixkostendeckungsrechnung (SFD)

Begriff: SFD (→ **Fixkostendeckungsrechnung,** → **mehrstufige Dekkungsbeitragsrechnung,** → **mehrstufiges direct costing**) ist ein Verfahren zur langfristigen → **Programmoptimierung**, bei dem der Fixkostenblock (→ **Fixkosten**) in mehrere Schichten aufgespalten und bestimmten → **Bezugsgrößen** (Einzelerzeugnis, Erzeugnisgruppe, Betriebsbereich, Gesamtunternehmung) verursachungsgerecht, also ohne Schlüsselung zugerechnet wird.

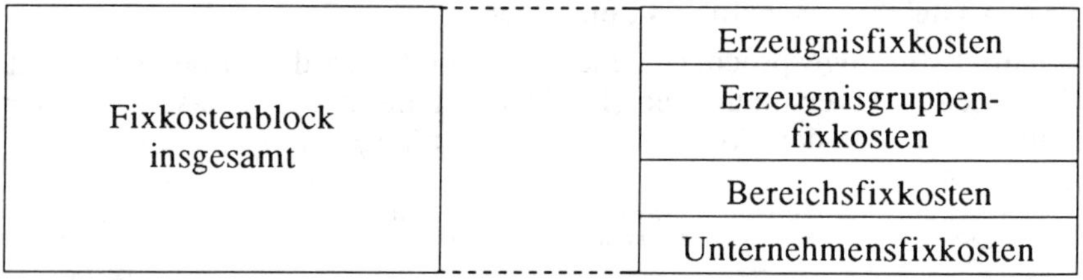

Übersicht: **SFD bedeutet schichtweise Zerlegung des Fixkostenblocks**

Problem: (1) Die Entscheidung, das → **Programm** zu straffen, gilt nur langfristig. Kurzfristig, also vor Stillegung oder Verkauf der entsprechenden Spezialabteilungen, -werkzeuge und -maschinen sind alle → **Produkte** mit positiven → **Deckungsbeiträgen** im → **Sortiment** zu halten.

(2) Es kann übergeordnete Gründe absatz- und sortimentspolitischer Art geben, die gegen einen partiellen Produktionsverzicht sprechen. Dann zeigt die SFD, was es kostet, die entsprechenden Produkte (Produktgruppen, Bereiche) weiter durchzuschleppen.

Beispiel: Bei praktischer Durchführung der SFD ermittelt man zunächst den Deckungsbeitrag je Erzeugnisart (→ **Sorte,** Artikel) und zieht von diesem die der Erzeugnisart zurechenbaren → **Erzeugnisfixkosten** ab. Als Ergebnis erhält man einen Restdeckungsbeitrag Nr. 1 (RDB I). Danach faßt man die → **Erzeugnisse** zu Gruppen zusammen und zieht vom RDB I je Gruppe die → **Erzeugnisgruppenfixkosten** ab. Als Ergebnis erhält man einen Restdeckungsbeitrag II. Faßt man die Gruppen zu Bereichen zusammen und zieht vom RDB II je Bereich die → **Bereichsfixkosten** ab, erhält man den Restdeckungsbeitrag III. Nach Abzug der → **Unternehmensfixkosten** vom RDB III aller Bereiche ergibt sich der Nettogewinn.

Die nachstehende Übersicht zeigt, wie man eine tabellarische SFD bei einer Unternehmung mit acht Produkten, vier Gruppen und zwei Bereichen durchführt.

Produkte	1	2	3	4	5	6	7	8	Summe
DB	+ 10	+ 25	+ 3	+ 12	+ 8	+ 22	+ 7	+ 13	+ 100
- EFK	-	-	5	-	-	2	-	4	- 11
RDB I	+ 10	+ 25	- 2	+ 12	+ 8	+ 20	+ 7	+ 9	+ 89
Produktgruppen	I		II		III		IV		
RDB I je Produktgruppe	+ 35		+ 10		+ 28		+ 16		+ 89
- EGFK	8		5		8		28		- 49
RDB II	+ 27		+ 5		+ 20		- 12		+ 40
Bereiche	A				B				
RDB II je Bereich	+ 32				+ 8				+ 40
- BFK	25				5				- 30
RDB III	+ 7				+ 3				+ 10
	+ 10								+ 10
- UFK	20								- 20
Nettogewinn	- 10								- 10

DB = Deckungsbeitrag je Produktart (TDM/Jahr)
RDB = Restdeckungsbeitrag (TDM/Jahr)
EFK = Erzeugnisfixkosten (TDM/Jahr)
EGFK = Erzeugnisgruppenfixkosten (TDM/Jahr)
BFK = Bereichsfixkosten (TDM/Jahr)
UFK = Unternehmungsfixkosten (TDM/Jahr)

Übersicht: **Durchführung der stufenweisen Fixkostendeckungsrechnung (SFD)**

Der Nettogewinn ist in der Ausgangssituation negativ. Langfristig kann die Unternehmung so nicht existieren. Jedoch läßt sich bei Verzicht auf Produkt 3 eine Gewinnverbesserung um 2 TDM und bei Herausnahme der Gruppe IV eine Gewinnverbesserung um 12 TDM erzielen, so daß der neue Nettogewinn + 4 TDM/Jahr beträgt.

Substanzwert

Begriff: S. ist ein Begriff aus der → **Unternehmensbewertung** und umfaßt die Geldsumme, die aufgewendet werden müßte, um ein Unternehmen zu errichten, das dem Bewertungsobjekt gleicht.

Gegensatz: → **Ertragswert**

Substitutionsgüter

Begriff: S. (Substitution = Ersatz, Austausch, Stellvertretung) sind → **Güter**, die sich ganz oder teilweise gegenseitig ersetzen können. Sie kommen im Konsumbereich, aber auch bei der → **Produktion** vor.

Beispiel: (1) Konsumbereich: Butter – Margarine, Zigaretten – Zigarillos – Zigarren, Fisch – Fleisch – Eier, Weizenmehl – Roggenmehl, Schafwolle – Baumwolle.

(2) Produktion: Schrott – Roheisen, Öl – Kohle – Gas, Kupfer – Aluminium, Dampfkraft – Elektrizität.

Gegensatz: → **Komplementärgüter,** die sinnvoll nur zusammen eingesetzt werden.

Subtraktionsmethode

meist als Restwertmethode, gelegentlich auch als Restrechnung oder Restkostenrechnung bezeichnet, gehört zu den Verfahren der → **Kuppelkalkulation.** Nach der S. zieht man die Nettoerlöse etwaiger Nebenprodukte von den Gesamtkosten der → **Kuppelproduktion** ab und erhält – nach Division durch die Stückzahl der Hauptprodukte – die → **Stückkosten** der Hauptprodukte.

summarische Zuschlagskalkulation → Zuschlagskalkulation

sunk costs

Begriff: S. c. sind → **Fixkosten** einer Anlage, die in der Vergangenheit festgelegt wurden und die auch bei Stillegung der Anlage über längere Zeit weiterbestehen.

Beispiel: → **Kapitalkosten** einer Maschine, Erschließungskosten für Bergwerke, Markteinführungskosten für → **Produkte**.

Superiore Güter

werden bei steigendem Einkommen mehr nachgefragt und ersetzen → **inferiore Güter** (z. B. Butter statt Margarine, Lachs statt Hering (superior = überlegen, inferior = unterlegen).

Synergieeffekt

Begriff: S. steht für die Hoffnung, daß ein Ganzes durch sein Zusammenwirken mehr wert ist als die Summe seiner getrennt bleibenden Teile (Synergie, griech. = Zusammenwirken).

Problem: Ob der Zusammenschluß von Großunternehmungen zu noch größeren in allen Fällen einen positiven S. erbringt, ist fraglich.

Beispiel: Ein positiver S. kann entstehen

- in der → **Produktion** durch → **Fixkostendegression**;
- im Absatz durch gemeinsame Nutzung von Vertriebswegen und Kundendiensteinrichtungen;
- in Forschung und Entwicklung durch gemeinsame F/E-Einrichtungen.

Ein negativer S. kann entstehen

- in der Produktion durch unzureichende Auslastung von Anlagen;
- im Absatz durch Image- und Profileinbußen der übernommenen Unternehmung;
- in Forschung und Entwicklung durch zu große und unübersichtliche F/E-Einrichtungen.

T

Tabellenkalkulationsprogramm

Begriff: T. ist die zusammenfassende Bezeichnung für die Art von Anwendungssoftware (→ **Software**), die zur Bearbeitung beliebiger in Tabellenform darstellbarer Probleme eingesetzt wird. Die Grundidee aller T. besteht darin, auf dem Bildschirm ein Arbeitsblatt mit Zeilen und Spalten sichtbar zu machen, bei dem der Benutzer Eintragungen und Rechenoperationen wie auf einem normalen Blatt Papier vornehmen kann.

Hinweis: T. sind in vielen Bereichen anwendbar, z. B. → **Betriebsabrechnung**, → **Deckungsbeitragsrechnung**, → **stufenweise Fixkostendeckungsrechnung**, → **Investitionsrechnung**, → **Verfahrenswahl**, → **Eigenfertigung oder Fremdbezug**, → **Plankostenrechnung**. Heute gibt es eine große Zahl von T., die meist im Zusammenhang mit dem PC zu nutzen sind.

Tageswert

(Tagespreis, Zeitwert) ist der Geldbetrag, zu dem ein → **Gut** an einem bestimmten Tag auf dem Absatz- oder Beschaffungsmarkt gehandelt wird. Er wird für die Kostenermittlung benötigt, kann aber auch handels- und steuerrechtlich bedeutsam sein.

Tariflohn

Begriff: T. ist das laut → **Tarifvertrag** an die Arbeitnehmer zu zahlende Arbeitsentgelt.

Hinweis: Der T. ist ein Mindestlohn, der in individuellen Verträgen über-, nicht aber unterschritten werden darf. Er wird regelmäßig als → **Zeitlohn** vereinbart; häufig ermöglicht der Tarifvertrag aber auch eine Leistungsentlohnung (→ **Akkordlohn**, → **Prämienlohn**).

Tarifvertrag

ist der in Schriftform abgefaßte bürgerlich-rechtliche Vertrag zwischen den Tarifpartnern (= Arbeitgeberverbände und Gewerkschaften). Er setzt arbeitsrechtliche Normen fest und regelt die Rechte und Pflichten der Tarifpartner.

Technik

kommt aus dem Griechischen (technikos = kunstgemäß, sachverständig, fachmännisch) und steht für Herstellungsverfahren, Arbeitsweise, Kunstfertigkeit. In der Wirtschaft gilt: T. = Verfahren zur Herstellung von → **Gütern.**

Technologie

Begriff: T. ist die Lehre von der Technik, d. h. die Lehre von den Verfahren zur Herstellung von → **Gütern**.

Hinweis: Das Modewort T. kann fast immer durch die einfacheren Ausdrücke → **Technik** oder → **Produktionsverfahren** ersetzt werden. Wer eine Maschine exportiert, der exportiert eine Technik, ein Verfahren zur Herstellung von Gütern – er exportiert keine T., keine Lehre der Güterherstellung. Dazu müßte er Techniklehrer und -lehrbücher ausführen.

Teilkosten

Begriff: T. sind die für ein bestimmtes Entscheidungsproblem (entscheidungs-)→ **relevanten Kosten**; sie umfassen also abgegrenzte Teile der → **Gesamtkosten**. Oder: T. sind die → **Kosten**, die einem Bezugsobjekt (einzelne Leistungseinheit, Produktgruppe, → **Kostenstelle**, Betriebsbereich) zugerechnet werden können, weil sie bei Verzicht auf das betreffende Bezugsobjekt kurz- oder langfristig abbaubar sind.

Hinweis: T. werden meist gleichgesetzt mit → **variablen Kosten** oder → **Einzelkosten**. Die → **stufenweise Fixkostendeckungsrechnung** zeigt aber, daß auch Teile der → **Fixkosten** zu den T. gehören können.

Teilkostenkalkulation

Begriff: T. umfaßt die Gesamtheit aller Kalkulationsverfahren (→ **Kalkulation**), die im Gegensatz zur → **Vollkostenkalkulation** nur abgegrenzte Teile der → **Gesamtkosten** (→ **Teilkosten**) auf die → **Kostenträger** verrechnen (→ **Deckungsbeitragsrechnung**).

Hinweis: Die T. verzichtet auf die Schlüsselung von → **Gemeinkosten** und/oder trennt zwischen → **variablen Kosten** und → **Fixkosten**. Sie bietet eine sinnvolle Entscheidungshilfe bei vielen praktischen Problemen, z. B.

→ **kurzfristige Preisuntergrenze,**
→ **Programmoptimierung** (= Zusammenstellung des gewinngünstigsten → **Programms**),
→ **Zusatzaufträge,**

→ **Verfahrenswahl,**

→ **Eigenfertigung oder Fremdbezug.**

Teilkostenrechnung

Begriff: T. umfaßt die Gesamtheit aller Verfahren, die im Gegensatz zur → **Vollkostenrechnung** nur abgegrenzte Teile der → **Gesamtkosten** auf beliebige Bezugsobjekte (→ **Kostenträger,** → **Kostenstellen**) verrechnen.

Hinweise: Die T. verzichtet auf die Schlüsselung von → **Gemeinkosten** und/oder trennt zwischen → **variablen Kosten** und → **Fixkosten.** Sie bietet eine sinnvolle Entscheidungshilfe bei vielen praktischen Problemen, z. B.

→ **kurzfristige Preisuntergrenze,**
→ **Programmoptimierung** (= Zusammenstellung des gewinngünstigsten → **Programms**),
→ **Zusatzaufträge,**
→ **Verfahrenswahl,**
→ **Eigenfertigung oder Fremdbezug,**
→ **Deckungsbeitragsrechnung** (→ **Grenzplankostenrechnung,** → **Kostenrechnungssysteme**).

Teilkostenrechnungssysteme

gehören zu den → **Kostenrechnungssystemen.** Man unterscheidet die → **Istkostenrechnung** auf Teilkostenbasis, die → **Normalkostenrechnung** auf Teilkostenbasis und die → **Plankostenrechnung** auf Teilkostenbasis (→ **Grenzplankostenrechnung**).

Totalkapazität

Begriff: T. ist das Leistungsvermögen eines → **Betriebs** oder eines einzelnen → **Betriebsmittels** während der gesamten → **Nutzungsdauer.**

Gegensatz: → **Periodenkapazität.**

toter Punkt

ist der Punkt, bei dem die Unternehmung weder → **Gewinn** noch → **Verlust** erzielt (→ **Break-even-Analyse,** → **Gewinnschwelle**).

Tourendeckungsbeitrag

ist die Gesamtsumme aller → **Stückdeckungsbeiträge**, die sich am Ende einer Verkaufstour bei Lkw-Auslieferung verschiedener → **Erzeugnisse** (Tiefkühlkost, Backwaren, Getränke) ergibt (→ **Deckungsbeitrag**).

Tragfähigkeitsprinzip

Begriff: Das T. (Kostentragfähigkeits-, Belastbarkeitsprinzip) gehört zu den → **Kostenverteilungsprinzipien** und verteilt die → **Gemeinkosten** nach Maßgabe der Belastbarkeit der → **Kostenträger**. Als Indiz für die Belastbarkeit wählt man Größen wie → **Preis**, → **Umsatz**, → **Deckungsbeitrag**.

Hinweis: Andere Kostenverteilungsprinzipien sind: → **Durchschnittsprinzip** und → **Verursachungsprinzip**. Letzteres sollte nach Möglichkeit angewendet werden.

Transportkosten

Begriff: T. fallen an für die Beförderung von → **Gütern** und Personen.

Arten: Man unterscheidet Fremdtransporte und Eigentransporte sowie Transporte im Beschaffungsbereich, innerbetriebliche Transporte und Transporte im Absatzbereich.

Im Beschaffungsbereich gehen die T. als → **Anschaffungsnebenkosten** in den → **Einstandspreis** ein, und man rechnet sie den beschafften Gütern direkt zu. Im Absatzbereich erfaßt man T. meist als → **Sondereinzelkosten** des Vertriebs und verrechnet sie auf die verkauften Leistungseinheiten. Innerbetriebliche Transporte sind den transportierten Gütern häufig nicht direkt zurechenbar. Es besteht jedoch die Möglichkeit, kalkulatorische T. zu ermitteln, also die Frage zu stellen und zu beantworten, was man für entsprechende Fremdtransporte hätte bezahlen müssen.

Hinweis: T. haben in unserer arbeitsteiligen Wirtschaft eine große Bedeutung. In einigen Branchen liegen sie bei mehr als zehn Prozent der → **Gesamtkosten**.

Treppenverfahren → Stufenleiterverfahren

U

Überabschreibungen

sind → **Abschreibungen** auf bereits voll abgeschriebene Anlagen, so daß die Summe der einzelnen Abschreibungsbeträge die → **Anschaffungs-** oder → **Herstellungskosten** der abzuschreibenden Anlagen übersteigt.

überproportionale Kosten

bezeichnet man auch als → **progressive Kosten.**

Umlageverfahren

oder Kostenstellenumlageverfahren ist die Sammelbezeichnung für → **Anbauverfahren** und → **Stufenleiterverfahren** (→ **innerbetriebliche Leistungsverrechnung**).

Umsatz

Begriff: U. ist der Gegenwert aus dem Verkauf von → **Gütern** und Diensten. Er ergibt sich als Produkt aus Verkaufsmenge x und Stückpreis p; es gilt: $U = p \cdot x$.

Hinweis: Die Ausdrücke U., → **Erlös** und Umsatzerlös werden synonym verwendet.

Umsatzfunktion

Begriff: U. ist der Zusammenhang zwischen → **Umsatz** und abgesetzter Menge (Absatz); die U. gibt an, wie hoch der Umsatz bei unterschiedlichen Absatzmengen ist.

Hinweis: Umsatz ist eine Wertgröße, Absatz ist eine Mengengröße.

Umsatzkostenverfahren (UKV)

Begriff: UKV ist ein Verfahren zur Ermittlung des → **Betriebsergebnisses** im Rahmen der → **kurzfristigen Erfolgsrechnung**, bei dem den nach Produktarten oder Produktgruppen gegliederten → **Nettoerlösen** die ebenso gegliederten → **Selbstkosten** der abgesetzten Leistungseinheiten gegenübergestellt werden. Es gilt die Grundgleichung:

Betriebserfolg = Nettoumsatz der abgesetzten Erzeugnisse
– Selbstkosten der abgesetzten Erzeugnisse

Das UKV berücksichtigt im Gegensatz zum →**Gesamtkostenverfahren (GKV)** keine Bestandsveränderungen. Auch weicht die produktbezogene Gliederung des UKV von der des GKV ab. Letzteres gliedert die → **Kosten** nach → **Kostenarten**.

Arten: Das UKV kann auf Voll- und auf Teilkostenbasis durchgeführt werden.

Problem: (1) Im praktischen Fall stimmt das Betriebsergebnis des UKV auf Vollkostenbasis und Teilkostenbasis nur dann überein, wenn sich keinerlei Bestandsveränderungen ergeben.

(2) Liegen Bestandsveränderungen vor, dann schlägt sich die unterschiedliche Fixkostenverrechnung beider Verfahren in unterschiedlichen Betriebsergebnissen nieder. Während beim UKV auf Teilkostenbasis die → **Fixkosten** ihrer jeweiligen Entstehungsperiode erfolgsmindernd angelastet werden, belastet man beim UKV auf Vollkostenbasis die pro Periode verkauften → **Produkte** mit ihren anteiligen Fixkosten. Somit gilt:

- Bei Bestandserhöhungen (→ **Produktion** größer als Absatz): Betriebsergebnis bei → **Teilkostenrechnung** unterschreitet Betriebsergebnis bei → **Vollkostenrechnung.** Grund: Die Vollkostenrechnung bewertet Bestandsveränderungen zu vollen → **Herstellkosten**, also inklusive Fixkosten, diese werden aktiviert und nicht der laufenden Periode angelastet.
- Bei Bestandsminderungen (Produktion kleiner als Absatz): Betriebsergebnis bei Teilkostenrechnung überschreitet Betriebsergebnis bei Vollkostenrechnung. Grund: Jetzt verkaufte, aber in früheren Perioden produzierte Leistungseinheiten werden in der Vollkostenrechnung mit vollen → **Selbstkosten** (inklusive anteilige Fixkosten), in der Teilkostenrechnung nur mit variablen Selbstkosten bewertet.

Beispiel: Die praktische Durchführung des UKV erfolgt meist in tabellarischer Weise. Das UKV auf Vollkostenbasis rechnet den einzelnen → **Erzeugnissen** anteilige Fixkosten zu und ist damit Ursache möglicher betrieblicher Fehlentscheidungen.

Ob die Herausnahme der (möglicherweise) verlustbringenden Produkte 2 und 8 in nachstehender Übersicht sinnvoll ist, kann aufgrund einer Vollkostenrechnung nicht eindeutig entschieden werden.

Produkte	1	2	3	4	5	6	7	8	Summe
Preis (DM/St)	18	25	32	19	12	15	21	17	
Menge (St/Mo)	200	250	210	490	450	390	400	250	
Umsatz (DM/Mo)	3 600	6 250	6 720	9 310	5 400	5 850	8 400	4 250	49 780
Selbstkosten (DM/St)	15	29	28,50	14	7,50	12,50	17	18	
Stückgewinn (DM/St)	3	– 4	3,50	5	4,50	2,50	4	– 1	
Rangfolge	5.	8.	4.	1.	2.	6.	3.	7.	
Selbstkosten je Produktart (DM/Mo)	3 000	7 250	5 985	6 860	3 375	4 875	6 800	4 500	42 645
Gewinn je Produktart (DM/Monat)	600	–1 000	735	2 450	2 025	975	1 600	– 250	7 135
Betriebsergebnis insgesamt (DM/Mo)	7 135								

Übersicht: **UKV auf Vollkostenbasis rechnet den Produkten Fixkosten zu**

Produkte	1	2	3	4	5	6	7	8	Summe
Preis (DM/St)	18	25	32	19	12	15	21	17	
Menge (St/Mo)	200	250	210	490	450	390	400	250	
Umsatz (DM/Mo)	3 600	6 250	6 720	9 310	5 400	5 850	8 400	4 250	49 780
Selbstkosten (DM/St)	15	29	28,50	14	7,50	12,50	17	18	
variable Selbstkosten (DM/St)	11	26	25,50	10	4,50	9,50	11	11	
fixe Selbstkosten (DM/St)	4	3	3	4	3	3	6	7	
Deckungsbeitrag (DM/St)	7	– 1	6,50	9	7,50	5,50	10	6	
Rangfolge	4.	8.	5.	2.	3.	7.	1.	6.	
Fixkosten je Produktart (DM/Mo)	800	750	630	1 960	1 350	1 170	2 400	1 750	10 810
variable Kosten je Produktart (DM/Mo)	2 200	6 500	5 355	4 900	2 025	3 705	4 400	2 750	31 835
Deckungsbeitrag je Produktart (DM/Mo)	1 400	– 250	1 365	4 410	3 375	2 145	4 000	1 500	17 945
Bruttogewinn (DM/Mo)	17 945								
Fixkosten (DM/Mo)	– 10 810								
Betriebsergebnis (DM/Mo)	7 135								

Übersicht: **UKV auf Teilkostenbasis zieht Fixkostenblock vom Bruttogewinn ab**

Erst die Trennung von → **fixen** und **variablen Kosten** (→ **Kostenauflösung,** → **Teilkostenrechnung**) bringt die Gewißheit, daß Produkt 2 wegen seines negativen → **Deckungsbeitrags** aus dem → **Sortiment** gestrichen werden sollte, sofern dem nicht übergeordnete Gründe absatz- und sortimentspolitischer Art entgegenstehen. Produkt 8 dagegen muß im → **Programm** bleiben; seine Entfernung würde das Betriebsergebnis um 1 500 DM sinken lassen.

Hinweis: (1) § 275 Abs. 3 HGB nennt das UKV neben dem GKV als die beiden für die handelsrechtliche Erfolgsrechnung zulässigen Methoden.

(2) Das UKV auf Teilkostenbasis, bei dem die Gesamtsumme der Fixkosten vom → **Bruttogewinn** abgezogen wird, heißt auch → **einstufige Deckungsbeitragsrechnung**. Von ihr führt der Weg weiter zur → **mehrstufigen Deckungsbeitragsrechnung** (→ **stufenweise Fixkostendekkungsrechnung**), bei der der Fixkostenblock in Teilblöcke zerlegt und einzelnen Objekten (Erzeugnisgruppen, Bereichen) verursachungsgerecht zugerechnet wird.

Umsatzprovision

Begriff: U. ist eine Form der leistungsorientierten Außendienstler-Entlohnung, bei der diese am → **Umsatz** der von ihnen hereingeholten Aufträge prozentual beteiligt werden.

Problem: Die in der Praxis weit verbreitete U. führt dazu, daß die Mitarbeiter im Außendienst in Verfolgung ihres Einkommensziels teure Artikel stärker herausstellen und lieber verkaufen als billige; gelegentlich wird die preiswerte Alternative sogar totgeschwiegen. Besser ist es, das Einkommensziel der Verkäufer mit dem Gewinnziel des → **Betriebs** (→ **Gewinnmaximierung**) in Übereinstimmung zu bringen, was durch eine → **Deckungsbeitragsprovision** geschehen kann.

Beispiel: Entlohnung = Fixum + v. H. vom Umsatz je Außendienstler.

Umsatzrentabilität

ist das Verhältnis von → **Gewinn** zu → **Umsatz** (→ **Rentabilität**).

unabhängige Produktion

Begriff: U. P. (auch unverbundene → **Produktion**) ist eine Fertigungssituation, bei der die Ausbringungseinheiten nebeneinander in verschiedenen Fertigungsstellen (Maschinen) bearbeitet werden, wobei kein dauerhafter → **Produktionsfaktor** (Gebäude, Maschine, → **Werkzeug**) gemeinsam genutzt wird.

Beispiel: So werden bei kommunalen Versorgungsunternehmungen Trinkwasser und Elektrizität in getrennten Produktionsbereichen hergestellt. Typisch für die u. P. ist, daß man die Produktion des einen → **Gutes** forcieren oder reduzieren kann, ohne daß dadurch notwendigerweise die Produktion des anderen berührt wird.

unechte Gemeinkosten

Begriff: U. G. sind solche → **Kosten**, die einer → **Bezugsgröße** zwar als → **Einzelkosten** zugerechnet werden könnten, aber aus Gründen der → **Wirtschaftlichkeit** wie → **Gemeinkosten** behandelt, also per Schlüsselung zugerechnet werden (→ **Gemeinkostenschlüsselung**).

Beispiel: Man könnte bei jedem Strom-, Wasser-, Gasverbraucher einen Zähler installieren und so die Strom-, Wasser- und Gaskosten exakt den → **Kostenstellen** und → **Kostenplätzen** zurechnen, aber das wäre zu teuer. Gleiches gilt für den Verbrauch an Reinigungs- und Schmiermitteln sowie Kleinmaterial.

unfertige Erzeugnisse

Begriff: U. E. (Halbfabrikate) sind alle vom → **Betrieb** erstellten, aber noch nicht absatzreifen → **Erzeugnisse**, die für eine weitere Bearbeitung vorgesehen sind und schon → **Kosten** verursacht haben: → **Fertigungsmaterial,** → **-löhne** und → **-gemeinkosten.**

Problem: (1) Die → **Vollkostenrechnung** bewertet u. E. zu vollen → **Herstellkosten**, die auch anteilige → **Fixkosten** enthalten. Die → **Teilkostenrechnung** bewertet u. E. nur mit → **variablen Kosten.**

(2) In Betrieben mit mehrstufiger → **Fertigung** können sich Abgrenzungsprobleme zwischen → **Rohstoffen**, sowie → **Halb- und Fertigfabrikaten** ergeben. So kann eine Spinn-Weberei Garne teilweise verkaufen, teilweise weiterverarbeiten, aber auch Garne zukaufen.

(3) Sorgfältig geführte → **Materialentnahmescheine** und Lohnscheine sind für die Abgrenzung von Fertigerzeugnissen und u. E. erforderlich.

Beispiel:

1		Fertigungsmaterial
2	+	Materialgemeinkosten
3	=	Materialkosten (1 + 2)
4		Fertigungslöhne
5	+	Fertigungsgemeinkosten
6	+	Sondereinzelkosten der Fertigung
7		Fertigungskosten (4 + 5 + 6)
8		Herstellkosten (3 + 7)

unfertige und fertige Erzeugnisse

handelsrechtliche Bezeichnung für → **Halb- und Fertigfabrikate** (§ 266 HGB).

Unkosten

ist eine veraltete und sprachlich fragwürdige Bezeichnung für → **Kosten** insgesamt oder für → **Gemeinkosten**.

Unternehmensbewertung

Begriff: U. ist die Bestimmung des Gesamtwertes der Unternehmung, wie sie beispielsweise bei Kauf von ganzen Unternehmen oder von Teilen erfolgt. Als Wertsätze kommen im wesentlichen der → **Ertragswert** und der → **Substanzwert** in Frage.

Problem: (1) Während der Ertragswert oder Zukunftserfolgswert die U. nach Maßgabe der künftigen Nettoeinzahlungen durchführt, orientiert sich der Substanzwert an den Reproduktionskosten der die Unternehmung ausmachenden Vermögensteile.

(2) In beiden Fällen hängt das Ergebnis wesentlich von den Schätzungen des Bewertenden ab. Deshalb ist die U. notwendigerweise subjektiv.

(3) Heute gibt man meist dem Ertragswert den Vorzug.

Unternehmensfixkosten

sind → **Fixkosten**, die nicht mehr einzelnen → **Erzeugnisarten**, Erzeugnisgruppen oder betrieblichen Teilbereichen (umfassen mehrere Erzeugnisgruppen), sondern nur noch der Unternehmung insgesamt zurechenbar sind, weil sie erst bei Stillegung oder Verkauf der Unternehmung künftig abgebaut werden können (→ **stufenweise Fixkostendeckungsrechnung**).

Unternehmensforschung → Operations Research

Unternehmenswert

Begriff: U. ist der Wert der Unternehmung als Ganzes. Er wird wesentlich durch ihre Fähigkeit bestimmt, künftig positive Nettoeinzahlungen zu erbringen (→ **Ertragswert**). Man errechnet ihn als → **Barwert** der künftigen Nettoeinzahlungen. Daneben kommt aber auch die Bewertung nach der Substanz (→ **Substanzwert**) in Frage; hier ermittelt man die Reproduktionskosten der die Unternehmung ausmachenden Vermögensteile.

Problem: Ertragswert und Substanzwert sind konkurrierende Bewertungskonzeptionen.

Unternehmerlohn → kalkulatorischer Unternehmerlohn

Unternehmerwagnis

Begriff: U. ist die allgemeine und unvorhersehbare Bedrohung der Unternehmung, eine Bedrohung, die von außen kommt.

Problem: Das allgemeine U. ist nicht vorhersehbar und nicht bewertbar. Deshalb verzichtet die → **Kostenrechnung** darauf, es bei den Wagniskosten (→ **kalkulatorische Wagnisse**) zu erfassen. Es wird stattdessen im → **Gewinn** abgegolten.

Beispiel: Naturkatastrophen (Überschwemmungen, Erdbeben, Unwetter), politische Änderungen (neue Steuern, Sicherheitsauflagen, Umweltbestimmungen), Krieg und Revolution, aber auch Nachfragerückgänge infolge von Rezession, Modeeinfluß oder neuer Konkurrenz.

unterproportionale Kosten

bezeichnet man auch als → **degressive Kosten**.

V

value analysis, value engineering

sind angelsächsische Ausdrücke für → **Wertanalyse.**

variable Kosten

Begriff: V. K. (veränderliche → **Kosten**) sind dadurch gekennzeichnet, daß sie mit steigender → **Ausbringungsmenge** steigen und mit fallender Ausbringungsmenge fallen. Sie sind beschäftigungsabhängig und lassen sich bei Nichtproduktion einsparen. Man unterscheidet degressive, proportionale und progressive v. K. (→ **Kostenfunktion**).

Problem: Ob eine Kostenart variabel ist, hängt auch von der Dauer der Betrachtungsperiode ab. Langfristig gibt es nur variable, keine → **fixen Kosten** (→ **relevante Kosten**).

Beispiel: Bei einer Beschäftigungszunahme um ein Prozent steigen die degressiven v. K. um weniger als ein Prozent, also in geringerem Maße als die Ausbringung (→ **degressive Kosten**). Typisches Beispiel sind Mengenrabatte beim Bezug größerer Einkaufsmengen.

Proportionale v. K. steigen bei einer Beschäftigungszunahme um ein Prozent ebenfalls um ein Prozent, also im gleichen Verhältnis wie die Ausbringungsmenge (→ **proportionale Kosten**). Typisches **Beispiel:** → **Akkordlöhne.**

Progressive v. K. steigen bei einer Beschäftigungszunahme um ein Prozent um mehr als ein Prozent, sie steigen also schneller als die Ausbringungsmenge (→ **progressive Kosten**). Typisches Beispiel: Überstundenzuschläge, erhöhte Reparatur- und Ausschußkosten sowie erhöhte Benzinkosten bei Überbeanspruchung.

Hinweis: Die meisten v. K. sind gleichzeitig → **Einzelkosten.**

Gegensatz: → **Fixkosten.**

variable Stückkosten

Begriff: V. S. sind die auf eine einzelne Ausbringungseinheit entfallenden → **variablen Kosten.**

Beispiel: Man erhält die v. S. k_v, indem man die gesamten → **variablen Kosten** K_v durch die → **Ausbringungsmenge** x dividiert:

$$k_v = \frac{K_v}{x} = \frac{24\,000 \text{ DM/Monat}}{6\,000 \text{ Stück/Monat}} = 4 \text{ DM/Stück}$$

Hinweis: Bei dem in der Praxis vorherrschenden linearen Verlauf von → **Kostenfunktionen** stimmen v. S. und → **Grenzkosten** überein.

Variator

Begriff: Der V. ist eine → **Kennziffer**, die angibt, wieviel Prozent die → **variablen Kosten** an den geplanten → **Gesamtkosten** ausmachen, falls die → **Planbeschäftigung** realisiert wird. Er drückt das Ergebnis der → **Kostenauflösung** im Rahmen der → **Plankostenrechnung** aus.

Problem: (1) Man benötigt den V. lediglich in der → **flexiblen Plankostenrechnung auf Vollkostenbasis;** bei Plankostenrechnungen auf Teilkostenbasis entfällt er.

(2) Der V. stellt nicht, wie gelegentlich behauptet wird, eine eigenständige Methode der Kostenauflösung dar, sondern lediglich eine besondere Schreibweise einer beliebigen Art von Kostenauflösung.

(3) Der V. gilt nur für einen bestimmten Beschäftigungswert: die Planbeschäftigung. Mit steigender → **Beschäftigung** steigt er unter sonst gleichen Umständen, mit sinkender Beschäftigung sinkt er.

Beispiel: In der Praxis wird meist die Zehnerschreibweise gewählt. Der V. gibt dann an, um wieviel Prozent sich die → **Sollkosten** K_s ändern, wenn sich die Beschäftigung um zehn Prozent ändert. Die Übersicht zeigt, wie verschiedene Werte des V. zu interpretieren sind, falls man von der üblichen Zehnerschreibweise ausgeht.

Variatorwerte	Kostenaufteilung	graphische Darstellung
0	Bei Beschäftigungsänderung um 10 % ändern sich die Gesamtkosten um 0 %. Das bedeutet, daß alle Kosten(arten) zu 100 % fix sind.	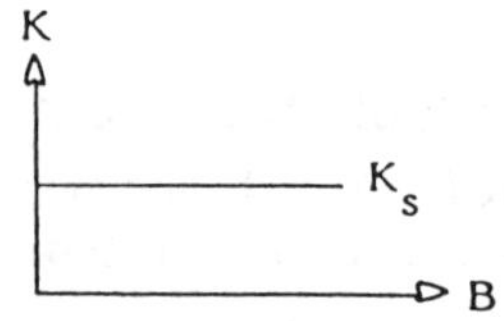

7	Bei einer Beschäftigungsänderung von 10 % ändern sich die Gesamtkosten um 7 %. Das bedeutet: - 30 % = fixe Kosten - 70 % = variable Kosten	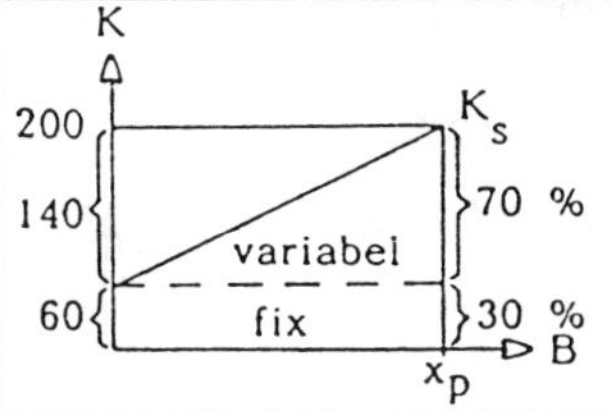
10	Bei einer Beschäftigungsänderung von 10 % ändern sich die Gesamtkosten ebenfalls um 10 %. Das bedeutet: die Gesamtkosten sind zu 100 % variabel.	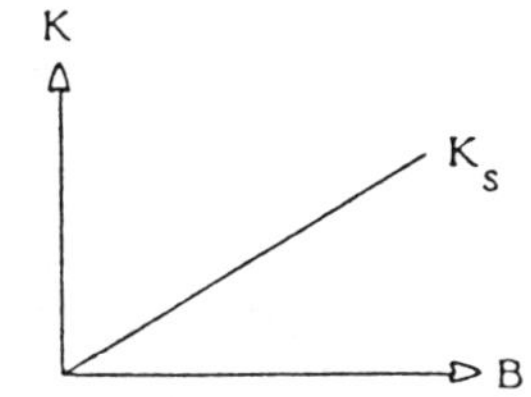

Übersicht: **Der Variator ist die Kennziffer für den Anteil der variablen Kosten**

Verbrauchsabweichung (VA)

Begriff: Die VA gehört zu den Kostenabweichungen, die die → **Plankostenrechnung** feststellt. Sie ergibt sich aus der Differenz zwischen → **Istkosten** und → **Sollkosten** und geht auf den Mehr- oder Minderverbrauch an Kostengütern zurück; man spricht deshalb auch von Mengenabweichung. Es gilt:

$$VA = \text{Istkosten } (K_i) - \text{Sollkosten } (K_s)$$

$$VA = \text{Istverbrauchsmenge} \cdot \text{Planpreis} - \text{Sollverbrauchsmenge} \cdot \text{Planpreis}$$

Problem: (1) Vor Ermittlung der VA sind alle anderen → **Abweichungen** (z. B. → **Beschäftigungsabweichung**, → **Preisabweichung**, → **Intensitätsabweichung**) festzustellen, die VA ergibt sich dann als Restgröße.

(2) Die VA ist gegebenenfalls ihrerseits aufzuspalten (z. B. Materialabweichung, Lohnabweichung).

Beispiel:

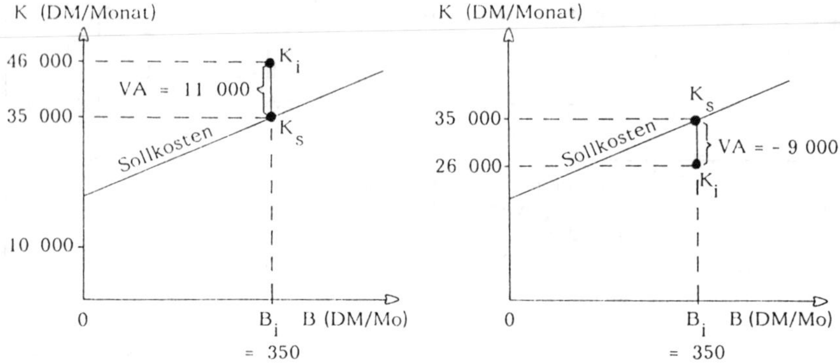

Istkosten > Sollkosten →
Verbrauch größer als geplant
VA positiv (+ 11 000 DM/Monat)

Istkosten < Sollkosten →
Verbrauch geringer als geplant
VA negativ (– 9 000 DM/Monat)

Übersicht: **Die Verbrauchsabweichung kann positiv oder negativ ausfallen**

verbrauchsbedingte Abschreibung

liegt vor, wenn der abzuschreibende Betrag nicht über die → **Nutzungsdauer,** sondern über die pro Periode entnommenen Nutzungen (z. B. Betriebsstunden, Fahrkilometer) verteilt wird (→ **Gebrauchsverschleiß und Zeitverschleiß,** → **Abschreibung**).

Verbrauchsfunktion

Begriff: Die V. gibt den Zusammenhang zwischen dem bewerteten Verbrauch an → **Produktionsfaktoren** je Leistungseinheit und unterschiedlichen → **Intensitäten** (= → **Leistung** je Zeiteinheit) an.

Beispiel: Ein typisches Beispiel für eine u-förmige V. findet sich beim Benzinmotor, dessen Kraftstoffverbrauch bei optimaler Drehzahl minimiert wird. Neben der → **optimalen Intensität** I_{opt} gibt es die technisch bedingte Mindestintensität I_{min} und Höchstintensität I_{max}.

Der bewertete Energieverbrauch je Leistungseinheit k_e einer Maschine hängt in folgender Weise von der Intensität ab:

$$k_e = 0{,}04\ I^2 - 1{,}6\ I + 21$$

Es gilt: $I_{min} = 5$ (LE/h); $I_{max} = 35$ (LE/h)

Man stelle die V. mit Hilfe einer Wertetabelle graphisch dar.

I (LE/h)	5	10	15	20	25	30	35
k_e (DM/LE)	14	9	6	5	6	9	14

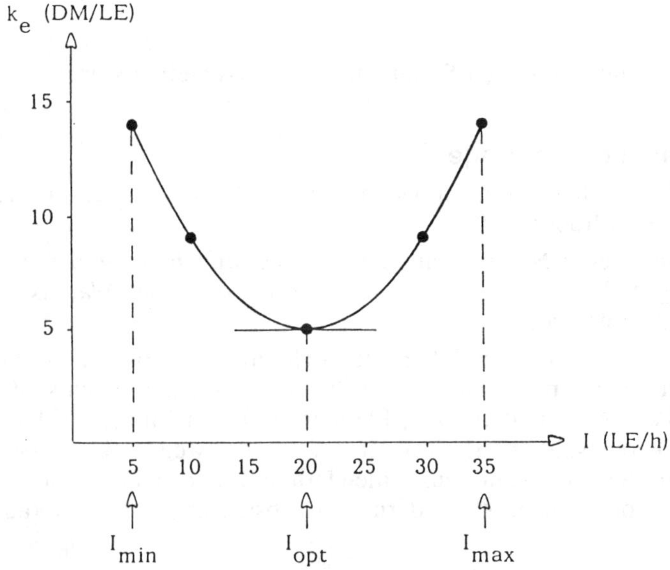

Übersicht: **U-förmige Verbrauchsfunktion mit optimaler Intensität von 20 LE/h**

Verbrauchsgüter

Begriff: V. gehen im → **Produktionsprozeß** unter, sie können nur einmal eingesetzt werden. Zu ihnen gehören → **Roh-,** → **Hilfs-** und → **Betriebsstoffe.**

Beispiel: Strom-, Wasser- und Gasverbrauch, Verbrauch an → **Fertigungsmaterial,** Schmier- und Reinigungsmitteln.

Gegensatz: → **Gebrauchsgüter**, die über einen längeren Zeitraum nutzbar sind.

Verbrauchsmengenerfassung

erfolgt in der Praxis nach eine der folgenden Methoden:
→ **Fortschreibungsmethode** (Skontration),
→ **Inventurmethode**,
→ **Rückrechnung** (retrograde Methode).

verbundene Kosten

oder Verbundkosten sind Synonyme für → **Gemeinkosten**.

verbundene Nachfrage

Begriff: V. N. liegt dann vor, wenn sich verschiedene → **Güter** im Absatz gegenseitig fördern.

Problem: Bei v. N. ist nicht der → **Deckungsbeitrag** der einzelnen Leistungseinheit, sondern der eines Pakets oder eines Warenkorbs entscheidungsrelevant.

Beispiel: Die v. N. kann außerordentlich eng sein, etwa bei → **komplementären Gütern**, die sinnvoll nur gemeinsam einzusetzen sind (Pfeife und Tabak, Auto und Benzin, Photoapparat und Film). Sie kann auch sehr lockerer Natur sein, etwa dann, wenn der wegen eines Lockvogel-Angebots durch das Kaufhaus schlendernde Kunde nicht nur die Quarzuhr aus dem Sonderangebot, sondern auch Obst, Käse und Wein kauft.

verbundene Produktion

oder Verbundproduktion sind Synonyme für → **Kuppelproduktion**.

Verfahrensabweichung

auch Arbeitsablaufabweichung, ist der Teil der → **Verbrauchsabweichung**, der darauf beruht, daß für die Erstellung der betrieblichen → **Leistungen** andere Verfahren als geplant (z. B. andere Maschinen oder Handarbeit anstelle von Maschinenarbeit) eingesetzt wurden (→ **Abweichungen**).

Verfahrenswahl

Begriff: V. (Verfahrensplanung, Verfahrensvergleich) ist die Auswahl des unter den gegebenen Umständen jeweils kostengünstigsten → **Fertigungsverfahrens**. Voraussetzung ist, daß man mehrere Anlagen besitzt, die zur Bearbeitung eines bestimmten → **Gutes** geeignet sind.

Problem: Für die Wahl des optimalen → **Produktionsverfahrens** gibt es unterschiedliche Entscheidungssituationen und – je nach Entscheidungssituation – unterschiedliche Entscheidungsregeln. Dabei gilt: Nur bei einer → **Planung** für die → **kurze Periode**, in der die beschäftigungsfixen → **Kosten** konstant bleiben, ist die V. mit kostenrechnerischen Mitteln zu lösen. Bei langfristigen Planungsproblemen stellt sich die Frage nach der Gestaltung des betrieblichen Produktionsapparates, nach Kauf, Verkauf oder Verschrottung von → **Betriebsmitteln**. Solche Fragen sind nur mit investitionsrechnerischen Mitteln zu beantworten (→ **Investitionsrechnung,** → **lange Periode**).

Beispiel:

Zeitbezug	Situation	Entscheidungsregel
kurzfristige Verfahrenswahl	(1) kein Engpaß	variable Stückkosten minimieren
	(2) ein Engpaß	spezifische Mehrkosten bei Produktionsverlagerung minimieren
	(3) mehrere Engpässe	Kostenminimierung mit Hilfe der linearen Optimierung (Simplex-Methode)
langfristige Verfahrenswahl	(4) Investitionsfall Desinvestitionsfall	dynamische Investitionsrechnung, z. B. Annuitätenmethode: DJA = min!

Übersicht: **Technik der Verfahrenswahl hängt von Entscheidungssituation ab**

(1) Kurzfristige V. ohne Engpässe

Hier ist zu entscheiden, welche Anlagen produzieren und welche stillstehen sollen. Für die → **Produktion** wählt man die Anlage mit den geringsten → **variablen Stückkosten** (sie stimmen bei linearem Kostenverlauf mit den → **Grenzkosten** überein), denn nur → **variable Kosten** können kurzfristig bei Produktionsverzicht eingespart werden. Die → **Fixkosten** der Maschinen, gleichgültig, ob sie produzieren oder stillstehen, sind nicht entscheidungsrelevant, weil sie ohnehin anfallen.

(2) Kurzfristige V. bei einem Engpaß

Hier ist zu entscheiden, mit welcher Anlage der Engpaß am wirtschaftlichsten entlastet werden kann. Zur Beantwortung dieser Frage errechnet man die → **spezifischen Mehrkosten** bei innerbetrieblicher Produktionsverlagerung, die zu minimieren sind. Man erhält die spezifischen Mehrkosten der Produktionsverlagerung, indem man die Mehrkosten je verlagerter Einheit ($k_v - k_{vE}$) auf die bei Produktionsverlagerung freiwerdenden Engpaßkapazitätseinheiten je Leistungseinheit bezieht:

$$\frac{\text{spezifische Mehrkosten}}{\text{bei Produktionsverlagerung}} = \frac{k_v - k_{vE}}{\text{freiwerdende Engpaßkapazität je LE}} = \text{min!}$$

k_v = variable Stückkosten einer beliebigen Anlage (DM/Stück)
k_{vE} = variable Stückkosten der Engpaßanlage (DM/Stück)

(3) Kurzfristige V. bei mehreren Engpässen

Treten in einem → **Betrieb** gleichzeitig mehrere Engpässe auf, so kann das Entscheidungsproblem mit Hilfe der linearen Optimierung oder →**linearen Programmierung (LP)** gelöst werden. Es ist meist möglich, die für die Planung des optimalen Produktionsprogramms (→ **Programmoptimierung**) entwickelte → **Software** auch zur V. bei mehreren Engpässen einzusetzen.

(4) Langfristige V. mit → **Investition** oder → **Desinvestition**

Die Frage, ob eine neue Maschine gekauft oder eine alte verkauft oder verschrottet werden soll, ist die Frage nach der langfristigen Gestaltung des betrieblichen Produktionsapparates, nach Durchführung oder Unterlassung von Investitionen. Als investitionsrechnerischer Beurteilungsmaßstab bietet sich neben anderen → **dynamischen Investitionsrechnungsmethoden** insbesondere die → **Annuitätenmethode** an. Grund: Die → **DJA**-Funktion, die angibt, wie die durchschnittlichen jährlichen → **Auszahlungen** (DJA) von der Menge der Leistungseinheiten pro Jahr abhängen, weist Analogien zur → **Kostenfunktion** auf. Läßt man die Einzahlungsseite außer acht, dann lautet die Entscheidungsregel: Wähle die Alternative, bei der die durchschnittlichen jährlichen Auszahlungen (DJA) minimiert werden.

Vergleich

(1) Übergeordneter Begriff für → **Betriebsvergleich,** → **Ist-Ist-Vergleich,** → **Soll-Ist-Vergleich.**

(2) Gegenseitiger Vertrag, durch den der Streit oder die Ungewißheit der Parteien über ein Rechtsverhältnis im Wege gegenseitigen Nachgebens beseitigt wird (§ 779 BGB).

Verkaufskalkulation

ist gleichbedeutend mit → **Absatzkalkulation** (→ **Kalkulation**).

Verkaufskosten → Vertriebskosten

Verlust

Begriff: (1) In der → **Kostenrechnung** ist V. der Überschuß der → **Kosten** über die → **Leistungen.**

(2) In der → **Gewinn- und Verlustrechnung** ist V. der Überschuß der → **Aufwendungen** über die → **Erträge.**

Gegensatz: → **Gewinn.**

verrechnete Plankosten

Begriff: (1) V. P. sind das Produkt aus → **Plankostenverrechnungssatz (PKV)** und → **Istbeschäftigung** B_i; es gilt: $K_{verr} = PKV \cdot B_i$

(2) Berücksichtigt man, daß der Plankostenverrechnungssatz der Quotient aus → **Plankosten** K_p und → **Planbeschäftigung** B_p ist, lassen sich die v. P. auch definieren als mit dem Verhältnis von → **Ist-** und Planbeschäftigung multiplizierte Plankosten

$$K_{verr} = \frac{B_i}{B_p} \cdot K_p$$

Hinweis: Man benötigt die v. P. zur Ermittlung der → **Beschäftigungsabweichung** (→ **Abweichungen,** → **Gesamtabweichung,** → **flexible Plankostenrechnung).**

Verrechnungsabweichungen

Begriff: V. sind auf Kostenabweichungen zwischen der → **Kostenstellenrechnung** und → **Kostenträgerrechnung** zurückzuführen. Sie entstehen dann, wenn die Kostenstellenrechnung monatlich, die Kostenträgerrechnung aber in größeren Zeitabständen, etwa jährlich, durchgeführt und an neue Gegebenheiten angepaßt wird. Falls in einer → **Kostenstelle** während des Jahres organisatorische oder technische Veränderungen vorgenommen werden, die die → **Kosten** wesentlich beeinflussen (neues → **Produktionsprogramm**, andere → **Fertigungsverfahren**, andere → **Fremdbezugsentscheidungen**), so ist auch der → **Kostenstellenplan** zu ändern. Verzichtet man auf die gleichzeitige Änderung der → **Plankalkulation**, so entstehen → **Abweichungen** zwischen Kostenstellen- und -trägerrechnung (→ **Plankostenrechnung**).

Problem: Zwar könnte man nach jeder Änderung im Bereich der Kostenstellenrechnung auch die entsprechenden Revisionen bei der Kostenträgerrechnung durchführen, unterläßt dies aber meist wegen des insbesondere bei Vielproduktunternehmungen hohen Arbeitsaufwandes. Man nimmt aus Gründen der abrechnungstechnischen Vereinfachung eine Diskrepanz zwischen Kostenstellen- und -trägerrechnung hin, die man als V. ausweist.

Verrechnungspreise

Begriff: V. (auch → **Planpreise**) ergeben sich im Gegensatz zu → **Marktpreisen** nicht aufgrund von Angebot und Nachfrage, sie werden vielmehr intern von der Unternehmensleitung zur Erreichung bestimmter Ziele festgelegt. Dabei bestimmt der Rechnungszweck die anzusetzende Höhe der V.

(1) Besteht der Rechnungszweck ausschließlich in der Ausschaltung von Preisschwankungen auf den Beschaffungsmärkten, so ist der während des Jahres erwartete durchschnittliche → **Einstandspreis** anzusetzen.

(2) Besteht der Rechnungszweck ausschließlich in der rechnerisch korrekten Erledigung der → **innerbetrieblichen Leistungsverrechnung**, so sind z. B. die bei Anwendung des → **Gleichungsverfahrens** sich ergebenden Plankostensätze für die → **innerbetrieblichen Leistungen** zu verwenden.

(3) Dominiert die Lenkungsfunktion als Rechnungszweck, so sind Marktpreise als V. zu wählen.

Problem: Im praktischen Fall sind meist mehrere Rechnungszwecke nebeneinander zu beachten. Man orientiert sich bei der Festlegung von V. an folgenden Regeln:

- Planpreise oder V. sollen wenigstens ein Jahr lang fest sein; das schließt aber kurzfristige Anpassungen der V. in Sonderfällen nicht aus.

- V. sollen realitätsnah sein, d. h. in etwa den Marktpreisen entsprechen, um innerbetriebliche Unwirtschaftlichkeiten aufzudecken.
- V. sollen auch Zukunftserwartungen berücksichtigen.

Verteilungsmethode

ist ein Verfahren der → **Kuppelkalkulation.**

Verteilzeit

ist Bestandteil der → **Auftragszeit** im Sinne des → **REFA**-Verbandes und umfaßt Zeiten, die unregelmäßig und mit unterschiedlicher Dauer zusätzlich zur planmäßigen Arbeitsausführung anfallen. Man unterscheidet sachliche V. (z. B. Wartezeiten bei der Werkzeugausgabe) und persönliche V. (zur Erfüllung privater Bedürfnisse der Mitarbeiter).

Vertriebseinzelkosten → Sondereinzelkosten (SEK)

Vertriebsgemeinkosten

Begriff: V. sind solche → **Vertriebskosten**, die sich den → **Kostenträgern** nicht verursachungsgerecht zurechnen lassen (→ **Gemeinkosten**).

Beispiel: → **Gehälter** der im Vertrieb tätigen Angestellten, Kosten für Räume, Außendienstmitarbeiter, Imagewerbung, Büromaterial.

Vertriebskosten

Begriff: V. sind alle im Verkaufsbereich anfallenden → **Kosten**, also alle durch absatzpolitische Entscheidungen verursachten Kosten.

Arten: V. bestehen zum größeren Teil aus → **Vertriebsgemeinkosten**, die sich den → **Erzeugnissen** nicht direkt zurechnen lassen. Zum kleineren Teil sind sie → **Vertriebseinzelkosten** (→ **Sondereinzelkosten des Vertriebs**).

Hinweis: V. dürfen nach § 255 Abs. 2 HGB nicht in die → **Herstellungskosten** eingerechnet werden. § 275 Abs. 3 HGB schreibt bei Anwendung des → **Umsatzkostenverfahrens (UKV)** in der → **Gewinn- und Verlustrechnung** den gesonderten Ausweis der V. vor.

Vertriebskostenstellen

Begriff: V. sind alle → **Kostenstellen**, die sich mit dem Verkauf der → **Erzeugnisse** befassen.

Beispiel: V. können funktional, regional oder nach Erzeugnisgruppen gegliedert werden (→ **Kostenstellenplan**).

Vertriebskostenstellen eines Chemie-Unternehmens

funktional	regional	produktspezifisch
Verkaufsplanung	Vertrieb Süddeutschland	Düngemittel
Werbung	Vertrieb Norddeutschland	Waschrohstoffe
Außendienst	Vertrieb Ostdeutschland	Pharmazeutika
Auftragsbearbeitung	Vertrieb Skandinavien	Polykondensate
Packerei	Vertrieb Benelux	Thermoplaste
Versand	Vertrieb Frankreich	
Kundendienst		

Übersicht: **Unterschiedliche Gliederung von Vertriebskostenstellen**

Vertriebswagnis

Begriff: Das V. gehört zu den → **kalkulatorischen Wagnissen** (→ **Einzelwagnisse**) und umfaßt Risiken, die sich aus Forderungsausfällen, Währungsverlusten und Transportgefährdungen ergeben.

Problem: Das V. ist so zu kalkulieren, daß es sich langfristig mit den tatsächlichen Vertriebsverlusten ausgleicht.

Verursacherprinzip

Begriff: Das V. gehört zu den Prinzipien des Umweltschutzes und verlangt, daß die → **externen Kosten** einer beliebigen ökonomischen Aktivität von den Wirtschaftssubjekten zu tragen sind, die diese externen, → **sozialen** oder → **volkswirtschaftlichen Kosten** verursacht haben. Oder: Das V. verlangt die → **Internalisierung externer Kosten.**

Problem: (1) Der Verursacher kann nicht immer ermittelt werden.
(2) Zurechnung und Quantifizierung der Schäden sind oft schwierig.
(3) Die politischen Widerstände gegen das V. sind erheblich.

Hinweis: (1) Zwar ist die gegenwärtige Bedeutung des V. noch gering, doch dürfte sie trotz aller Probleme rasch wachsen, da das V. eine marktwirtschaftliche und damit systemkonforme und wirksame Lösung des Umweltproblems bietet.

(2) Das V. darf nicht verwechselt werden mit dem → **Verusachungsprinzip**.

Verursachungsprinzip

Begriff: Das V. (Kostenverursachungsprinzip, Kausalitätsprinzip) gehört zu den → **Kostenverteilungsprinzipien** und rechnet einem Bezugsobjekt nur dann → **Kosten** zu, wenn diese durch das Bezugsobjekt bedingt sind, d. h. wenn die Kosten bei Verzicht auf das Bezugsobjekt kurz- oder langfristig abgebaut werden können.

Problem: (1) Kurzfristig (→ **kurze Periode**) sind nur solche Kosten zurechenbar, die bei Erstellung einer zusätzlichen Ausbringungseinheit anfallen oder bei entsprechender Produktionseinschränkung wegfallen (→ **Grenzkosten**, → **variable Kosten**). Langfristig (→ **lange Periode**) können auch Teile der → **Fixkosten** zurechenbar sein (→ **stufenweise Fixkostendeckungsrechnung**).

(2) Der Anteil der nach dem V. zurechenbaren Kosten hängt von der Ausdehnung des gewählten Bezugsobjekts ab. Die Folge „Einzelerzeugnis, alle → **Erzeugnisse** einer Produktart, Erzeugnisgruppe, Bereich, Gesamtunternehmung" ist durch ein Anwachsen der zurechenbaren Fixkosten gekennzeichnet. Im Hinblick auf die Gesamtunternehmung sind alle Kosten → **Einzelkosten**.

(3) Kosten, die einem Bezugsobjekt nicht zugerechnet werden können, dürfen nach dem V. auch nicht mittels → **Gemeinkostenschlüsselung** verteilt werden; sie sind vielmehr direkt in das → **Betriebsergebnis** zu übernehmen.

Hinweis: (1) Das V. ist die wichtigste Regel der Kostenverteilung. Es ist im praktischen Fall dem → **Durchschnittsprinzip** und dem → **Tragfähigkeitsprinzip** vorzuziehen.

(2) Das V. darf nicht verwechselt werden mit dem → **Verursacherprinzip**.

Verwaltungskosten

Begriff: V. umfassen alle durch die Leitung des Unternehmens verursachten → **Kosten**.

Problem: (1) V. sind überwiegend → **Gemeinkosten** und somit den → **Kostenträgern** meist nicht verursachungsgerecht zurechenbar.

(2) Die → **Teilkostenrechnung** verlangt auch bei den V. eine → **Kostenauflösung**; V. sind zu einem hohen Prozentsatz → **Fixkosten.**

(3) Bei langfristiger → **Planung** (→ **lange Periode**) lassen sich oft erhebliche Teile der V. zurechnen, wenn man eine → **stufenweise Fixkostendeckungsrechnung (SFD)** durchführt und neben → **Erzeugnissen** auch Erzeugnisgruppen und Bereiche ausweist. Lediglich die → **Unternehmungsfixkosten** fallen für die Unternehmung als Ganzes an.

Beispiel: Büromaterial, → **Steuern,** → **Gebühren und Beiträge**, Versicherungen, Beratungen, Prüfungen, → **Gehälter** des Verwaltungspersonals und der Unternehmungsleitung (soweit nicht gewinnabhängig).

Hinweis: (1) Besondere V. können gemäß § 255 Abs. 2 HGB in die → **Herstellungskosten** einbezogen werden; dazu gehören Kosten der Material- und Werkzeugverwaltung, Verwaltung von Zwischen- und Endlagern, Verwaltung von → **Fertigungsstellen.**

(2) Bei Anwendung des → **Gesamtkostenverfahrens (GKV)** gehören die V. gemäß § 275 HGB zu den sonstigen betrieblichen Aufwendungen; bei Anwendung des → **Umsatzkostenverfahrens (UKV)** sind die allgemeinen V. getrennt auszuweisen.

Verwaltungskostenstellen

Begriff: V. sind alle → **Kostenstellen**, die sich mit der Leitung der Unternehmung befassen.

Beispiel: Ein → **Kostenstellenplan** könnte folgende V. ausweisen: Unternehmungsleitung, Personalverwaltung, Finanz- und → **Rechnungswesen,** Datenverarbeitung, Telefonzentrale, Büromaterial, Vervielfältigung.

volkswirtschaftliche Kosten

(→ **externe Kosten,** → **soziale Kosten**) sind solche → **Kosten**, die nicht von den sie verursachenden Wirtschaftssubjekten getragen, sondern der Gesellschaft oder Dritten aufgebürdet werden (→ **Internalisierung externer Kosten,** → **Verursacherprinzip**).

Vollkosten

Begriff: V. umfassen im Gegensatz zu den → **Teilkosten** alle → **Kosten,** die im Rahmen der betrieblichen Leistungserstellung entstehen.

Problem: Nicht alle Kosten lassen sich einem Bezugsobjekt (→ **Kostenträger**, → **Kostenstelle**) verursachungsgerecht zurechnen (→ **Gemeinkostenschlüsselung**).

Vollkostenkalkulation

Begriff: V. umfaßt die Gesamtheit aller Kalkulationsverfahren (→ **Kalkulation**), die im Gegensatz zur → **Teilkostenkalkulation** alle → **Kosten** auf die → **Kostenträger** verrechnen.

Problem: Die Verrechnung der vollen Kosten auf die Kostenträger bleibt stets willkürlich (→ **Gemeinkostenschlüsselung**), so daß die V. zu betrieblichen Fehlentscheidungen führen kann.

Hinweis: Wichtigste Form der V. ist die → **Zuschlagskalkulation**.

Vollkostenrechnung

Begriff: V. umfaßt die Gesamtheit aller Verfahren, die im Gegensatz zur → **Teilkostenrechnung** alle → **Kosten** auf die → **Kostenträger** oder andere betriebliche Bezugsobjekte (z. B. → **Kostenstellen**) verrechnen.

Problem: Die V. verstößt gegen das → **Verursachungsprinzip** und führt oft zu betrieblichen Fehlentscheidungen. Sie sollte durch eine → **Teilkostenrechnung** (→ **Deckungsbeitragsrechnung**, → **Grenzplankostenrechnung**) ergänzt oder ersetzt werden.

Hinweis: Eine Ausnahme bildet die Ermittlung der → **Selbstkosten** bei öffentlichen Aufträgen, → **Leitsätze für die Preisermittlung aufgrund von Selbstkosten (LSP).**

Vorgabekosten

veralteter Ausdruck für → **Plankosten.**

Vorgabezeit → Auftragszeit

Vorkalkulation

Begriff: V. ist eine auf die Leistungseinheit oder den Auftrag bezogene Berechnung der erwarteten oder geplanten → **Kosten**. Sie ist immer produkt- oder auftragsindividuell und wird – je nach den Umständen des Einzelfalls – als → **Divisions-**, → **Äquivalenzziffern-**, → **Zuschlags-** oder → **Kuppelkalkulation** durchgeführt (→ **Kalkulation**).

Beispiel: V. kommt zum Einsatz für

- → **LSP**-Aufträge, bei denen die tatsächlich entstandenen → **Selbstkosten** plus → **Gewinn** erstattet werden, wie es die → **Leitsätze für die Preisermittlung aufgrund von Selbstkosten (LSP)** vorsehen.
- → **Einzelfertigung,**
- Neuproduktion eines → **Erzeugnisses,**
- Abgabe von Angeboten,
- Beurteilung von → **Marktpreisen** (→ **kurzfristige Preisuntergrenze,** → **langfristige Preisunteruntergrenze**).

Gegensatz: → **Nachkalkulation.**

Vorkostenstellen

Begriff: V. sind → **Kostenstellen**, deren → **Kosten** nicht auf die betrieblichen → **Leistungen**, sondern auf weitere Kostenstellen (→ **Endkostenstellen** oder → **Hauptkostenstellen**) verrechnet werden. V. heißen auch → **Hilfskostenstellen.**

Beispiel: Reparaturwerkstatt, innerbetriebliche Transporte, Kraftzentrale.

Vorwärtskalkulation

ist eine Art der → **Handelskalkulation**, bei der lediglich eine Größe, nämlich der Listenverkaufspreis, beeinflußbar erscheint. Alle anderen Größen gelten als fest und können nicht beeinflußt werden. Man ermittelt dann, ausgehend vom Listeneinkaufspreis (also vorwärts), jenen Listenverkaufspreis, den man mindestens fordern muß (→ **Kalkulation).**

VPöA

ist die Abkürzung für: Verordnung über die Preise bei öffentlichen Aufträgen. Sie legt fest, daß → **Marktpreise** Vorrang vor → **Selbstkostenpreisen** haben. Die VPöA ist stets im Zusammenhang mit den → **Leitsätzen für die Preisermittlung aufgrund von Selbstkosten (LSP)** zu sehen und wird dort ausführlich dargestellt.

W

Wagnisse

Begriff: W. sind die der unternehmerischen Tätigkeit innewohnenden Risiken, die zum normalen Geschäftsverlauf gehören und zu → **Verlusten** oder Wagniskosten führen, wenn das Risiko eintritt.

Arten: Man unterscheidet → **Einzelwagnisse** und das allgemeine → **Unternehmerwagnis.** Einzelwagnisse werden im Rahmen der → **kalkulatorischen Wagnisse** erfaßt. Das allgemeine Unternehmerwagnis hingegen gilt durch den → **Gewinn** als abgegolten und gehört nicht zu den → **kalkulatorischen Kosten**.

Hinweis: Als kalkulatorische Kosten verrechnet man nur die Einzelwagnisse, die nicht durch Fremdversicherungen abgedeckt sind. Bei fremdversicherten W. erscheinen die tatsächlich gezahlten Versicherungsprämien als → **Kosten**. Kalkulatorische W. sind so zu bemessen, daß sie sich langfristig mit den eingetretenen Wagnisverlusten ausgleichen.

Werbekosten

Begriff: W. (nicht zu verwechseln mit den Werbungskosten im steuerrechtlichen Sinn) umfassen nach Wöhe

(1) → **Kosten** für die in der Werbeabteilung beschäftigten Personen und dort benötigten Sachwerte;

(2) Kosten für Entwurf und Herstellung von Werbemitteln im eigenen → **Betrieb**;

(3) Kosten für Werbemittel aus fremden Betrieben (Drucksachen, Kinowerbung, TV-Werbung, Werbegeschenke);

(4) Kosten für den Einsatz von Werbemitteln

- Gebühren für Inserate, Filme, Rundfunk- und Fernsehsendungen,
- Mieten für Plakatsäulen, -wände, Giebelwände,
- → **Energiekosten** für Leuchtreklame, Schaufenster- und Raumbeleuchtung,
- Postgebühren für Werbesendungen;

(5) anteilige → **Gemeinkosten** für die Werbeabteilung (Verwaltung, → **Rechnungswesen**, → **Steuern**, Raum-, Beleuchtungs-, Heizungs-, Reinigungskosten).

Beispiel: W. sind in Analogie zur Vorgehensweise der → **stufenweisen Fixkostendeckungsrechnung (SFD)** auf die Einzelerzeugnisse, Erzeugnisgruppen, Bereiche und die Gesamtunternehmung zu verteilen:

- W. für ein einzelnes → **Produkt** sind → **Erzeugnisfixkosten** (TV-Spot für ein Waschmittel, ein Getränk, einen Schokoriegel),
- W. für eine Produktgruppe sind → **Erzeugnisgruppenfixkosten** (Pflanzenschutzmittel von Hoechst, „damit wächst, was wachsen soll", Tierfuttermittel von Schaumann bringen „Erfolg in den Stall"),
- W. für einen Betriebsbereich sind → **Bereichsfixkosten** (Pharmazeutika-Werbung von Schering, Nutzfahrzeugwerbung bei Daimler-Benz),
- W. für das gesamte Unternehmen sind → **Unternehmensfixkosten** (Tag der offenen Tür in einem Baumarkt, Zeppelinflug mit Firmenemblem, Imagewerbung).

Werkstattkreis → Qualitätszirkel

Werkstoffe

Begriff: (1) W. umfassen sämtliche → **Roh-, Hilfs-** und → **Betriebsstoffe**, aus denen durch Umformung, Substanzänderung oder Einbau neue Fertigerzeugnisse (→ **Halb- und Fertigfabrikate**) hergestellt werden (= weite Definition).

(2) Nach einer engeren, auf Gutenberg (1897–1984) zurückgehenden Definition versteht man unter W. nur Rohstoffe, Halb- und Fertigfabrikate, klammert also Hilfs- und Betriebsstoffe aus.

Problem: (1) Zunächst sind die Werkstoffverbrauchsmengen zu erfassen.

Zur → **Verbrauchsmengenerfassung** nutzt man die

→ **Fortschreibungsmethode** (Skontration),

→ **Inventurmethode**,

→ **Rückrechnung** (retrograde Methode).

(2) Sodann sind die Verbrauchsmengen zu bewerten. Zur Verfügung stehen

→ **Festpreis-Verfahren** und
→ **Istpreis-Verfahren.**

Istpreis-Verfahren erfordern eine monatliche Durchschnittspreisermittlung. Das entfällt bei der Festpreismethode: Hier hält man die → **Preise** meist für ein Jahr konstant, überprüft sie danach und setzt sie gegebenenfalls neu fest. Festpreise können und sollen eine innerbetriebliche Lenkungsfunktion erfüllen und sind daher an langfristigen → **Marktpreisen** unter Berücksichtigung absehbarer Zukunftsentwicklungen zu orientieren. Festpreise (→ **Verrechnungspreise**) sind notwendig für die → **Kostenkontrolle** und damit für die → **Plankostenrechnung**.

Hinweis: W. werden im → **Produktionsprozeß** verbraucht und gehen in das → **Produkt** ein. Sie gehören deshalb zu den → **Repetierfaktoren**.

Werkstück

ist ein Gegenstand, der in → **Fertigung** oder Montage (noch) weiter handwerklich be- oder verarbeitet werden muß.

Werkzeuge

Begriff: W. sind Gegenstände, die formend auf mechanisch zu bearbeitende → **Werkstücke** aus Metall, Holz, Stein, Erde, Kunststoff usw. einwirken.

Beispiel: Man unterscheidet von Hand geführte W. (Handwerkzeuge) und in Maschinen eingespannte W. (Maschinenwerkzeuge).

- Handwerkzeuge (Zangen, Hämmer, Feilen, Bohrer),
- Maschinenwerkzeuge (Drehmeißel, Fräsköpfe, Bohrköpfe, Spannzangen),
- Meßwerkzeuge,
- werkzeugähnliche Geräte.

Werkzeugkosten

Begriff: W. sind der bewertete Verschleiß an fremdbezogenen und selbsterstellten → **Werkzeugen**. W. können entstehen aufgrund des Gebrauchs von

- Handwerkzeugen,
- Meßwerkzeugen,
- Maschinenwerkzeugen,
- werkzeugähnlichen Geräten.

Hinweis: (1) W. sind im Regelfall → **variable Kosten** und können den verbrauchenden → **Kostenstellen** direkt zugerechnet werden (Hilfsmittel: Werkzeugausgabescheine).

(2) Beim Vorliegen einer → **Maschinenstundensatzrechnung** können sie in die → **Maschinenstundensätze** einbezogen werden.

(3) Werkzeuge mit größerer Gebrauchsdauer (mehr als ein Jahr) werden abgeschrieben.

(4) W. können auch Gemeinkostencharakter haben. Das gilt für allgemein verwendbare Werkzeuge.

Werkzeugmaschine

Begriff: W. ist eine Maschine zur Formung und Oberflächenbehandlung von → **Werkstücken.** Dieses kann spanlos oder spanend vor sich gehen.

Beispiel: (1) W. zur spanlosen Formung sind Maschinenhämmer, Preßmaschinen, Walzmaschinen, Druckguß- und Spritzgußmaschinen.

(2) W. zur spanenden Formung sind Drehmaschinen, Bohr-, Hobel- und Stoßmaschinen sowie Fräs-, Schleif- und Sägemaschinen.

Wertanalyse (WA)

Begriff: WA (value analysis, value engineering) ist ein Verfahren zur Untersuchung von → **Produkten** oder Verwaltungsabläufen mit dem Ziel, diese kosten- und funktionsorientiert zu optimieren. Sie wurde 1947 erstmals in den USA bei General Electric angewandt. In Deutschland ist die WA seit 1973 durch die → **DIN** 69910 genormt.

Beispiel: Der Ablauf der WA erfolgt gemäß DIN 69910 in sechs Grundschritten, die jeweils mehrere Teilschritte umfassen können.

Grundschritt	Bezeichnung	Teilschritt	Bezeichnung
1	Vorbereitende Maßnahmen	1	Auswählen des WA-Objektes und Stellen der Aufgabe
		2	Festlegen des quantifizierten Zieles
		3	Bilden der Arbeitsgruppe
		4	Planen des Ablaufs

Grund-schritt	Bezeichnung	Teil-schritt	Bezeichnung
2	Ermitteln des Istzustandes	1	Informationen beschaffen und Beschreiben des WA-Objektes
		2	Beschreiben der Funktion
		3	Ermitteln der Funktionskosten
3	Prüfen des Istzustandes	1	Prüfen der Funktionserfüllung
		2	Prüfen der Kosten
4	Ermitteln von Lösungen		Suche nach allen Lösungen
5	Prüfen der Lösungen	1	Prüfen der sachlichen Durchführbarkeit
		2	Prüfen der Wirtschaftlichkeit
6	Vorschlag und Verwirklichung einer Lösung	1	Auswählen der Lösung(en)
		2	Empfehlen einer Lösung
		3	Verwirklichen der Lösung

Quelle: K. Fäßler, H. Rehkugler, C. Wegenast, Lexikon des Controlling, 5., völlig neu bearb. Aufl., München 1991, S. 608.

Übersicht: **Sechs Grundschritte kennzeichnen die Wertanalyse**

Wertminderung

geht auf die Abschreibungsursachen → **Gebrauchsverschleiß und Zeitverschleiß** zurück (→ **Abschreibung**).

Wertschlüssel

sind DM-Größen zur Verteilung der → **Gemeinkosten** (→ **Gemeinkostenschlüsselung**).

Wiederbeschaffungskosten

Begriff: W. (auch Wiederbeschaffungswert, Wiederbeschaffungspreis) sind die zum jeweiligen Zeitpunkt zu veranschlagenden → **Anschaffungs-** oder → **Herstellungskosten** eines Vermögensgegenstandes.

Hinweis: Zur Substanzerhaltung orientiert man sich bei der → **Bewertung** verbrauchter oder in Anspruch genommener Kostengüter an deren W. Insbesondere gilt dies für die Bemessung der → **kalkulatorischen Abschreibungen** sowie im Rahmen von → **Nachkalkulationen** für die Bewertung des Materialverbrauchs.

Wiedergewinnungsfaktor → Kapitalwiedergewinnungsfaktor

Wirtschaften

heißt nach E. Schneider (1900–1970) über knappe → **Güter** zu disponieren, um menschliche Bedürfnisse zu befriedigen (→ **Wirtschaftsgüter**).

Wirtschaftlichkeit

Begriff: (1) W. ist eine → **Kennzahl**, die das Verhältnis von → **Ertrag** und → **Aufwand** bzw. → **Leistung** und → **Kosten** zum Ausdruck bringt:

$$W. = \frac{\text{Ertrag}}{\text{Aufwand}} \qquad W. = \frac{\text{Leistung}}{\text{Kosten}}$$

(2) W. oder Unwirtschaftlichkeit ist eine Eigenschaft von → **Investitionen**. Eine Investition ist dann wirtschaftlich (vorteilhaft oder lohnend), wenn ihr

- → **Kapitalwert** größer oder gleich Null ist (→ **Kapitalwertmethode**),
- → **interner Zinsfuß** mindestens so groß ist wie der → **Kalkulationszinsfuß** (→ **interne Zinsfuß-Methode**),
- → **DJÜ** (durchschnittlicher jährlicher Überschuß) größer oder gleich Null ist (→ **Annuitätenmethode**).

Problem: (1) Die W. ist abzugrenzen gegenüber der → **Produktivität**: Erstere ist stets Wertgröße, zweitere meist Mengengröße.

(2) Die W. als Kennzahl enthält keine Aussage darüber, ob man dem → **ökonomischen Prinzip** genügt. Dazu müßte eine Größe (Mitteleinsatz

oder Ziel) fixiert und die W. als Relation mit Sollwerten verglichen werden.

Die gelegentlich zu hörende Formulierung, man solle „mit dem geringsten Aufwand den maximalen Ertrag“ erzielen, ist eine inhaltsleere Aussage. Richtig muß es heißen: Aus einem vorgegebenen Aufwand ist ein möglichst hoher Ertrag herauszuholen; ein vorgegebener Ertrag ist mit möglichst geringem Aufwand zu erreichen.

Wirtschaftlichkeitskontrolle → Kostenkontrolle

Wirtschaftlichkeitsprinzip → ökonomisches Prinzip

Wirtschaftlichkeitsrechnung

Begriff: W. ist jedes Kalkül zur Beurteilung der Wirtschaftlichkeit einer Handlung (= weite Definition). Häufig wird W. auch enger als Synonym für → **Investitionsrechnung** definiert.

Beispiel: Im Sinne der weiteren Begriffsbestimmung befaßt sich die W. unter anderem mit

• der Bestimmung der Vorteilhaftigkeit von → **Investitionen,** • der Festlegung der Rangfolge mehrerer vorteilhaften Investitionen, • der Ermittlung optimaler Nutzungszeiten und des optimalen Ersatzzeitpunktes von Anlagen,	investitionsrechnerische Anwendung
• dem zwischen- und innerbetrieblichen → **Betriebsvergleich,** • der → **Verfahrenswahl,** • der Wahl zwischen → **Eigenfertigung oder Fremdbezug,** • der Ermittlung → **optimaler Bestellmengen,** • der Ermittlung optimaler → **Losgrößen.**	kostenrechnerische Anwendung

Wirtschaftsgüter

sind knapp und haben im Gegensatz zu freien → **Gütern** einen → **Preis;** nur W. sind Gegenstand des → **Wirtschaftens.**

Z

Zeitabschreibung

ist die → **Abschreibung** nach Maßgabe des Zeitablaufs (→ **Gebrauchsverschleiß** und → **Zeitverschleiß**). In der Praxis ist die Z. die häufigste Abschreibungsform.

Zeitakkord

auch Stückzeitakkord genannt, ist neben dem Geldakkord eine der beiden Formen des → **Akkordlohns**. Der Stundenlohn beim Z. errechnet sich in der Weise, daß man die Zahl der gefertigten Stücke mit der vorgegebenen Zeit je Stück und dem → **Minutenfaktor** multipliziert.

zeitliche Abgrenzung → Abgrenzung

zeitliche Anpassung

liegt vor, wenn bei rückläufiger → **Beschäftigung** die Betriebszeit reduziert (Kurzarbeit, Feierschichten) und bei zunehmender Beschäftigung erhöht wird (Überstunden, zusätzliche Schichten), → **Anpassung.**

Zeitlohn

Begriff: Z. ist ein Arbeitsentgelt, das sich nach der Stundenzahl richtet, die ein Mitarbeiter im Unternehmen anwesend ist (→ **Lohnformen**).

Für das Arbeitsentgelt gilt:

$$\text{Zeitlohn} = \text{geleistete Arbeitsstunden} \cdot \text{Lohnsatz je Stunde}$$

Problem: (1) Beim Z. fehlt der Anreiz, die → **Leistung** zu steigern. Minderleistungen führen zu steigenden Lohnstückkosten.

(2) In vielen Bereichen ist der Z. dennoch die zweckmäßigste Lohnform, zum Beispiel bei

- dispositiven und Qualitätsarbeiten,
- gefährlichen Tätigkeiten,

- festgelegter Arbeitsgeschwindigkeit (z. B. Fließband),
- Bereitschaftsdienst und Überwachungstätigkeiten.

Hinweis: (1) Im Kern ist auch der Z. ein → **Leistungslohn**, da langfristig die → **Normalleistung** erwartet wird.

(2) Auch in der Einteilung der Mitarbeiter in verschiedene Leistungsstufen mit unterschiedlichen Lohnsätzen je Stunde ist ein Übergang des Z. zum Leistungslohn zu sehen.

(3) Der Z. gehört im Regelfall zu den → **Gemeinkosten** (Ausnahme: festgelegte Arbeitsgeschwindigkeit) und läßt sich nicht direkt den → **Kostenträgern** zurechnen.

Zeitvergleich

Begriff: Z. ist der → **Vergleich** tatsächlich angefallener Vergangenheitswerte, also ein → **Ist-Ist-Vergleich.**

Hinweis: Er kann als innerbetrieblicher und/oder zwischenbetrieblicher Vergleich (→ **Betriebsvergleich**) durchgeführt werden und sollte möglichst durch einen → **Soll-Ist-Vergleich** ergänzt werden, um eine wirksame → **Kostenkontrolle** zu gewährleisten.

Zeitverschleiß

ist neben dem Gebrauchsverschleiß eine der beiden → **Abschreibungsursachen** (→ **Abschreibung,** → **Gebrauchsverschleiß und Zeitverschleiß,** → **gebrochene Abschreibung**).

Zeitwert → Tageswert

Zero-Base-Budgeting (ZBB)

Begriff: ZBB ist eine Budgetierungsmethode, die das Ziel der Gemeinkostensenkung und optimalen Mittelverwendung in der Weise zu erreichen sucht, daß vor jeder Periode „von Null aus" analysiert und geplant wird. Die → **Planung** erfolgt so, als würde das Unternehmen neu gegründet, so daß alte → **Budgets** nicht einfach fortgeschrieben, sondern vor jeder → **Planungsperiode** von Grund auf diskutiert und zur Disposition gestellt werden. Man spricht deshalb auch von Null-Basis-Budgetierung.

Beispiel: Die folgende Übersicht zeigt die neun Stufen der ZBB.

9 Das Controlling überwacht die Einhaltung des Budgets und berichtet über wesentliche Abweichungen

8 Die Budget-Abteilung erarbeitet aus den Entscheidungspaketen die Budgets als Vorgabe für künftige Entscheidungen und Maßnahmen

7 Die Unternehmensleitung faßt alle Entscheidungspakete zusammen und entscheidet über Prioritäten. Aktivitätsniveaus (Leistungsniveaus) und Mitteleinsatz

6 Die übergeordnete Unternehmenshierarchie fügt die ihnen jeweils zugeordneten Entscheidungspakete zusammen und verändert die Rangordnung aus ihrer Sicht

5 Die Abteilungsleiter setzen Prioritäten, wie aus ihrer Sicht die verfügbaren Mittel eingesetzt werden sollen. Sie erstellen eine Rangordnung der Entscheidungspakete

4 Die Abteilungsleiter bestimmen unterschiedliche Aktivitätsniveaus mit den dazu jeweils erforderlichen Mitarbeitern und Kosten (Entscheidungspakete)

3 Die Abteilungsleiter bestimmen alternative Verfahren, die zur Erreichung der Ziele möglich sind

2 Die Abteilungsleiter bestimmen die Teilziele innerhalb des vorgegebenen Rahmens und teilen die ihnen übertragenen Aufgaben/Funktionen in Einzelaktivitäten (Entscheidungseinheiten) auf

1 Die Unternehmensleitung setzt strategische und operative Ziele, legt die verfügbaren Mittel fest und entscheidet über die ZBB-Bereiche

Quelle: K. Fäßler, H. Rehkugler, C. Wegenast, Lexikon Kostenrechnung und Controlling, a.a.O., S. 543.

Übersicht: **Zero-Base-Budgeting in neun Stufen**

Zielfunktion → lineare Programmierung (LP)

Zins

Begriff: Z. ist der → **Preis** für die Überlassung von Geldmitteln für eine bestimmte Zeit. Er ist Ausdruck der Zeitpräferenz, wonach ein heutiger

Geldbetrag höher geschätzt wird als ein gleich hoher Betrag, der erst später zur Verfügung steht (→ **Kapitalkosten**).

Hinweis: In der → **Kostenrechnung** werden Z. für die Inanspruchnahme des gesamten → **betriebsnotwendigen Kapitals** veranschlagt. Dabei spielt es keine Rolle, aus welcher Quelle das Kapital stammt: → **Eigenkapital** und → **Fremdkapital** sind gleichermaßen zu verzinsen (→ **kalkulatorische Zinsen**).

Zinskosten → kalkulatorische Zinsen

Zukunftserfolgswert

ist der → **Barwert** künftiger → **Erfolge**. Oder (präziser): Z. ist der Barwert künftiger Nettoeinzahlungen (→ **Ertragswert**).

zusammengesetzte Kosten

Begriff: Z. K. sind gleichbedeutend mit → **sekundären Kosten**, die für die → **Leistungen** von → **Hilfkostenstellen** im Rahmen der → **innerbetrieblichen Leistungsverrechnung** veranschlagt werden. Die z. K. (sekundäre Kosten) einer Stelle bestehen aus von außen bezogenen → **Kosten** (= → **primäre Kosten**) der leistenden → **Kostenstelle** und den dieser Stelle zugerechneten sekundären Kosten für Leistungen anderer Hilfskostenstellen.

Gegensatz: → **primäre Kosten.**

Zusatzaufträge

Begriff: Z. sind Aufträge, die nach Festlegung der Produktionsmenge je Periode eingehen und die Verpflichtung zur Herstellung und Lieferung weiterer Ausbringungseinheiten zum Inhalt haben.

Problem: Annahme oder Ablehnung von Z.? Das ist die Frage. Die Antwort hängt unter anderem von der betrieblichen → **Beschäftigungssituation** ab.

(1) Soll eine kurzfristige → **Planung** für den Fall ohne innerbetriebliche Kapazitätsengpässe erstellt werden, so sind solche Z. anzunehmen, deren → **Preise** mindestens den → **variablen Stückkosten** entsprechen. Die variablen Stückkosten sind die → **kurzfristige Preisuntergrenze.**

(2) Liegt ein innerbetrieblicher Kapazitätsengpaß vor, so sind bei kurzfristiger Planung jene Z. hereinzunehmen, deren → **spezifischer Dekkungsbeitrag** (= → **Bruttogewinn** je Engpaßkapazitätseinheit) höher ist

als der spezifische Deckungsbeitrag der durch die Z. verdrängten → **Erzeugnisse**.

(3) Bestehen mehrere innerbetriebliche Kapazitätsengpässe, so ist die Lösung bei kurzfristiger Planung mit Hilfe der → **linearen Programmierung (LP)** zu suchen.

(4) Bei langfristiger Planung gehören auch die → **Fixkosten** zu den (entscheidungs-)→ **relevanten Kosten**. Es sind dann die Z. anzunehmen, deren Preise mindestens den gesamten → **Stückkosten** entsprechen. Die gesamten Stückkosten sind die → **langfristige Preisuntergrenze**.

Hinweis: Neben kostenrechnerischen sind bei Z. stets auch absatz- und sortimentspolitische Aspekte zu beachten:

(1) Beeinflussen die Z. die Absatzmengen des Normalprogramms?

(2) Beeinflussen die Z. die Preise des Normalprogramms?

(3) Konkurriert der Zusatzauftraggeber mit der liefernden Unternehmung oder deren Stammkunden?

(4) Gibt es Kommunikation zwischen dem Zusatzauftraggeber und den Stammkunden der Lieferunternehmung?

Zusatzkosten

Begriff: Z. gehören zusammen mit den → **Anderskosten** zu den → **kalkulatorischen Kosten** und sind dadurch gekennzeichnet, daß ihnen keinerlei → **Aufwendungen** gegenüberstehen; auch führen sie nicht zu → **Ausgaben** (→ **Abgrenzung**).

Beispiel: → **Kalkulatorischer Unternehmerlohn,** → **kalkulatorische Zinsen** für das → **Eigenkapital,** → **kalkulatorische Miete** für Eigenräume.

Hinweis: Z. dienen der Vergleichbarmachung der → **Kostenrechnungen** unterschiedlicher Unternehmungen und haben den Charakter von → **Opportunitätskosten**.

Zusatzleistungen

Begriff: Z. gehören zusammen mit den → **Andersleistungen** zu den → **kalkulatorischen Leistungen** und sind dadurch gekennzeichnet, daß ihnen kein → **Ertrag** gegenübersteht; auch führen sie nicht zu → **Einnahmen** (→ **Abgrenzung**).

Beispiel: Selbsterstellte Patente und → **Leistungen,** die unentgeltlich abgegeben werden.

Zuschlagskalkulation

Begriff: Z. ist ein in der Praxis häufig eingesetztes Verfahren der → **Vollkosten-** → **Kalkulation,** bei dem die → **Kostenträgereinzelkosten** direkt auf die → **Erzeugnisse** oder Aufträge verrechnet werden. Die → **Kostenträgergemeinkosten** dagegen rechnet man mit Hilfe von → **Wert-** und/oder → **Mengenschlüsseln** den Erzeugnissen oder Aufträgen zu. Sie setzt mithin eine Trennung der → **Kosten** in → **Einzel-** und → **Gemeinkosten** voraus. Die Z. kommt insbesondere bei → **Serienfertigung** in Frage, generell stets dann, wenn → **Divisions-** und → **Äquivalenzziffernkalkulation** als Rechenverfahren ausscheiden.

Arten: Man unterscheidet drei Varianten der Z.: einstufige und mehrstufige Z. sowie → **Bezugsgrößenkalkulation.**

Zuschlagskalkulation

einstufige Z.	mehrstufige Z.	Bezugsgrößen-kalkulation
auch: summarische, einfache, kumulative Z.	auch: differenzierende Z.	Gemeinkosten werden nach Bereichen, Plätzen oder Stellen auf der Basis von Wert- oder Mengenschlüsseln auf die Kostenträger verrechnet. Man sucht jeweils die → **Bezugsgröße,** die die → **Kostenverursachung** am besten wiedergibt.
Alle Gemeinkosten werden summarisch (kumulativ) durch einen Zuschlag auf bestimmte oder sämtliche Einzelkosten verrechnet.	Unternehmen wird in Bereiche, → **Kostenstellen** oder →**-plätze** aufgeteilt. Gemeinkosten werden nach Bereichen, Stellen, Plätzen auf der Basis von Wertschlüsseln auf die → **Kostenträger** verrechnet.	

Übersicht: **Drei Varianten der Zuschlagskalkulation**

Beispiel: (1) Einstufige Z.:

In einem Industriebetrieb fallen im Betrachtungsmonat folgende Kosten an:

Fertigungsmaterial	40 000 DM,
Fertigungslöhne	60 000 DM,
Gemeinkosten	120 000 DM.

Wie hoch ist der Gemeinkostenzuschlagssatz im Falle der

- Materialzuschlagskalkulation,
- Lohnzuschlagskalkulation,
- Einzelkostenzuschlagskalkulation?

$$\text{Gemeinkostenzuschlagssatz auf die Materialkosten} = \frac{120\,000}{40\,000} = 3{,}00 = 300\,\%$$

$$\text{Gemeinkostenzuschlagssatz auf die Lohnkosten} = \frac{120\,000}{60\,000} = 2{,}00 = 200\,\%$$

$$\text{Gemeinkostenzuschlagssatz auf die Einzelkosten} = \frac{120\,000}{100\,000} = 1{,}20 = 120\,\%$$

(2) Mehrstufige Z.:

Im einfachsten Fall unterscheidet man lediglich die Bereiche: Material, → **Fertigung,** Verwaltung und Vertrieb. Die Untergliederung des Fertigungsbereichs in einzelne Kostenstellen unterbleibt. Man erhält dann das folgende → **Kalkulationsschema.**

Kostenarten (EK = Einzelkosten, GK = Gemeinkosten)	Vollkostenrechnung	Teilkostenrechnung	
	gesamte Kosten	variable Kosten	fixe Kosten
Fertigungsmaterial (MEK)	100	100	
+ 10 % (MGK)	10	3	7
= Materialkosten (MK)	110		
Fertigungslöhne (FEK)	80	80	
+ 300 % (FGK)	240	100	140
= Fertigungskosten (FK)	320		
Herstellkosten = MK+ FK	430		
+ 10 % VwGK	43	3	40
+ 10 % VtGK	43	6	37
= Selbstkosten (SK)	516	292	224

Übersicht: **Mehrstufige Zuschlagskalkulation ohne Kostenstelleneinteilung**

Untergliedert man den Fertigungsbereich in die Kostenstellen: Zuschnitt, Bearbeitung, Endmontage, dann ergibt sich folgendes Kalkulationsschema:

Kostenarten (EK = Einzelkosten GK = Gemeinkosten)	Vollkostenrechnung	Teilkostenrechnung	
	gesamte Kosten	variable Kosten	fixe Kosten
+ Fertigungsmaterial (MEK)	100	100	
+ 10 % (MGK)	10	3	7
= Materialkosten (MK)	110		
KS 1: Zuschnitt			
Fertigungslöhne (FEK)	15	15	
+ 300 % (FGK)	45	5	40
KS 2: Bearbeitung			
Fertigungslöhne (FEK)	45	45	
+ 200 % (FGK)	90	30	60
KS 3: Endmontage			
Fertigungslöhne (FEK)	20	20	
+ 525 % (FGK)	105	65	40
= Fertigungskosten (FK)	320		
Herstellkosten = MK + FK	430		
+ 10 % VwGK	43	3	40
+ 10 % VtGK	43	6	37
= Selbstkosten (SK)	516	292	224

Übersicht: **Mehrstufige Zuschlagskalkulation mit Fertigungskostenstellen**

(3) Bezugsgrößenkalkulation:

Hier wählt man in jeder Kostenstelle jene Größe aus, die die Kostenverursachung am besten wiedergibt (→ **Verursachungsprinzip**). Häufig sind dies Mengengrößen wie Maschinenzeiten, Akkordzeiten, → **Rüstzeiten**. Von besonderer Bedeutung ist hierbei die Bezugsgröße „Maschinenzeit". Häufig setzt man Bezugsgrößenkalkulation mit → **Maschinenstundensatzkalkulation** gleich, weil sich die Gemeinkosten bei zunehmender Mechanisierung eher im Verhältnis zur Maschinenlaufzeit als im Verhältnis zu den → **Löhnen** oder sonstigen Einzelkosten ändern. Auch ist der Zeitmaßstab von Preisschwankungen unabhängig und weist eine größere Dauerhaftigkeit als Zuschlagsbasis auf.

Kostenarten (EK = Einzelkosten GK = Gemeinkosten)	Vollkostenrechnung	Teilkostenrechnung	
	gesamte Kosten	variable Kosten	fixe Kosten
Fertigungsmaterial (MEK)	100	100	
+ 10 % (MGK)	10	3	7
= Materialkosten (MK)	110		
KS 1: Zuschnitt			
Stundensatz = 125 DM/h			
Stückzeit = 0,48 h/Stück			
Fertigungskosten	60	20	40
KS 2: Bearbeitung			
Stundensatz = 180 DM/h			
Stückzeit = 0,75 h/Stück			
Fertigungskosten	135	75	60
KS 3: Endmontage			
Stundensatz = 250 DM/h			
Stückzeit = 0,50 h/Stück			
Fertigungskosten	125	85	40
= Fertigungskosten (FK)	320		
Herstellkosten = MK + FK	430		
+ 10 % VwGK	43	3	40
+ 10 % VtGK	43	6	37
= Selbstkosten (SK)	516	292	224

Übersicht: **Mehrstufige Zuschlagskalkulation mit Maschinenstundensätzen**

Zuschlagssatz

Begriff: Z. ist der Prozentsatz, mit dem die → **Gemeinkosten** auf die → **Kostenträger** verrechnet werden; er ergibt sich aus dem Verhältnis zwischen den Gemeinkosten und dem gewählten → **Mengen-** oder → **Wertschlüssel** (= → **Bezugsgröße**).

Beispiel:

$$\text{Zuschlagssatz} = \frac{\text{Fertigungsgemeinkosten}}{\text{Fertigungseinzelkosten}} = \frac{48\,000\ \text{DM/Monat}}{24\,000\ \text{DM/Monat}} = 2{,}00 = 200\,\%$$

Zuschreibung

Begriff: Z. oder Wertaufholung ist die Wertheraufsetzung von Vermögensgegenständen.

Hinweis: Z. ist steuerrechtlich nur im Rahmen des § 6 Abs. 1 Nr. 1 u. 2 EStG zulässig; handelsrechtlich ist sie bei Wegfall der Gründe für früher vorgenommene → **Abschreibungen** bei Kapitalgesellschaften gemäß § 280 HGB geboten. In der → **Kostenrechnung** sind Z. dann anzusetzen, wenn bei leistungsabhängiger Abschreibung das Leistungspotential zu gering oder bei zeitabhängiger Abschreibung die → **Nutzungsdauer** zu niedrig angesetzt wurde.

Gegensatz: → **Abschreibung.**

ZVEI

ist die Abkürzung für Zentralverband der Elektrotechnischen Industrie e. V.

Zwangsanfallsprodukt

ist eines der Synonyme für → **Kuppelprodukt.**

Zweckaufwand

ist → **Aufwand**, dem → **Kosten** in gleicher Höhe gegenüberstehen (→ **Abgrenzung**).

Zweckertrag

ist der Teil des → **Ertrags**, der sich im Zusammenhang mit der → **Abgrenzung** von Ertrag und → **Leistung** nach Abzug des → **neutralen Ertrags** ergibt. Der Z. resultiert aus dem betrieblichen Leistungsprozeß.

Zweikreissystem

Begriff: Z. ist ein Ordnungsprinzip des → **betrieblichen Rechnungswesens**, bei dem die Daten der Geschäfts- oder → **Finanzbuchhaltung** und die der → **Kostenrechnung** (→ **Betriebsbuchhaltung**) in zwei in sich geschlossenen Abrechnungssystemen getrennt bearbeitet werden.

Beispiel: Der → **Industrie-Kontenrahmen (IKR)** enthält als Rechnungskreis I die Konten der Geschäftsbuchhaltung und als Rechnungskreis II die der Betriebsbuchhaltung.

Gegensatz: → **Einkreissystem** mit einem einzigen Abrechnungskreis für Geschäfts- und Betriebsbuchhaltung.

zweistufige Divisionskalkulation → Divisionskalkulation

zwischenbetrieblicher Vergleich

ist eine Form des → **Betriebsvergleiches,** der meist von Verbänden und sonstigen Unternehmungsvereinigungen durchgeführt wird.

Zwischenkalkulation

Begriff: Z. ist die zwischen → **Vorkalkulation** und → **Nachkalkulation** durchzuführende Ermittlung der → **Selbstkosten** je → **Erzeugnis** oder Auftrag.

Hinweis: Sie ist notwendig bei Erzeugnissen mit längerer Produktionsdauer zur Überwachung der Vorkalkulation (Hoch- und Tiefbau, Schiffbau, Großanlagenbau). Sie ist wesentlich sicherer als die Vorkalkulation, da sie Nachkalkulationen bereits fertiggestellter Teilabschnitte beinhaltet.

Zwischenlager

(1) Lager für → **Halbfabrikate** (→ **unfertige Erzeugnisse**) als Bindeglied und Puffer zwischen unterschiedlichen Produktionsstufen bei mehrstufiger → **Fertigung.**

(2) Im Güterverkehr kennt man Lager für das Transportgut zwischen den Transportakten.

Literaturverzeichnis

K. Agthe, Kostenplanung und Kostenkontrolle im Industriebetrieb, Baden-Baden 1963.

U. Bestmann (Hrsg.), Kompendium der Betriebswirtschaftslehre, 6., überarb. u. erw. Aufl., München 1992.

H. Bockholt, G. Ebert, U. Erhard, H.-G. Geisbüsch, K.-H. Schneider, Praktisches Lehrbuch Rechnungswesen, München 1986.

W. Borchardt, Kleines Volkswirtschaftslehre-Lexikon, 2. Aufl., München 1988.

R. Bramsemann, Controlling, 2., verb. Aufl., Wiesbaden 1980.

Derselbe, Handbuch Controlling, 2. Aufl., München 1990.

Buchführung, Bilanz, Kostenrechnung (BBK), Loseblattsammlung, Herne/Berlin 1992.

Bundesverband der Deutschen Industrie (Hrsg.), Empfehlungen zur Kosten- und Leistungsrechnung, Band 1, Kosten- und Leistungsrechnung als Istrechnung, 2., überarb. Aufl., Köln 1988.

Derselbe (Hrsg.), Empfehlungen zur Kosten- und Leistungsrechnung, Band 2, Kosten- und Leistungsrechnung als Planungsrechnung, 2. Aufl., Köln 1986.

Derselbe (Hrsg.), Empfehlungen zur Kosten- und Leistungsrechnung, Band 3, Kosten- und Leistungsrechnung als Entscheidungshilfe für die Unternehmensleitung, Köln 1981.

Derselbe (Hrsg.), Industrie-Kontenrahmen, Neufassung 1986 in Anpassung an das Bilanzrichtlinien-Gesetz (BiRiLiG), Köln 1986.

W. Busse von Colbe (Hrsg.), Lexikon des Rechnungswesens, 2., überarb. u. erw. Aufl., München 1991.

K.-D. Däumler, Praxis der Investitions- und Wirtschaftlichkeitsrechnung, 3., vollst. überarb. Aufl., Herne/Berlin 1991.

Derselbe, Grundlagen der Investitions- und Wirtschaftlichkeitsrechnung, 7., vollst. überarb. Aufl., Herne/Berlin 1992.

Derselbe, Betriebliche Finanzwirtschaft, 5., vollst. überarb. Aufl., Herne/Berlin 1991.

Derselbe, Finanzmathematisches Tabellenwerk für Praktiker und Studierende, 3., verb. Aufl., Herne/Berlin 1989.

Derselbe, Unterjährige Zinsperioden – Finanzmathematisches Tabellenwerk, Herne/Berlin 1984.

K.-D. Däumler u. *J. Grabe,* Kostenrechnung 1, Grundlagen, 5., überarb. Aufl., Herne/Berlin 1991.

Dieselben, Kostenrechnung 2, Deckungsbeitragsrechnung, 4., vollst. überarb. Aufl., Herne/Berlin 1991.

Dieselben, Kostenrechnung 3, Plankostenrechnung, 3., vollst. überarb. Aufl., Herne/Berlin 1991.

Dieselben, Kalkulationsvorschriften bei öffentlichen Aufträgen, Herne/ Berlin 1984.

K.-D. Däumler u. *G. Lohse,* Grenzplankostenrechnung, Darmstadt 1975.

A. Deyhle, Controller-Praxis, Band 1, Unternehmensplanung und Controller-Funktion, 8. Aufl., Gauting/München 1991.

Derselbe, Controller-Praxis, Band 2, Soll-Ist-Vergleich und Führungsstil, 8. Aufl., Gauting/München 1991.

G. Ebert, Kosten- und Leistungsrechnung, 6. Aufl., Wiesbaden 1990.

H. Ebisch u. *J. Gottschalk,* Preise und Preisprüfungen bei öffentlichen Aufträgen, 5., neubearb. Aufl., München 1987.

W. Eisele, Technik des betrieblichen Rechnungswesens, 4., überarb. u. erw. Aufl., München 1990.

Fäßler, Rehkugler, Wegenast (Hrsg.), Lexikon des Controlling, 5., völlig überarb. u. erw. Aufl., Landsberg/Lech 1991.

C.-Chr. Freidank, Kostenrechnung, 3., überarb. u. erw. Aufl., München 1991.

S. R. Frey, Richtig entscheiden, 3. Teil, Kostenpolitik, Winterthur 1984.

A. Frost u. *P. Meyer,* Ausgestaltung von Kostenrechnungssystemen in deutschen Großunternehmen, in: Buchführung, Bilanz, Kostenrechnung (BBK), Heft 7, Herne 1982, Fach 2, S. 551 ff.

Gabler Wirtschafts-Lexikon, 12., vollst. neu bearb. u. erw. Aufl., Wiesbaden 1988.

A. Glade, Rechnungslegung und Prüfung nach dem Bilanzrichtlinien-Gesetz, Herne/Berlin 1986.

M. K. Götzinger, H. Michael, Kosten- und Leistungsrechnung, 5. Aufl., Heidelberg 1985.

E. Gutenberg, Grundlagen der Betriebswirtschaftslehre, Band 1, Die Produktion, 24. Aufl., Berlin/Heidelberg/New York 1984.

L. Haberstock, Grundzüge der Kosten- und Erfolgsrechnung, 3., verbess. Aufl., München 1982.

Derselbe, Kostenrechnung I, Einführung, 8., durchges. Aufl., Hamburg 1987.

Derselbe, Kostenrechnung II, (Grenz-)Plankostenrechnung, 7., durchges. Aufl., Hamburg 1986.

H. Hahn, Rechnungswesen der Industriebetriebe, 3., durchges. Aufl., Bad Homburg v. d. H. 1982.

Handwörterbuch des Rechnungswesens, hrsg. v. *E. Kosiol, K. Chmielwicz, M. Schweitzer,* 2., völlig neu gest. Aufl., Stuttgart 1981.

G. Hartmann, S. Hertel, Grundlagen des betrieblichen Rechnungswesens, Band 2, 8., völlig neu bearb. Aufl., Rinteln 1990.

S. Hoffmann, Mathematische Grundlagen für Betriebswirte, 3., überarb. u. erg. Aufl., Herne/Berlin 1991.

B. Huch, Einführung in die Kostenrechnung, 8. Aufl., Heidelberg 1986.

S. Hummel u. *W. Männel,* Kostenrechnung 1, Grundlagen, Aufbau und Anwendung, 4., völlig neu bearb. u. erw. Aufl., Wiesbaden 1986.

Dieselben, Kostenrechnung 2, Moderne Verfahren und Systeme, 3. Aufl., Wiesbaden 1983.

H. Jacob (Hrsg.), Allgemeine Betriebswirtschaftslehre, 5., überarb. Aufl., Wiesbaden 1988.

H. Jost, Kosten- und Leistungsrechnung, 5., überarb. Aufl., Wiesbaden 1988.

W. Kilger, Flexible Plankostenrechnung und Deckungsbeitragsrechnung, 9., verb. Aufl., Wiesbaden 1988.

Derselbe, Einführung in die Kostenrechnung, 3., durchges. Aufl., Wiesbaden 1987.

Derselbe, Industriebetriebslehre, Band 1, Wiesbaden 1986.

W. Kilger u. *A. W. Scheer* (Hrsg.), Plankosten- und Deckungsbeitragsrechnung in der Praxis, Würzburg u. Wien 1980.

H. Kind, Das interne Rechnungswesen mittelständischer Industrieunternehmen – Ergebnisse einer empirischen Untersuchung, Band 14 der Gabal-Schriftenreihe, Speyer 1986.

J. Kloock, G. Sieben, Th. Schildbach, Kosten- und Leistungsrechnung, 6., überarb. u. erw. Aufl., Düsseldorf 1991.

P. Klümper, Grundlagen der Kostenrechnung, 2. Aufl., Herne/Berlin 1984.

H. Kobelt, Wirtschaftsstatistik für Studium und Praxis, 4., überarb. Aufl., Bad Homburg v. d. H. 1988.

Lexikon der täglichen Betriebspraxis, in: Tägliche Betriebspraxis, Fach 4, Freiburg 1992.

Lexikon des Rechnungswesens, in: Praxis des Rechnungswesens, Gruppe 3, Freiburg 1992.

G. Lohse, Grundlagen der Kostenrechnung, Darmstadt 1974.

W. Lück (Hrsg.), Lexikon der Betriebswirtschaft, 4., völlig überarb. Aufl., Landsberg a. L. 1990.

W. Männel (Hrsg.), Handbuch Kostenrechnung, Wiesbaden 1991.

Derselbe, Eigenfertigung oder Fremdbezug, in: Handwörterbuch der Betriebswirtschaft, hrsg. v. E. Grochla u. W. Wittmann, Stuttgart 1974, Sp. 1235 ff.

Derselbe, Die Wahl zwischen Eigenfertigung und Fremdbezug, 2., überarb. u. erw. Aufl., Stuttgart 1981.

E. Mayer, Kostenrechnung I für Studium und Praxis, 4., durchges. Aufl., Baden-Baden/Bad Homburg 1988.

K. Mellerowicz, Neuzeitliche Kalkulationsverfahren, 6., neubearb. Aufl., Freiburg 1977.

P. Meyer, Entscheidungsfindung für Eigenfertigung oder Fremdbezug für die kurze Periode, in: Buchführung, Bilanzierung, Kostenrechnung (BBK), 4/1981, Fach 25, S. 163 ff.

Derselbe, Entscheidungsfindung Eigenfertigung oder Fremdbezug für die lange Periode, in: Buchführung, Bilanzierung, Kostenrechnung (BBK), 10/1981, Fach 25, S. 177 ff.

R. Michel u. *H.-D. Torspecken,* Kostenrechnung, Band 1, Grundlagen der Kostenrechnung, 3., überarb. u. erw. Aufl., München 1989.

D. Moews, Kosten- und Leistungsrechnung, 4. Aufl., München 1991.

H. Müller-Merbach, Operations Research, 3. Aufl., München 1973.

Derselbe, Lineare Planungsrechnung, in: Handbuch der Kostenrechnung, hrsg. v. R. Bobsin, München 1971, S. 365 ff.

M. Munz u. *H. Winkel,* Lexikon der Kostenrechnung, 3., erw. u. verb. Aufl., Ludwigshafen 1977.

K. Olfert, Kostenrechnung, 8., überarb. u. erw. Aufl., Ludwigshafen 1991.

H.-G. Plaut, Grundfragen und Praxis der Grenzplankostenrechnung, in: H.-G. Plaut, H. Müller, W. Medicke, Grenzplankostenrechnung und Datenverarbeitung, 3. Aufl., München 1973.

Derselbe, Unternehmenssteuerung mit Hilfe der Voll- oder Grenzplankostenrechnung, in: Zeitschrift für Betriebswirtschaft, Wiesbaden 1961, S. 474 f.

Praxis-Lexikon, Kostenrechnung und Kalkulation von A – Z, Freiburg 1992.

M. Radke, Die große betriebswirtschaftliche Formelsammlung, 8., überarb. Aufl., Landsberg a. Lech 1991.

Rationalisierungsgemeinschaft Handwerk Schleswig-Holstein e. V. (Hrsg.), Betriebsvergleich 1990, Maler- und Lackiererhandwerk, Kiel 1991.

REFA, Verband für Arbeitsstudien und Betriebsorganisation, Methodenlehre der Planung und Steuerung, Teil 1 bis Teil 5, 4. Aufl., München 1985.

H. Reschke, Kostenrechnung, 6., durchges. Aufl., Stuttgart 1991.

P. Riebel, Einzelkosten- und Deckungsbeitragsrechnung, 6. Aufl., Wiesbaden 1990.

G. Riedel, Deckungsbeitragsrechnung – wie aufbauen, wie nutzen?, 4. Aufl., Stuttgart 1992.

A. W. Scheer (Hrsg.), Grenzplankostenrechnung, Stand und aktuelle Probleme, H.-G. Plaut zum 70. Geburtstag, 2., durchges. Aufl., Wiesbaden 1991.

H. Schierenbeck, Grundzüge der Betriebswirtschaftslehre, 10., völlig überarb. u. erw. Aufl., München/Wien 1989.

H. Schmalen, Grundlagen und Probleme der Betriebswirtschaft, 6., überarb. Aufl., Köln 1987.

E. Schmalenbach, Kostenrechnung und Preispolitik, 8. Aufl., Köln/Opladen 1963.

S. Schmolke u. *H. Deitermann*, Industrielles Rechnungswesen IKR, 14. Aufl., Darmstadt 1989.

E. Schneider, Industrielles Rechnungswesen, Grundlagen und Grundfragen, 5. Aufl., Tübingen 1969.

H. Schwarz, Kostenrechnung als Instrument der Unternehmungsführung, 3. Aufl., Herne/Berlin 1986.

J. Schwarze, Mathematik für Wirtschaftswissenschaftler, Band 3, Lineare Algebra, Lineare Optimierung und Graphentheorie, 8. Aufl., Herne/Berlin 1989.

M. Schweitzer, G. O. Hettich, H.-U. Küpper, Systeme der Kostenrechnung, 4., überarb. Aufl., Landsberg a. L. 1986.

G. Seicht, Moderne Kosten- und Leistungsrechnung, 6., wesentl. erw. Aufl., Wien 1990.

K. Serfling, Fälle und Lösungen zur Kostenrechnung, 3. Aufl., Herne/Berlin 1985.

P. Stahlknecht u. *R. Ohmann*, Lineare Programmierung auf dem PC, München 1987.

H. Taube, So lernt man Kostenrechnung und Kalkulation, 10. Aufl., Stuttgart 1990.

Vahlens Großes Wirtschaftslexikon, hrsg. v. E. Dichtl u. O. Issing, München 1987.

H. Vormbaum, Grundlagen des betrieblichen Rechnungswesens, Stuttgart 1977.

H. Vormbaum u. *H. G. Rautenberg*, Kostenrechnung III für Studium und Praxis, Baden-Baden/Bad Homburg 1985.

O. Wahle, Kostenrechnung II für Studium und Praxis, Ist- und Normalkostenrechnung, 2., verb. Aufl., Bad Homburg 1986.

H. K. Weber, Betriebswirtschaftliches Rechnungswesen, Band 2, Kosten- und Leistungsrechnung, 3., neubearb. Aufl., München 1991.

H. Wedell, Grundlagen des betriebswirtschaftlichen Rechnungswesens, 5., überarb. Aufl., Herne/Berlin 1988.

H. Chr. Weis, Marketing, 6., überarb. u. erw. Aufl., Ludwigshafen 1987.

E. Wenz, Kosten- und Leistungsrechnung mit einer Einführung in die Kostentheorie, Herne/Berlin 1992.

H. Wiedling, Lineare Planungstechnik. Eine Einführung in die Nutzung der linearen Optimierung zur Lösung betriebswirtschaftlicher Probleme, Gernsbach 1981.

Derselbe, Statistische Verfahren, Band 1, Gernsbach 1978.

K. Wilkens, Kosten- und Leistungsrechnung, 6., unwesentl. veränd. Aufl., München/Wien 1988.

F.-J. Witt, Deckungsbeitragsmanagement, München 1991.

H.-W. Witthoff, Kosten- und Leistungsrechnung der Industriebetriebe, Bad Homburg v. d. H., 1990.

G. Wöhe, Einführung in die Allgemeine Betriebswirtschaftslehre, 17., überarb. u. erw. Aufl., München 1990.

A. Woll (Hrsg.), Wirtschaftslexikon, 6., überarb. u. erw. Aufl., München/Wien 1992.

K. Ziegenbein, Controlling, 4., überarb. Aufl., Ludwigshafen 1992.

G. Zimmermann, Grundzüge der Kostenrechnung, 3., verb. Aufl., Stuttgart 1985.

W. Zimmermann, u. H.-P. Fries, Betriebliches Rechnungswesen, 4., völlig überarb. Aufl., München/Wien 1990.